卫生职业教育数字化创新教材

供高等职业教育护理、助产、临床医学、口腔医学、医学检验技术、
医学影像技术、康复治疗技术、中医学等医学相关专业使用

人体解剖学与组织胚胎学

（第3版）

主　编　胡小和　范光忠

副主编　刘　军　张海峰　王　卿

编　者　（按姓氏汉语拼音排序）

范光忠（毕节医学高等专科学校）
胡小和（长沙卫生职业学院）
季　丹（安徽医学高等专科学校）
姜　雪（重庆城市管理职业学院）
蒋孝东（郑州卫生健康职业学院）
刘　军（唐山职业技术学院）
刘　然（山东中医药高等专科学校）
任　迪（长沙卫生职业学院）
施坚超（宜春职业技术学院）
王　琦（运城护理职业学院）
王　卿（南阳医学高等专科学校）
熊　伟（重庆三峡医药高等专科学校）
张　磊（乐山职业技术学院）
张海峰（沧州医学高等专科学校）

科学出版社

北　京

内 容 简 介

本教材以立德树人为根本，以护理行业标准和国家护士执业资格考试大纲为依据，体现“以促进就业为导向，以服务发展为宗旨，以培养能力为本位，以发展技能为核心”的职业教育培养理念。本教材共计14章，分为人体解剖学、组织学和胚胎学三部分内容，相关章节有机融入医者仁心模块，突出医德培育；每章精选临床案例，旨在培养学生临床思维；为激发学生学习兴趣和开阔知识视野，每章精心设计与学科发展有关的链接；为便于学生自主学习，每章还设有目标检测试题。

本教材可供高等职业教育护理、助产、临床医学、口腔医学、医学检验技术、医学影像技术、康复治疗技术、中医学等医学相关专业学生使用。

图书在版编目（CIP）数据

人体解剖学与组织胚胎学 / 胡小和，范光忠主编 . —3版 . —北京：科学出版社，2023.6

卫生职业教育数字化创新教材

ISBN 978-7-03-075458-5

Ⅰ . ①人… Ⅱ . ①胡… ②范… Ⅲ . ①人体解剖学－高等职业教育－教材 ②人体组织学－人体胚胎学－高等职业教育－教材 Ⅳ . ① R32

中国国家版本馆CIP数据核字（2023）第073718号

责任编辑：池 静 / 责任校对：周思梦
责任印制：霍 兵 / 封面设计：涿州锦晖

科 学 出 版 社 出版
北京东黄城根北街16号
邮政编码：100717
http://www.sciencep.com
北京汇瑞嘉合文化发展有限公司印刷
科学出版社发行 各地新华书店经销
*
2013年5月第 一 版 开本：850×1168 1/16
2023年6月第 三 版 印张：14
2024年7月第十四次印刷 字数：430 000

定价：79.80元

（如有印装质量问题，我社负责调换）

前　言

党的二十大报告对新时代新征程上推进健康中国建设作出了新的战略部署，提出“把保障人民健康放在优先发展的战略位置”。这凸显了以人民为中心的发展思想，是推进中国式现代化的重要内涵。这对医药卫生事业提出了更高要求。贯彻落实党的二十大决策部署，积极推动健康事业发展，离不开人才队伍建设。“培养造就大批德才兼备的高素质人才，是国家和民族长远发展大计。”教材是教学内容的重要载体，是教学的重要依据、培养人才的重要保障。本次教材修订旨在贯彻党的二十大报告精神，坚持为党育人、为国育才。

本教材积极响应《关于深化现代职业教育体系建设改革的意见》《关于推动现代职业教育高质量发展的意见》和《关于加强新时代高技能人才队伍建设的意见》等文件精神，遵循“三基、五性”原则，以高职护理、助产专业人才培养目标为导向，以立德树人为根本，以护理行业标准和《护士执业资格考试大纲（试行）》为依据，体现“以促进就业为导向，以服务发展为宗旨，以培养能力为本位，以发展技能为核心”的职业教育培养理念，理论知识强调“必需、够用、适度”，强化技能培养，突出实用性，真正体现“以学生为中心”的教材编写理念。本教材的编写有如下几个特点。

夯实医德培育，精选医药行业典型事迹。突出医学生职业素养和医德培育，促进课程思政与思政课程同向同行，落实立德树人根本任务。

突出能力培养，精挑临床案例。培养学生临床思维，用所学理论知识分析、解决临床问题，理论联系实际，进一步突出学生的能力培养。

本教材从培养学生发散性思维和构成课程间联系的角度出发，适当融入与学科发展和临床实践有关的内容，旨在激发学生学习兴趣和开阔学生知识视野。

为便于学生自主学习，本教材在每章末设有精炼的自测题，并附有选择题参考答案，供学生学习参考。

本教材注重特色创新，精制数字资源，配合纸质教材精心制作数字化资源点，实现数字化教学资源的共享共用。

本教材编写过程中得到了各编者所在院校领导、专家的鼎力支持，在此一并致谢！

由于编者水平所限，教材中若有不足之处，恳请广大读者批评指正！

编　者

2023年3月

配套资源

欢迎登录“中科云教育”平台，**免费**数字化课程等你来！

“中科云教育”平台数字化课程登录路径

电脑端

- 第一步：打开网址 http://www.coursegate.cn/short/XYIO8.action
- 第二步：注册、登录
- 第三步：点击上方导航栏“课程”，在右侧搜索栏搜索对应课程，开始学习

手机端

- 第一步：打开微信“扫一扫”，扫描下方二维码
- 第二步：注册、登录
- 第三步：用微信扫描上方二维码，进入课程，开始学习

PPT 课件，请在数字化课程中各章节里下载！

目　录

第1章 绪论

人体解剖学与组织胚胎学是研究正常人体形态结构特征、器官系统的位置毗邻关系、发生发育规律和功能意义的科学，包括人体解剖学、组织学、胚胎学3门学科，是一门重要的医学基础课程。

人体解剖学是用解剖、肉眼观察的方法研究正常人体形态结构的科学，根据其研究内容和方法的差异，通常分为系统解剖学和局部解剖学。系统解剖学是按照人体各系统来阐述各器官形态结构的科学，一般所说的解剖学即指系统解剖学；局部解剖学是按照人体的部位由浅入深逐层描述各部结构的形态、位置和毗邻关系的科学。在医学教育中，按照研究的目的、角度、手段和方法的不同，人体解剖学又衍生出断层解剖学、临床解剖学、外科解剖学、X线解剖学和表面解剖学等不同分支。

组织学是借助显微镜观察切片的方法，研究正常人体细胞、组织和器官微细结构的科学。

胚胎学是研究人体从受精卵开始至出生前发生发育过程中形态结构变化规律的科学。

人体解剖学与组织胚胎学是学习其他医学课程的基础。在学习过程中，只有在充分认识并掌握人体正常形态结构、位置与毗邻、生长发育规律及其功能意义的基础上，才能正确理解人体的生理过程、病理现象和疾病发生发展规律，区分人体的正常与异常情况，鉴别生理与病理状态，从而对患者进行评估和诊断，采取相应的治疗和护理措施，并进行健康教育。且大量的医学术语来源于人体解剖学与组织胚胎学，因此，人体解剖学与组织胚胎学是医学生的一门必修课。

一、学习人体解剖学与组织胚胎学的基本方法

在学习人体解剖学与组织胚胎学的过程中需掌握以下方法，才能更好地理解人体形态结构及其演变规律。

（一）进化发展的观点

人体形体结构在进化过程中经历了由低级到高级、由简单到复杂的演变，即便是现代人本身，也因不同的自然环境、生活方式、劳动种类而处于不断发展和变化中。人体的形态结构在种族之间、地区之间和个体之间亦有一定的差异。因此，只有用进化发展的观点来学习人体形态结构，才能正确、全面地认识人体。

（二）结构与功能相结合

人体器官的形态结构是实现器官功能的物质基础，形态决定功能；同时，功能的改变可影响人体器官形态结构。所以，形态结构与功能是相辅相成、相互影响的。在学习时，要将器官的形态结构与功能紧密结合起来，有助于对知识的理解和记忆。

（三）局部与整体相统一

人体是由多个系统有机组合而成的统一的整体，这些器官在结构和功能上既相互联系又相互影响。学习时可以从单一器官、系统入手，但必须注意将其放在整体中去认识、理解。

（四）平面与立体相转换

平面与立体相转换即正确运用从平面结构的观察到立体结构重构的思维方式，将断层标本分与合的原理用于学习中，有助于对人体形态结构的认识、理解。

（五）理论与实际相联系

人体解剖学与组织胚胎学是实践性极强的课程，学习本课程必须坚持理论联系实际，要重视实物标本、模型、挂图等的观察和学习，建立感性认识，易于理解和记忆；要重视基本理论知识、基本技能与临床实践特别是相关的护理操作相联系，达到用理论指导实践、在实践中发展理论的目的。

二、人体的组成及分部

（一）人体的组成

细胞是构成人体形态结构和功能的基本单位，人体细胞包括细胞膜、细胞质和细胞核3部分。

形态结构相似、功能相近的细胞与细胞间质构成组织。人体的基本组织有上皮组织、结缔组织、肌组织和神经组织四大类。几种组织有机结合，构成具有一定形态和功能的结构称为器官，如心、肝、脾、肺、肾、胃、脑等。

许多功能相关的器官组合在一起构成系统，完成人体相应方面的系列生理功能。组成人体的系统有运动、消化、呼吸、泌尿、生殖、脉管、感觉器、内分泌和神经九大系统。

（二）人体的分部

人体从外形上可分为头、颈、躯干和四肢4个部分。头部包括颅、面部；颈部包括固有颈部和项部；躯干部包括背部、胸部、腹部、盆部和会阴部；四肢分为左、右上肢和左、右下肢，上肢包括肩、臂、前臂；下肢包括臀、大腿、小腿和足。

三、人体解剖学的基本用语

为了准确描述人体形态结构的位置关系，需要有统一的标准和术语，便于学习和交流。因此医学生必须掌握解剖学姿势和常用方位术语。

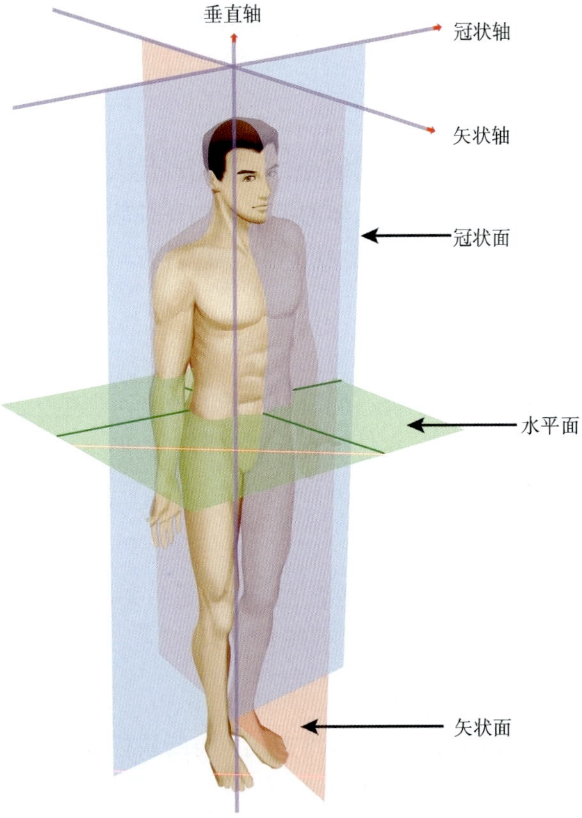

图1-1 解剖学姿势及人体的轴和面

（一）解剖学姿势

解剖学姿势，又称标准姿势，是指身体直立，两眼平视前方，上肢自然下垂，掌心向前，下肢并拢，足尖向前。在医学上描述人体各形态结构的位置及其相互关系时，不论活体、标本或模型均以此姿势为依据（图1-1）。

（二）轴和面

为了描述关节的运动，依照解剖学姿势，可设置通过人体某部或某结构的3条互相垂直的假想线为轴；为了描述某些器官解剖面形态结构，根据解剖学姿势，在人体或其局部可设置3个互相垂直的面（图1-1）。

1. 轴

（1）矢状轴　为前、后方向的轴，与身体垂直轴和冠状轴互相垂直。

（2）冠状轴　为左、右方向的轴，与身体垂直轴和矢状轴互相垂直。

（3）垂直轴　为上、下方向的轴，与矢状轴和冠状轴互相垂直。

2. 面

（1）矢状面 是指沿前、后方向的矢状轴垂直纵切，将人体分成左、右两部分的切面，与水平面和冠状面互相垂直。经过人体正中，将人体分成左、右对称两部分的矢状面，称为正中矢状面。

（2）冠状面 又称额状面，是指沿左、右方向的冠状轴垂直纵切，将人体分为前、后两部分的切面，与水平面和矢状面互相垂直。

（3）水平面 又称横切面，是指沿前、后方向的矢状轴和左、右方向的冠状轴水平横切，将人体分为上、下两部分的切面，与矢状面和冠状面互相垂直。

在描述器官的切面时，不再用矢状面、冠状面和水平面描述，而是以其自身的长轴为标准，与长轴平行的切面称为纵切面，与长轴垂直的切面称为横切面。

（三）方位术语

依据解剖学姿势，解剖学中常用以下方位术语描述人体结构的位置及其相互关系（图1-2）。

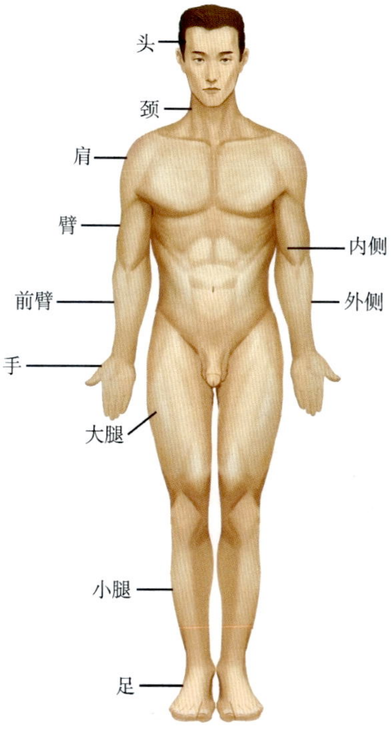

图1-2 解剖学姿势及方位术语

1. 上和下 近头者为上，近足者为下。上、下亦可称为头侧、尾侧。

2. 前和后 近腹者为前，近背者为后。前、后亦可称为腹侧、背侧，但在描述手时常用掌侧和背侧代替前和后。

3. 内和外 以有腔器官空腔为准，靠近内腔者为内，远离内腔者为外。

4. 内侧和外侧 以正中矢状面为准，靠近正中矢状面者为内侧，远离正中矢状面者为外侧。在前臂，内侧、外侧亦可称为尺侧、桡侧；在小腿，内侧、外侧亦可称为胫侧、腓侧。

5. 浅和深 以体表为准，靠近体表者为浅，远离体表者为深。

6. 近侧和远侧 常用于四肢，靠近肢体根部者为近侧，远离肢体根部者为远侧。

四、组织学研究技术和方法

常用的组织学研究技术和方法有光学显微镜技术、电子显微镜技术、组织化学和细胞化学技术、组织细胞培养技术和形态计量技术等。光学显微镜技术分为普通和特殊光学显微镜技术，普通光学显微镜简称光镜，借助光镜观察切片是我们学习组织学最常用的技术和方法，光镜能将物体放大1000倍左右，观察到组织细胞的微细结构称光镜结构。

在临床病理检验科室通常用石蜡切片或冰冻切片方法将组织制成薄片，经染色后再进行观察。石蜡切片的制作基本程序有取材、固定、脱水、透明、包埋、切片、脱蜡、染色、封片等步骤。最常用的染色方法是苏木精-伊红（hematoxylin and eosin，HE）染色。苏木精为碱性染料，能把组织细胞中的酸性物质（如细胞核内的染色质与细胞质内的核糖体）染成蓝紫色；酸性物质与碱性染料亲和力强的性质称为嗜碱性。伊红为酸性染料，能把组织细胞中的碱性物质（如细胞质和细胞外基质中的成分）染成红色；碱性物质与酸性染料亲和力强的性质称为嗜酸性。对碱性和酸性染料亲和力均不强的物质性质，为中性。

有些组织可直接使硝酸银还原而显色，这种性质称为亲银性；有些组织需要加入还原剂后才能显色，这种性质称为嗜银性。有些组织用甲苯胺蓝等碱性染料染色后不显蓝色而呈紫红色，有这种现象的组织性质称异染性。

自 测 题

一、名词解释

1. 器官 2. 冠状轴 3. 矢状面 4. 解剖学姿势
5. HE染色

二、填空题

1. 人体结构和功能的基本单位是________。
2. 人体的组织可分为________、________、________和________4大基本组织。

三、单项选择题

1. 左、右方向上将人体切为前、后两部分的切面是（ ）
   A. 矢状面 B. 冠状面
   C. 水平面 D. 横切面
   E. 纵切面
2. 关于方位术语的描述，正确的是（ ）
   A. 近内腔者为内侧
   B. 远头顶者为远侧
   C. 远正中矢状面者为外侧
   D. 人体仰卧时，近腹者为上
   E. 近正中矢状面者为近侧
3. 以体表为准的方位术语是（ ）
   A. 前和后 B. 上和下
   C. 内和外 D. 远和近
   E. 浅和深
4. 用来描述空腔器官的方位是（ ）
   A. 浅和深 B. 内和外
   C. 上和下 D. 远和近
   E. 前和后
5. 关于解剖学姿势的描述，错误的是（ ）
   A. 身体直立 B. 两眼平视前方
   C. 上肢自然下垂 D. 手掌贴靠大腿
   E. 足尖向前

（胡小和）

第2章
细　　胞

细胞是人体结构和功能的基本单位。构成人体的细胞形态各异，功能多样，但其基本结构是相同的。

链 接　细胞的发现和细胞学说的形成

细胞是由英国物理学家虎克在1665年发现的，他在观察中发现软木塞是由许多像蜂房的小室组成的，并将其命名为细胞（cell）。19世纪30年代，德国人施莱登和施旺根据自己的研究成果，分别提出所有的植物和动物都是由细胞组成的，创立了细胞学说。

第1节　细胞的基本结构

细胞的基本结构一般由细胞膜、细胞质和细胞核3部分构成（图2-1）。少数细胞例外，如成熟的红细胞没有细胞核。

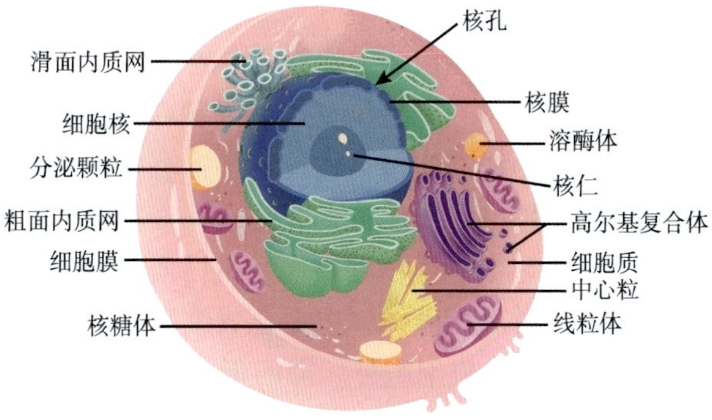

图2-1　细胞超微结构模式图

一、细　胞　膜

细胞膜在光镜下仅为一条致密的细线，在电镜下呈现出"两暗一明"的3层结构，这3层结构称为单位膜或生物膜。它是防止细胞外物质自由进入细胞的屏障，也是细胞和外界环境之间进行物质交换、信息传递的门户。

细胞膜的主要成分是脂质、蛋白质和糖类物质。目前比较公认的细胞膜结构为液态镶嵌模型，该学说认为细胞膜是一种脂质双分子层与嵌入的球形蛋白质构成的液态膜（图2-2）。

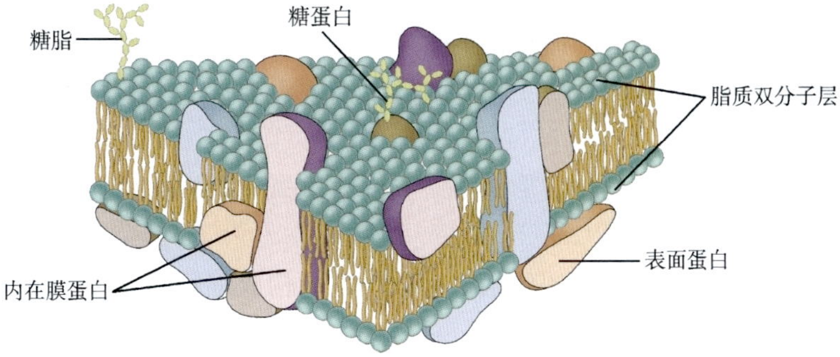

图2-2　细胞膜液态镶嵌模型示意图

（一）膜类脂双分子层

细胞膜中的类脂分子以磷脂为主，磷脂分子是极性分子，呈长杆状，头部称为亲水端，朝向细胞内、外表面；尾部称为疏水端，伸入膜内部。

（二）膜蛋白质

细胞膜中的蛋白质大多数属球状蛋白质。可分为表在蛋白质和嵌入蛋白质两类。表在蛋白质附于细胞膜的内外表面，可收缩和伸展，与细胞的变形运动有关；嵌入蛋白质嵌入类脂双分子层中，它是膜蛋白质存在的主要形式。根据蛋白质两端亲水、疏水的情况，可分为完全贯穿膜全层的蛋白质和半嵌入膜的蛋白质两种。

（三）膜糖

细胞膜中的多糖成分，它是以共价键形式与膜类脂及膜蛋白质合成糖脂和糖蛋白。膜糖具有保护细胞质膜、防止细胞粘连、进行细胞识别和物质交换等功能。

二、细　胞　质

细胞质是指位于细胞膜和细胞核之间的部分，由基质、细胞器和内含物构成。

（一）基质

基质为均匀透明的胶状物质，细胞的各种功能及细胞形态的维持均需要基质的参与。

（二）细胞器

细胞器是指存在于细胞基质中的具有一定形态和功能的结构，主要包括以下几种。

1. 线粒体　在光镜下呈线状或颗粒状小体，电镜下由内、外两层膜围成。内膜向内伸出一些板状的皱褶，称为线粒体嵴，线粒体里含有多种酶，是各种营养物质氧化释能的场所，为细胞本身的生理功能提供能量，是细胞的能量工厂。

2. 核糖体　是由核糖核酸和蛋白质构成的非膜性结构，是合成蛋白质的场所。其中游离于基质中的核糖体称游离核糖体，主要合成细胞本身所需的蛋白质；附着于核膜和粗面内质网表面的核糖体称附着核糖体，合成细胞外所需的蛋白质。

3. 内质网　呈囊状或管泡状，是由单层单位膜形成的膜性管网结构，与细胞膜和核膜连通，根据表面有无核糖体分为粗面内质网和滑面内质网。粗面内质网附着有核糖体，主要功能是参与蛋白质合成、加工和运输；滑面内质网功能较复杂，主要参与糖类和脂质的代谢。

4. 高尔基复合体　是由扁平囊泡和周围大量囊泡组成的膜性网状系统。主要功能是对内质网合成的蛋白质进行进一步加工、浓缩、分类和包装，被称为“蛋白质的加工厂”。

5. 溶酶体　是由一层单位膜围成的颗粒状小体，内含50多种酸性水解酶，能将蛋白质、核酸、糖类等物质水解成被细胞利用的小分子物质，是专门从事细胞内消化的细胞器，也可以消化分解细胞吞噬的病原微生物及其细胞碎片。

6. 微体　是具有膜包裹的颗粒小体，形态不一。内含过氧化氢酶和氧化酶等，主要参与细胞内脂质的代谢和过氧化氢的形成与分解。

7. 微丝和微管　是不同蛋白质构成的丝状结构，一方面构成细胞的支架，维持细胞的形状；另一方面参与细胞内物质移动、运输和运动。

三、细　胞　核

细胞核是细胞的重要结构，是细胞遗传、代谢、生长的控制中心，在细胞生命活动中起着决定性作用。细胞核主要由核膜、核仁、染色质和核基质构成（图2-3）。

（一）核膜

核膜为包在细胞核外的双层膜结构，核膜外层有核糖体附着，有时同内质网膜相连。核膜上有核孔，是细胞核和细胞质之间进行物质交换的通道。核膜主要功能为稳定细胞核形态，控制物质交换，参与蛋白质和核酸等大分子的合成。

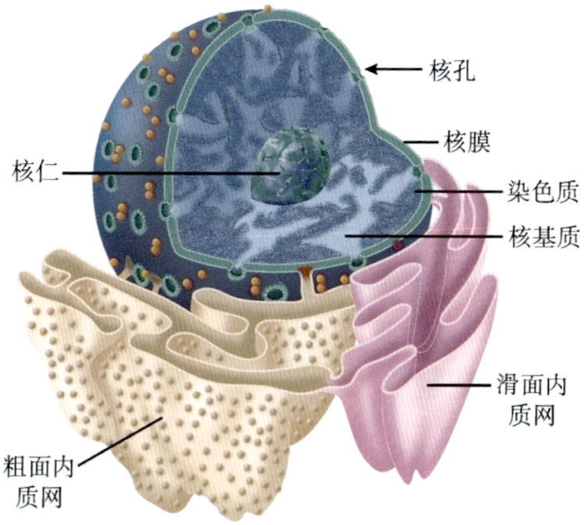

图2-3 细胞核立体结构模式图

（二）核仁

核仁为圆球形，细胞一般有1～2个核仁。为无膜包裹的海绵状结构，由核酸和蛋白质构成，是合成核糖体的场所。

（三）染色质（染色体）和核基质

染色质和染色体是遗传信息的载体，为同种物质在细胞不同时期的两种表现形式。在光学显微镜下观察，染色质在分裂间期呈纤丝状交织成网，可被碱性染料染色。进入分裂期染色质高度螺旋、盘曲缠绕成柱状和杆状，称为染色体，人体细胞有染色体23对，共计46条。染色质和染色体的主要成分是脱氧核糖核酸和蛋白质。核基质是维持细胞核形状的纤维网架结构。

第2节 细胞增殖

细胞增殖是机体生长发育的基础，细胞通过分裂，使其数量增加，以更新和补充细胞。细胞分裂方式有3种形式：无丝分裂、有丝分裂和减数分裂。其中最重要的是有丝分裂，是人体细胞增殖的主要方式。细胞周期是细胞从上一次分裂结束到下一次分裂结束所经历的增殖过程，可分为分裂间期和分裂期两个阶段。

一、分裂间期

分裂间期以细胞内部DNA的合成为中心，可分为DNA合成前期（G1期）、DNA合成期（S期）和DNA合成后期（G2期）。

（一）G1期

G1期是细胞生长的主要阶段，也是为进入S期准备必要物质的基础时期。G1期细胞合成大量核糖核酸（RNA）和蛋白质，细胞体积明显增大。在细胞周期中，G1期长短变化最大，不同细胞的周期差异主要是G1期时间不同所致。

（二）S期

S期是DNA合成期，主要是指进行DNA的复制，使DNA数量增加1倍，同时进行复制的还有组蛋白和中心粒。

（三）G2期

此期主要是为M期做各种结构和功能的准备，又被称为细胞分裂准备期，此期细胞主要合成少量RNA和特殊蛋白质。

二、分裂期

分裂期又称M期，在细胞周期中持续时间最短。分裂期以染色体的形成和变化过程为主要依据，可分为前、中、后、末4个时期。此期是将细胞核染色体准确地分至两个新生的子细胞，使分裂后的细胞保持遗传上的一致性。

自 测 题

一、名词解释

1. 染色质 2. 细胞周期

二、填空题

1. 细胞的基本结构一般由______、______和________构成。
2. 细胞膜主要由________、________和________组成。
3. 细胞质是由________、________和________3部分构成。
4. 细胞核主要由________、________和________3部分构成。

三、单项选择题

1. 为细胞本身的生理功能提供能量的细胞器是（　　）
   A. 线粒体　B. 核糖体
   C. 内质网　D. 高尔基复合体
   E. 溶酶体
2. 属于细胞内消化的细胞器是（　　）
   A. 线粒体　B. 核糖体
   C. 内质网　D. 高尔基复合体
   E. 溶酶体
3. 合成蛋白质的细胞器是（　　）
   A. 线粒体　B. 核糖体
   C. 内质网　D. 高尔基复合体
   E. 溶酶体
4. 遗传信息主要存在于（　　）
   A. 核基质　B. 染色质（染色体）
   C. 核膜　D. 核仁
   E. 核孔
5. 参与分解过氧化氢的细胞器是（　　）
   A. 线粒体　B. 溶酶体
   C. 微丝　D. 微体
   E. 微管
6. 细胞周期中DNA合成期是（　　）
   A. G1期　B. G2期　C. S期
   D. M期　E. 分裂末期

四、问答题

简述细胞内主要细胞器的功能。

（刘　军）

第3章
基本组织

形态与功能相似的细胞和细胞间质构成组织。根据结构和功能特点不同，人体组织可分为上皮组织、结缔组织、肌组织和神经组织，这4类组织总称为基本组织。

案例 3-1

患者，男，40 岁，因煤气泄漏起火导致双上肢及右大腿烧伤。患者神志清楚，双上肢及右大腿可见大量大小不等的水疱，基底潮红、水肿明显、剧痛；头面颈部、前胸和右小腿可见少量较小的水疱，基底红白相间，渗液较多，肿胀明显，有拔毛痛。体格检查：体温（T）37℃，脉搏（P）130 次 / 分，呼吸（R）24 次 / 分，血压（BP）120/70mmHg。

问题：该烧伤患者哪些组织受到了损伤？

第1节　上皮组织

上皮组织由大量密集排列的上皮细胞和少量的细胞间质构成。上皮组织具有以下共同特点：①细胞数量多、细胞间质少。②上皮细胞具有极性，朝向体表或体内管腔及囊面为游离面；与之相对应的朝向深部结缔组织的另一面为基底面。上皮细胞基底面附着于基膜上，上皮细胞借此膜与结缔组织相连。③上皮组织内没有血管，细胞所需的营养依靠结缔组织内的血管供给。④上皮组织内分布着丰富的神经末梢，可感受各种刺激。上皮组织根据功能可分为被覆上皮、腺上皮和上皮组织的特殊结构。

一、被覆上皮

被覆上皮覆盖于人体表面、体内管腔及囊的内表面。按照上皮细胞层数和形态结构分类如下（表3-1）。

表3-1　被覆上皮的类型和主要分布

类型		主要分布
单层上皮	单层扁平上皮	内皮：分布于心、血管和淋巴管的腔面 间皮：分布在胸膜、腹膜和心包膜的表面
	单层立方上皮	分布于甲状腺滤泡、肾小管等处
	单层柱状上皮	分布于胆囊、胃、肠和子宫等的腔面
	假复层纤毛柱状上皮	分布于呼吸道黏膜表面
复层上皮	复层扁平上皮	角化：分布于皮肤的表皮 未角化：分布于口腔、食管和阴道等处的黏膜
	变移上皮	分布于肾盏、肾盂、输尿管和膀胱的腔面

（一）单层扁平上皮

单层扁平上皮又称单层鳞状上皮，由一层扁平细胞组成（图3-1）。由上皮表面看，细胞呈多边形或不规则形，边缘呈锯齿状，互相嵌合。核位于细胞中央，呈椭圆形。由垂直切面看，细胞扁薄，胞质少，有核的部分略厚。

分布于心、血管和淋巴管腔面的单层扁平上皮称内皮，其游离面光滑，有利于血液和淋巴液流动及物质交换。分布在胸膜、腹膜和心包膜表面的单层扁平上皮称间皮，细胞游离面湿润光滑，可减少器官间摩擦。

（二）单层立方上皮

单层立方上皮由一层立方细胞组成（图3-2）。从表面看，细胞呈多边形；从垂直切面看，细胞大致呈立方形。细胞核呈圆形，位于细胞中央。分布于甲状腺滤泡、肾小管等处。

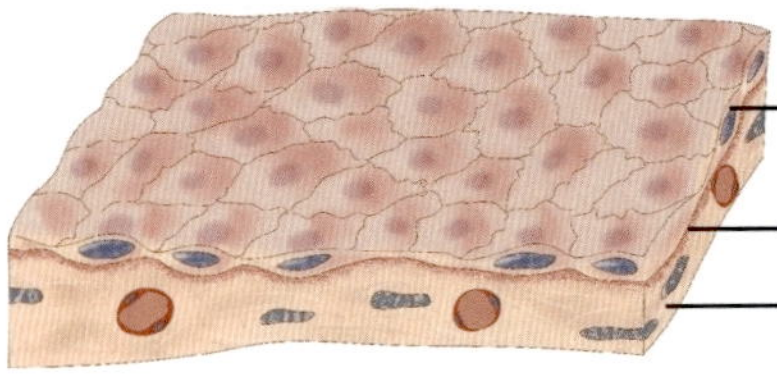

图3-1　单层扁平上皮

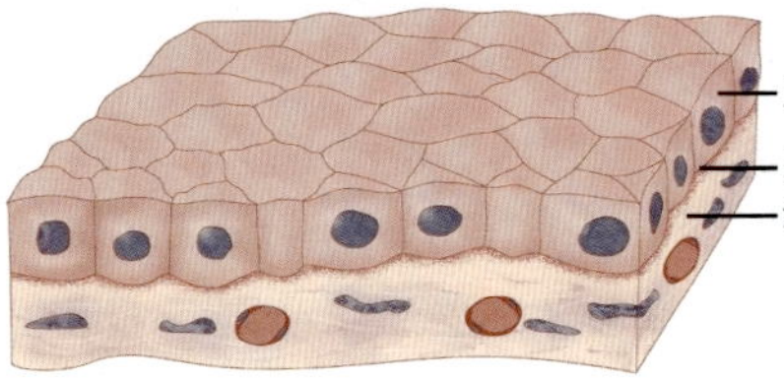

图3-2　单层立方上皮

（三）单层柱状上皮

单层柱状上皮由一层棱柱状细胞组成（图3-3）。从表面看，细胞呈多边形；从垂直切面看，细胞呈柱状。细胞核长呈椭圆形，多靠近细胞基底部。主要分布于胆囊、胃、肠和子宫等器官处，具有吸收或分泌功能。分布于肠黏膜的单层柱状上皮中有散在杯状细胞。杯状细胞呈高脚酒杯状，基底部较细窄，有染色较深的细胞核，细胞顶部膨大，充满黏液性分泌颗粒。杯状细胞分泌黏液，以润滑和保护上皮。

（四）假复层纤毛柱状上皮

假复层纤毛柱状上皮由柱状细胞、梭形细胞、锥形细胞和杯状细胞组成，主要分布于呼吸道黏膜表面。柱状细胞数量最多，游离面具有纤毛。由于这几种细胞形态各异，高矮不等，细胞核的位置不在同一水平面上，故从上皮垂直切面看很像复层上皮，但这些细胞的基底部都附着于基膜上，故实际为单层上皮（图3-4）。

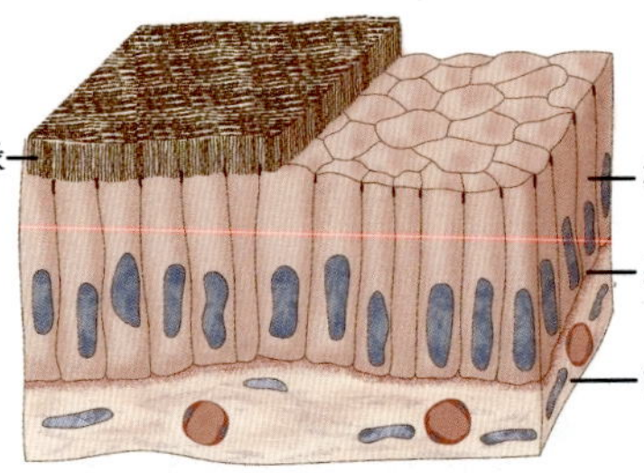

图3-3　单层柱状上皮

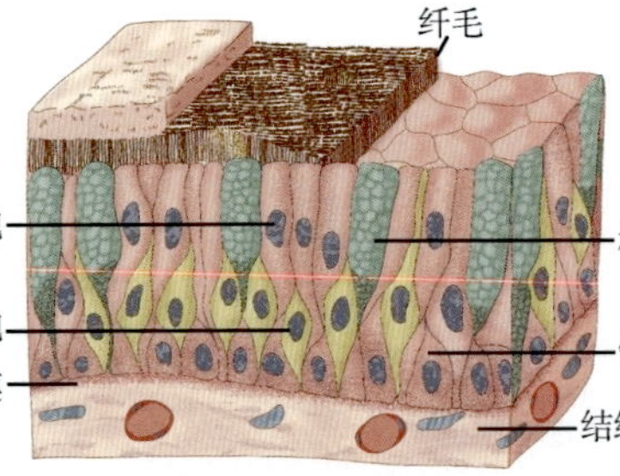

图3-4　假复层纤毛柱状上皮

（五）复层扁平上皮

复层扁平上皮又称复层鳞状上皮，由多层细胞组成（图3-5）。由垂直切面看，细胞的形状和厚薄不一。紧靠基膜的一层细胞为立方形或矮柱状，此层以上是数层多边形细胞，再往上为几层梭形细胞或扁平细胞。最表层为已退化的扁平细胞，并不断脱落。基底层的细胞为具有增殖分化能力的干细胞，新生的细胞渐向浅层移动，以补充表层脱落的细胞。上皮与深部结缔组织的连接处起伏不定，加大了两者的连接面。

分布于皮肤表皮的复层扁平上皮，浅层细胞核消失，细胞质内充满角蛋白，并不断地脱落，为角化的复层扁平上皮；分布于口腔、食管和阴道等腔面的复层扁平上皮，浅层细胞可见细胞核，细胞质内角蛋白少，为非角化的复层扁平上皮。复层扁平上皮具有耐摩擦和阻止异物侵入等作用，受损伤后有很强的修复能力。

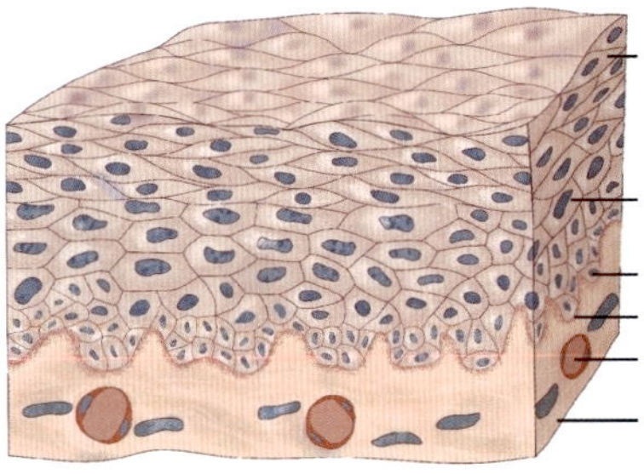

图3-5 复层扁平上皮

链 接 鳞状上皮化生

化生是一种已分化组织转化为另一种相似性质的分化组织的过程，较常见的有鳞状上皮化生。长期吸烟或受慢性炎症损害者，气管和支气管黏膜的假复层纤毛柱状上皮可转化为鳞状上皮，甚至有可能成为支气管鳞状细胞癌的基础。鳞状上皮化生还可见于慢性宫颈炎时的宫颈黏膜上皮的鳞状化生。

（六）变移上皮

变移上皮又称移行上皮，由多层细胞组成，分布于肾盏、肾盂、输尿管和膀胱的腔面。上皮细胞的形状和层数可随所在器官的收缩与扩张而发生变化，如当膀胱排空缩小时，上皮变厚，细胞层数较多，表层细胞呈大立方形；当膀胱充盈扩张时，上皮变薄，细胞层数减少，细胞形状也变扁（图3-6）。

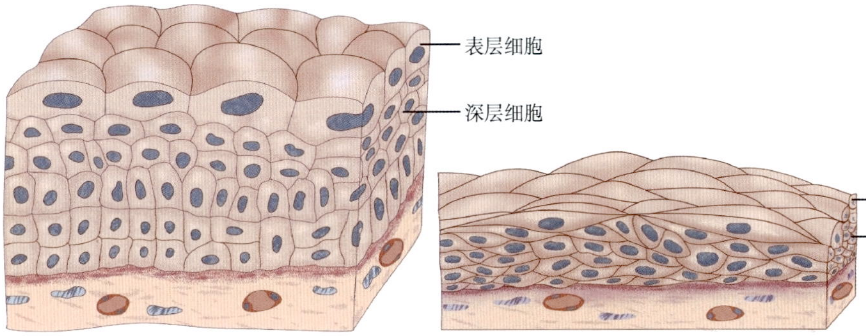

图3-6 变移上皮

二、腺上皮和腺

以分泌功能为主的上皮称为腺上皮，以腺上皮为主要成分的器官称腺。

腺分为外分泌腺和内分泌腺（图3-7）。外分泌腺有导管通到器官腔面或身体表面，分泌物经导管排出，如汗腺、唾液腺等；内分泌腺没有导管，分泌物释放入血，经血液输送，如甲状腺、肾上腺等。内分泌腺的分泌物为激素。

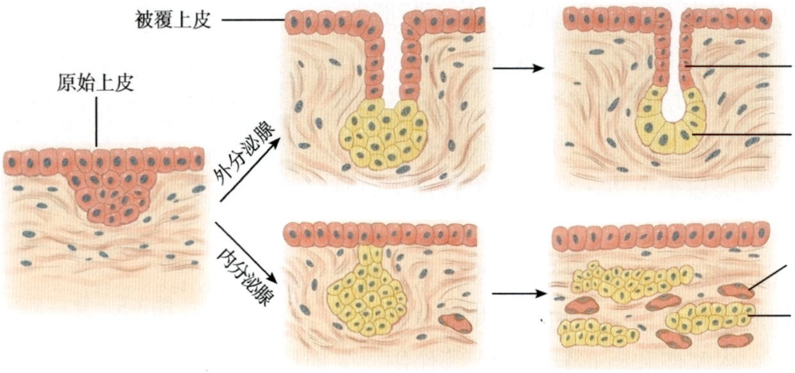

图3-7 腺的分类

外分泌腺由分泌部和导管组成。外分泌腺根据分泌部的形态，可分为管状腺、泡状腺和管泡状腺。外分泌腺根据导管有无分支可分为单腺和复腺。

1. 分泌部 一般由一层细胞组成，中央有腺腔。泡状和管泡状的分泌部也称腺泡。腺细胞根据分泌物的性质，可分为浆液细胞和黏液细胞两种。浆液细胞和黏液细胞可以分别组成浆液性腺泡和黏液性腺泡，由这两种腺细胞共同组成的腺泡为混合性腺泡。分泌部完全由浆液性腺泡构成的腺为浆液性腺，如腮腺；完全由黏液性腺泡构成的腺为黏液性腺，如十二指肠腺；由两种腺泡共同构成的腺称为混合性腺，如下颌下腺和舌下腺。

2. 导管 与分泌部相连，由单层或复层上皮构成。导管的主要作用是排出分泌物，有些腺的导管还有吸收水、电解质及分泌作用。

三、上皮组织的特殊结构

（一）上皮细胞的游离面

1. 微绒毛 是上皮细胞游离面伸出的细小指状突起，电镜下才能清楚辨认。微绒毛表面为细胞膜，中轴的细胞质中含有许多纵向的微丝。微绒毛扩大了细胞的表面积，有利于细胞的吸收。在光镜下所见的小肠上皮细胞游离面的纹状缘由密集整齐排列的微绒毛构成。

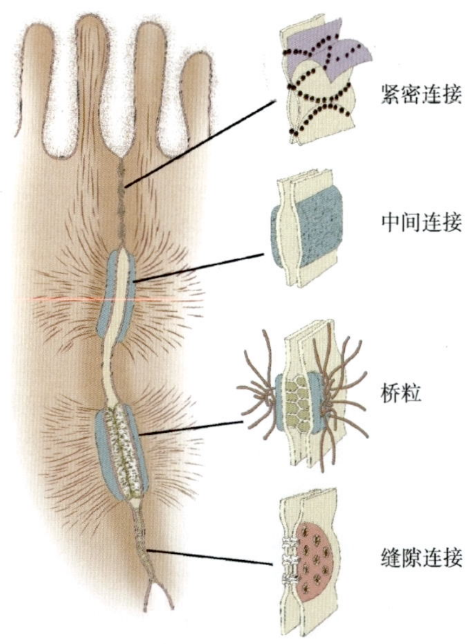

图3-8 上皮细胞间的连接

2. 纤毛 是细胞游离面伸出的能摆动的较长的突起，比微绒毛粗且长，在光镜下可分辨。纤毛具有一定方向节律性摆动的能力。如呼吸道大部分的腔面为有纤毛的上皮，由于纤毛的定向摆动，可把被吸入的灰尘和细菌等排出。电镜下可见纤毛表面为细胞膜，内为细胞质，其中有纵向排列的微管。

（二）上皮细胞的侧面

上皮细胞的侧面细胞排列密集，细胞间隙很窄，在细胞相邻面形成特殊构造的细胞连接（图3-8）。

1. 紧密连接 位于相邻细胞间隙的顶端侧面，呈箍状环绕细胞。紧密连接除有机械连接作用外，更重要的是封闭细胞顶部的细胞间隙，阻挡细胞外的大分子物质经细胞间隙进入组织内。

2. 中间连接 位于紧密连接下方，相邻细胞间有间隙，间隙中有较致密的丝状物连接相邻的细胞膜。胞质面附着有薄层致密物质和细丝，有牢固的连接作用。

3. 桥粒 位于中间连接的深部，呈斑状，大小不等，连接处有细胞间隙，间隙中央有一条由丝状物交织而成的中间线。细胞膜的胞质面有较厚而致密的桥粒斑，胞质中有许多中间丝附着于桥粒斑。桥粒是一种很牢固的细胞连接，在易受机械性刺激和摩擦的复层扁平上皮中多见。

4. 缝隙连接 又称通信连接。细胞间隙很窄，相邻细胞中有许多相连通的小管，离子和小分子物质可以由此进行交换，传递化学信息和电信息。

以上4种连接，只要有两种或两种以上的连接相邻存在，可称为连接复合体。

（三）上皮细胞的基底面

1. 基膜 又称基底膜。是上皮基底面与深部结缔组织间的薄膜。基膜由上皮和其下方的结缔组织共同产生。电镜下可分为基板和网板两层。基膜除有支持和连接作用外，还有利于上皮细胞与深部结缔组织进行物质交换。

2. 质膜内褶 是上皮细胞基底面的细胞膜折向胞质所形成的许多与细胞基底面垂直的内褶，在内褶之间含许多纵向排列的线粒体。质膜内褶的主要作用是加大细胞基底部的表面积，有利于水和电解质的迅速转运。

第2节 结缔组织

结缔组织由细胞和细胞间质构成，细胞无极性，数量少，种类多，散居于细胞间质内。细胞间质包括纤维、基质和组织液。结缔组织包括固有结缔组织、软骨组织、骨组织和血液。固有结缔组织又分为疏松结缔组织、致密结缔组织、脂肪组织和网状组织。结缔组织分布广泛，具有支持、连接、营养、保护等功能。

案例 3-2

患者，女，22岁，哮喘病史3年。今早在户外运动过程中出现呼吸困难、气短症状来我院进行治疗。主要表现为严重呼吸困难，有濒死感，且出现连续性的喘息、胸闷、气短症状，患者面部、指甲、口唇发绀，大汗淋漓，经入院检查显示，P 141 次 / 分，R50 次 / 分，其双肺有哮鸣音。临床诊断：支气管哮喘。

问题：结缔组织的哪种细胞与哮喘发作有关？

一、固有结缔组织

（一）疏松结缔组织

疏松结缔组织又称蜂窝组织，特点为细胞种类较多，纤维数量较少，排列稀疏，血管丰富，广泛分布于组织之间和器官之间（图3-9）。

1. 细胞

（1）成纤维细胞 是疏松结缔组织的主要细胞，细胞扁平多突，胞质呈弱嗜碱性，胞核较大，卵圆形，着色浅，核仁明显（图3-10）。电镜下，胞质内富含粗面内质网、游离核糖体和发达的高尔基复合体。成纤维细胞处于功能静止状态时，细胞变小，呈长梭形；胞核小而细长，着色深；胞质少，呈嗜酸性，称为纤维细胞。在创伤等情况下，纤维细胞可分化为成纤维细胞。

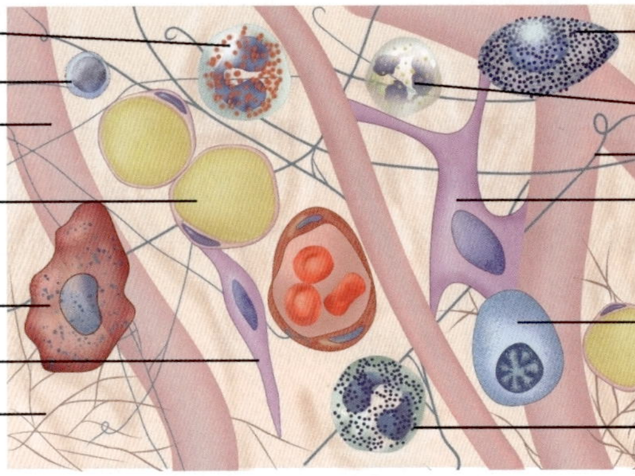

图 3-9　疏松结缔组织模式图

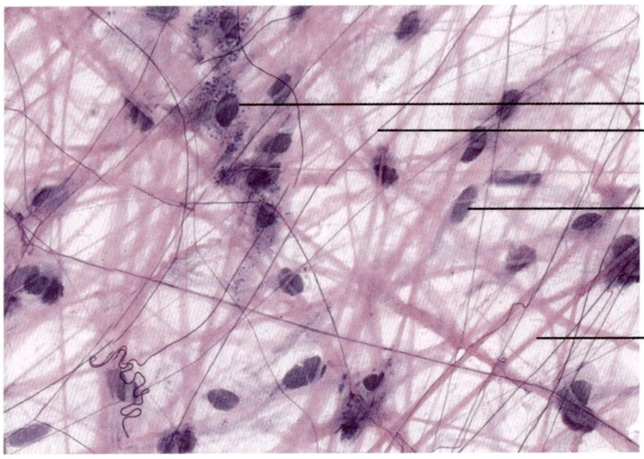

图 3-10　疏松结缔组织

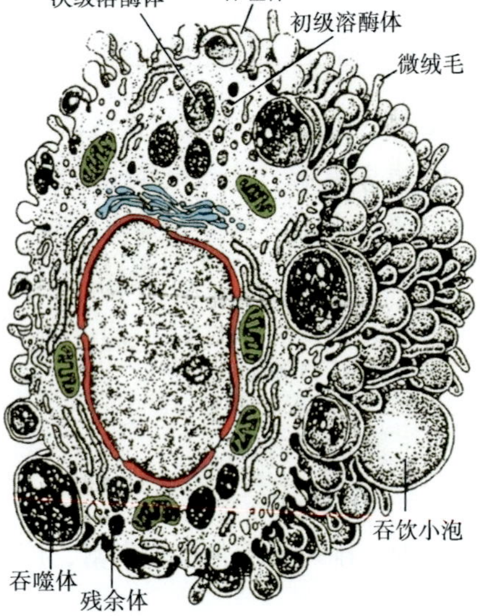

图 3-11　巨噬细胞超微结构模式图

成纤维细胞可合成和分泌蛋白质，形成结缔组织的纤维和基质。成纤维细胞在合成过程中需要维生素C等，因此手术及创伤后应适当补充维生素C，以促进伤口愈合。

（2）巨噬细胞　又称组织细胞。在体内广泛存在，细胞随着功能状态而形态多样，功能活跃时常伸出较长的伪足而形态不规则。细胞核较小，卵圆形或肾形，着色深，胞质丰富，多呈嗜酸性，含有空泡和异物颗粒。电镜下，细胞表面有许多皱褶和微绒毛，胞质内含大量溶酶体、吞噬体、吞饮小泡和残余体及高尔基复合体、粗面内质网和线粒体等（图3-11）。巨噬细胞来源于血液中的单核细胞，具有趋化作用和强大的吞噬能力，参与和调节免疫应答，分泌多种生物活性物质。

（3）浆细胞　是由B淋巴细胞在抗原刺激下分化发育形成的。细胞呈卵圆形或圆形，核圆形，多偏居细胞一侧，染色质呈粗块状，自核中心向核膜呈辐射状排列，形似车轮状（图3-12）。胞质丰富，呈嗜碱性，核旁有一个浅染区。电镜下，胞质内含有大量的粗面内质网，浅染区内为发达的高尔基复合体。浆细胞能合成和分泌免疫球蛋白，即抗体，参与体液免疫应答。

（4）肥大细胞　常沿小血管和淋巴管分布，在皮肤真皮、消化管和呼吸道的黏膜结缔组织内较多。细胞较大，呈圆形或卵圆形，核小而圆，多位于中央。胞质中充满粗大的嗜碱性颗粒（图3-13）。颗粒内含组胺、肝素和嗜酸性粒细胞趋化因子等，胞质内有白三烯。

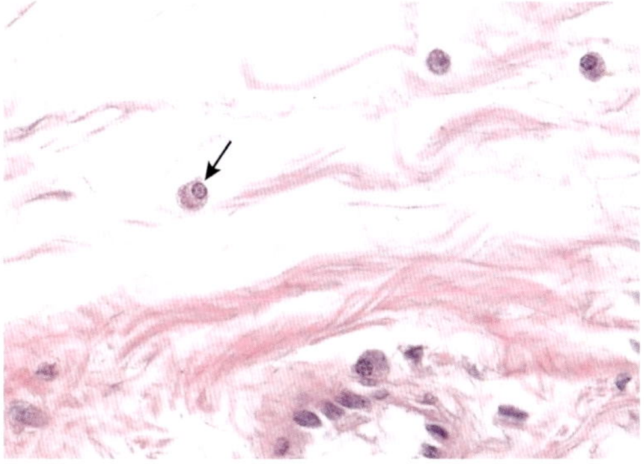

图3-12　浆细胞

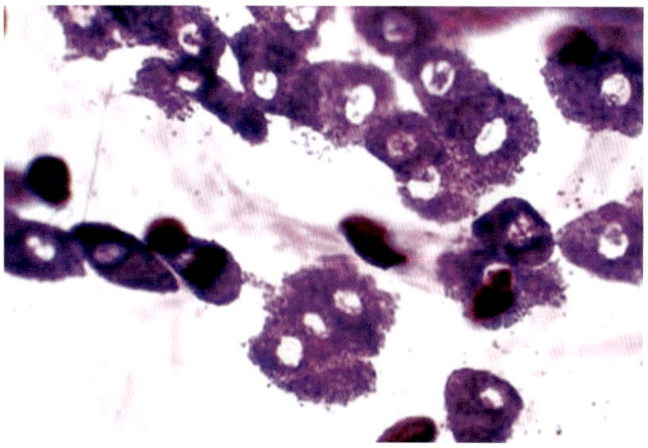

图3-13　肥大细胞

肥大细胞主要参与过敏反应。组胺和白三烯能使微静脉和毛细血管扩张，通透性增加，组织水肿，还可使支气管平滑肌痉挛；肝素有抗凝血的作用；嗜酸性粒细胞趋化因子可促使嗜酸性粒细胞向过敏反应的部位迁移，以减轻过敏反应。

链接　Ⅰ型超敏反应

Ⅰ型超敏反应也称过敏反应，是指机体受到某些抗原刺激时，引起的由特异性IgE抗体介导产生的一种发生快消退亦快的免疫应答，表现为局部或全身的生理功能紊乱。肥大细胞是参与过敏反应的主要免疫效应细胞之一。临床常见全身过敏反应引发的急性荨麻疹、药物过敏性休克等；局部过敏反应引发的过敏性鼻炎、过敏性哮喘和过敏性胃肠炎等。

（5）脂肪细胞　单个或成群分布，胞体较大，呈球形。胞质内含大量脂滴，胞质常被脂滴推挤到细胞周缘，细胞核被挤压成新月形，位于细胞一侧。在HE染色的标本中，脂滴被溶解，细胞呈空泡状。脂肪细胞有合成和贮存脂肪、参与脂质代谢的功能。

（6）未分化的间充质细胞　是结缔组织内的干细胞，多分布在小血管周围，其形态结构与成纤维细胞相似，具有分化潜能。在炎症及创伤修复时，可增殖分化为成纤维细胞、血管内皮细胞和平滑肌细胞等。

2. 细胞外基质

（1）纤维　包埋在基质内，分为3种。

1）胶原纤维：数量最多，新鲜时呈白色，又称白纤维。HE染色切片中呈嗜酸性，粗细不等，呈波浪形，有分支并交织成网。常成束分布于基质中。胶原纤维由更细的胶原原纤维集合而成。电镜下，胶原原纤维具有64nm明暗交替的周期性横纹。胶原纤维的韧性大，抗拉力强。

2）弹性纤维：含量较胶原纤维少，新鲜状态下呈黄色，又称黄纤维。在HE染色切片中着色淡红，不易与胶原纤维区分。弹性纤维较细，有分支并互相交织成网。弹性纤维具有很强的弹性，与胶原纤维交织在一起，使疏松结缔组织既有弹性又有韧性。

3）网状纤维：较细，分支多，交织成网。HE染色切片中不易着色，镀银染色切片中呈黑色，故又称嗜银纤维（图3-14）。网状纤维主要存在于网状组织，也分布于结缔组织与其他组织交界处。

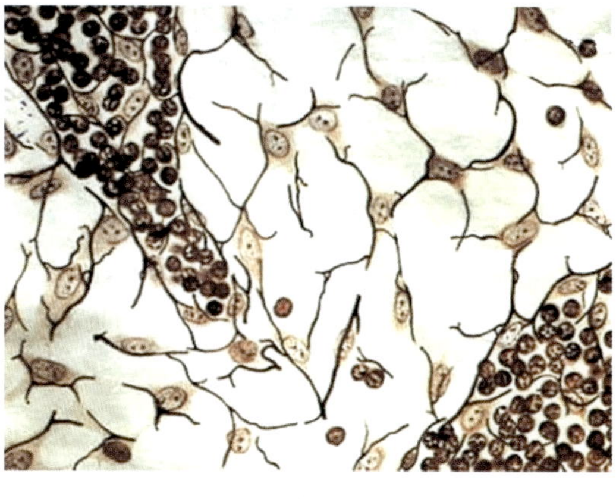

图3-14　网状纤维模式图

（2）基质　是一种无色透明的无定形胶状物，具有一定黏性，间隙中充满组织液。基质的主要成分为蛋白多糖和水，蛋白多糖是由蛋白质与多糖结合成的大分子聚合体，其中多糖主要是透明质酸，其次是硫酸软骨素等。蛋白多糖聚合体形成许多微孔隙的分子筛，小于孔隙的水分子和溶于水的营养物、代谢产物、激素、气体分子等可以通过，便于血液与细胞之间进行物质交换。大于孔隙的大分子物质，如细菌等不能通过，使基质成为限制细菌扩散的防御屏障。

组织液是从毛细血管动脉端渗入基质内的液体，经毛细血管静脉端和毛细淋巴管回流入血液或淋巴。组织液不断更新，有利于血液与细胞进行物质交换，成为组织和细胞赖以生存的内环境。

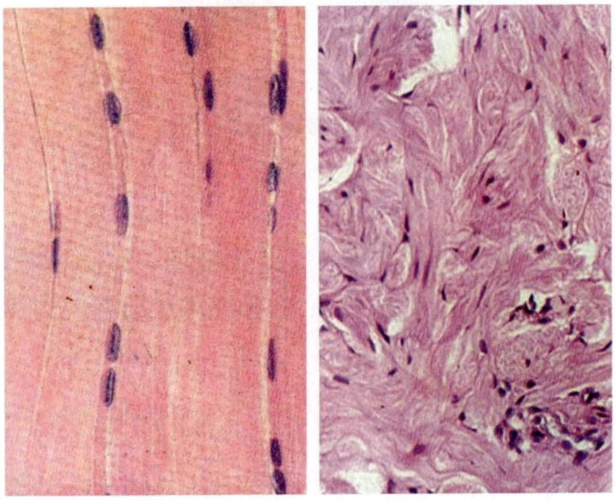

A　　B

图3-15　致密结缔组织

A. 规则致密结缔组织；B. 不规则致密结缔组织

（二）致密结缔组织

致密结缔组织是一种以纤维为主要成分而细胞较少的固有结缔组织，纤维粗大，排列致密，以支持和连接为其主要功能。根据纤维的性质和排列方式可分为以下3种类型。

1. 规则致密结缔组织　主要构成肌腱和腱膜，大量密集的胶原纤维顺着应力方向平行排列聚集成束，纤维束之间有腱细胞（图3-15A）。

2. 不规则致密结缔组织　主要位于真皮、硬脑膜及多数器官的被膜，纵横交织的粗大胶原纤维形成致密的板层结构，纤维之间含少量基质和成纤维细胞（图3-15B）。

3. 弹性组织　以弹性纤维为主，粗大的弹性纤维平行排列成束，如黄韧带和项韧带。

（三）脂肪组织

脂肪组织主要由大量脂肪细胞聚集构成，由疏松结缔组织分隔成许多脂肪小叶（图3-16）。主要分布在皮下、网膜和系膜等处。脂肪组织具有贮存脂肪、参与能量代谢、维持体温、缓冲保护和支持填充等作用。

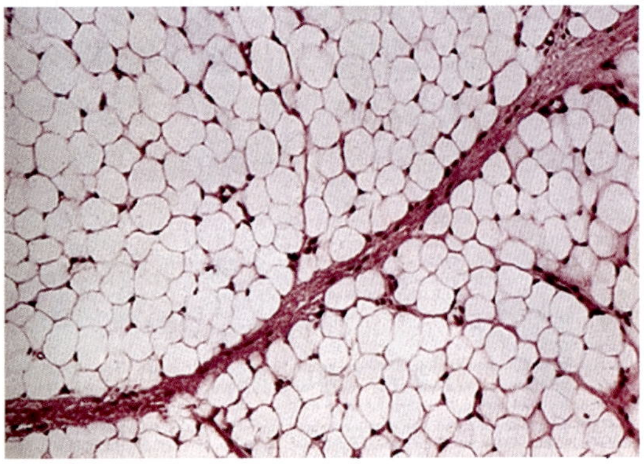

图3-16　脂肪组织

（四）网状组织

网状组织由网状细胞和网状纤维构成。网状细胞为星形多突起细胞，其突起彼此连接成网，细胞核较大、椭圆形、染色浅、核仁清晰，胞质较多，弱嗜碱性。网状纤维分支连接成网，成为网状细胞依附的支架。主要分布于骨髓、淋巴结、脾和淋巴组织中，形成血细胞发育的微环境。

二、软骨组织与软骨

（一）软骨组织

软骨组织由软骨细胞和软骨基质构成。软骨基质由基质及纤维构成。基质呈凝胶状，主要成分为水和蛋白多糖。纤维埋于基质中，使软骨具有韧性或弹性，纤维的成分和含量取决于软骨的类型。软骨细胞位于软骨基质内，其所占据的空间称软骨陷窝，陷窝周围的基质含硫酸软骨素较多，嗜碱性强而染色深，称软骨囊。靠近软骨膜的软骨细胞较幼稚，细胞扁而小，单个分布；越靠近软骨中部，其细胞越成熟，体积越大，卵圆形和圆形，胞质丰富，弱嗜碱性，成群分布，每群有2～8个细胞，它们全部由同一个幼稚软骨细胞增殖形成，称同源细胞群。

（二）软骨

软骨由软骨组织及其周围的软骨膜构成。软骨膜被覆在除关节软骨外的软骨表面，由致密结缔组织构成，内有血管、淋巴管和神经，主要起保护和营养作用。根据软骨组织所含纤维的不同，可将软骨分为透明软骨、弹性软骨和纤维软骨3种。

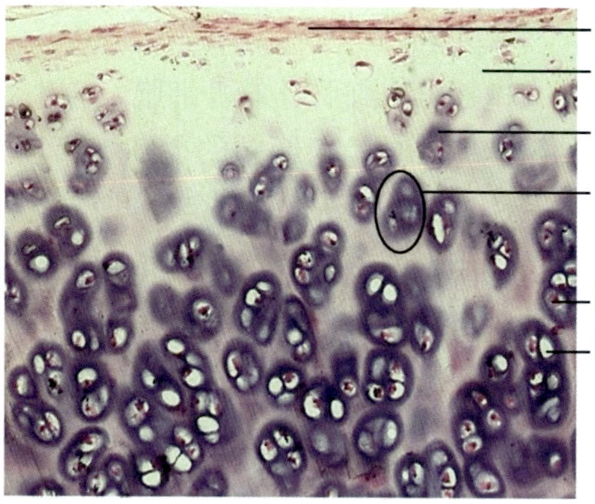

图3-17 透明软骨

1. 透明软骨 新鲜时呈半透明状，透明软骨具有较强的抗压性，有一定的弹性和韧性，但在外力作用下较其他类型软骨更易断裂。纤维成分主要是胶原原纤维，纤维细小，且折光率与基质接近，故光镜下不能分辨。基质含水分较多，使透明软骨呈半透明状（图3-17）。分布于关节软骨、肋软骨及呼吸道等处。

2. 弹性软骨 新鲜时呈黄色，其构成与透明软骨相似，但纤维成分为大量交织成网的弹性纤维（图3-18）。弹性软骨具有较强的弹性。分布于耳及会厌等处。

3. 纤维软骨 呈不透明的乳白色，基质很少，其中含有大量粗大的胶原纤维束，平行或交叉排列。软骨细胞较小而少，成行排列于胶原纤维束间（图3-19）。分布于椎间盘、关节盘及耻骨联合等处。

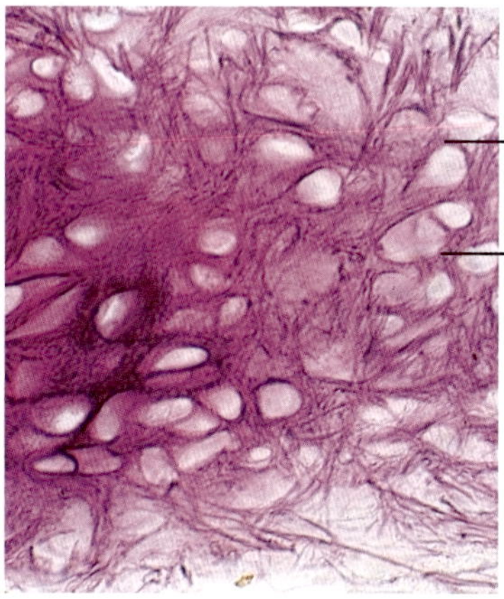

图3-18 弹性软骨

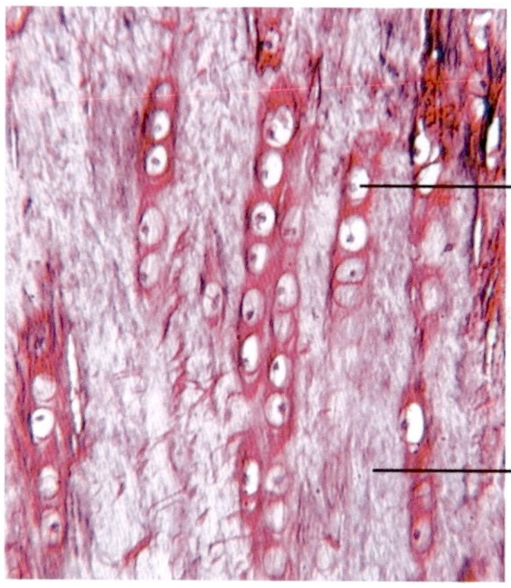

图3-19 纤维软骨

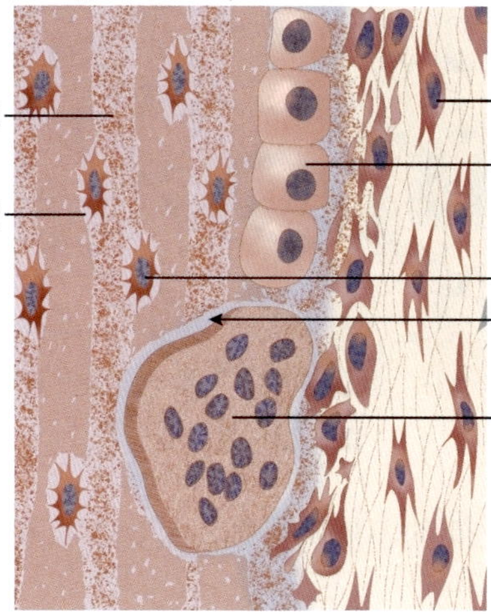

图3-20 骨组织结构模式图

三、骨组织与骨

骨是由骨组织、骨膜及骨髓等构成的坚硬器官。机体内90%的钙盐存在于骨组织中，因而骨是人体最大的钙库。

（一）骨组织

骨组织（图3-20）是坚硬而有一定韧性的结缔组织，由细胞和钙化的细胞间质组成。

1. 细胞间质 又称骨基质，由有机成分和无机成分构成。有机成分包括大量胶原纤维及少量呈凝胶状无定形基质。基质具有黏合胶原纤维的作用。无机成分又称骨盐，主要为羟基磷灰石结晶。骨盐沉积于呈板层状排列的胶原纤维上，形成坚硬的骨板。同一骨板内的纤维相互平行，相邻骨板的纤维则相互垂直，如同多层木质胶合板，这种结构形式有效地增强了骨的支持力。

2. 细胞 包括骨祖细胞、成骨细胞、骨细胞和破骨细胞4种。

（1）骨祖细胞 是骨组织中的干细胞，位于骨膜贴近骨质处。细胞较小，呈梭形，核较小，细胞质少，弱嗜碱性。当骨组织生长或改建时，骨原细胞能分化为成骨细胞。

（2）成骨细胞 分布在骨组织表面。胞体大，呈矮柱状或立方形，核大而圆，胞质嗜碱性。成骨细胞分泌胶原纤维和基质，形成类骨质。类骨质钙化为骨基质，成骨细胞被包埋于骨基质中，转变为骨细胞。

（3）骨细胞 是有许多细长突起的细胞，胞体较小，呈扁椭圆形，其所在空隙称骨陷窝，突起所在的空隙称骨小管。骨小管彼此连通。相邻骨细胞的突起以缝隙连接相连。

（4）破骨细胞 是一种多核巨细胞，散在分布于骨组织表面，体积大，形态不规则，核6～50个不等，胞质丰富、嗜酸性强。破骨细胞有溶解和吸收骨质的作用。在骨组织内，破骨细胞和成骨细胞相辅相成，共同参与骨的生长和改建。

（二）骨

长骨由骨松质、骨密质、骨膜、关节软骨、骨髓、血管和神经等构成。根据骨基质排列方式不同，骨质分为骨密质和骨松质。

1. 骨松质 分布于长骨骨骺和骨干的内侧面，是大量针状或片状骨小梁相互连接而形成的多孔隙网架结构，网孔充满红骨髓。骨小梁由几层平行排列的骨板和骨细胞构成。

2. 骨密质 分布于长骨骨干和骨骺的外侧面。骨板排列十分致密而且规则，按排列方式可分为3种（图3-21）。

（1）环骨板 是环绕骨干内、外表面的骨板，分别称为内环骨板和外环骨板。外环骨板较厚，由数十层骨板组成，较整齐地环绕骨干排列。内环骨板较薄，仅由数层骨板组成，且不如外环骨板平整。来自骨膜的血管和神经横穿环骨板形成穿通管，并与纵向走行的中央管相通。

（2）骨单位 又称哈弗斯系统，是长骨起支持作用的主要结构单位。位于内、外环骨板之间，数量较多，长筒状，顺着骨干的长轴平行排列，由4～20层同心圆排列的骨板，即哈弗斯骨板，其中央有1条纵行小管，称中央管，内有血管和神经（图3-21，图3-22）。

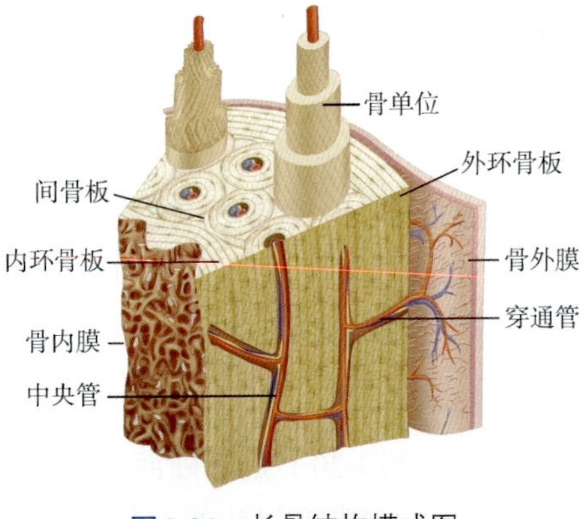

图3-21 长骨结构模式图

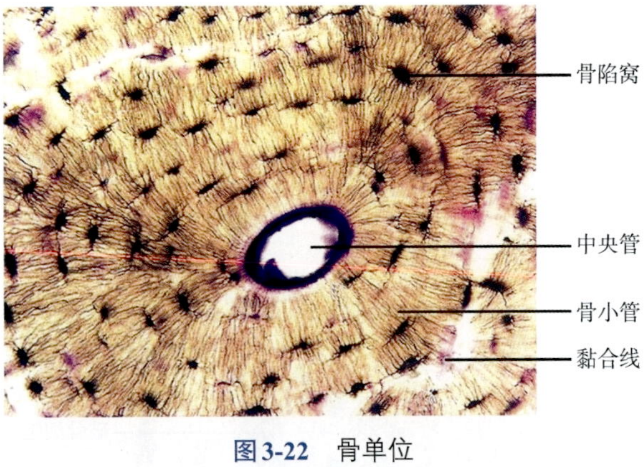

图3-22 骨单位

（3）间骨板 是填充在骨单位之间或骨单位与环骨板之间的不规则骨板，是骨生长和改建过程中较早期的骨单位和环骨板的残留部分。

（三）骨的发生

骨的发生有两种方式，即膜内成骨与软骨内成骨。

1. 膜内成骨 顶骨、额骨、枕骨和锁骨等以此种方式发生。在将要形成骨的部位，间充质分化为胚性结缔组织，其中部分间充质细胞分化为骨祖细胞，并进一步分化为成骨细胞，成骨细胞分泌类骨质，并被包埋于其中，成为骨细胞，类骨质再钙化形成骨基质。最早形成骨组织的部位称为骨化中心。随着骨化中心的逐渐扩大和改造，骨小梁形成并不断增长加粗，数量增多，逐步形成松质骨。以后松质骨的表面部分逐步改建为密质骨，周围的结缔组织则分化为骨膜。

2. 软骨内成骨 四肢骨、躯干骨及颅底骨等主要以此方式发生。由间充质先形成软骨雏形，然后软骨组织不断被骨组织取代。

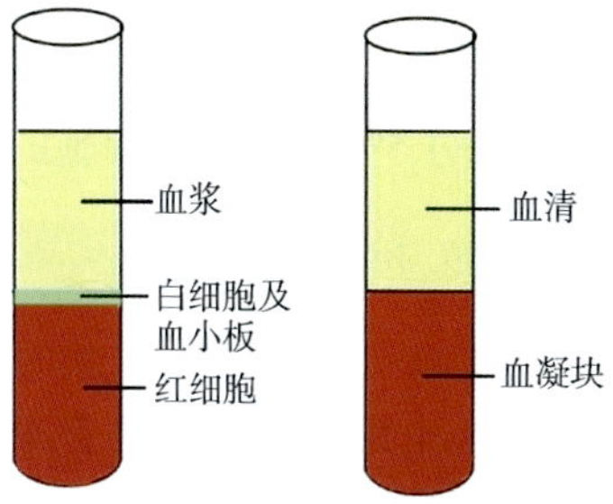

图3-23 血液的组成

四、血 液

血液是在心血管内流动着的红色液体，健康成人的循环血量约为5L，约占体重的7%。血液由血浆和血细胞组成（图3-23）。

（一）血浆

血浆是流动的液体，相当于结缔组织的细胞间质，约占血液容积的55%，其中90%是水，其余为血浆蛋白（白蛋白、球蛋白、纤维蛋白原）、脂蛋白、无机盐、脂滴、激素、酶、维生素和各种代谢产物。血液凝固后析出淡黄色清明的液体，称血清。血清中不含纤维蛋白原。

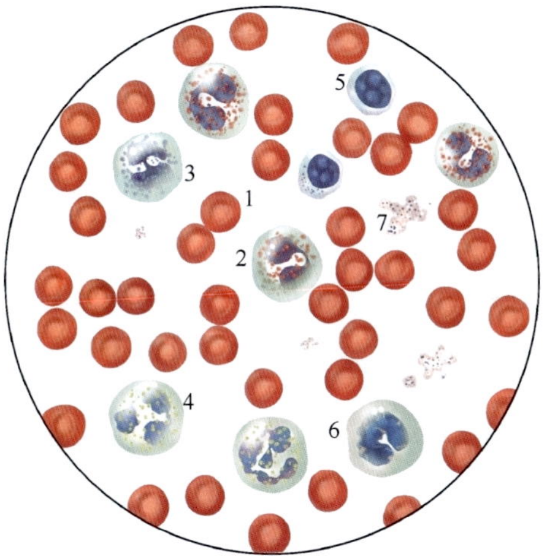

图3-24 各种血细胞

1. 红细胞；2. 嗜酸性粒细胞；3. 嗜碱性粒细胞；4. 中性粒细胞；5. 淋巴细胞；6. 单核细胞；7. 血小板

（二）血细胞的类型和结构

血细胞约占血液容积的45%，包括红细胞、白细胞和血小板。正常人血细胞有一定的形态结构，并有相对稳定的数量。通常采用Wright或Giemsa染色的血涂片，光镜下观察血细胞的形态结构（图3-24）。血细胞的分类和计数正常值，见表3-2。

表3-2 血细胞的分类和计数正常值

血细胞	正常值
红细胞	男：（4.0～5.5）×10^{12}/L
	女：（3.5～5.0）×10^{12}/L
白细胞	（4.0～10）×10^{9}/L
中性粒细胞	50%～70%
嗜酸性粒细胞	0.5%～3%
嗜碱性粒细胞	0～1%
淋巴细胞	25%～30%
单核细胞	3%～8%
血小板	（100～300）×10^{9}/L

1. 红细胞 直径7～8μm，呈双凹圆盘状，中央较薄，周缘较厚，故在血涂片标本中呈中央染色较浅、周缘染色较深。这种形态使它具有较大的表面积，有利于细胞内外气体的迅速交换。成熟红细胞无细胞核，也无细胞器，胞质内充满血红蛋白。正常成人血液中血红蛋白的含量，男性为120～150g/L，女性为110～140g/L。血红蛋白具有结合与运输O_2和CO_2的功能。

红细胞的平均寿命约120天。衰老的红细胞在经过脾和肝时，被巨噬细胞吞噬清除。网织红细胞是刚从骨髓进入血液的尚未完全成熟的红细胞。这些细胞内尚残留部分核糖体，用煌焦油蓝染色呈细网状。网织红细胞经过1～3天后完全成熟，核糖体消失。成年人网织红细胞占红细胞总数的0.5%～1.5%。网织红细胞的计数，对血液病的诊断和预后判定具有一定的临床意义。

链 接 贫血

贫血是各种原因导致的外周血红细胞容量低于正常的临床综合征，是指在一定容积的循环血液内红细胞计数、血红蛋白量及血细胞比容均低于正常标准者。其中以血红蛋白最为重要。一般成年男性血红蛋白低于120g/L，成年女性低于110g/L可诊断为贫血。一旦发现贫血，必须查明病因并进行治疗。按病因不同贫血可分为造血不良性、失血性和溶血性3类。

2. 白细胞 是有核的球形细胞，能做变形运动，具有防御和免疫功能。根据白细胞胞质内有无特殊颗粒分为有粒白细胞和无粒白细胞两类。根据特殊颗粒的染色性，有粒白细胞分为中性粒细胞、嗜酸性粒细胞和嗜碱性粒细胞。无粒白细胞分为单核细胞和淋巴细胞两种。

（1）中性粒细胞　是数量最多的白细胞。细胞呈球形，直径10～12μm。核的形态多样，有的呈腊肠状，称杆状核；有的呈分叶状，叶间有细丝相连，称为分叶核。细胞核一般分为2～5叶，正常人以2～3叶者居多。核分叶越多表明细胞越衰老，杆状核粒细胞则较幼稚。当机体受严重的细菌感染时，杆状核与2叶核的细胞增多，称为核左移；4～5叶核的细胞增多，称为核右移，说明骨髓造血功能发生障碍。

中性粒细胞的胞质染成粉红色，其中含有许多细小的颗粒，颗粒可分为嗜天青颗粒和特殊颗粒两种。嗜天青颗粒约占颗粒总数的20%，体积较大，着色略深，呈淡紫色，它是一种溶酶体，能消化吞噬细菌和异物。特殊颗粒约占颗粒总数80%，颗粒较小，淡红色，是一种内含溶菌酶、防御素等的分泌颗粒，具有杀菌作用。中性粒细胞具有很强的趋化作用和吞噬功能，主要吞噬细菌和异物。

（2）嗜酸性粒细胞　细胞呈球形，直径10～15μm，核常分2叶，胞质内充满粗大的嗜酸性颗粒，染成橘红色。嗜酸性颗粒内含溶酶体酶、阳离子蛋白、组胺酶、芳基硫酸酯酶等。嗜酸性粒细胞能做变形运动，并具有趋化性，能吞噬抗原-抗体复合物，释放的多种溶酶体酶有杀菌作用，阳离子蛋白对寄生虫有很强的杀灭作用。在发生过敏反应的部位，其释放的组胺酶能分解组胺，从而抑制过敏反应。因此，在患过敏性疾病或寄生虫病时，血液中嗜酸性粒细胞会增多。

（3）嗜碱性粒细胞　数量最少，细胞呈球形，直径10～12μm。胞核分叶或呈S形或不规则形，着色较浅。胞质内含有大小不等、分布不均的嗜碱性颗粒，瑞氏染色呈蓝紫色。颗粒内含有肝素、组胺、嗜酸性粒细胞趋化因子等，白三烯则存在于细胞基质内。嗜碱性粒细胞的功能显然与肥大细胞相似。

（4）淋巴细胞　血液中的淋巴细胞大部分为直径6～8μm的小淋巴细胞，小部分为直径9～12μm的中淋巴细胞，在淋巴组织中还有直径13～20μm的大淋巴细胞。小淋巴细胞的核呈圆形，一侧常有小凹陷，染色质致密呈块状，着色深，核占细胞的大部分，胞质很少，在核周成一窄缘，嗜碱性，染成蔚蓝色。中淋巴细胞的核染色质较疏松，着色较浅，胞质较多，胞质内含有嗜天青颗粒。

根据发生来源、形态特点和免疫功能等方面的不同，淋巴细胞可分为胸腺依赖淋巴细胞（T细胞）、骨髓依赖淋巴细胞（B细胞）和自然杀伤细胞（NK细胞）3类。

（5）单核细胞 是白细胞中体积最大的细胞，直径14～20μm，呈圆形或椭圆形，细胞核形态多样，呈卵圆形、肾形、马蹄形或不规则形等，染色质颗粒细而松散，着色较浅；胞质丰富，呈弱嗜碱性，染成灰蓝色，胞质内含许多细小的嗜天青颗粒，即溶酶体。单核细胞具有活跃的变形运动和一定的吞噬功能。单核细胞在血流中停留12～48小时，然后进入结缔组织或其他组织，分化为巨噬细胞等具有吞噬功能的细胞。

3. 血小板 是骨髓中巨核细胞胞质脱落下来的小块细胞质，直径2～4μm，呈双凸扁盘状；当受到刺激时，则伸出突起，呈不规则形。在血涂片中，血小板往往聚集成群。血小板中央部有蓝紫色的血小板颗粒，称颗粒区，周边部呈均质浅蓝色，称透明区。血小板的主要功能是参与止血和凝血。血小板寿命为7～14天。

（三）血细胞的发生

血细胞发生是造血干细胞经增殖、分化直至成为各种成熟血细胞的过程（图3-25）。

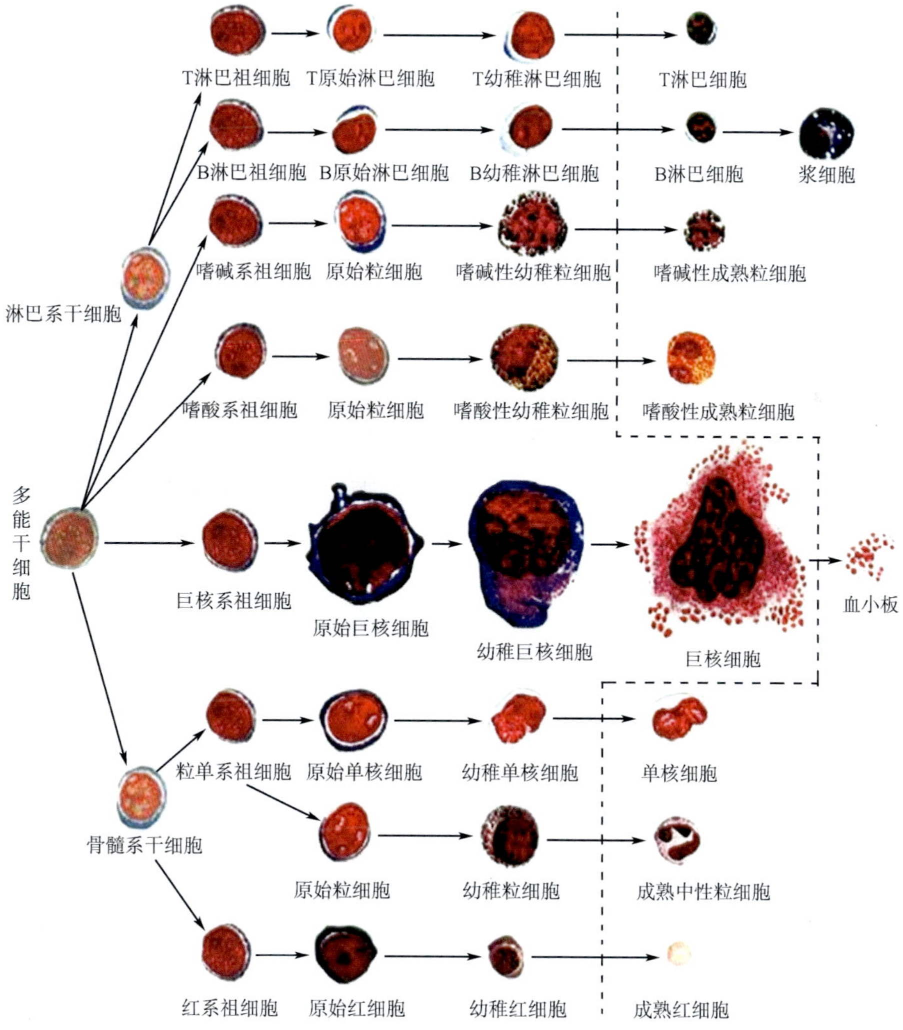

图3-25 血细胞发生示意图

1. 造血干细胞 是生成各种血细胞的原始细胞，又称多能干细胞。最早是在胚胎卵黄囊壁的血岛生成，胚胎第6周，从卵黄囊迁入肝的造血干细胞开始造血，第4～5个月脾内造血干细胞增殖分化产生各种血细胞。从胚胎后期至生后终身，骨髓成为主要的造血器官。造血干细胞还能通过自我复制来保持造血干细胞的特性和恒定的数量。

2. 造血祖细胞 是由造血干细胞分化而来的分化方向确定的干细胞，也称定向干细胞。能向1个或几个血细胞系定向增殖分化。

3. 血细胞发生过程的形态变化规律 血细胞的发生是一个连续发展过程，各种血细胞的发育大致可分为3个阶段：原始阶段、幼稚阶段（又分早、中、晚3期）和成熟阶段。血细胞发生过程中形态变化有一定的规律：①胞体由大变小。②胞核由大变小，红细胞的核最后消失，粒细胞的核由圆形逐渐变成杆状乃至分叶，染色质由细而疏逐渐变成粗而密，核仁由有到无。③胞质的量由少变多，胞质嗜碱性逐渐变弱，胞质内的特殊结构如红细胞中的血红蛋白、粒细胞中的特殊颗粒均由无到有，逐渐增多。④细胞分裂能力从有到无。

第3节 肌 组 织

肌组织主要由具有收缩功能的肌细胞组成，肌细胞间有少量结缔组织、血管和神经。肌细胞形态呈细长纤维状，又称肌纤维。肌纤维的细胞膜也称肌膜，细胞质称为肌浆，肌浆中含有大量密集排列的肌丝（图3-26），其排列方向与细胞长轴平行。肌丝是肌纤维收缩和舒张活动的物质基础。根据肌组织的形态、结构和功能特点，将其分为3类：骨骼肌、心肌和平滑肌。骨骼肌和心肌有明显的横纹，属横纹肌；骨骼肌受躯体神经支配，属随意肌；心肌和平滑肌受自主神经支配，属不随意肌。

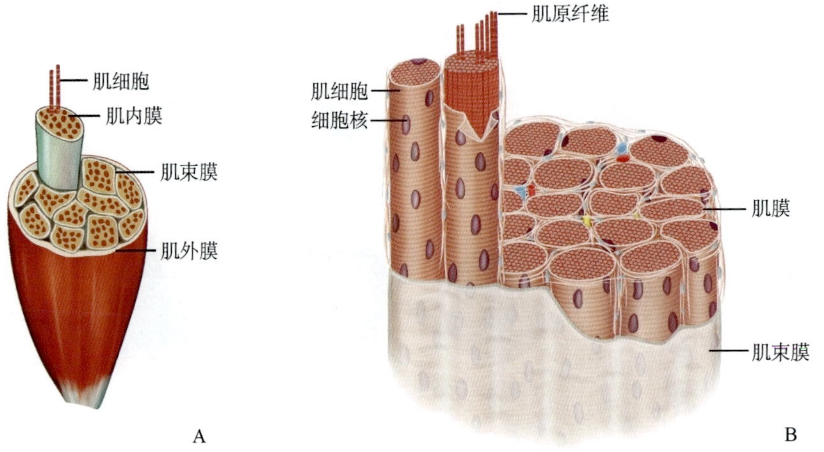

图3-26 骨骼肌结构模式图

A. 骨骼肌低倍示意图；B. 一个肌束高倍示意图

案例 3-3

患者，男，19岁。2天前有剧烈运动，1天前出现全身不适、肌肉疼痛、乏力和头晕，双下肢肿胀，不能行走，休息后未见好转，小便呈茶色，无呼吸困难、心悸和意识障碍。临床诊断：横纹肌溶解症。

问题：1. 该患者出现茶色尿的原因是什么？

2. 疾病进展过程中，肌组织发生了哪些形态结构的变化？

一、骨 骼 肌

骨骼肌分布于头、颈、躯干和四肢，借肌腱附着在骨骼上。整块肌肉外包裹的结缔组织形成肌外膜。肌外膜包裹着若干肌束，其伸入肌肉内分隔和包绕大小不等的肌束形成肌束膜，每条肌纤维外周包裹的少量结缔组织称为肌内膜。骨骼肌受意识支配，为随意肌，收缩迅速而有力，但容易疲劳。

（一）骨骼肌的光镜结构

骨骼肌纤维呈细长的圆柱状，直径10～100μm，长1～40mm，最长可达10cm。细胞核为扁椭圆形，染色较浅，数量较多，一条肌纤维内含有几十个甚至几百个细胞核，它们靠近肌细胞周边，存在于肌膜下方（图3-27）。肌质内含有丰富的肌原纤维，大量线粒体、糖原、脂滴和肌红蛋白等位于肌原纤维之间。肌原纤维与肌纤维长轴平行，也呈细丝状。光镜下每条肌原纤维上均有明暗相间的横纹。因为每个肌细胞内的所有肌原纤维的明带和暗带都相应地排列在同一平面上，所以骨骼肌纤维呈现出明暗相间的横纹，故称横纹肌。明带指肌原纤维上染色较浅的部位，又称I带，宽约0.8μm；暗带则为染色较深的部分，又称A带，宽约1.5μm。在暗带中央存在1条浅色窄带，称为H带。明带中央有1条深色的Z线，暗带中H带的中央也有1条深色的M线。相邻两条Z线之间的一段肌原纤维称为肌节，每个肌节包括1/2 I带+A带+1/2 I带。肌节是肌原纤维结构和功能的基本单位（图3-28），也是骨骼肌收缩和舒张活动的结构基础。

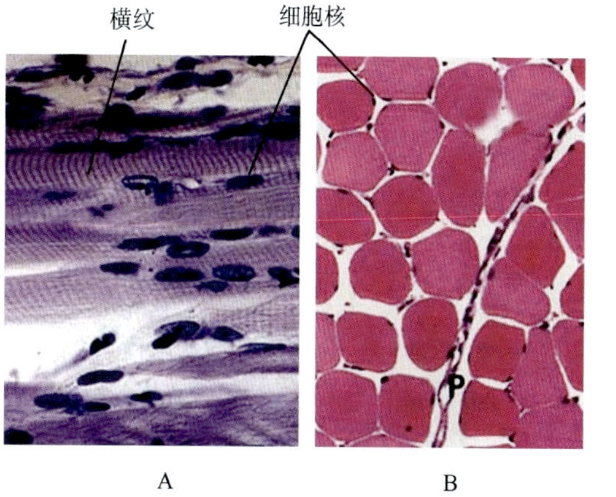

图3-27 骨骼肌纵切面与横切面示意图

A. 纵切面；B. 横切面

（二）骨骼肌的超微结构

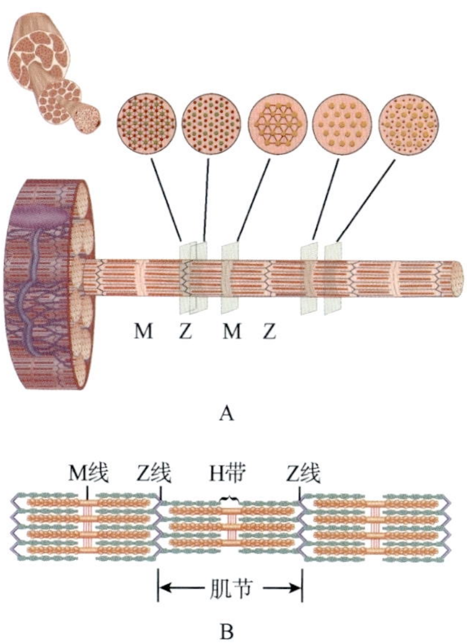

图3-28 骨骼肌肌原纤维分子结构模式图

A. 肌丝不同部位的横切面；B. 肌节的纵切面

1. 肌原纤维 由粗、细两种肌丝有规律地平行排列构成。粗肌丝位于A带，中央附着于M线，两端游离；细肌丝一端附着于Z线，另一端伸入粗肌丝之间，到达H带的外侧。明带内仅有细肌丝，H带内只有粗肌丝，H带两端的暗带内既有粗肌丝又有细肌丝（图3-28）。

（1）粗肌丝 分子结构是由肌球蛋白构成。肌球蛋白形如豆芽，分为头部和杆部，可以屈曲转动。M线两侧的肌球蛋白分子对称排列，杆部朝向M线，头部朝向Z线并突出于粗肌丝表面形成横桥。肌球蛋白分子的头部本质是一种三磷酸腺苷酶，能与三磷酸腺苷结合。当横桥与肌动蛋白接触时，三磷酸腺苷酶被激活，水解三磷酸腺苷，释放出能量，横桥随之发生屈曲转动，带动肌动蛋白的运动。

（2）细肌丝 分子结构是由肌动蛋白、原肌球蛋白和肌钙蛋白3种分子构成。肌动蛋白由两列呈球形的肌动蛋白单体构成，相互缠绕成串珠状双股螺旋链，每个单体上均有与肌球蛋白头部结合的位点。原肌球蛋白是由较短的双股螺旋多肽链构成，首尾相连，嵌于肌动蛋白双股螺旋链的浅沟内。

2. 横小管 为肌膜向肌浆内凹陷形成的小管，亦称T小管，与肌膜表面垂直。人和哺乳动物的横小管位于明带与暗带交界处（图3-29，图3-30）。横小管的作用是将肌膜的兴奋迅速传至每个肌节。

3. 肌质网 是肌纤维内特化的滑面内质网，又称纵小管，其沿肌纤维长轴纵行排列并环绕肌原纤维。肌质网位于横小管之间，分支互相吻合（图3-29，图3-30）。横小管两侧的肌质网扩大呈环形扁囊状，称终池，终池内含有大量的钙离子，故又称为钙池。每条横小管与其两侧的终池合称为三联体。肌质网的膜上有钙通道和钙泵蛋白，当电兴奋传递过来时，钙通道开放，钙泵蛋白发挥功能从而调节肌浆中钙离子的浓度。

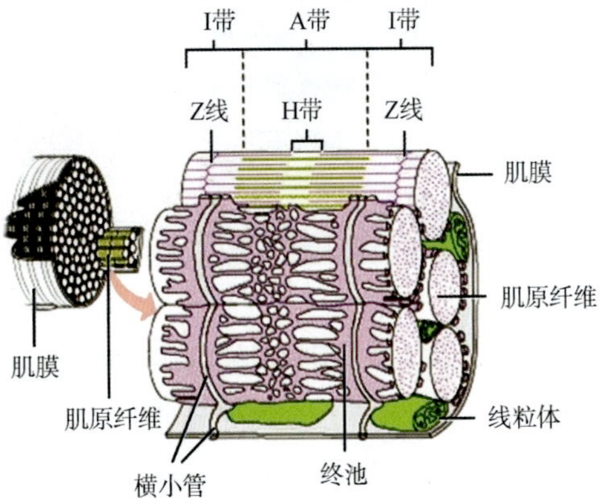

图3-29 肌纤维放大模式图

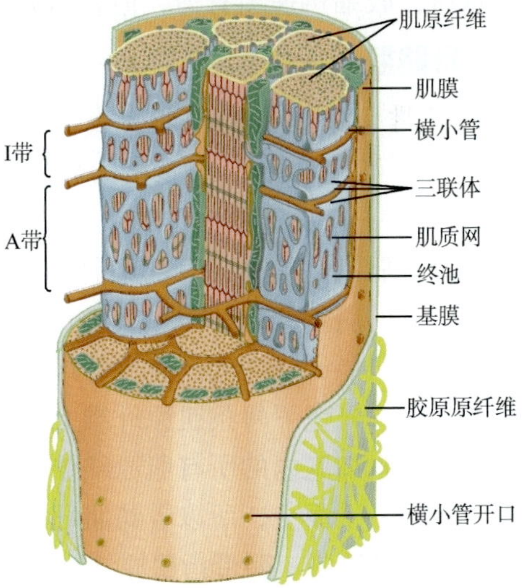

图3-30 骨骼肌纤维超微结构立体模式图

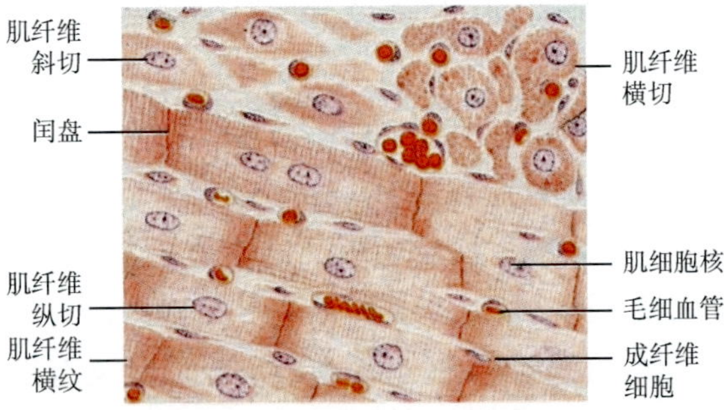

图3-31 心肌光镜结构模式图

二、心 肌

心肌主要分布于心壁上，其收缩和舒张具有自动节律性，缓慢而持久，不易疲劳，不受自主意识支配，属不随意肌。

（一）心肌的光镜结构

心肌纤维呈短柱状，长80～200μm，直径10～20μm，多数有分支，并相互连接成网状。心肌纤维间的连接处称闰盘。在HE染色的标本中闰盘着色较深，呈横行或阶梯状粗线（图3-31）。心肌纤维的细胞核为卵圆形，一般为1～2个，位于肌纤维中央。心肌细胞肌质较为丰富，含有线粒体、糖原和脂褐素等。心肌纤维虽有横纹，但不如骨骼肌明显；肌原纤维较骨骼肌少，多在外周部呈放射状分布。

（二）心肌的超微结构

心肌纤维内的粗肌丝与细肌丝在肌节内的排列分布与骨骼肌纤维相似，横小管和肌质网等结构亦存在于心肌纤维内（图3-32）。心肌纤维的超微结构有如下特点：①大量肌丝形成粗细不等的肌丝束，不含有明显的肌原纤维和横纹。②横小管较骨骼肌的粗，位于Z线水平。③肌质网不发达，纵小管稀疏，终池小而扁，数量还少，横小管与一侧的终池共同形成二联体，三联体极少见。④闰盘位于Z线水平，此处心肌纤维肌膜伸出许多突起，这些突起相互嵌合，呈阶梯状，可增加细胞间的连接；闰盘的横向连接部分存在中间连接和桥粒，纵向连接部分有缝隙连接，有利于细胞间信息传递，这对心肌纤维同步活动具有十分重要的作用。⑤心房肌纤维除有收缩和舒张功能外，还兼具内分泌功能，胞质内含有分泌颗粒，可分泌心房钠尿肽，其有排钠、利尿和扩张血管、降低血压的作用。

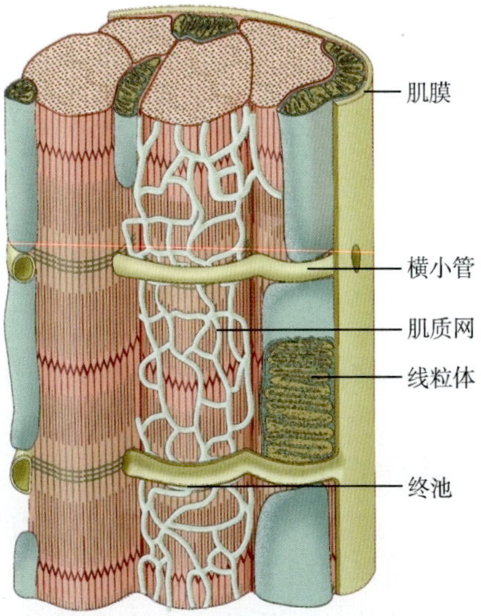

图3-32 心肌纤维超微立体结构模式图

链 接 心肌梗死

心肌梗死（myocardial infarction，MI）指心肌缺血性坏死。为在冠状动脉病变（如粥样硬化）的基础上，发生冠状动脉血流不畅或中断，因严重而持久地急性缺血导致的心肌坏死。由于心肌纤维再生能力极弱，心肌坏死处结缔组织增生，形成瘢痕，此时称为陈旧性心肌梗死。急性心肌梗死的临床表现有持续性胸骨后剧烈疼痛、发热和白细胞计数增高等，甚至出现心力衰竭、休克及死亡。

三、平 滑 肌

平滑肌广泛分布在内脏器官和血管壁，受内脏运动神经支配，其舒缩亦缓慢而持久，也属于不随意肌。

（一）平滑肌的光镜结构

平滑肌纤维呈长梭形，无横纹，无肌原纤维。只含一个细胞核，呈长椭圆形或杆状，位于肌细胞的中央（图3-33），细胞核两端的肌质较丰富。不同器官的平滑肌纤维长短不一，如较短的小血管壁平滑肌短至20μm，而较长的妊娠子宫平滑肌可长达500μm。平滑肌纤维可单独存在，但多数成束或成层分布，其间有结缔组织、血管、神经和淋巴管等分布。

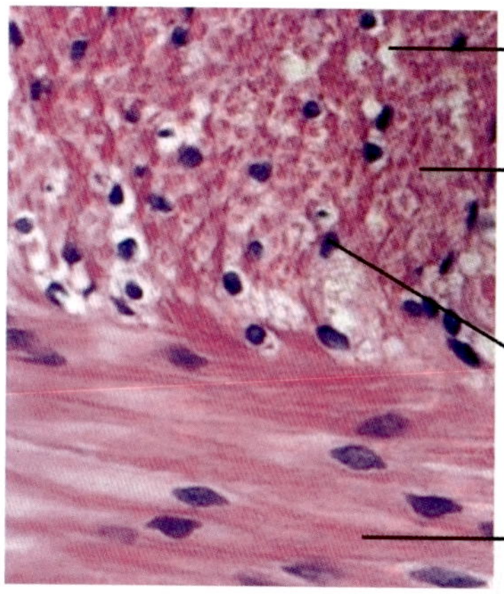

图3-33 平滑肌的横切面与纵切面

（二）平滑肌的超微结构

平滑肌细胞的肌膜向内凹陷形成众多小凹，相当于横纹肌的横小管。肌质网数量少，呈稀疏的小管状，分布在肌膜下近小凹处。平滑肌细胞不形成明显的肌节结构。平滑肌的细胞骨架系统较为发达，主要由密斑、密体和中间丝构成，中间丝连接密斑和密体。密斑位于肌膜内面，为细肌丝附着点；密体位于胞质内，是细肌丝和中间丝的附着点。平滑肌细胞肌质内含有粗肌丝和细肌丝，细肌丝一端附着于密斑或密体上，另一端游离。粗肌丝均匀地分布于细肌丝之间。若干条粗、细肌丝聚集形成肌丝单位，又称收缩单位。相邻平滑肌细胞之间有缝隙连接，有利于细胞间的信息传递，从而使众多平滑肌同步收缩，形成功能整体。

第4节 神 经 组 织

案例3-4

患者，男，17岁，2个月前双侧眼睑下垂，抬眼无力，眼球外肌运动障碍，下午及晚上明显，清晨较轻，未重视。1个月前出现四肢乏力，靠搀扶行走，咀嚼困难，仅能进食流质或半流质食物，说话口齿不清，音量逐渐变小，吞咽困难，饮水呛咳，严重时可出现呼吸困难。临床诊断：重症肌无力。

问题：1. 用所学知识解释患者出现肌无力的原因。

2. 患者疾病严重时，如出现呼吸肌麻痹，应该如何护理？

神经组织由神经细胞和神经胶质细胞组成。神经细胞又称神经元，是神经系统结构和功能的基本单位，具有接受刺激、传导冲动和整合信息的功能。神经胶质细胞在神经组织内起支持、保护、绝缘和营养等作用。

一、神经元

（一）神经元的形态结构

神经元形态多样，由胞体和突起两部分构成（图3-34）。

1. 胞体 是神经细胞的代谢和营养中心，位于中枢神经系统的灰质和周围神经系统的神经节内。胞体的形态不一，可呈球形、星形和锥体形等；胞体大小差异很大，直径4～120μm；细胞核大而圆，居中，染色浅，核仁大而明显（图3-35）；细胞质内不仅含有一般的细胞器和发达的高尔基复合体，还具有丰富的尼氏体和神经原纤维。

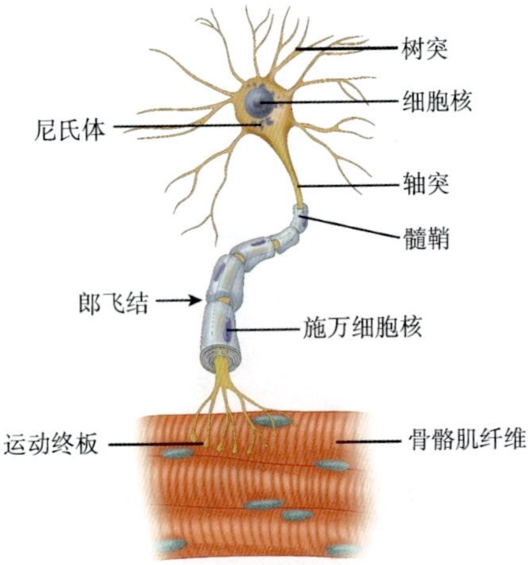

图3-34 神经元模式图

（1）尼氏体 又称嗜染质，为胞质内的一种嗜碱性物质，光镜下呈嗜碱性的团块状或颗粒状，电镜下发现尼氏体由大量平行排列的粗面内质网和游离核糖体构成，其主要功能为合成蛋白质。

（2）神经原纤维 光镜下镀银染色切片中胞质内可见许多棕黑色细丝状的神经原纤维，它们互相交织成网，并可伸入树突和轴突。电镜下可见神经原纤维是由排列成束的神经丝和微管聚集而成，它们构成神经元的细胞骨架，起支持作用，还可参与物质的运输（图3-36）。

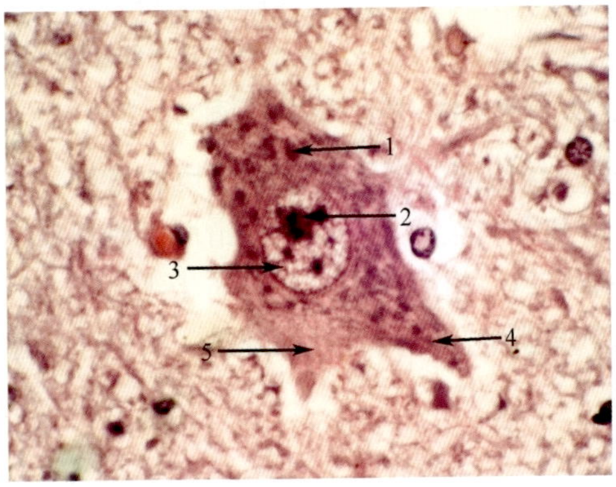

图3-35 神经元光镜图（尼氏染色）

1. 尼氏体；2. 核仁；3. 细胞核；4. 树突；5. 轴突

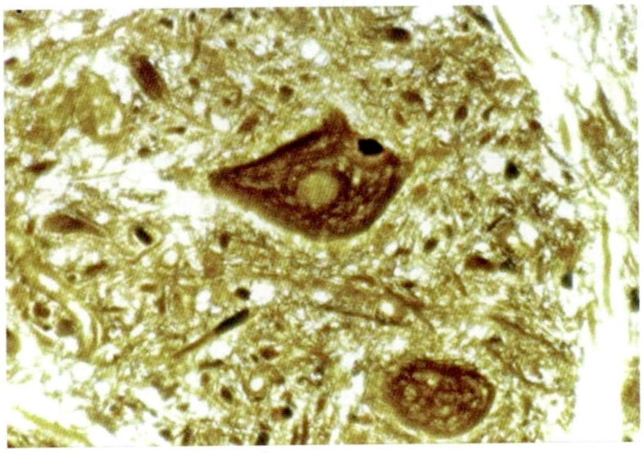

图3-36 神经元光镜图（镀银染色）

2. 突起 根据形态、数量和长短的不同，突起可分为树突和轴突。

（1）树突 每个神经元有1个或多个树突。树突多呈树状分支，其分支上常有棘状小突起，称树突棘，其增大了神经元接受刺激的表面积，同时也是神经元之间形成突触的主要部位。树突的功能主要是接受刺激，并将兴奋传递至胞体。

（2）轴突 每个神经元只有1个轴突，由胞体发出，短者仅数微米，长者可达1m多。轴突呈细索状，表面光滑，分支较少，可见侧支呈直角分出；轴突末端的分支较多，形成轴突终末。轴突终末可与其他神经元的胞体或树突接触，也可与其他器官组织接触，参与组成效应器。轴突自胞体发出的部位常呈圆锥形，称轴丘，其内无尼氏体，光镜下为一染色浅的圆锥形区域。轴突的细胞膜称轴膜，细胞质称轴质。因为轴突内无嗜染质和高尔基复合体，缺乏合成蛋白质的细胞器，所以轴突代谢所需的物质及神经递质等需要经过轴质运输，称为轴突运输，其分为快速轴突运输和慢速轴突运输。由胞体运向轴突终末的过程称为顺向轴突运输，反之称为逆向轴突运输。某些病毒和毒素，如狂犬病毒、破伤风毒素等，可通过逆向运输迅速侵入神经元的胞体。轴突的功能是传导神经冲动，将胞体传出的兴奋传递给另一个神经元或效应器。

（二）神经元的分类

1. 根据神经元突起的数量分类

（1）多极神经元　有1个轴突和多个树突，是体内数量最多的一类神经元。

（2）双极神经元　有1个树突和1个轴突，常分布于视网膜、嗅黏膜和耳蜗神经节。

（3）假单极神经元　从胞体发出1个突起，离开胞体不远处立即分为两支，一支进入中枢神经系统，称中枢突；另一支分布到外周其他组织或器官，称周围突（图3-37）。依据这两个突起神经冲动的传递方向判断中枢突为轴突，周围突是树突。

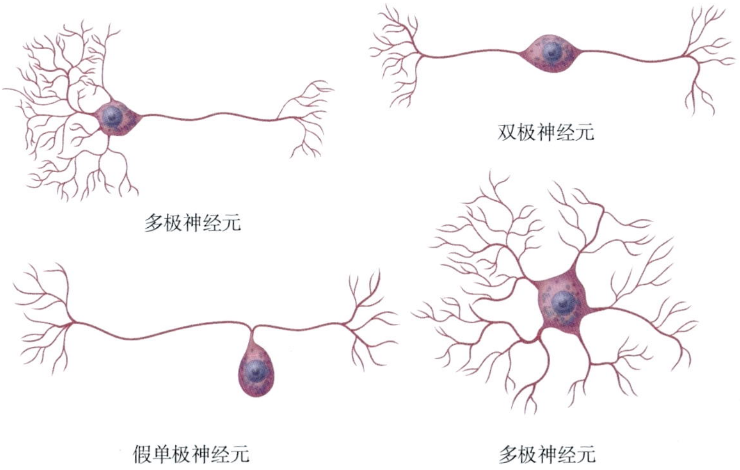

图3-37　根据突起数量分类的神经元

2. 根据神经元的功能分类

（1）感觉神经元　又称传入神经元，多为假单极神经元，胞体主要分布于脑、脊髓和脊神经节内，其周围突的末梢分布在皮肤和肌肉等处，接受刺激，将体内、外环境的各种信息自周围传向中枢。

（2）运动神经元　又称传出神经元，多为多极神经元，胞体主要分布于脑和脊髓的灰质及内脏神经节内，将神经冲动自中枢传向周围的神经元或传递给肌肉及腺体，产生效应。

（3）中间神经元　又称联络神经元，多为多极神经元，介于前两种神经元之间（图3-38），起信息加工和传递作用。人类的神经系统中此类神经元数量最多，在中枢神经系统内形成复杂的网络，是人类学习、记忆和思维的基础。

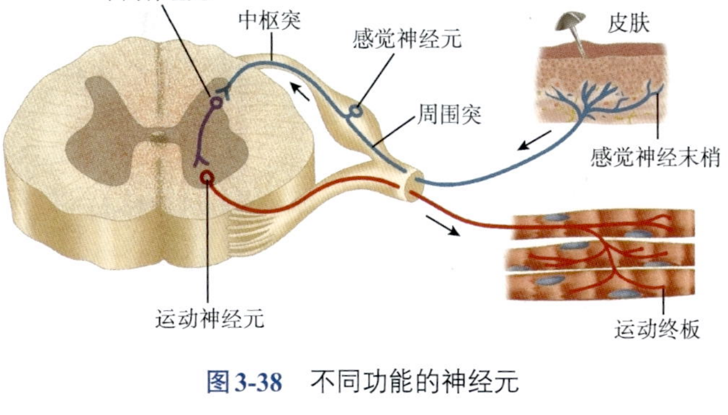

图3-38　不同功能的神经元

3. 根据神经元释放的神经递质的化学性质分类 分为胆碱能神经元、胺能神经元、氨基酸能神经元和肽能神经元。

另外还有一些其他的分类方法，在此就不逐一介绍了。总之，以上几种不同分类方法对同一种神经元是可以重叠的，如脊髓前角的神经元，可以归类入多极神经元、运动神经元和胆碱能神经元等。

（三）突触

突触是神经元与神经元之间，或神经元与非神经元之间的一种特化的细胞连接。依据神经冲动在突触传导的方向，突触可分为轴-树突触、轴-体突触和轴-轴突触。依据兴奋传导方式不同，突触可分为化学性突触和电突触两大类。化学性突触以神经递质作为传递信息的媒介，是最常见的连接方式；电突触即缝隙连接，以电流变化传递信息。

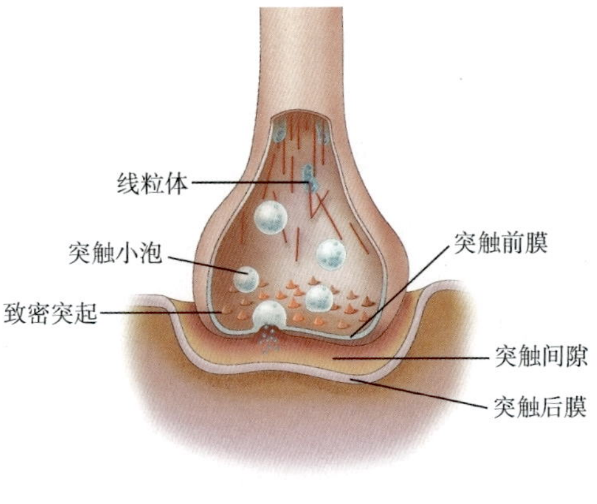

图3-39 化学性突触超微结构示意图

电镜下，化学性突触从前向后可分为3部分（图3-39）。

1. 突触前成分 是突触前神经元轴突终末的膨大部分，该处的轴突膜为突触前膜，突触前膜内的细胞质内含有许多突触小泡和少量线粒体、微管等，突触小泡形态不一，内含多种神经递质，如乙酰胆碱、去甲肾上腺素和多巴胺等。当突触小泡向突触前膜移动并与之融合时，能将神经递质释放入突触间隙。

2. 突触后成分 是后一个神经元或效应细胞上与突触前成分相对应的部分。与突触前膜相接触部位的膜增厚部分为突触后膜。其上有离子通道和特异性受体，能与相应的神经递质结合而使突触后膜产生兴奋或抑制，进而影响所支配的效应细胞的活动。

3. 突触间隙 位于突触前膜和突触后膜之间的狭窄间隙。

当兴奋传至突触前膜时，突触小泡向突触前膜移动，突触小泡紧贴突触前膜，通过出胞作用释放神经递质进入突触间隙，部分神经递质与突触后膜上的特异性受体结合后发挥生理效应，并将信息传递给后一个神经元或效应细胞。

链 接 肌萎缩侧索硬化症

肌萎缩侧索硬化症（amyotrophic lateral sclerosis，ALS），人们常称为渐冻症，指由于上运动神经元和下运动神经元发生病变导致其支配的躯干、四肢和头面部肌肉的逐渐无力和萎缩，是一种慢性、进行性变性疾病。常表现为上、下运动神经元合并受损所致的进行性加重的骨骼肌无力、肌萎缩、肌束颤动和延髓麻痹等症状。

（四）神经纤维和神经

1. 神经纤维 由神经元的长轴突及其外周的神经胶质细胞共同构成。根据外包的神经胶质细胞是否形成髓鞘分为有髓神经纤维和无髓神经纤维两种类型。神经纤维的功能是在轴膜上传导神经冲动。

（1）有髓神经纤维 神经元的轴突或长突起构成神经纤维的中轴，称轴索。有髓神经纤维的轴索外包有髓鞘，其由少突胶质细胞或施万细胞的细胞膜呈同心圆样包卷轴索形成（图3-40）。施万细胞最外面的一层细胞膜

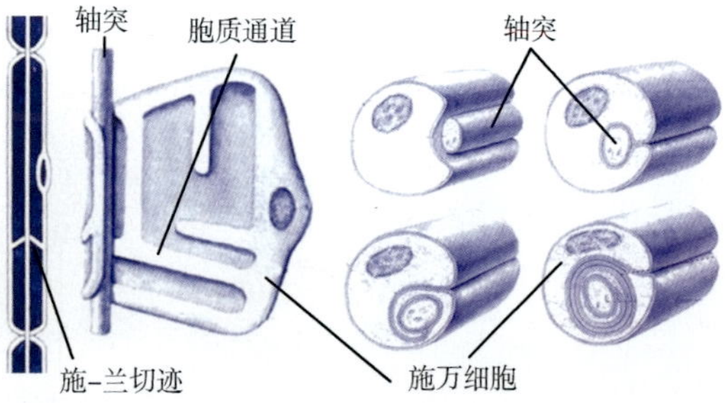

图3-40 施万细胞与髓鞘的形成

与基膜共同组成神经膜。髓鞘和神经膜具有节段性，节段与节段之间的缩窄部称神经纤维节，又称郎飞结，此处无髓鞘。相邻两个郎飞结之间的由1个施万细胞包裹的1段轴索称为结间体。髓鞘具有保护和绝缘作用，郎飞结处轴膜裸露，暴露于细胞的外环境，该处电阻低，故神经冲动沿郎飞结传递，从一个郎飞结跳到下一个郎飞结，呈跳跃式传导，传导速度较快。

（2）无髓神经纤维　周围神经系统的无髓神经纤维由较细的轴突和其外包裹的施万细胞（神经膜细胞）构成。施万细胞沿轴突连续排列，但不形成髓鞘，无郎飞结。1个施万细胞可包裹许多条轴突，施万细胞外也包有基膜。中枢神经系统的无髓神经纤维的轴突外面没有包裹任何髓鞘，为裸露的轴突。无髓神经纤维不含髓鞘和郎飞结，神经冲动沿轴突膜连续传导，因此其传导速度较有髓神经纤维慢得多。

2. 神经　周围神经系统中许多功能相关的神经纤维聚集成束，与其周围的血管、淋巴管和结缔组织，共同构成神经，分布到全身各器官和组织。每条神经通常含若干条神经纤维束，每条神经纤维束又含多条神经纤维；神经、神经纤维束和神经纤维表面都有结缔组织包裹，这些结缔组织分别称为神经外膜、神经束膜和神经内膜。大多数肉眼可见的神经为混合神经，同时包含感觉、运动和自主神经纤维（图3-41）。

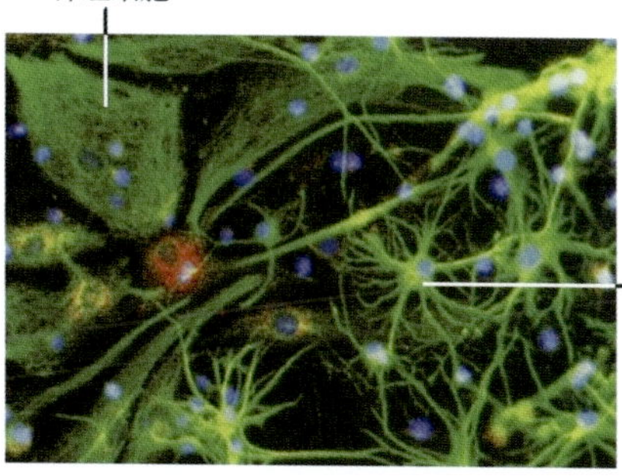

图3-41　神经细胞和神经胶质细胞光镜结构图

（五）神经末梢

神经末梢是周围神经纤维的终末部分，其在全身各组织或器官内形成感受器或效应器。按其功能可分为感觉神经末梢和运动神经末梢两类（图3-42）。

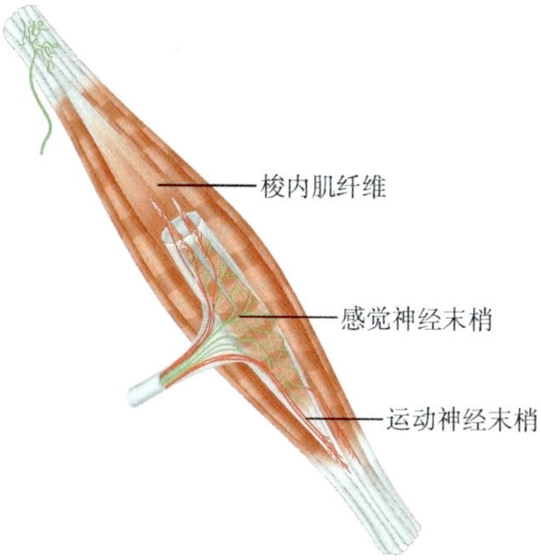

图3-42　感觉神经末梢和运动神经末梢

1. 感觉神经末梢　是感觉神经元周围突的终末部分，与其周围组织共同构成感受器。它具有接受刺激并将刺激转化为神经冲动，传向中枢从而产生感觉的功能。根据其形态结构分为两类。

（1）游离神经末梢　有髓或无髓神经纤维的终末失去神经膜细胞，反复分支，以裸露的分支分布于表皮、角膜、毛囊上皮细胞间或结缔组织内等部位，感受冷热、轻触及疼痛等刺激。

（2）有被囊神经末梢　由神经纤维的终末外面包裹结缔组织被囊构成。有被囊神经末梢种类很多，常分为3类。①触觉小体：多呈椭圆形，长轴与皮肤表面垂直，外包裹有结缔组织囊，小体内有许多横列的扁平细胞。有髓神经纤维进入被囊前脱髓鞘，轴突分成细支盘绕在扁平细胞间，有感受触觉的功能。多分布在手指掌侧、足趾底面皮肤的真皮乳头层。②环层小体：呈圆形或椭圆形，大小不一，大的肉眼可见。被囊由数十层呈同心圆排列的扁平细胞构成。小体中央可见一条均质状的圆柱体，有髓神经纤维裸露的轴突穿行于此圆柱体内。环层小体的功能是感受压觉和振动觉。多分布在皮下组织及内脏结缔组织中，如肠系膜、韧带和关节囊等处。③肌梭：呈梭形，分布于骨骼肌纤维之间。外包裹结缔组织被膜，内含数条细小的骨骼肌纤维，称梭内肌纤维。裸露的神经纤维分支呈环状包绕梭内肌纤维的两端。肌梭为本体觉感受器，主要感受肌纤维的伸缩变化，使机体产生各部位姿势和位置状态的感觉，在调节骨骼肌的活动中起重要作用。

2. 运动神经末梢　是运动神经元的轴突分布在肌组织和腺体内的终末结构，其与周围组织共同构成效应器，支配肌纤维的收缩或腺体的分泌。根据其分布部位可分为两类。

（1）躯体运动神经末梢　为支配骨骼肌的运动神经末梢。轴突终末分支抵达骨骼肌时失去髓鞘，反复分支，每一个分支终末形成纽扣状膨大与骨骼肌纤维建立突触连接，连接区形成椭圆形板状隆起，称为运动终板或神经-肌肉连接（图3-43），其超微结构为化学性突触。一个神经元的终末分支可支配多条肌纤维，形成多个运动终板。

（2）内脏运动神经末梢　分布于内脏及血管的平滑肌、心肌和腺体等处。为内脏运动神经节后纤维的轴突终末部分，此类神经纤维较细，轴突终末分支呈小结状或串珠状，与心肌纤维、平滑肌纤维和腺体细胞建立突触。

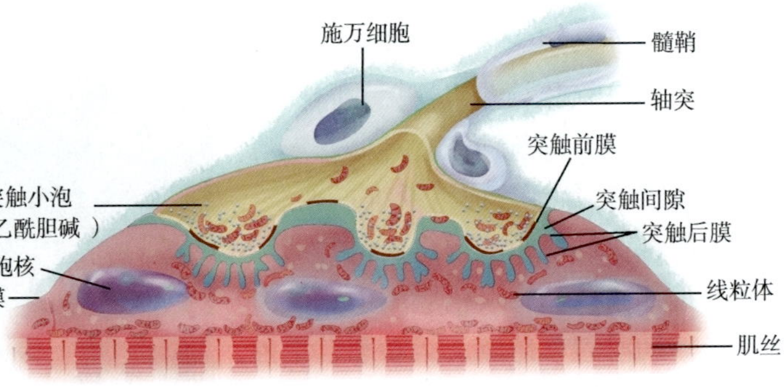

图3-43　运动终板超微结构模式图

二、神经胶质细胞

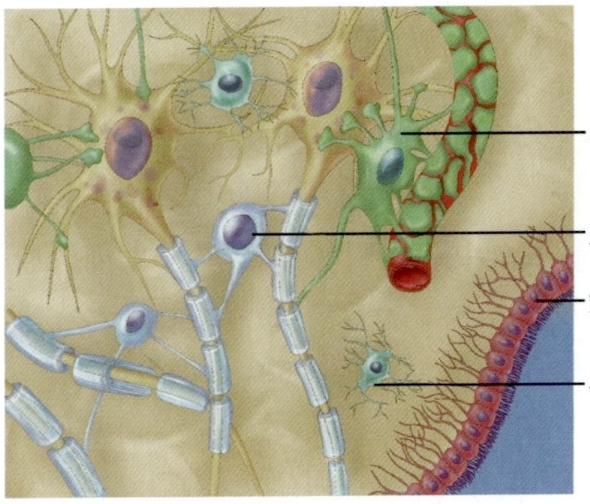

图3-44　胶质细胞模式图

神经胶质细胞简称胶质细胞，广泛分布于神经元之间，数量是神经元的10～50倍。胶质细胞存在突起，但没有树突与轴突之分，没有传导神经冲动的功能。它们令神经元彼此隔离，保证神经元只在突触处相互接触，起到绝缘的作用。此外，还具有营养、保护和支持等作用。

（一）中枢神经系统的神经胶质

1. 星形胶质细胞　是胶质细胞中数量最多、体积最大的一种，在HE染色标本上胞体呈星形，核为圆形或卵圆形，胞质染色浅（图3-44）。星形胶质细胞的突起充填于神经元胞体及其各种突起之间，起支持和绝缘作用；它的另一些突起与血管接触，末端膨大形成脚板，贴附于毛细血管壁上，参与构成血脑屏障的神经胶质膜或在脑和脊髓表面形成胶质界膜；星形胶质细胞可分泌神经营养因子，当神经系统受损伤时，星形胶质细胞参与形成胶质瘢痕。

星形胶质细胞分为两种，即纤维性星形胶质细胞和原浆性星形胶质细胞。纤维性星形胶质细胞多分布于脑和脊髓的白质内，突起分支少，胞质内富含胶质丝，其由胶质原纤维酸性蛋白（GFAP）构成，因GFAP仅存在于星形胶质细胞中，故可作为其特异性的标志染色物。原浆性星形胶质细胞多分布于脑和脊髓的灰质内，突起分支多且粗短，胞质内胶质丝较少。

2. 少突胶质细胞　在HE染色标本上体积较小，细胞核呈圆形，染色较深。在银染色标本中，细胞突起细而少，分支也少，突起末端呈同心圆样包绕神经元的轴突形成髓鞘，在中枢神经系统中参与髓鞘形成。其可分泌一些抑制因子，抑制再生神经元突起的生长。少突胶质细胞多分布于中枢神经系统白质纤维之间和灰质神经元胞体的周围。

3. 小胶质细胞 是胞体最小的胶质细胞，数量较少，在HE染色标本上细胞核呈三角形或椭圆形，染色较深。在银染色标本上可见其突起细长有分支，表面有许多小棘突。小胶质细胞具有吞噬功能，当中枢神经系统损伤时，可吞噬细胞碎屑及退化变性的髓鞘。其主要分布于中枢神经系统的灰质内。

4. 室管膜细胞 在HE染色标本上细胞呈立方形或柱形，呈单层分布于脑室和脊髓中央管的腔面，称为室管膜，可防止脑脊液直接进入脑和脊髓组织，起到支持和保护的作用，还可参与脑脊液的形成。

（二）周围神经系统的神经胶质

1. 神经膜细胞 又称施万细胞，细胞呈薄片状，胞质少，排列成串，依次接替包绕周围神经纤维的轴突，形成髓鞘，故称之为周围神经系统的髓鞘生成细胞。其在神经纤维的再生过程中也有重要作用。

2. 卫星细胞 包裹在神经节细胞胞体周围，呈扁平或立方形，又称被囊细胞，对神经节细胞起保护作用。

自 测 题

一、名词解释

1. 内皮 2. 骨单位 3. 肌节 4. 尼氏体 5. 突触

二、填空题

1. 单层被覆上皮根据细胞的形态，可分为________、________、________和________。
2. 人体的基本组织分4类，即__________、__________、________和________。
3. 血细胞由________、________和________3部分构成。
4. 肌组织有3种，分别是________、________和________。
5. 星形胶质细胞可分为________、________、________和________。

三、单项选择题

1. 下列哪项不属于被覆上皮的特点（　　）
   A. 细胞多、细胞排列紧密
   B. 细胞间质多，纤维少
   C. 上皮细胞有极性
   D. 有神经末梢分布
   E. 无血管
2. 疏松结缔组织中的巨噬细胞来源于血液中的（　　）
   A. 中性粒细胞　B. 单核细胞
   C. 淋巴细胞　D. 血小板
   E. 嗜酸性粒细胞
3. 下列关于软骨的描述错误的是（　　）
   A. 软骨细胞位于软骨囊内
   B. 透明软骨分布于关节软骨、肋软骨
   C. 弹性软骨的纤维成分主要是弹性纤维
   D. 纤维软骨含有大量粗大的胶原纤维束
   E. 软骨纤维的成分和含量取决于软骨的类型
4. 血液中与肥大细胞功能相似的血细胞是（　　）
   A. 中性粒细胞　B. 嗜酸性粒细胞
   C. 嗜碱性粒细胞　D. 单核细胞
   E. 淋巴细胞
5. 关于成熟红细胞的叙述，错误的是（　　）
   A. 为双凹圆盘状
   B. 无细胞器
   C. 细胞核圆形
   D. 胞质中充满血红蛋白
   E. 具有运输O_2和CO_2的功能
6. 对于心肌的描述，正确的是（　　）
   A. 由心肌原纤维构成
   B. 无横纹
   C. 受意识支配，是随意肌
   D. 心肌纤维周边有一个椭圆形的细胞核
   E. 心肌纤维构成心壁的心肌膜
7. 肌节由（　　）
   A. 1/2暗带组成
   B. 1/2暗带+明带+1/2暗带组成
   C. 1/2明带组成

D. 1/2 明带+暗带+1/2 明带组成
E. 明带+暗带组成

8. 以下对神经元结构的描述，哪一项是错误的（ ）
A. 由胞体和突起两部分组成
B. 细胞核大而圆
C. 突起分为轴突和树突两种
D. 胞质内含有很多神经纤维
E. 胞质内有丰富的尼氏体

9. 尼氏体在电镜下的结构是（ ）
A. 粗面内质网和游离核糖体
B. 滑面内质网和游离核糖体
C. 粗面内质网和高尔基复合体
D. 高尔基复合体和游离核糖体
E. 线粒体和游离核糖体

10. 下列哪种结构不属于感觉神经末梢（ ）
A. 触觉小体 B. 环层小体
C. 肌梭 D. 运动终板
E. 内脏运动神经末梢

四、问答题

试比较骨骼肌、平滑肌和心肌的一般结构。

（刘 军 刘 然）

第4章 运动系统

第1节 概　　述

运动系统由骨、骨连结及骨骼肌组成。全身骨通过骨连结组成骨骼（图4-1），为人体的支架，对人体起着支持作用；并与骨骼肌一起形成人体基本轮廓，构成体腔的壁，对体腔内的器官起到保护作用。骨骼肌附着于骨，在神经系统的支配下为运动系统提供动力，以骨为杠杆、关节为支点，产生各种运动。

在体表可以观察、触摸到的骨的突起或凹陷、肌和腱的轮廓等，称为体表标志，其是临床上确定深部器官位置、判断血管和神经走向及针灸取穴、穿刺定位的重要依据。

一、骨

骨主要由骨组织构成，成人共有骨206块。除6块听小骨属于感觉器外，按照骨在人体中的部位不同，可分为颅骨、躯干骨和四肢骨。每块骨都有各自的形态和功能，但作为一个器官，除骨质、骨膜、骨髓等骨的基本构造外，均具备血管、神经等结构；除具备支持、保护和作为杠杆参与运动功能外，还具备储存钙、磷和造血的功能。

（一）骨的分类

按照形态，骨可分为长骨、短骨、扁骨和不规则骨4种基本类型（图4-2）。

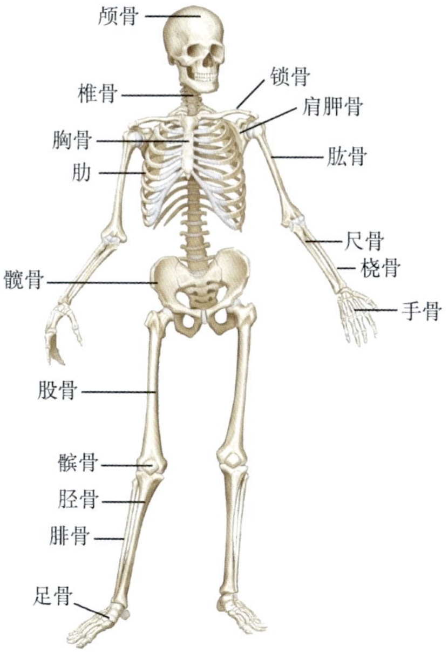

图4-1　全身骨骼

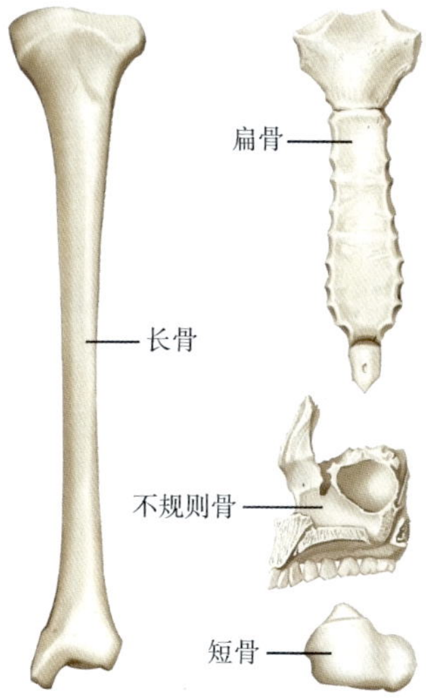

图4-2　骨的形态分类

1. 长骨 长管状，一体两端。中部的骨体称骨干，内部的空腔称髓腔；两端较膨大，称骨骺，游离端一般具有关节面。多分布于四肢，如上肢的肱骨和下肢的股骨等。

2. 短骨 短小，近似立方形。多成群分布于需要稳定承重又参与复杂运动的部位，如手部的腕骨和足部的跗骨等。

3. 扁骨 扁薄，呈板状。构成体腔的腔壁，如颅腔的颅骨，胸腔的胸骨、肋骨和盆腔的髂骨等。

4. 不规则骨 外形不规则，难以简单概括其形态，多分布在躯干和头面部，如椎骨、颞骨等。一些不规则骨因具备含气的空腔，称为含气骨，如上颌窦所在的上颌骨。

此外，尚有发生于某些肌腱内的小骨，称籽骨，在运动中起到减少摩擦和改变肌牵引力方向的作用。髌骨是人体内最大的籽骨。

（二）骨的构造

骨主要由骨质、骨膜和骨髓构成（图4-3）。

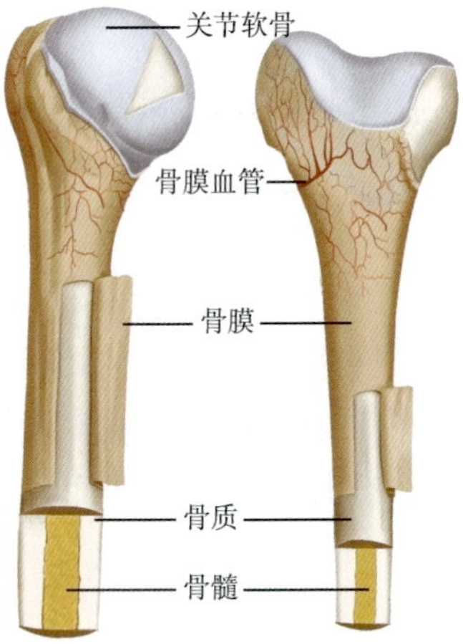

图4-3 骨的构造

1. 骨质 由骨组织构成，根据骨密度可分为骨密质和骨松质。其中，骨密质致密坚硬，耐压性较大。骨松质呈海绵状，由相互交织成的骨小梁构成，骨小梁的排列与骨所承受的压力和张力方向一致，因而能承受较大的重量。

2. 骨膜 是由被覆于除关节面以外的骨表面的致密结缔组织构成，其内含有丰富的血管、神经、淋巴管和成骨细胞等，对骨的生长、发育、营养、再生、感觉和修复等具有极其重要的作用，故手术时应尽量保留骨膜。

3. 骨髓 是充填于骨髓腔和骨松质间隙内的软组织，可分为红骨髓和黄骨髓两种。胎儿和婴幼儿期的骨髓都是红骨髓，具有造血功能。随着年龄的增长，约5岁以后，长骨骨髓腔内的红骨髓逐渐被脂肪组织所代替，因内含大量脂肪组织而呈黄色，故称黄骨髓，不具备造血功能。但当大量失血或重度贫血时，黄骨髓仍可逐渐转化为红骨髓，恢复造血功能。长骨两端的骺，短骨、扁骨和不规则骨的骨髓，终生都是红骨髓。临床疑有造血功能疾病时，常在髂骨或胸骨等处进行骨髓穿刺，检查骨髓象。

（三）骨的化学成分和物理特性

骨不仅坚硬且具有一定弹性。这是由它的化学成分所决定的。骨组织由有机质和无机质构成，有机质使骨具有韧性和弹性，由骨细胞分泌产生，约占成年人骨重的1/3，其中绝大部分（95%）是胶原纤维，其余为基质。无机质使骨有一定硬度，称钙盐，约占成年人骨重的2/3，主要成分为羟基磷灰石结晶。有机质与无机质的比例随年龄增长而逐渐变化，幼儿骨的有机质较多，柔韧性和弹性大，遇暴力冲击时不易完全折断（青枝骨折），但长期受压易变形。老年人有机质渐减，胶原纤维老化，无机盐增多，因而骨质变脆，稍受暴力则易发生骨折。

二、骨 连 结

骨与骨之间的连结装置，称骨连结。可分为直接连结和间接连结两类（图4-4）。

（一）直接连结

骨与骨之间借纤维结缔组织、软骨或骨直接相连，两骨之间结合紧密，其间无间隙，一般不能活动或仅能活动少许。按连结组织的不同，将其分为纤维连结、软骨连结和骨性结合（图4-4 A、B）。

1. 纤维连结 两骨之间借纤维结缔组织相连称为纤维连结，如前臂骨间膜、颅骨的缝等。

2. 软骨连结 骨与骨之间借软骨相连称为软骨连结，如椎间盘等。

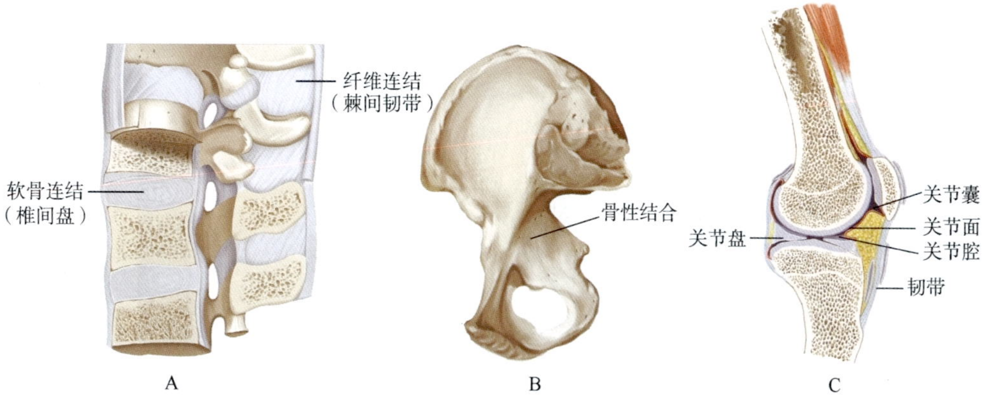

图4-4 骨连结的方式和骨连结的结构

3. 骨性结合 骨与骨之间借骨组织相连称为骨性结合，这种连结一般是由透明软骨骨化而成，如髋骨等。

（二）间接连结

间接连结即滑膜关节，是骨与骨之间借膜性的结缔组织囊相连，相对的骨面之间具有腔隙，充以滑液，活动度大，是人体骨连结的主要形式（图4-4C）。

1. 关节的基本结构 包括关节面、关节囊和关节腔。

（1）关节面 是构成关节各骨的相对面，每一关节至少包括两个关节面，其形态常为一凸一凹，分别构成关节头和关节窝。关节面覆盖有关节软骨，其表面光滑，有弹性，可减少运动时的摩擦，并有缓冲作用。

（2）关节囊 为包绕关节周围的结缔组织膜囊，分为内、外两层。外层为纤维层，由致密结缔组织构成，厚而坚韧，两端附着于关节面周缘。内层为滑膜层，衬于纤维层内面及除关节软骨以外的结构，由疏松结缔组织构成，可分泌滑液，具有润滑关节、减少摩擦和营养关节软骨的作用。

（3）关节腔 是由关节面和关节囊的滑膜共同围成的密闭腔隙，腔内含少量滑液，关节腔内为负压，对维持关节稳固性有一定的作用。

2. 关节的辅助结构 除以上的基本结构外，有的关节还有一些辅助结构，如韧带、关节盘（或半月板）、关节唇等。

（1）韧带 是连于相邻两骨间的致密结缔组织束，有限制关节过度运动和增强关节的稳固性的作用。根据韧带与关节囊的位置关系，可分为囊内韧带和囊外韧带。

（2）关节盘 是位于两关节面之间的纤维软骨板，一般呈圆形，中央薄、周缘厚，使两个关节面更为适应，可减少外力对关节的冲击和振荡，甚至增加关节的运动形式和范围。膝关节内的纤维软骨板呈半月形，称关节半月板。

（3）关节唇 是附着于关节窝周缘的纤维软骨环，有加深关节窝、加大关节面、增加关节稳固性的作用。

3. 关节的运动形式 关节在骨骼肌的牵引下围绕一定的轴运动，围绕某一运动轴可产生两种方向相反的运动。根据运动轴的方位不同，关节的运动形式可分为以下3种（图4-5）。

（1）屈和伸　围绕冠状轴运动。两骨之间的夹角发生变化，角度变小称屈，角度变大称伸（图4-5A）。

（2）内收和外展　围绕矢状轴运动。骨向正中矢状面靠拢，称内收；反之称外展（图4-5B）。

（3）旋内和旋外　围绕垂直轴运动。骨向前内侧旋转，称旋内；反之称旋外。在前臂手背转向前方称旋前；反之称旋后（图4-5C）。

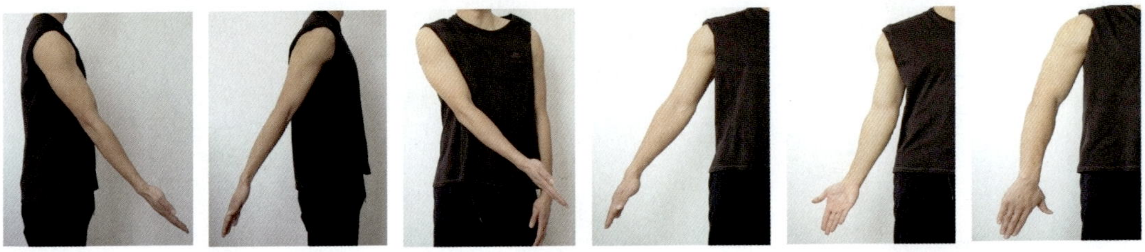

A. 屈和伸　　B. 内收和外展　　C. 旋内和旋外

图4-5　关节的运动形式

（4）环转　是屈、展、伸、缩4种动作的连续复合运动。运动时，骨的近端在原位转动，远端做圆周运动，整个骨的运动轨迹可描记为一个圆锥形。

三、骨　骼　肌

运动系统的肌附着于骨，故又名骨骼肌，是运动系统的动力部分，多数骨骼肌附着于骨骼上。少数骨骼肌附着于皮肤，称为皮肌。骨骼肌数量众多，分布广泛，有600余块，约占成人体重的40%。每块肌肉都是具有一定形态、结构和功能的器官，有丰富的血管、淋巴管分布，在躯体神经支配下收缩或舒张，进行随意运动。

（一）肌的形态

肌的形态多种多样，按其外形主要可分为长肌、短肌、扁肌和轮匝肌4种（图4-6）。

长肌呈长梭形或带状，长肌的起端有两个或两个以上的头，沿走向逐渐聚拢为一个肌腹，据情况分别称为二头肌、三头肌、四头肌等。有些长肌的肌腹被腱划分成两个或多个肌腹，称二腹肌或多腹肌。长肌多分布于四肢，收缩时长度显著缩短，可产生较大幅度的运动，并伴有较为明显可见或可触及的肌腹膨隆。

短肌短小，多位于躯干的深部，收缩时运动幅度较小。

扁肌也称阔肌，扁而宽，多分布于躯干浅层，除运动外，还参与构成胸、腹腔的壁，有保护和支持体内器官的作用。

轮匝肌呈环形，多分布于孔、裂的周围，收缩时可缩小或关闭孔、裂。

此外，肌的形态还有羽肌、半羽肌及多羽肌。

（二）肌的构造

骨骼肌均由肌腹和肌腱构成（图4-6）。肌腹主要由骨骼肌纤维构成，色红、柔软，具有收缩和舒张功能，一般位于骨骼肌中部。肌腱主要由致密结缔组织构成，色白、坚韧，一般位于肌腹两侧，附着于骨骼粗隆处。长肌的肌腱呈索状，扁肌的肌腱呈膜状，称腱膜。当肌受到突然暴力时，通常肌腱不致断裂而肌腹可能断裂，或肌腱与肌腹的连接处或是肌腱的附着处易被拉开。

（三）肌的辅助装置

肌的辅助结构包括筋膜、滑膜囊和腱鞘等（图4-7）。

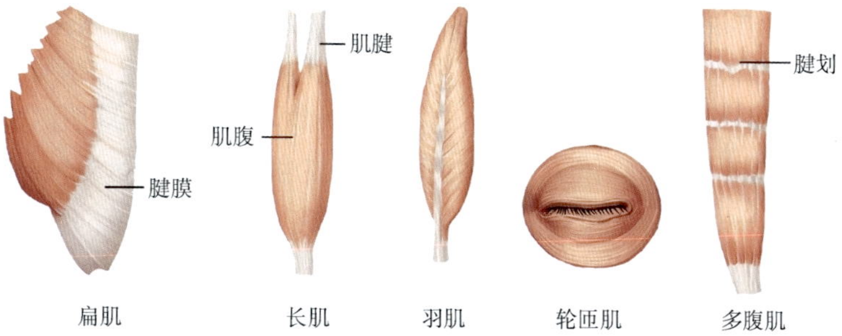

图4-6 肌的形态和构造

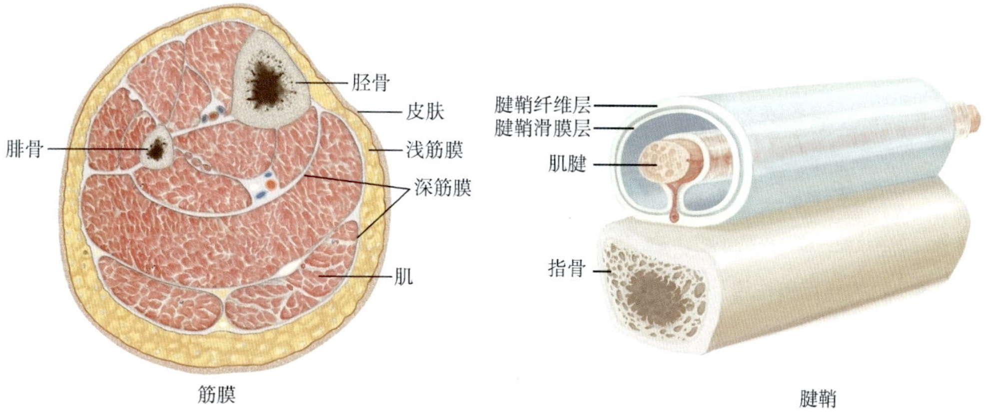

图4-7 肌的辅助结构

1. 筋膜 可分为浅筋膜和深筋膜。

（1）浅筋膜 又称皮下组织、皮下脂肪或皮下筋膜，位于皮下，由疏松结缔组织构成，内含脂肪、神经、血管、浅淋巴结和淋巴管等，除对深层结构有保护作用外，还起着衬垫、保温和储存脂肪的作用。

（2）深筋膜 又称固有筋膜，由致密结缔组织构成，位于浅筋膜深面，除包裹肌外，还包裹血管和神经形成血管神经鞘。四肢的深筋膜可伸入肌群之间并与骨膜相连，构成肌间隔。除能保护肌免受摩擦外，还有利于肌或肌群的独立活动。

2. 滑膜囊 为密闭的结缔组织囊，内含滑液，多呈扁形，位于肌腱与骨之间，可减少运动时两者间的摩擦。滑膜囊炎症时，可致局部疼痛和功能障碍。

3. 腱鞘 包裹手、足部长肌腱的表面，呈双层套管状，分内、外两层，外层为纤维层，内层为滑膜层，滑膜层又分为脏、壁两层，脏层贴附于肌腱表面，壁层贴附纤维层内表面，两层相互移行，形成密闭腔隙，内含少量滑液。腱鞘具有约束肌腱、减少运动摩擦的作用。腱鞘损伤时，可产生疼痛，影响肌腱的滑动，严重时局部有结节性肿胀。

（四）肌的起止、配布、作用

1. 肌的起止 骨骼肌均有起止点，起止点通常沿肌纤维、肌束的长轴两端分布。骨骼肌的起、止点一般是相对固定的，通常具有如下规律：即躯干肌通常以其靠近正中矢状面的附着点为起点，远离正中矢状面的附着点为止点；四肢肌的起点在四肢的近侧端或靠近躯干侧的部位，止点则在四肢的远侧端或远离躯干侧的部位。在一般情况下，肌收缩时止点向起点方向移动。但肌的起点不等同于定点，止点也不等同于动点，肌的定点和动点并不是绝对固定的，在不同的运动状态下可以互换。如肱肌，起点位于肱骨，止点位于尺骨，标准姿势下收缩时可使尺骨向肱骨靠拢，起点为定点，止点为动点；引体向上时，肱骨向尺骨靠拢，起点为动点，止点为定点（图4-8）。

2. 肌的配布 肌在关节周围配布的方式和多少与关节的运动类型密切相关，在一个运动轴同侧配布，并具有相同功能的两组或多组肌，因其功能相同，在同一个动作中互相协同，故称协同肌，如肘关节前方的各块屈肌在屈肘时互为协同肌。在运动轴的对侧分布，作用相反的肌，互称拮抗肌，如肘关节前方的屈肌群和后方的伸肌群，屈肌收缩时，伸肌必须相应地舒张，才能产生屈的动作；伸肌收缩时，屈肌必须相应地舒张，才能完成伸的动作（图4-8）。各肌在神经系统的支配下，彼此协调，使动作准确有序。

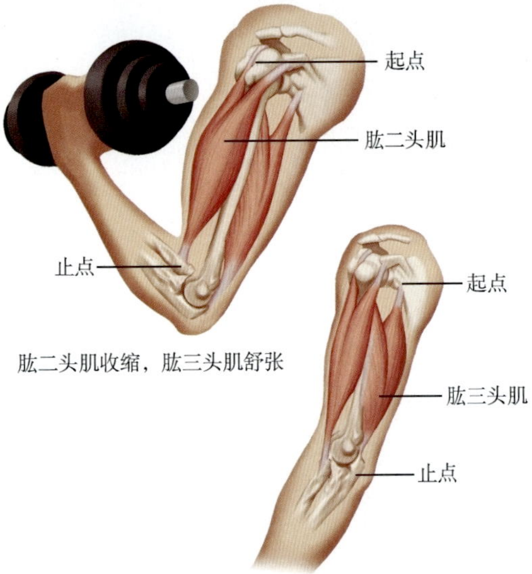

图4-8 肌的起止和作用

3. 肌的作用 肌通常以两端附着于两块或多块骨的表面，跨过1个或多个关节，收缩时带动其附着的两骨面彼此接近，从而使关节产生相应的运动形式（图4-8）。肌主要有两种作用：一种是动力作用，使身体完成各种运动，如伸手取物、行走和跑跳等；另一种是静力作用，通过肌内少量肌纤维轮流收缩，使肌具有一定的肌张力，以维持身体的平衡和保持一定姿势，如站立、坐位等。

（五）肌的命名

肌的名称是依据其某一或某些特征予以命名的，主要有以下几种。

1. 形状 如三角肌、菱形肌、方肌、圆肌等。

2. 构造 如半腱肌、半膜肌等。

3. 功能 如屈肌、伸肌、收肌、展肌、旋后肌等。

4. 肌束方向 如直肌、斜肌、横肌等。

5. 位置 如肋间肌、冈上肌、冈下肌等。

6. 组成 如二头肌、三头肌、二腹肌等。

7. 起止点 如胸锁乳突肌、肱桡肌等。

人体多数肌是综合上述几个方面的特征来命名的，如前臂的桡侧腕长伸肌是根据位置、长短和作用综合命名的；腹外斜肌、腹横肌是根据位置和肌束方向命名的。了解肌的命名原则有助于对肌的学习和记忆。

第2节 躯干骨及其连结

一、躯　干　骨

躯干骨共51块，由椎骨、胸骨和肋骨组成。借助骨连结构成脊柱、胸廓和骨盆。

（一）椎骨

在未成年前有32～34块，即颈椎7块、胸椎12块、腰椎5块、骶椎5块和尾椎3～5 块。青春期后5块骶椎融合成1块骶骨，3～5块尾椎融合成1块尾骨，因而成年人共有24块椎骨、1块骶骨和1块尾骨。

1. 椎骨的一般形态 椎骨由前方的椎体和后方的椎弓组成（图4-9）。椎体呈矮柱状，是椎骨构成及负重的主要部分，表层的骨密质较薄，易发生压缩性骨折。椎弓呈半环形，与椎体相连。椎体和椎弓围成椎孔，各椎骨的椎孔上下贯通构成椎管，容纳脊髓及其被膜等。椎弓与椎体相连的部分较细，称椎弓根，其上、下缘各有一切迹。相邻椎弓根的上、下切迹围成椎间孔，有脊神经根和血管通过。椎弓发出7个突起，包括向两侧伸出的1对横突，向上伸出的1对上关节突，向下伸出的1对下关节突，向后伸出的1个棘突。

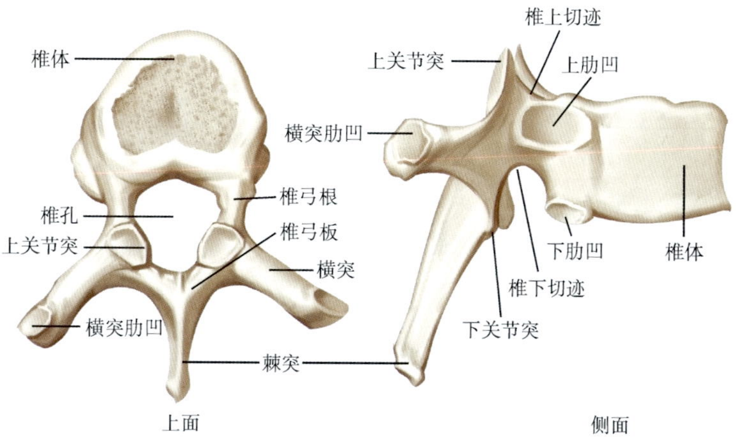

图4-9　椎骨的一般形态（胸椎）

2. 各部椎骨的主要特点

（1）颈椎　椎体较小，横断面呈椭圆形，椎孔较大，略呈三角形。横突根部有横突孔，有椎动、静脉通过。第2～6颈椎的棘突较短，末端分叉（图4-10，图4-11）。第1颈椎又称寰椎，呈环状，由前弓、后弓和两侧的侧块构成，前弓较短，后面正中有齿突凹，与枢椎的齿突相关节；侧块连接前后弓，上下各有关节面，分别与枕髁和第2颈椎相关节。第2颈椎又称枢椎，在椎体上方伸出的突起，称齿突。第7颈椎：又称隆椎，棘突特别长，末端不分叉，皮下易于触及，常作为计序椎骨和针灸取穴的标志。在第7颈椎棘突下方的凹陷中，可取大椎穴。

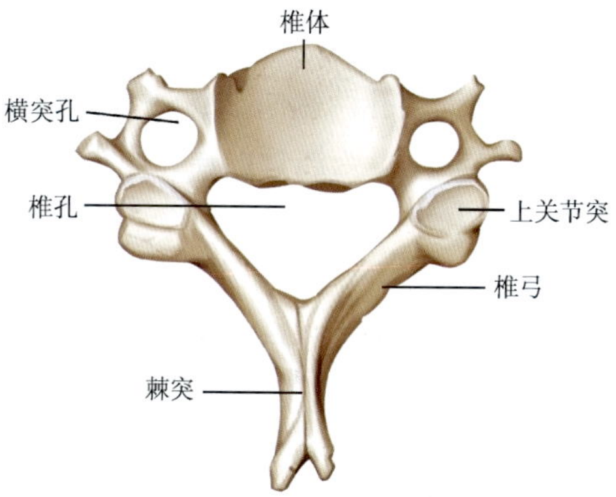

图4-10　颈椎

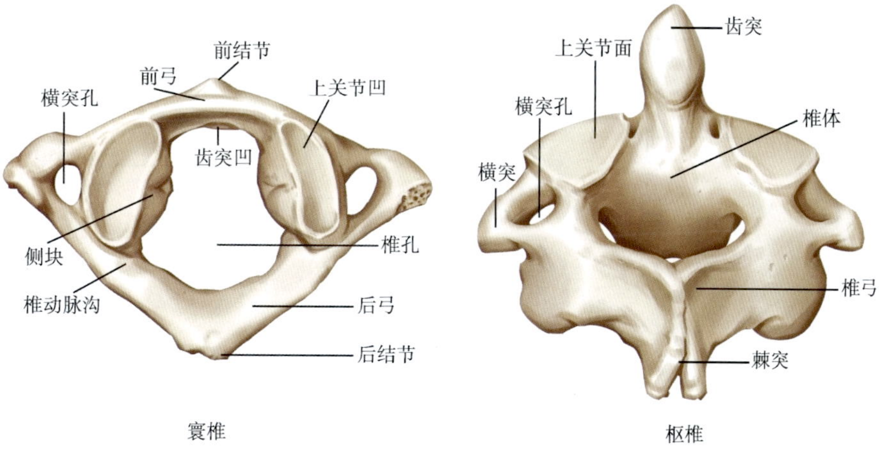

图4-11　寰椎和枢椎

（2）胸椎　椎体从上到下逐渐增大，横断面呈心形，椎体侧面的后部的上、下和横突末端的前方有与肋骨相关节的关节面，称肋凹。棘突较长，呈叠瓦状伸向后下方。

（3）腰椎　椎体粗大，横截面呈肾形。椎孔较小，呈卵圆形或三角形，棘突呈板状，水平伸向后方（图4-12）。相邻棘突间有较大间隙，临床可在此处做腰椎穿刺术。

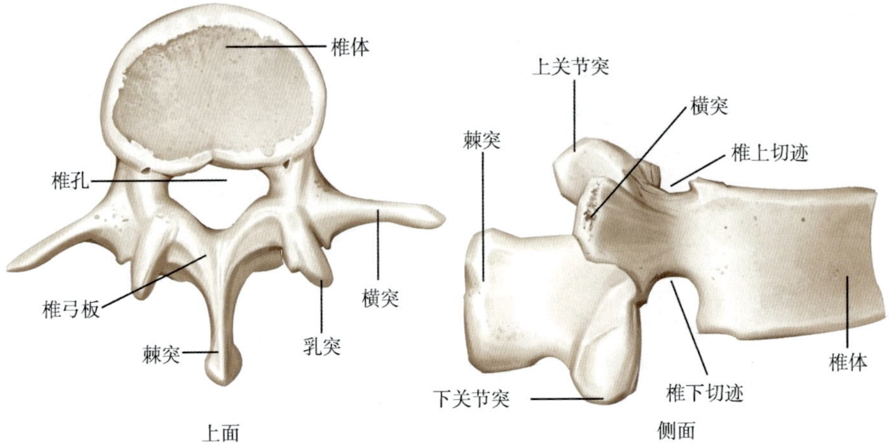

图4-12　腰椎

（4）骶骨　由5块骶椎融合而成，呈三角形，底向上，尖朝下。前面光滑而凹陷，后面粗糙而隆凸。底的前缘中部向前突出，称骶骨岬。骶骨的前、后面各有4对孔，称骶前孔和骶后孔，均通入骶管，分别有骶神经的前、后支通过。骶管由全部骶椎的椎孔连接而成，向上通椎管，向下开口于骶管裂孔。骶管裂孔两侧向下的骨突称骶角，是临床上进行骶管麻醉和针灸取穴的骨性标志。骶骨侧面的上份有耳状面，与髋骨的耳状面相关节。耳状面后方骨面凹凸不平，称骶粗隆（图4-13A）。

（5）尾骨　尾骨形体较小，由3～5块退化的尾椎融合而成，上端与骶骨相接，下端游离称尾骨尖（图4-13B）。

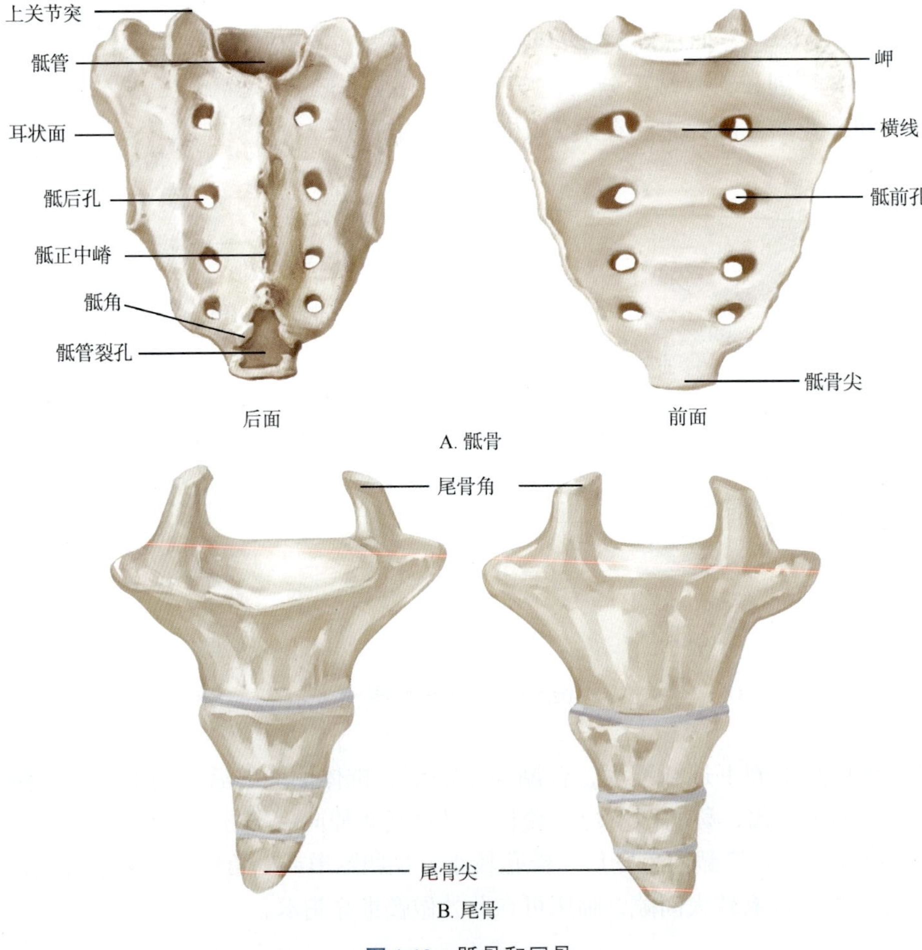

图4-13　骶骨和尾骨

（二）胸骨

位于胸前壁正中，全长可在体表摸到。前面微凸，后面微凹，自上而下由胸骨柄、胸骨体和剑突组成（图4-14）。

1. 胸骨柄 呈不规则多边形，上部宽厚，下部窄薄，上缘中部的凹陷，其背后有颈静脉通过，故称颈静脉切迹，其两侧的凹陷称锁切迹，与锁骨相关节。柄的两侧有1对肋切迹，与第1肋相关节。柄与体相连处，形成稍向前微突的角称胸骨角，两侧平对第2肋，向后平对第4胸椎体下缘，是计序肋的重要标志。

2. 胸骨体 为长方形的骨板，外侧缘与第2～7肋软骨相关节。

3. 剑突 薄而窄，形状变化较大，上连胸骨体，末端游离。

（三）肋

肋包括肋骨和肋软骨，共12对（图4-15）。

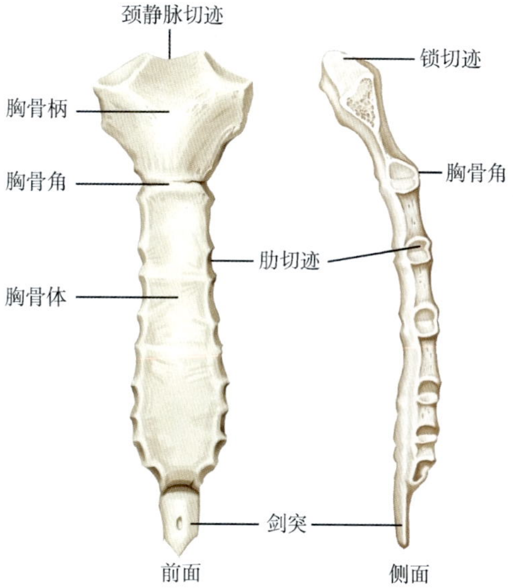

图4-14 胸骨

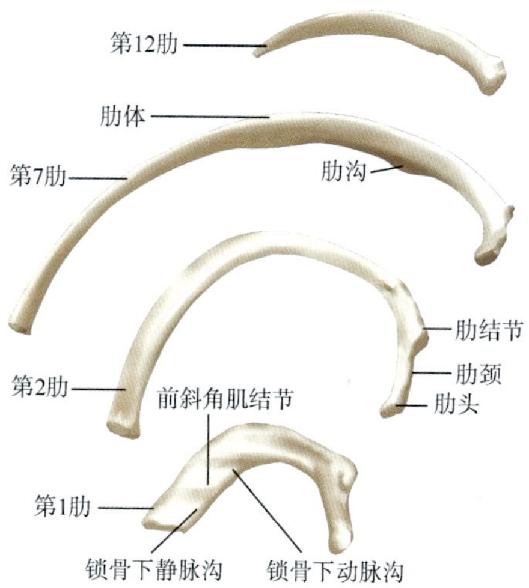

图4-15 肋骨

1. 肋骨 为细长的弓形扁骨，可分为中部的体和前、后两端。前端稍宽，接肋软骨。后端稍膨大称肋头，与胸椎肋凹相关节。肋体扁长，内面接近下缘处有一浅沟，称肋沟，肋间神经和肋间后血管在此沟走行。

2. 肋软骨 为透明软骨，终生不骨化，位于各肋骨的前端。

二、躯干骨的连结

案例 4-1

患者，男，57 岁，搬运工，间断性腰部疼痛 5 年。近 3 天来，患者自觉腰部疼痛加重，右侧臀部及下肢出现无力、麻木感，睡觉不能右侧卧。腰椎 MRI 示腰 5 骶 1（L_5/S_1）椎间盘向后膨出，双侧神经受压。

问题：1. 什么是椎间盘？有何特点？

2. 患者为什么会出现上述症状？

（一）脊柱

脊柱位于人体背部正中，由24块椎骨、1块骶骨、1块尾骨、软骨、韧带、关节等连结而成，构成人体的中轴，上承托颅骨，下邻接下肢带骨，可支持体重，保护脊髓，参与胸、腹、盆腔的组成并保护腔内器官。

1. 椎骨间的连结（图4-16）

（1）椎间盘　由纤维环和髓核构成，是连结相邻两个椎体间的纤维软骨盘（第1及第2颈椎间除外），成人有23个椎间盘。纤维环位于椎间盘的周围部分，由数层纤维软骨按同心圆排列组成，质坚韧，前部宽，后部窄，牢固连结相邻椎体，保护和限制髓核向外膨出。髓核位于椎间盘的中央稍偏后，是柔软而富有弹性的胶状物。整个椎间盘既坚韧又富有弹性，除对椎体起连结作用外，还可缓冲震荡。若纤维环破裂，髓核突入椎管或椎间孔，压迫脊髓或脊神经根，临床上称为椎间盘突出症。

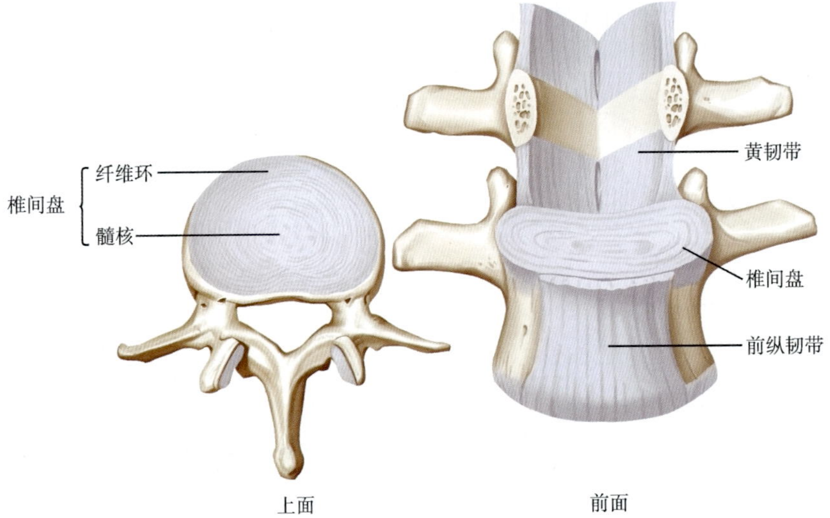

图4-16　椎骨间的连结

（2）韧带

1）前纵韧带：宽厚坚韧，为人体最长的韧带，起于枕骨大孔的前缘，经各椎体和椎间盘的前面，止于第1或第2骶椎椎体骶骨的前面。

2）后纵韧带：较前纵韧带窄而薄，起自枢椎，向下于椎管前壁椎体和椎间盘的后面走行，止于骶骨。

3）黄韧带：是连结相邻椎弓板之间的短韧带，参与围成椎管。

4）棘上韧带：为附着于各棘突末端的纵行长韧带。在项上的棘上韧带又名项韧带。

5）棘间韧带：是连于相邻棘突之间的短韧带。

除前纵韧带有防止脊柱过度后伸的作用外，其余韧带均可防止脊柱过度前屈。

（3）关节　主要是由相邻椎骨的上、下关节突构成的关节突关节，运动幅度很小。寰枢关节由寰椎和枢椎构成，可使头部做旋转运动。寰枕关节由寰椎的侧块与枕骨的枕髁相关节构成，可使头做前俯、后仰和侧屈运动。

链 接　椎间盘突出

1946年，我国方先之教授率先开展了腰椎间盘突出症的手术，并对腰椎间盘突出症的病因、检查、诊断治疗及随访做了较为详细的报告。

2. 脊柱的整体观（图4-17）

（1）前面观　椎体自上而下逐渐增大，从骶骨耳状面以下又逐渐缩小。这与脊柱承受的压力有关。

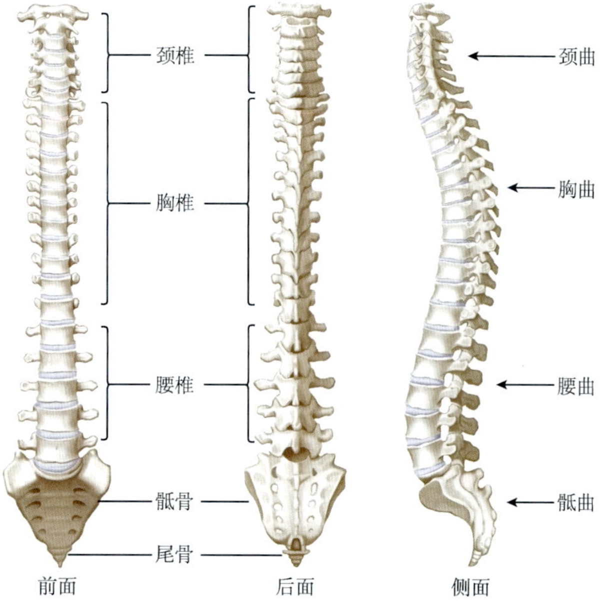

图4-17　脊柱的整体观

（2）后面观　颈椎棘突短，末端分叉，近水平位，但第7颈椎棘突较长而突出。胸椎棘突长，斜伸向后下方，呈叠瓦状排列。腰椎棘突呈板状，水平伸向后方。

（3）侧面观　可见脊柱有4个生理性弯曲，颈曲、腰曲凸向前，胸曲、骶曲凸向后。脊柱生理性弯曲增大了脊柱的弹性，可减轻行走和跳跃时对脑和内脏器官的冲击与振荡。

3. 脊柱的运动　脊柱除支持躯体、保护脑和脊髓外，还可做屈、伸、侧屈、旋转和环转运动，其中颈椎和腰椎的运动范围较大，损伤也多见。

链 接　腰椎穿刺术

腰椎穿刺术是临床基本操作之一，经皮刺入蛛网膜下隙，以抽取脑脊液进行检查、药物注射或测定颅内压等。穿刺点常为第3～4腰椎棘突间隙（成人）或第4～5腰椎棘突间隙（小儿）。操作前，嘱患者侧卧于硬板床上，双手抱膝，背部屈曲，确定穿刺点，术者于穿刺点沿棘突方向缓慢刺入，进针深度为成人4～6cm、儿童2～4cm，针尖依次经过皮肤、浅筋膜、棘上韧带、棘间韧带、黄韧带、硬脊膜、蛛网膜，到达蛛网膜下隙。

（二）胸廓

1. 胸廓的构成和形态　胸廓由12块胸椎、12对肋、1块胸骨连结而成（图4-18）。肋的后端与胸椎构成肋椎关节。第1～7肋前端与胸骨相连接，称真肋；第8～12肋前端不直接与胸骨相连接，称假肋，其中第11、12肋细短而直，末端游离在腹壁肌层中，称浮肋。第8～10肋的肋软骨依次连于上位肋软骨，共同形成一个连续的软骨缘，称肋弓。

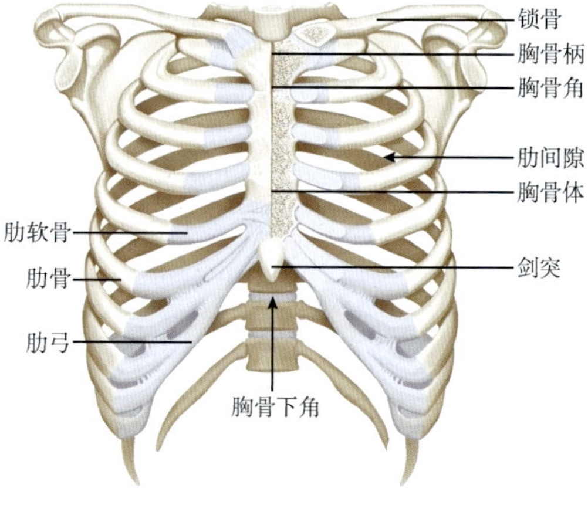

图4-18　胸廓

成人胸廓呈前后略扁的圆锥形。胸廓上口较小，向前下倾斜，由胸骨柄上缘、第1胸椎体和第1肋围成。胸廓下口较大而不整齐，由第12胸椎体、第12肋和第11肋前端、肋弓和剑突围成。两侧肋弓在中线构成向下开放的夹角称胸骨下角。相邻两肋之间的间隙称肋间隙。

2. 胸廓的功能 胸廓参与胸壁的构成，对胸腔内器官和部分上腹部器官起保护和支持作用。胸廓参与呼吸运动，吸气时，在肌的作用下，肋前端上提，胸骨抬高并前移，肋体向外扩展，胸廓前后径和横径都增大，胸腔容积扩大，肺被动扩张，气体吸入。呼气时则相反。

（三）躯干骨的重要骨性标志

躯干骨的重要骨性标志有第7颈椎棘突、胸椎棘突和腰椎棘突、胸骨角、剑突、肋弓、肋间隙、骶角等。

第3节 四肢骨及其连结

案例 4-2

患者，男，62岁，因酒后骑自行车不慎摔倒，右侧上肢触地，遂被送往医院，X线片检查示肱骨骨折。

问题：1. 该例患者的肱骨骨折最有可能发生在哪个部位？

2. 四肢骨有哪些骨性标志？

四肢骨包括上肢骨和下肢骨。

一、上肢骨及其连结

由于人类直立行走，使上肢从支持功能中解脱出来，故上肢形体较小。

（一）上肢骨

每侧各32块，分为上肢带骨和自由上肢骨。上肢带骨主要有锁骨和肩胛骨，其余为自由上肢骨。

1. 锁骨 横卧于胸廓前上部，左右各一，全长均可在体表摸到。整体呈“～”形弯曲，内侧2/3凸向前，外侧1/3凸向后，外、中1/3交界处较细，易骨折。锁骨呈扁平形，分一体两端，体的上面光滑，下面粗糙，内侧端粗大称胸骨端，外侧端扁平称肩峰端（图4-19）。

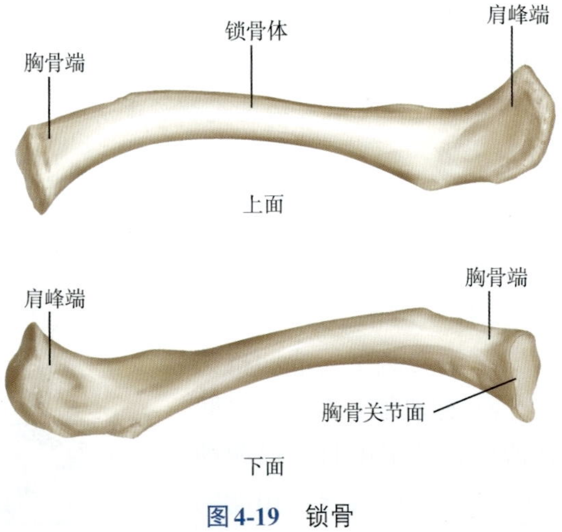

图4-19 锁骨

2. 肩胛骨 位于胸廓后面的外上方，为三角形的扁骨。肩胛骨上角平对第2肋，下角平对第7肋，是确定肋骨序数的重要体表标志。外侧角肥厚，有一朝向外侧的浅窝，称关节盂，与肱骨头相关节。

后面有一自内下往外上延续的横嵴，称肩胛冈，冈的上、下分别有冈上窝和冈下窝。肩胛冈的外侧端向前外伸展的突起，称肩峰，是肩部的最高点（图4-20）。

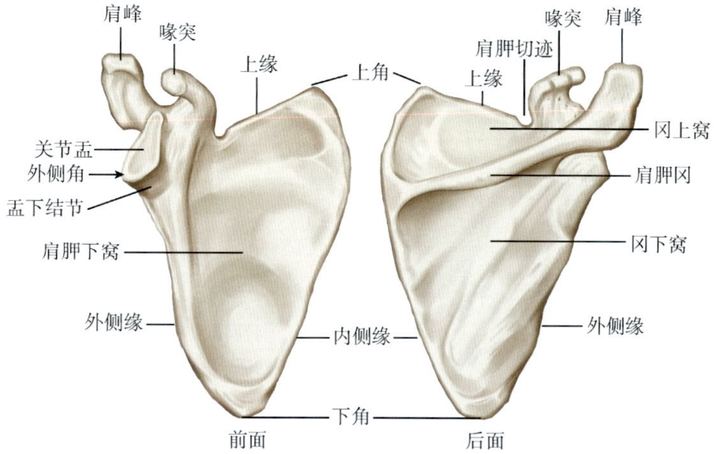

图4-20 肩胛骨

3. 肱骨 位于臂部，属长骨。上端膨大，有一朝向上后内方向的半球形隆起，称肱骨头，与关节盂相关节。在上端的外侧和前方各有一突起，分别称大结节和小结节，两结节向下延伸的骨嵴，分别称大结节嵴和小结节嵴，两嵴间的纵沟称结节间沟。肱骨上端与体交界处较细，称外科颈，为骨折好发部位。肱骨体的中部外侧有一粗糙隆起，称三角肌粗隆，为三角肌附着处。肱骨体的后面中部有一自内上方斜向外下方的浅沟，称桡神经沟，桡神经紧贴此沟经过，故此段骨折易伤及桡神经。下端的两侧各有一突起，分别称内上髁和外上髁。肱骨末端有两个关节面，内侧部称肱骨滑车，与尺骨相关节。外侧的半球形称肱骨小头，与桡骨相关节。肱骨滑车后上方的浅窝，称鹰嘴窝，前上方有一浅窝，称冠突窝，冠突窝外侧有桡窝。肱骨滑车内侧有一浅沟称尺神经沟，内有尺神经通过（图4-21）。

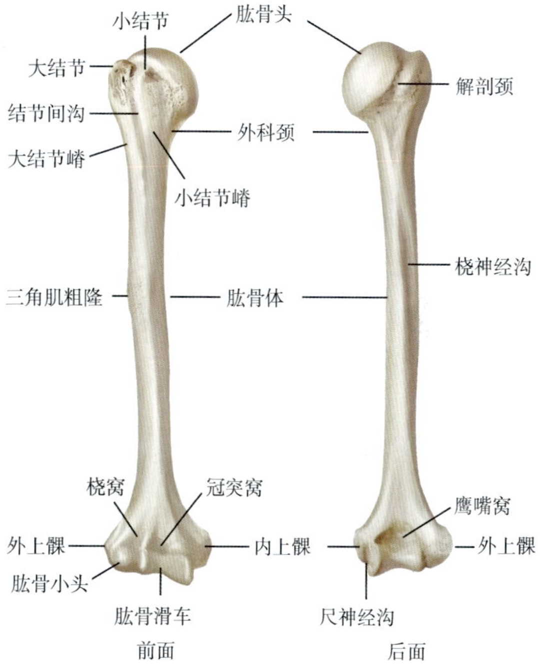

图4-21 肱骨

4. 尺骨 位于前臂内侧。上端粗大，前面有呈半月形的凹陷，称滑车切迹，与肱骨滑车相关节。其上、下分别有鹰嘴和冠突。在冠突外侧有关节面，称桡切迹。尺骨下部较细，下端有尺骨头。其后内侧有一向下的突起，称尺骨茎突（图4-22）。

5. 桡骨 位于前臂外侧。上端稍膨大，称桡骨头。头周缘有环状关节面与尺骨相关节；头下方较细，称桡骨颈，颈下方的后内侧有一粗糙突起，称桡骨粗隆，是肱二头肌肌腱附着处。下端粗大，外侧向下突起部分，称桡骨茎突，可在腕部外侧扪及，临床常作为定位桡动脉的骨性标志；下端内侧的关节面，称尺切迹（图4-22）。

6. 手骨 包括腕骨、掌骨和指骨（图4-23A）。

（1）腕骨 每侧8块，均属短骨，排成两排。由桡侧向尺侧，近侧排依次为手舟骨、月骨、三角骨和豌豆骨，远侧排依次为大多角骨、小多角骨、头状骨和钩骨。

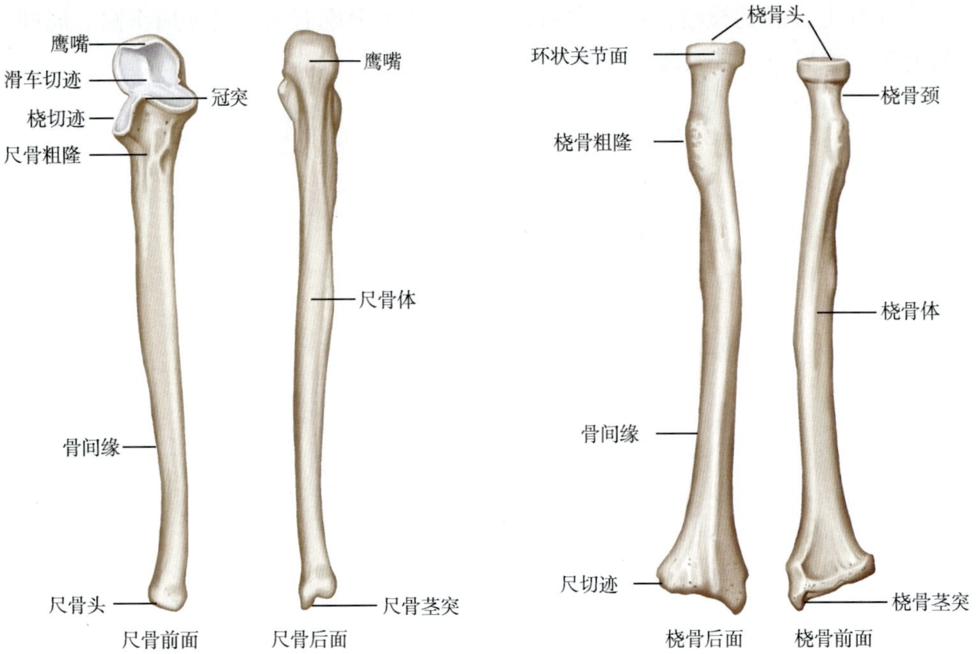

图4-22 尺骨和桡骨

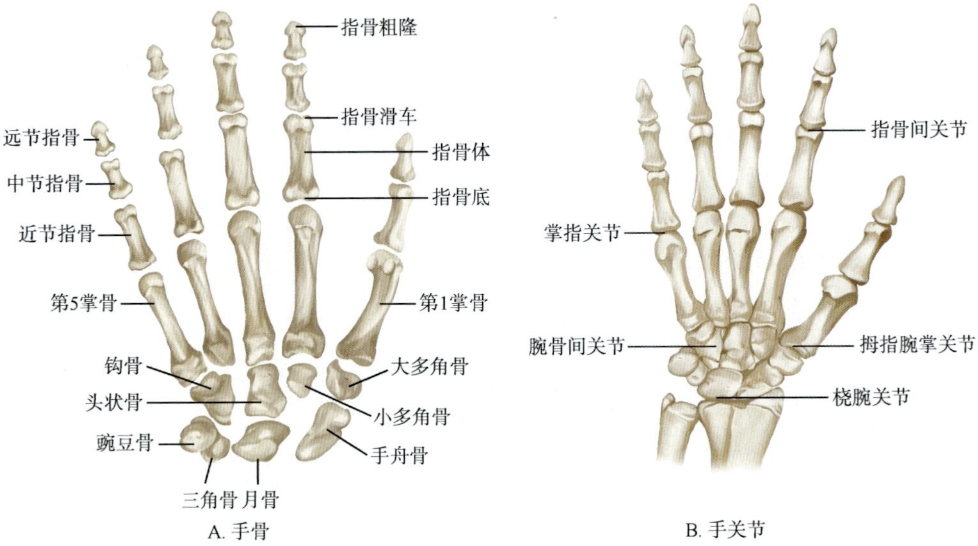

图4-23 手骨

链 接 腕骨的记忆歌诀

舟月三角豆，大小头状钩。

（2）掌骨 每侧5块，均属长骨，从桡侧向尺侧依次排列为第1～5掌骨，每块掌骨的近侧端为掌骨底，中部为掌骨体，远侧端为掌骨头。

（3）指骨 每侧14块，均属长骨，除拇指为2节外，其余各指均为3节。由近侧向远侧依次为近节指骨、中节指骨和远节指骨。

（二）上肢骨的连结

1. 胸锁关节和肩锁关节 胸锁关节由锁骨的胸骨端和胸骨锁切迹构成，关节囊坚韧并有韧带加强。

关节腔内有纤维软骨构成的关节盘，将关节腔分成外上和内下两部分，使原来不相适合的关节面相互适应。是上肢与躯干之间唯一的关节，属多轴关节，可绕冠状轴做轻微的旋转和环转运动。胸锁关节的活动度虽小，但以此为支点可扩大上肢的活动范围。

肩锁关节由肩峰和锁骨肩峰端构成，属微动关节。

2. 肩关节 由肱骨头与肩胛骨关节盂构成，肱骨头大，关节盂相对较小而浅，周缘有关节唇加深。关节囊薄而松弛，为关节面的相对运动提供了较大的关节腔空间，其中下壁最为薄弱，故肩关节脱位时，肱骨头常从下份滑出，发生前下方脱位。肩关节的这种结构有利于其运动的灵活性，而关节周围的肌肉、韧带则对其稳定性起重要的作用（图4-24）。

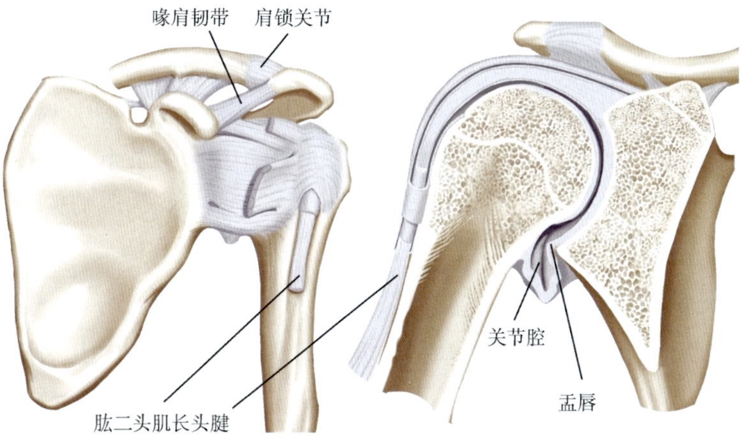

图4-24 肩关节

肩关节是全身最灵活的关节，可做三轴运动，即冠状轴上的屈和伸，矢状轴上的收和展，垂直轴上的旋内、旋外及环转运动。

3. 肘关节 由肱骨下端和尺、桡骨上端构成，包括3个关节（图4-25）。

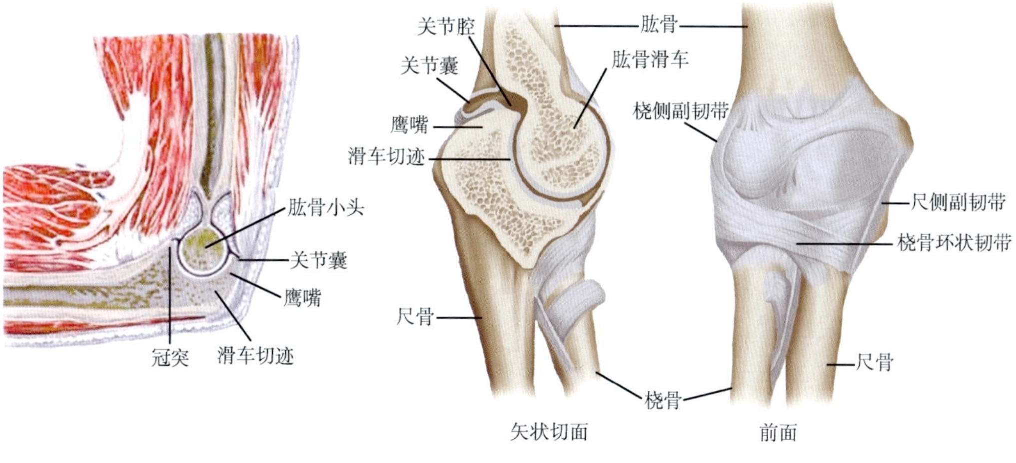

图4-25 肘关节

（1）肱尺关节 由肱骨滑车和尺骨滑车切迹构成。

（2）肱桡关节 由肱骨小头和桡骨头关节凹构成。

（3）桡尺近侧关节 由桡骨头环状关节面和尺骨的桡切迹构成。

以上3个关节包裹在一个关节囊内，囊的前、后壁薄而松弛，两侧壁厚而紧张，并分别由尺侧副韧带、桡侧副韧带和桡骨环状韧带加强，囊的后壁最薄弱，故桡、尺两骨脱位常向后方发生。

肘关节的运动以肱尺关节为主，可做屈、伸运动。肱桡关节能做屈、伸和旋前、旋后运动，桡尺近侧关节与桡尺远侧关节联合可使前臂旋前和旋后。

链 接 桡骨小头半脱位

桡骨小头半脱位好发于2～4岁小儿，又称牵拉肘，是常见的小儿肘部损伤。因小儿的桡骨头尚未发育完全，直径较小，而包绕桡骨颈的桡骨环状韧带又较年长儿松弛，受较大力度牵拉时易出现桡骨小头半脱位。患儿因为疼痛，会拒绝被触摸患肢，将患肢保持在一个相对舒服的姿势，如肘关节半屈，前臂中度旋前，不愿旋后和屈肘，不肯举高和活动患肢，并可伴有哭闹，应引起注意。半脱位一般不需麻醉，不需手术，可由医生手法复位，复位后亦不需额外固定。但应注意该症易反复发生，成为习惯性脱位。

4. 手关节 包括桡腕关节（腕关节）、腕骨间关节、腕掌关节、掌骨间关节、掌指关节和指骨间关节（图4-23B），可做屈、伸、内收、外展和环转运动。其中，桡腕关节由手舟骨、月骨和三角骨近侧的关节面共同组成关节头，与桡骨腕关节面和尺骨头下方关节盘共同构成的关节窝组成。该关节囊松弛，周围有韧带加强。

（三）上肢骨的重要骨性标志

上肢骨的重要骨性标志有锁骨、肩峰、肩胛上角、肩胛下角、肱骨内上髁和外上髁、鹰嘴、尺骨茎突、桡骨茎突。

二、下肢骨及其连结

下肢的功能主要是支持躯体、承受体重和行走。因此，一般下肢骨比上肢骨要粗壮。

（一）下肢骨

下肢骨每侧31块，共62块。分为下肢带骨和自由下肢骨，下肢带骨主要为髋骨，其余为自由下肢骨。

1. 髋骨 属不规则骨，由髂骨、坐骨和耻骨互相融合而成。髋骨外面的圆形深窝，称髋臼，约16岁完全融合，与股骨头相关节，髋臼边缘下部的缺口为髋臼切迹。髋臼下方由髂骨、耻骨、坐骨围成闭孔，孔内有血管和神经穿行（图4-26）。

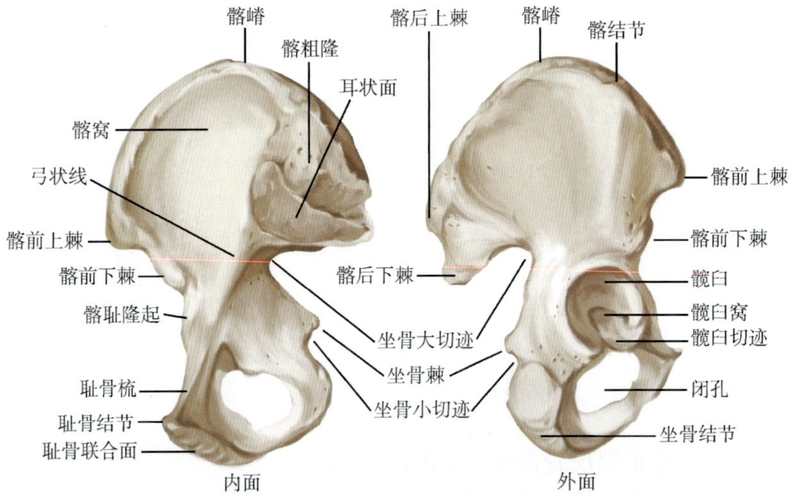

图4-26 髋骨

（1）髂骨 位于髋骨的后上部，分髂骨体和髂骨翼两部分，髂骨翼上缘肥厚，称髂嵴，两侧髂嵴最高点的连线约平对第4腰椎棘突。髂嵴前、中1/3交界处的向外突起，称髂结节，临床上常选此处进行骨髓穿刺。髂嵴的前、后两端分别称髂前上棘和髂后上棘。在髂前、髂后上棘的下方各有髂前下棘和髂后下棘。髂后下棘下方有深陷的坐骨大切迹。髂骨翼内面前部光滑稍凹陷，称髂窝，其后部粗糙，前下份为耳状面，与骶骨的耳状面相关节。耳状面后上方有髂粗隆，与骶骨借韧带相连。髂窝下方的弓形隆起，称弓状线。

（2）坐骨　位于髋骨的后下部，分为坐骨体和坐骨支两部分。坐骨体下部粗大的隆起，称坐骨结节，是坐位时臀部的主要支撑点，可在体表扪到。在坐骨体的后缘内侧有尖形的突起，称坐骨棘。坐骨棘的上、下分别有坐骨大切迹和坐骨小切迹。

（3）耻骨　位于髋骨的前下部，分为耻骨体、耻骨上支和耻骨下支3部分。其前端的圆形隆起称耻骨结节，耻骨上支和耻骨下支移行处的内侧呈长圆形粗糙面，称耻骨联合面，与对侧耻骨联合面借由耻骨间盘相连形成耻骨联合。

2. 股骨　位于股部，为全身最长最粗壮的长骨，分为一体两端（图4-27）。

上端有一朝向内前上方的球形关节面，称股骨头。股骨头的外下方缩窄部分，称股骨颈。股骨颈与股骨体交界处外上方的粗糙方形隆起，称大转子，内下方为小转子。在大、小转子之间，前面有转子间线，后面有转子间嵴。大转子是重要的体表标志，可在体表扪到。

股骨体略弓向前，上段圆柱形，中段三棱柱形，下段前后略扁。体后面有纵向隆突的粗线，粗线上端分叉并向外上延续为臀肌粗隆，向内上延续为耻骨肌线。粗线下端的骨面为腘面。粗线中点附近有开口朝下的滋养孔。

股骨下端有向后突出的内侧髁和外侧髁，内、外侧髁的前、下和后面均有关节面。两髁前方的关节面彼此相连，形成髌面，与髌骨相接，两髁后份之间为髁间窝。两髁侧面最突起处分别为内上髁和外上髁，均为体表可扪及的骨性标志。

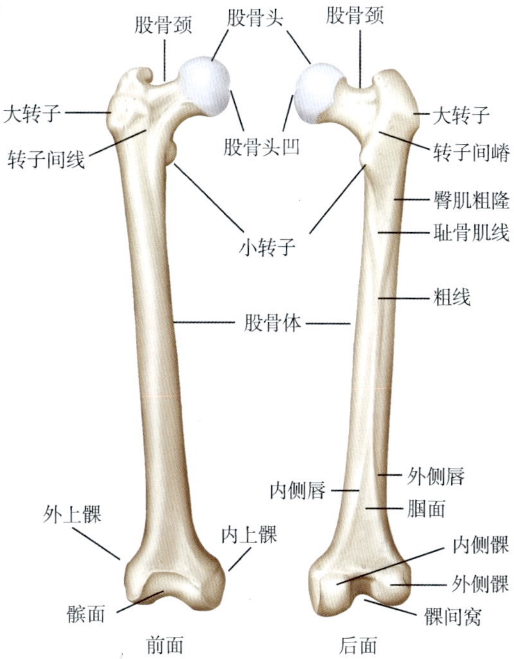

图4-27　股骨

3. 髌骨　是全身最大的籽骨，位于股四头肌肌腱内，略呈上宽下尖的三角形，前面粗糙，后面为关节面，与股骨髌面相关节。可在体表扪到（图4-28）。

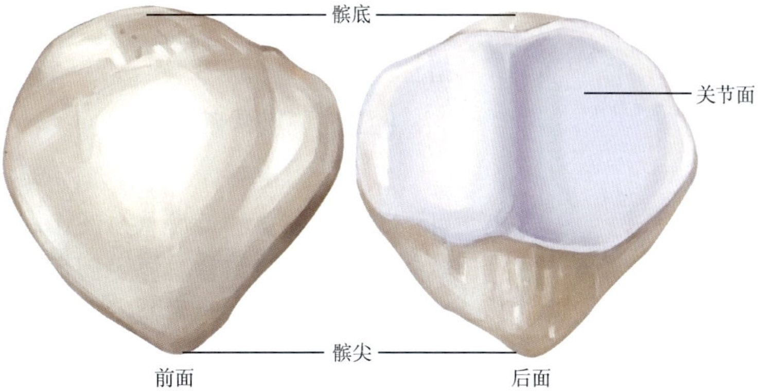

图4-28　髌骨

4. 胫骨　位居小腿内侧，属长骨，分为一体两端。上端膨大，向两侧突出，称内侧髁和外侧髁，与股骨的同名侧髁相关节，两关节面之间的粗糙小隆起称为髁间隆起，与股骨下端的髁间窝相对应。

上端前下方有一粗糙隆起，称胫骨粗隆。内、外侧髁和胫骨粗隆于体表均可扪到。胫骨体呈三棱柱状，较锐的前缘和平滑的内侧面直接位于皮下，外侧缘有小腿骨间膜附着，称骨间缘。胫骨下端稍膨大，内侧向下的突起，称内踝，可在体表扪到（图4-29）。

5. 腓骨 位于小腿外侧，细长，亦分为一体两端。上端稍膨大，称腓骨头，下端向外侧的膨大称外踝（图4-29）。

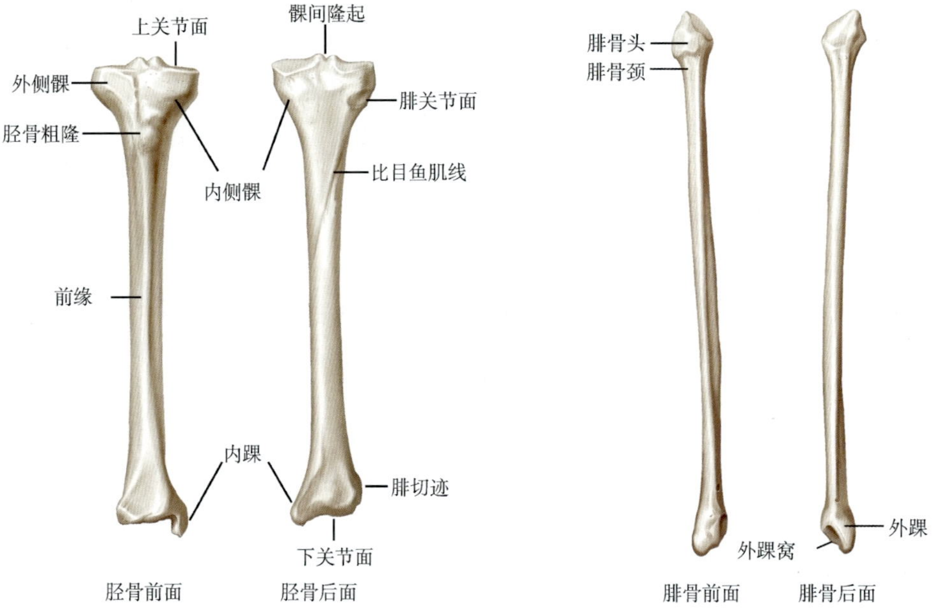

图4-29 胫骨和腓骨

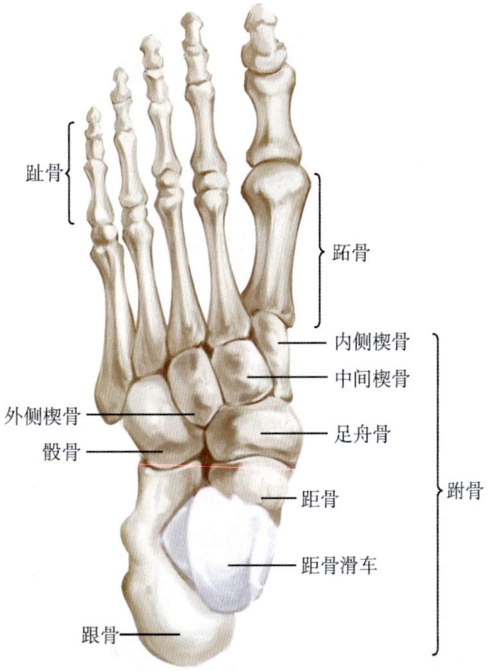

图4-30 足骨

6. 足骨 包括跗骨、跖骨和趾骨3部分（图4-30）。

（1）跗骨 形态属短骨，每侧7块，分为后、中、前3列，后列有位于下方的跟骨和上方的距骨，跟骨后下部的隆凸为跟骨结节。中列有位于距骨前方的足舟骨。前列由内侧向外侧依次为内侧楔骨、中间楔骨、外侧楔骨和骰骨。

（2）跖骨 形态属长骨，每侧5块，由内侧向外侧依次排列为第1～5跖骨。

（3）趾骨 形态属长骨，每侧14块，形态和命名同指骨。

（二）下肢骨的连结

1. 骨盆 由骶骨、尾骨及两侧的髋骨借骨连结构成，有保护盆腔器官和传递重力的作用。骨盆的连结主要有骶髂关节、耻骨联合及骶棘韧带、骶结节韧带。骨盆借界线分为大骨盆和小骨盆。界线是由骶骨岬和两侧的弓状线、耻骨梳及耻骨联合上缘构成的环状线。小骨盆上口即界线，下口由尾骨尖、骶结节韧带、坐骨结节、坐骨支、耻骨下支和耻骨联合下缘围成。上、下口之间的内腔称骨盆腔，两侧耻骨下支之间的夹角称耻骨下角（图4-31）。骨盆的形态在性别上有较大的差异（表4-1）。

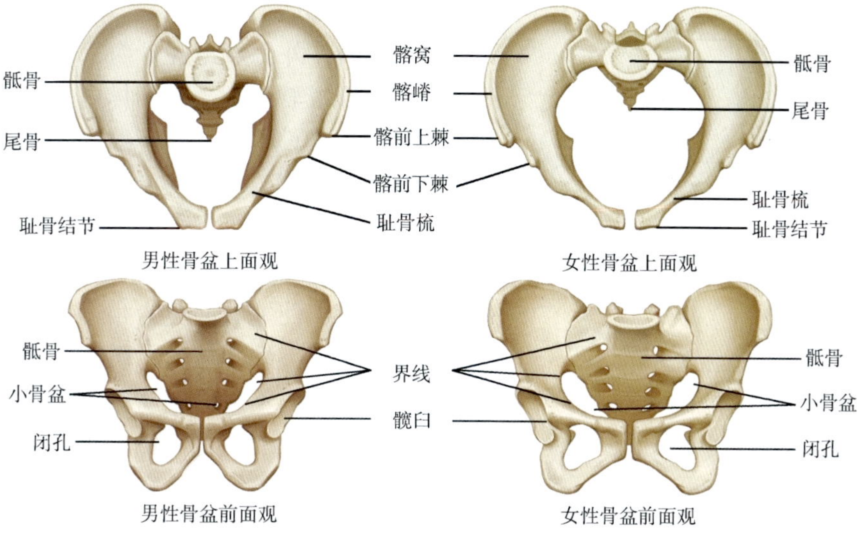

图4-31 骨盆

表4-1 骨盆的性别差异

项目	男性	女性
骨盆形状	窄而长	宽而短
骨盆上口	心形	椭圆形
骨盆下口	狭小	宽大
骨盆腔	漏斗形	圆桶形
耻骨下角	70°～75°	90°～100°
骶骨	狭窄、曲度大	宽短、曲度小
骶骨岬	突出明显	突出不明显

2. 髋关节 由髋臼和股骨头构成。髋臼窝大而深，且周缘附有纤维软骨构成的髋臼唇，以增加髋臼的深度，可容纳大部分的股骨头。关节囊坚韧、致密，向上附着于髋臼周缘及横韧带，向下附着于股骨颈，前面达转子间线，后面包绕股骨颈内侧2/3。关节囊内外有髂股韧带、股骨头韧带、耻股韧带、坐股韧带和轮匝带等多条韧带加强，髋臼切迹被髋臼横韧带封闭，髋臼窝内充填有脂肪组织。髋关节可做屈、伸、展、收、旋内、旋外及环转等运动，但其结构特点使得髋关节保持了很高的稳定性，运动幅度较小（图4-32）。

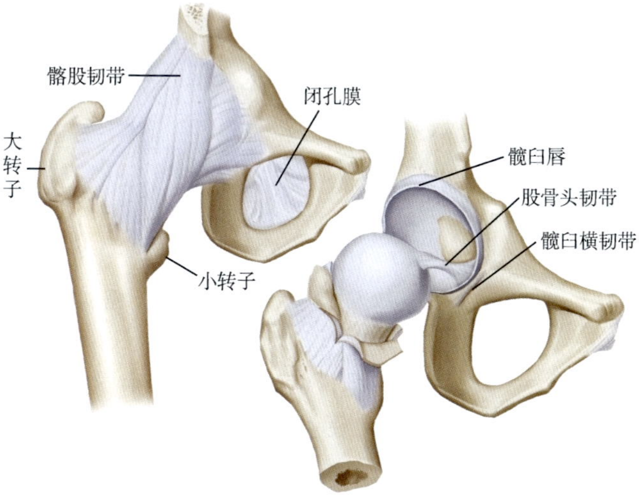

图4-32 髋关节

3. 膝关节 由股骨下端、胫骨上端和髌骨构成，膝关节囊薄而松弛，囊内、外有髌韧带、腓侧副韧带、胫侧副韧带、膝交叉韧带等韧带加强，限制关节面的位移。关节囊宽阔复杂的滑膜层附着于膝关节各骨的关节面周缘，覆盖关节内除关节软骨和半月板以外的所有结构。滑膜在髌骨上缘、股四头肌肌腱和股骨体下部之间形成髌上囊，且部分滑膜层突向关节腔内形成翼状襞充填于关节腔内的

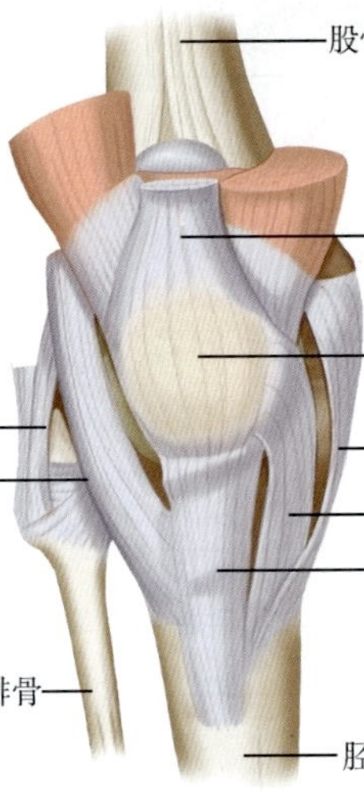

图4-33 膝关节

空隙中（图4-33）。

在股骨内、外侧髁与胫骨内、外侧髁关节面之间的两块半月形纤维软骨板，分别称内、外侧半月板。内侧半月板较大，呈C形，前端窄后端宽，外缘与关节囊及胫侧副韧带紧密相连。外侧半月板较小，近似O形，外缘亦与关节囊相连。半月板上面凹陷，下面平坦，外缘厚，内缘薄，两端借韧带附着于胫骨髁间隆起，增大了关节窝的深度，使关节面更为相适，并可随着膝关节的运动而改变位置，缓冲压力、缓冲运动震荡，保持膝关节运动的稳定性。不适的运动方式和强度易导致半月板受损。

膝关节是人体最大、最复杂的关节，主要绕冠状轴做屈、伸运动，在半屈位时，还可做轻微的旋转运动。

4. 足关节 包括距小腿关节、跗骨间关节、跗跖关节、跖趾关节、趾骨间关节（图4-34）。其中距小腿关节又称踝关节，由胫、腓骨下端和距骨滑车构成，关节囊的前、后壁薄而松弛，两侧有韧带增厚加强，可做背屈（伸）和跖屈（屈）运动。因距骨滑车前宽后窄，跖屈时较窄的滑车后部进入关节窝内，能做轻微的侧方运动，因此关节不够稳定，加之外侧韧带较内侧三角韧带薄弱，故踝关节扭伤多发生在跖屈时的外侧位置。

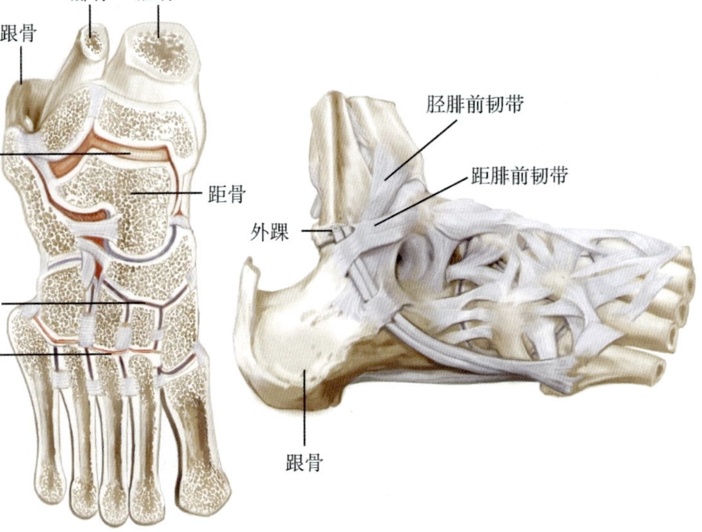

图4-34 足关节

5. 足弓 是跗骨和跖骨借关节和韧带牢固连结而成的凸向上的弓（图4-35）。可分为前后方向的纵弓和内外侧方向的横弓，纵弓又可分为内、外侧两个纵弓。当人体站立时，足仅以跟骨结节及第1、5跖骨头3点着地，如同三脚架，以保证站立稳定。足弓可保护足底血管、神经免受压迫。足弓增加了足的弹性，有利于行走和跳跃，并能缓冲震荡。足弓的维持除靠

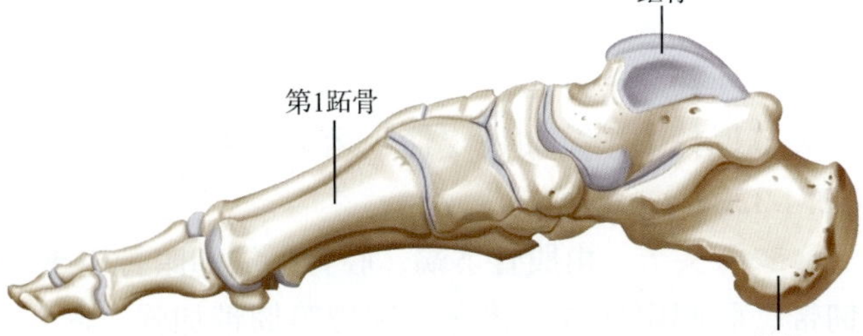

图4-35 足弓

骨连结和韧带外，足底肌和腱、小腿长肌腱的牵拉也起重要作用。如果这些韧带、肌和腱发育不良、萎缩或损伤，便可造成足弓塌陷、足底平坦，称为扁平足。

链 接 扁平足（平足）

扁平足（平足）指正常足弓的缺失，或称为足弓塌陷。儿童的足弓常在4～6岁形成，大部分儿童及青少年平足是先天性的。成人平足可以是儿童平足的延续，也可能是其他原因继发导致足弓塌陷造成的。引起继发性足弓塌陷的原因有关节退变、创伤、糖尿病、类风湿关节炎、神经性病变、肿瘤、胫后肌腱功能不全等。平足症的常见临床表现有疼痛、肿胀、步态异常、严重的平足畸形及伴发跖筋膜炎、跗骨窦综合征等。

（三）下肢骨的重要骨性标志

下肢骨的重要骨性标志有髂嵴、髂前上棘、髂后上棘、髂结节、坐骨结节、耻骨结节、大转子、髌骨、胫骨粗隆、内踝、外踝、跟骨结节等。

第4节 颅骨及其连结

案例 4-3

患者，男，26岁。因被击打右侧颞区，出现短暂意识不清，无其他神经症状及大、小便障碍。后因患者意识清楚，状态良好未及时就医。4小时后患者出现头痛加剧、烦躁不安等症状，送入急诊，行头部CT检查，示颅内出血，硬膜外血肿。

问题：1. 头部右侧颞区有何特殊解剖结构？

2. 试用解剖知识分析该患者出血原因。

一、颅 骨

除6块听小骨外，颅由23块颅骨借骨连结形成，可分为脑颅和面颅两部分。脑颅位于颅的后上部，围成颅腔，容纳脑。面颅居颅的前下部，构成面部的基础框架。根据颅骨所在位置分为脑颅和面颅（图4-36）。

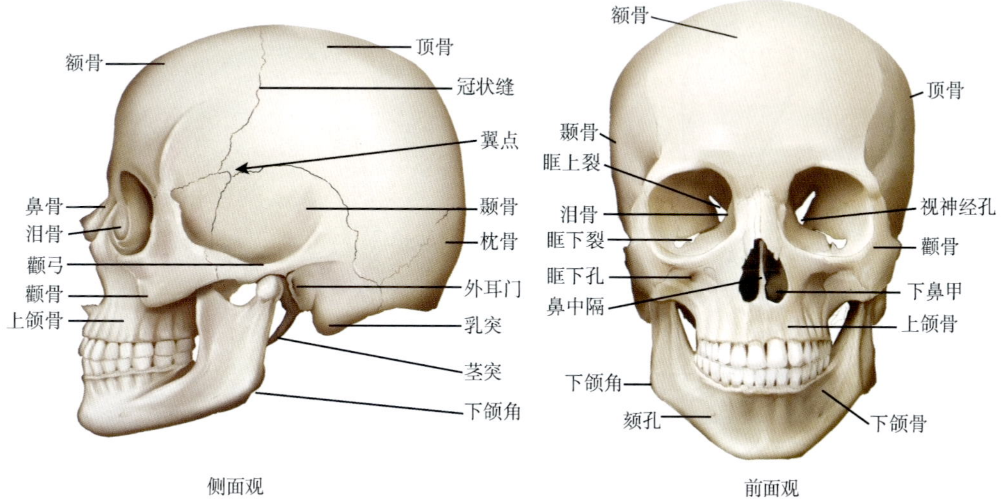

图4-36 颅骨

（一）脑颅骨

脑颅骨位于颅的后上部，主要容纳脑，由8块颅骨组成。顶骨和颞骨各2块，额骨、枕骨、蝶骨、筛骨各1块。

1. 额骨 位于颅的前上方，分额鳞、眶部和鼻部3部。

2. 筛骨 为不规则含气骨，位于两眶之间，参与构成鼻腔上部、鼻腔外侧壁和鼻中隔。其额状切面呈巾字形，分3部。

（1）筛板 是多孔的水平骨板，构成鼻腔的顶。板的前份有向上伸出的骨嵴，称鸡冠。

（2）垂直板 自筛板中线下垂，居正中矢状位，构成骨性鼻中隔上部。

（3）筛骨迷路 位于垂直板两侧，由菲薄骨片围成许多小腔，称筛窦。迷路内侧壁具有2个卷曲小骨片，即上鼻甲和中鼻甲。

3. 蝶骨 形似蝴蝶，居颅底中央，分体、大翼、小翼和翼突四部。蝶骨体内含蝶窦，其上呈马鞍状，称蝶鞍，中央凹陷为垂体窝，容纳垂体。

4. 颞骨 参与构成颅底和颅腔侧壁，形状不规则，以外耳门为中心分为鳞部、鼓部和岩部3部分。岩部后份外耳门后方的肥厚突起，称乳突，是重要的体表骨性标志。

5. 枕骨 位于颅的后下部，呈勺状，前下部有枕骨大孔。枕骨借此孔分为4部，前为基底部，后为枕鳞，两侧为侧部。侧部的下方有椭圆形关节面，称枕髁。

6. 顶骨 外隆内凹，呈四边形，位于颅顶中部，左、右各一。

（二）面颅骨

面颅骨位于颅的前下部，构成面部的支架，由15块颅骨组成。上颌骨、腭骨、鼻骨、颧骨、下鼻甲、泪骨各2块，下颌骨、犁骨、舌骨各1块。

下颌骨为不规则骨，为最大的面颅骨，分一体两支。下颌体位于前下部，弓形前凸呈蹄铁状，其上缘为牙槽，前下部的凸起为颏隆凸。下颌支为下颌体向后上方伸出的1对方形骨板，末端有向前方突起的冠突和向后方突起的髁突。髁突的上端膨大，称下颌头。冠突和髁突间有下颌切迹。下颌支内面中部有下颌孔，通入下颌支走向下颌体的下颌管，开口于颏孔。下颌支后缘与下颌体下缘相交形成下颌角。下颌角内外侧骨面分别有粗糙的翼肌粗隆和咬肌粗隆（图4-37）。

（三）颅的整体观

1. 颅顶外面观 颅的顶面呈卵圆形，前窄后宽。各骨间形成3条缝，前方的额骨与两侧顶骨之间形成冠状缝，两侧顶骨间为矢状缝，左右顶骨与枕骨之间为“人”字缝（图4-38）。

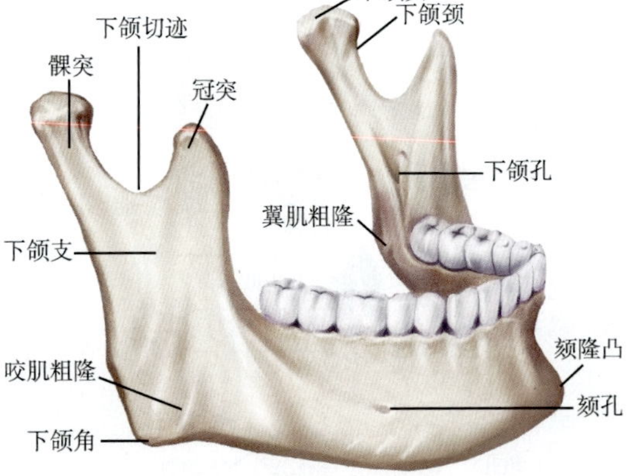

图4-37 下颌骨

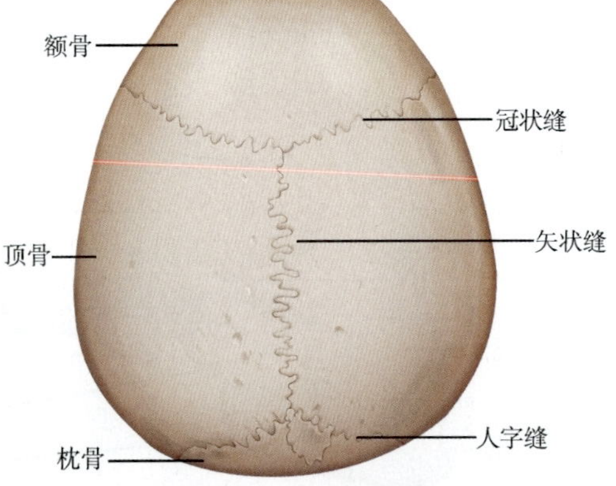

图4-38 颅顶外面观

2. 颅侧面观 颅的侧面可见乳突前方的外耳门，外耳门的前上方有由颞骨和颧骨形成的颧弓，颧弓上内方浅而大的窝称颞窝。在颞窝的前下部，额骨、顶骨、颞骨和蝶骨汇合处常构成H 形的缝，称翼点，其内面紧贴脑膜中动脉前支，此处骨质薄弱，骨折时易伤及该动脉，引起颅内出血。

3. 颅底内面观 颅底内面承托脑，形成与脑相适应的阶梯状的3个窝，从前向后依次为颅前窝、颅中窝和颅后窝（图4-39）。

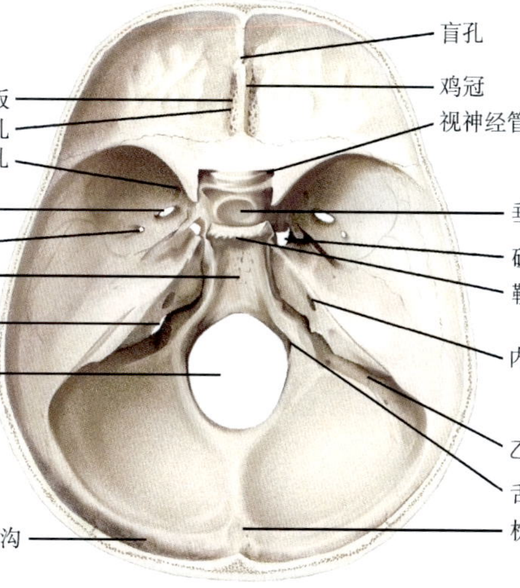

图4-39 颅底内面观

（1）颅前窝 此窝位置高，中部为筛板，筛板上的孔称筛孔，通鼻腔，有嗅神经经过。筛板上部有向上突起的鸡冠。

（2）颅中窝 比颅前窝低，颅中窝中间部由蝶骨体构成，中部的凹陷称垂体窝，其前外侧有视神经管，管的外侧有眶上裂，均与眶相通。蝶骨体外侧由前向后依次有圆孔、卵圆孔和棘孔。颅中窝后部的锥形隆起为颞骨岩部。

（3）颅后窝 此窝最深最大，中央最低处的孔称枕骨大孔。孔的前外侧有舌下神经管。枕骨大孔的两侧有乙状窦沟，此沟末端续颈静脉孔。颞骨后面中央有内耳门，通入内耳道。

4. 颅底外面观 颅底外面高低不平（图4-40），前部中央有由上颌骨和腭骨构成的骨腭，其后方有一对鼻后孔。上颌骨向下的弓状隆起形成牙槽弓。中部后外侧有卵圆孔、棘孔及后方的破裂孔。后部正中有枕骨大孔，其前外侧隆起的椭圆形关节面，称枕髁。枕髁的前外方有舌下神经管，其前外侧大而不规则的孔，称颈静脉孔，此孔前方有卵圆形的颈动脉管外口。在乳突前内侧有一伸向下方的细长突起，称茎突。茎突与乳突之间的孔称茎乳孔。茎突前外侧的深窝，称下颌窝，其前缘隆起为关节结节，共同参与颞下颌关节的组成。

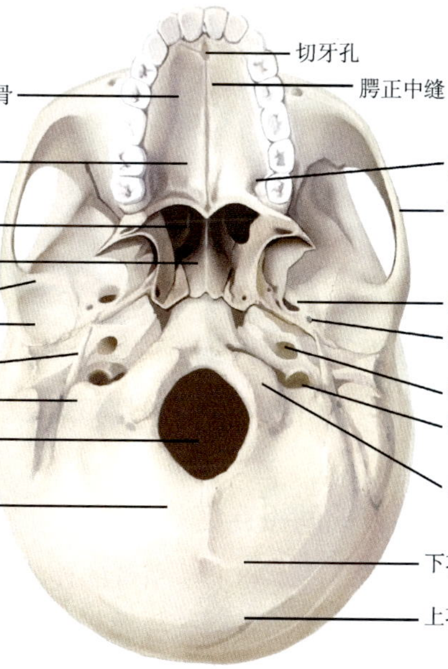

图4-40 颅底外面观

5. 颅前面观 颅的前面中部有骨性鼻腔，其外上方为眶，下方是不完整的骨性口腔（图4-36）。

（1）眶 呈锥体形，尖向后内，有视神经

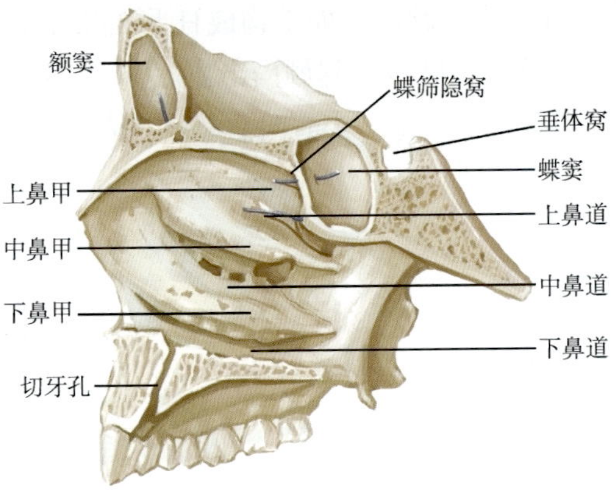

图4-41 骨性鼻腔外侧壁

管和眶上裂通颅内。

（2）骨性鼻腔 位于面颅中央，前经梨状孔与外界相通，后经鼻后孔通咽腔。骨性鼻腔被骨性鼻中隔分为左、右两部分。外侧壁从上至下有3个向下卷曲的骨片，分别称为上鼻甲、中鼻甲和下鼻甲，每个鼻甲的下方有相应的鼻道，分别称上鼻道、中鼻道、下鼻道。上鼻甲后上方的浅窝称蝶筛隐窝（图4-41）。

（3）鼻旁窦 是额骨、上颌骨、蝶骨和筛骨内的含气空腔，均位于鼻腔周围并开口于鼻腔，具有减轻颅骨重量和发音共鸣的作用。额窦位于额骨内，左右各一，开口于中鼻道。蝶窦位于蝶骨内，开口于蝶筛隐窝。筛窦为筛骨内蜂窝状小房，分前、中、后3群，其前、中群开口于中鼻道，后群开口于上鼻道。上颌窦最大，位于上颌骨内，开口于中鼻道，窦口高于窦底，直立时不易引流，最易发生炎症。

（四）新生儿颅骨的特征

新生儿颅骨尚未完全骨化，骨与骨之间间隙较大，被结缔组织膜所封闭，称为囟（图4-42）。最大的颅囟位于冠状缝与矢状缝相交处，呈菱形，称前囟，于出生后1～2岁闭合。

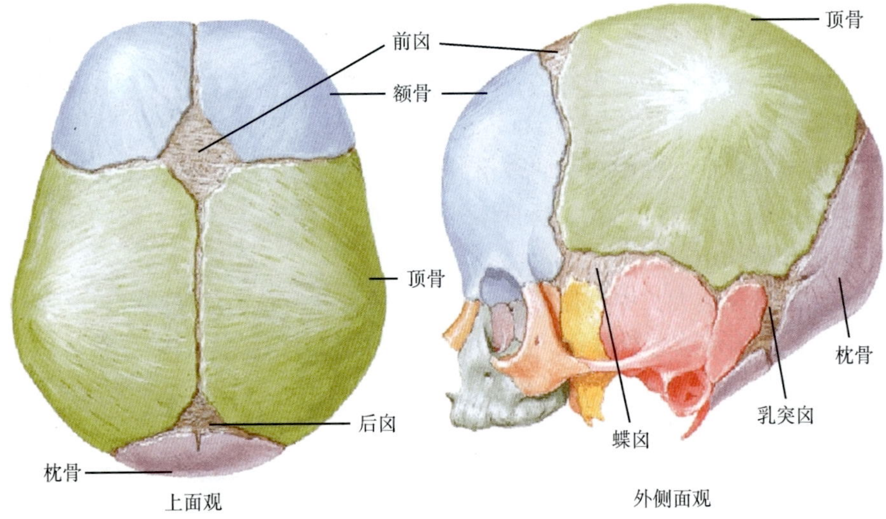

图4-42 新生儿颅骨

二、颅骨的连结

（一）颅骨的直接连结

颅骨之间多数借缝、软骨和骨相连结，彼此之间结合极为牢固。

（二）颅骨的间接连结

颞下颌关节（图4-43）是颅骨的连结中唯一能活动的关节。该关节由下颌骨的下颌头与颞骨的下颌窝和关节结节构成。关节囊松弛，囊外有外侧韧带加强。关节腔内有纤维软骨构成的关节盘，关节盘的周缘与关节囊相连，将关节腔分为上、下两部分。关节囊的前份较薄弱，张口过大时下颌头

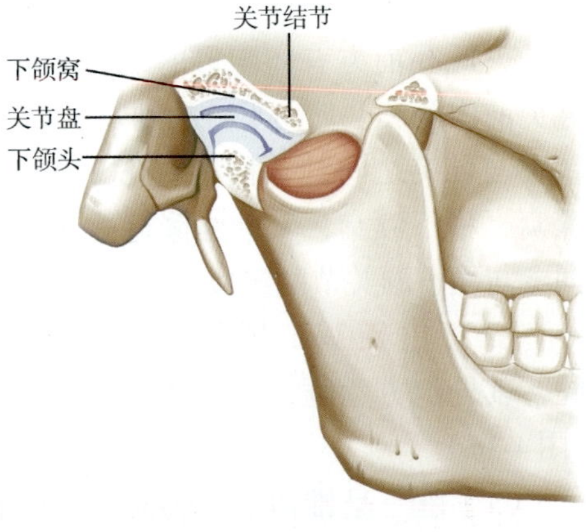

图4-43 颞下颌关节

易从下颌窝中滑脱至关节结节下方造成下颌关节脱位。复位时可先将下颌骨拉向下，使下颌头低于关节结节，再将下颌骨向后轻推，可将下颌头推回下颌窝内。两侧颞下颌关节需同时运动，使下颌骨进行上提、下降、向前、向后及侧方运动。

链 接 颞下颌关节紊乱综合征

颞下颌关节紊乱综合征是好发于青壮年的颌关节功能失调的病理现象，与精神因素、创伤因素、咬合因素、全身疾病等有关，极少数病例也可由器质性改变引起；主要特点为关节区酸胀疼痛、运动时弹响、张口运动障碍等。影像学检查可发现关节盘的改变及软骨面的变化，骨显像时可见颞下颌关节显像剂浓聚。

（三）颅骨的重要骨性标志

颅骨的重要骨性标志有枕外隆凸、乳突、颧弓、下颌角、眶上缘和眶下缘等。

第5节 躯 干 肌

案例 4-4

患者，男，58岁，5年前右下腹开始出现坠胀感，站立及劳动后症状加重，此后，右下腹出现一个逐渐增大的包块，站立时加重，平卧休息减轻，可用手还纳。最近右下腹包块逐渐增大，并进入右侧阴囊，还纳困难。

问题：1. 该病发生的解剖学依据是什么？

2. 腹股沟斜疝和直疝的如何鉴别？

躯干肌包括背肌、胸肌、膈肌、腹肌和会阴肌。

一、背 肌

背肌位于躯干后面，分浅、深两层，浅层主要有斜方肌和背阔肌，深层主要为竖脊肌（图4-44）。

（一）浅层

1. 斜方肌 位于项部和背上部，为三角形扁肌，两侧斜方肌合在一起呈斜方形。斜方肌起自枕外隆凸、项韧带、第7颈椎和全部胸椎的棘突，止于肩胛骨的肩峰、肩胛冈和锁骨外侧段。分上、中、下3部肌束。作用：上部肌束可上提肩胛骨，下部肌束可下降肩胛骨，双侧同时收缩可使肩胛骨靠拢，肩胛骨固定时，可使头后仰。

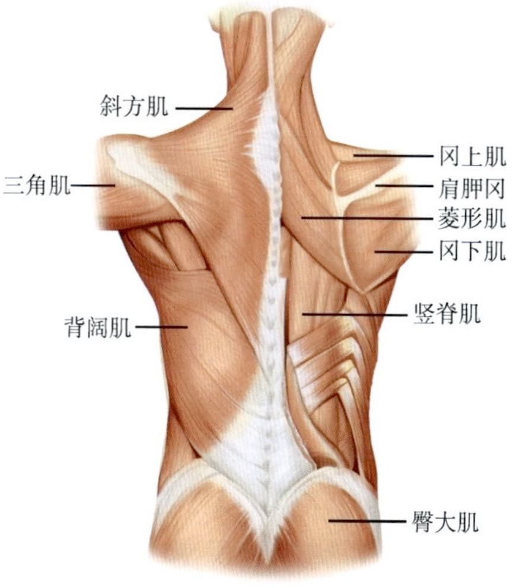

图4-44 背肌

2. 背阔肌 为全身最大的扁肌，位于背下半部及胸的后外侧，起自下6个胸椎棘突、全部腰椎棘突、骶正中嵴和髂嵴，肌束斜向外上，止于肱骨上端前方的小结节嵴。作用：使臂内收、旋内和后伸，当上肢上举固定时，可做引体向上。

（二）深层

深层主要为竖脊肌，该肌位于背肌浅层的深面，脊柱全部椎骨棘突两侧的纵沟内，是背肌中最长、最有力的肌。起自骶骨背面和髂嵴后部，向上发出3群肌束，沿途止于椎骨和肋，向上达颞骨乳突。作用：使脊柱后伸和仰头，一侧收缩使脊柱侧屈。

胸腰筋膜包绕竖脊肌，形成竖脊肌鞘，分前、后两层。后层在腰部显著增厚，并与背阔肌起始腱紧密结合。

二、胸　肌

胸肌分为两群，包括胸上肢肌和胸固有肌（图4-45）。

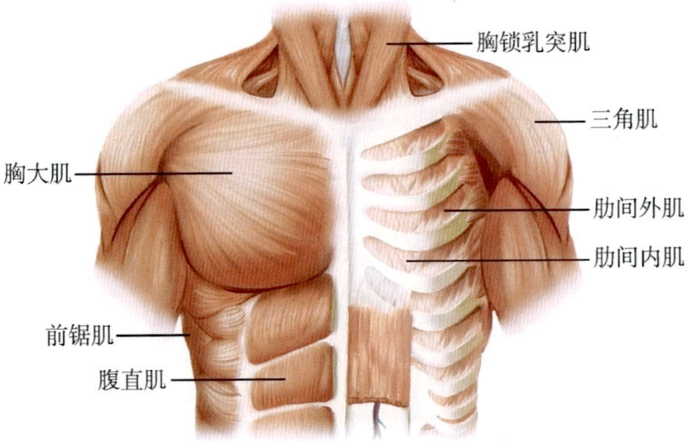

图4-45　胸肌

（一）胸上肢肌

1. 胸大肌　位于胸前壁外上方的浅层，呈扇形。起自锁骨内侧半、胸骨和第1～6肋软骨，肌束向外上，止于肱骨上端外侧的大结节下方。作用：可使肩关节内收、旋内和前屈。若上肢固定，可上提躯干，还可提肋助吸气。

2. 胸小肌　位于胸大肌深面，呈三角形，起自第3～5肋，止于肩胛骨的喙突。作用：牵拉肩胛骨下降和旋转。肩胛骨固定时，可提肋助吸气。

3. 前锯肌　位于胸廓侧壁，起自第1～8肋或第9肋骨，肌束斜向后上内，经肩胛骨的前方，止于肩胛骨内侧缘和下角。收缩时牵拉肩胛骨向前和紧贴胸廓，并协助臂的前屈。当肩胛骨固定时，可提肋。若此肌瘫痪，则肩胛骨下角离开胸廓而突出于皮下，称翼状肩，臂上举难以超过90°。

（二）胸固有肌

1. 肋间外肌　位于各肋间隙的最外层，起自上位肋骨下缘，斜向前下方，止于下位肋骨上缘。收缩时使胸廓前后径及横径扩大。作用：提肋助吸气。

2. 肋间内肌　位于肋间外肌的深面，前部起自下位肋骨内侧面的上缘，斜向外上方，止于上位肋骨内侧面下缘。后部从肋角至椎骨移行为肋间内膜。作用：降肋助呼气。

三、膈　肌

膈肌是分隔胸腔和腹腔的扁肌，呈穹隆状，凸向上，起自胸廓下口和腰椎，止于膈中央的中心腱。膈肌上有3个裂孔：①主动脉裂孔，位于膈脚与脊柱之间，约平对第12胸椎，有主动脉和胸导管通过。②食管裂孔，位于主动脉裂孔的左前方，约平对第10胸椎，有食管和迷走神经通过。③腔静脉孔，位于食管裂孔右前方的中心腱内，约平对第8胸椎，有下腔静脉通过（图4-46）。

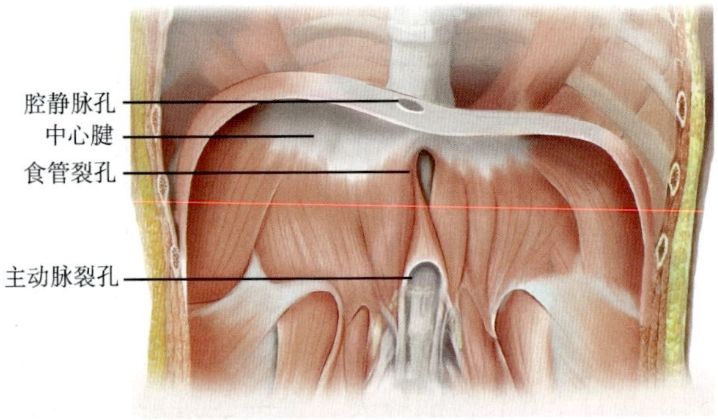

图4-46　膈肌

膈肌是最重要的呼吸肌，收缩时，膈肌穹隆下降，胸腔容积扩大，吸入气体；舒张时，膈肌穹隆上升，胸腔容积变小，呼出气体。与腹肌同时收缩，则能增加腹压。

四、腹　肌

腹肌可分为前外侧群和后群。

（一）前外侧群

腹肌前外侧群位于腹前外侧壁，包括腹直肌、腹外斜肌、腹内斜肌和腹横肌（图4-47）。

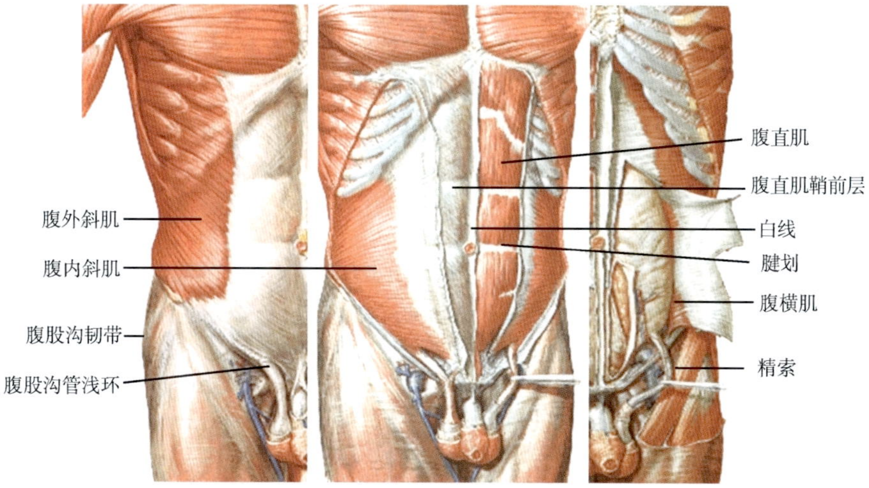

图4-47　腹肌前外侧群

1. 腹直肌　是位于腹前壁正中线两侧的一对长带形肌，包于腹直肌鞘内。肌束起自耻骨嵴，向上止于剑突和第5～7肋软骨的外面。全长被3～4条横行的腱划分成4～5个肌腹。

2. 腹外斜肌　是腹前外侧壁最浅层的扁肌，起自第5～12肋的外面，由外上方斜向前下方，与前锯肌、背阔肌交错，在腹直肌外侧缘移行为腱膜，经腹直肌的前面，止于腹前正中线的白线并参与构成腹直肌鞘的前层。腹外斜肌腱膜的下缘增厚，连于髂前上棘与耻骨结节之间，形成腹股沟韧带。

3. 腹内斜肌　居腹外斜肌深面，起始于胸腰筋膜深层、髂嵴中间线、髂前上棘和腹股沟韧带的外侧1/2，肌束呈扇形展开，大部分肌束斜向前上方，止于下3肋。在腹直肌外侧缘移行为腱膜，分前后两层包裹腹直肌，止于腹前正中线的白线并参与腹直肌鞘的构成。

4. 腹横肌　居腹内斜肌的深面，起自下6肋肋软骨的内面、胸腰筋膜深层、髂嵴和腹股沟韧带的外侧1/3，大部分肌束水平向前移行为腱膜，经腹直肌的后方，止于腹前正中线的白线并参与构成腹直肌鞘的后层。

腹前外侧群肌的作用：肌纤维互相交错形成弹性腹壁，保护腹腔脏器，维持腹内压。当腹肌收缩时，可增加腹内压，以完成排便、分娩、呕吐和咳嗽等生理功能。

（二）后群

腹肌后群位于腹后壁，包括腰大肌和腰方肌。腰大肌参见下肢肌中的相关内容。

腰方肌位于腹后壁，脊柱腰椎部两侧，腰大肌之后，竖脊肌之前。起自髂嵴后部，止于第12肋和第1～4腰椎横突。收缩时可下降第12肋，并使身体侧屈。

（三）腹肌形成的结构

1. 腹直肌鞘　由腹前外侧壁3块扁肌的腱膜形成，分前、后2层包绕腹直肌。前层由腹外斜肌腱膜与腹内斜肌腱膜的前层构成；后层由腹内斜肌腱膜的后层与腹横肌腱膜构成。由于3块扁肌的腱膜在脐以下4～5cm处全部转到腹直肌的前面构成腹直肌鞘的前层，故此处及以下腹直肌鞘后层缺如，形成一凸向上方的弧形边界，称弓状线，此线以下的腹直肌后面与腹横筋膜相贴（图4-47）。

2. 白线 位于腹前壁正中线，左、右腹直肌鞘之间，由两侧扁肌腱膜的纤维交织而成，坚韧而少血管。其上方起自剑突，下方止于耻骨联合（图4-47）。

3. 腹股沟管 位于腹股沟韧带内侧半上方，长约4.5cm，为腹外侧壁3层扁肌之间的斜行裂隙，有4壁，前壁是腹外斜肌腱膜和腹内斜肌；后壁是腹横筋膜和腹股沟镰；上壁是腹内斜肌和腹横肌的弓状下缘；下壁是腹股沟韧带的内侧部分。腹股沟管内口称腹股沟管深（腹）环，位于腹股沟韧带中点上方1.5cm处，外口即腹股沟管浅（皮下）环。管内男性有精索通过，女性有子宫圆韧带通过（图4-48）。

4. 腹股沟（海氏）三角 位于腹前壁下部，是由腹直肌外侧缘、腹股沟韧带内侧份和腹壁下动脉围成的三角区（图4-49）。

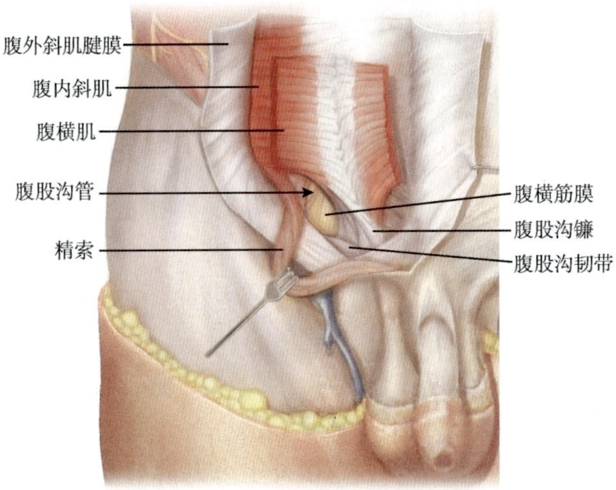

图4-48 腹股沟管

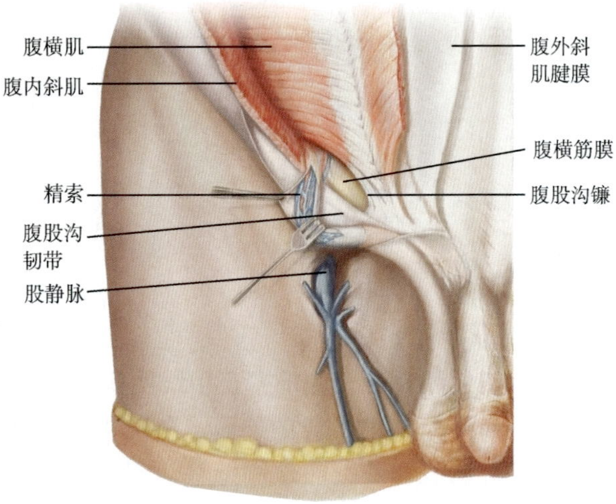

图4-49 腹股沟三角

链 接 斜疝和直疝

腹股沟管和腹股沟三角都是腹壁下部的薄弱区。在病理情况下，如腹膜形成的鞘突未闭合，或腹壁肌肉薄弱、长期腹内压升高等，可致腹腔内容物由此区突出而形成疝。若腹腔内容物经腹股沟管深环进入腹股沟管，再经浅环突出，下降入阴囊（男性），则构成腹股沟斜疝；若腹腔内容物不经腹股沟管深环，而从腹股沟三角处膨出，则形成腹股沟直疝。

第6节 四 肢 肌

案例 4-5

患者，男，66岁，因受凉后咳嗽、咳铁锈色痰，伴头痛、发热、全身无力，来医院就诊。门诊医生以大叶性肺炎收住呼吸内科。医嘱：青霉素80万U肌内注射，每天两次。

问题：1. 临床常用于注射的肌肉有哪些？

2. 其位置形态及注射点如何定位？

四肢肌分为上肢肌和下肢肌。

一、上 肢 肌

上肢肌可分为肩肌、臂肌、前臂肌和手肌（图4-50）。

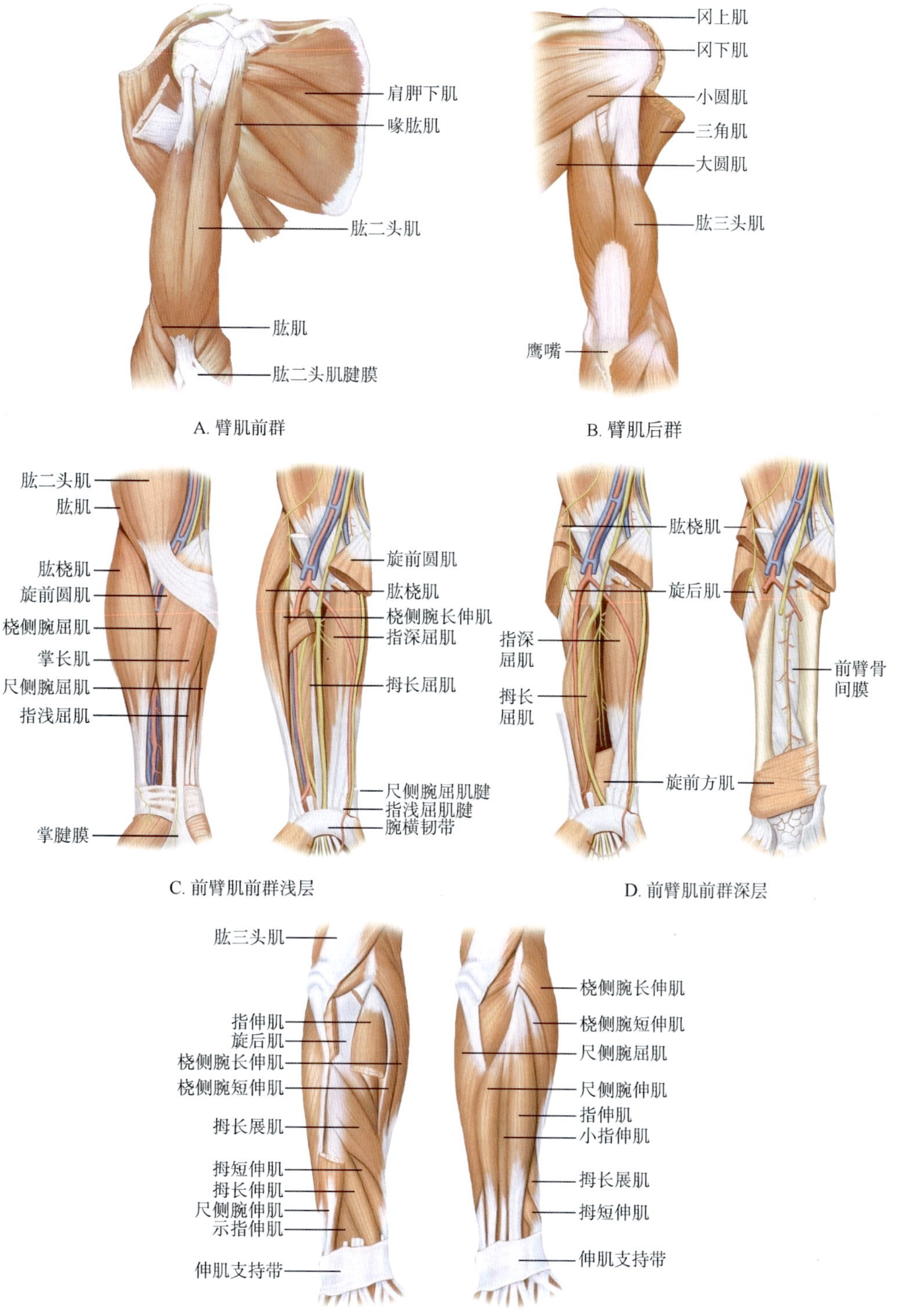

A. 臂肌前群

B. 臂肌后群

C. 前臂肌前群浅层

D. 前臂肌前群深层

E. 前臂肌后群

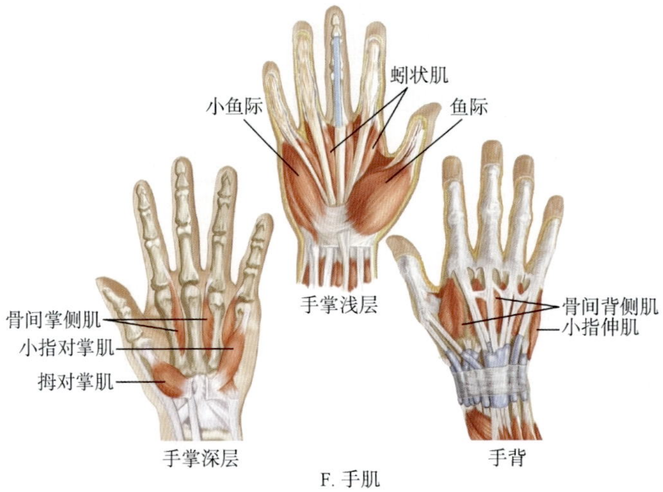

F. 手肌

图4-50 上肢肌

（一）肩肌

肩肌是包绕和运动肩关节的肌，均起于肩胛骨和锁骨，止于肱骨，主要作用是维持肩关节的稳固性（图4-44，图4-45）。

1. 三角肌 位于肩关节的外上方，呈三角形包裹肩关节，使肩部呈圆隆形。起于锁骨外侧、肩峰和肩胛冈，肌束逐渐向外下方集中，止于肱骨体中部外侧的三角肌粗隆。三角肌收缩时主要是使肩关节外展，同时前部肌束可以使肩关节屈和旋内，后部肌束能使肩关节伸和旋外。三角肌外上 1/3 部肌质丰厚，其深部无重要的血管和神经，是肌内注射的常用部位。因该肌受腋神经支配，若腋神经受损可致该肌瘫痪、萎缩，使肩峰突出于皮下，形成“方肩”。

2. 冈上肌 位于斜方肌深面，起自肩胛骨的冈上窝，肌束向外经肩峰和喙肩韧带的下方，跨越肩关节，止于肱骨大结节的上部。收缩时使肩关节外展。

3. 冈下肌 位于冈下窝内，起自冈下窝内侧，肌束向外经肩关节后面，止于肱骨大结节的中部。收缩时肩关节旋外。

4. 小圆肌 位于冈下肌的下方，起自肩胛骨外侧缘大圆肌起点的上方，止于肱骨大结节的下部。收缩时肩关节旋外，但作用较弱。

5. 大圆肌 位于小圆肌的下方，其下缘后面被背阔肌遮盖。该肌起自肩胛骨下角的背面，肌束经臂的内侧、肱三头肌长头的前面，止于肱骨小结节嵴。收缩时肩关节内收并旋内。

6. 肩胛下肌 起自肩胛下窝，肌束向上外经肩关节的前方，止于肱骨小结节。肩胛下肌收缩时肩关节内收和旋内。

（二）臂肌

臂肌覆盖肱骨，分为前群和后群。

1. 前群 位于肱骨前面，为屈肌。

（1）肱二头肌 呈梭形，起端有长、短二头，其长头起自肩胛骨关节盂上方，短头起于肩胛骨喙突，两头合成一个肌腹，下端移行为肌腱止于桡骨。作用是屈肘关节，协助屈肩关节。

（2）喙肱肌 与肱二头肌短头共同起自肩胛骨喙突，止于肱骨中部内侧。作用是协助肩关节屈和内收。

（3）肱肌 位于肱二头肌的深面，起自肱骨前面的下半部分，止于尺骨粗隆。作用是屈肘关节。

2. 后群 位于臂的后面，为伸肌。肱三头肌起自肩胛骨肱骨的后面，下端以肌腱止于尺骨鹰嘴。

主要作用为伸肘关节。

（三）前臂肌

前臂肌位于尺、桡骨周围，分为前群和后群。前群位于前臂的前部，可屈桡腕关节、掌指关节、指骨间关节和使前臂旋前。后群位于前臂的后部，能伸桡腕关节、掌指关节、指骨间关节和使前臂旋后。

（四）手肌

手肌位于手掌，为运动手指的短肌，可分为3群。外侧群较发达，在手掌形成隆起，称鱼际，可使拇指屈、外展、内收和对掌。内侧群较小，在手掌也形成隆起，称小鱼际，可使小指屈、外展。中间群包括蚓状肌和骨间肌。

二、下 肢 肌

下肢肌按部位分为髋肌、大腿肌、小腿肌和足肌。

（一）髋肌

髋肌是包绕和运动髋关节的肌，均起自髋骨，止于股骨，可分为前群和后群。

1. 前群 主要有髂腰肌。髂腰肌由腰大肌和髂肌组成（图4-51A）。

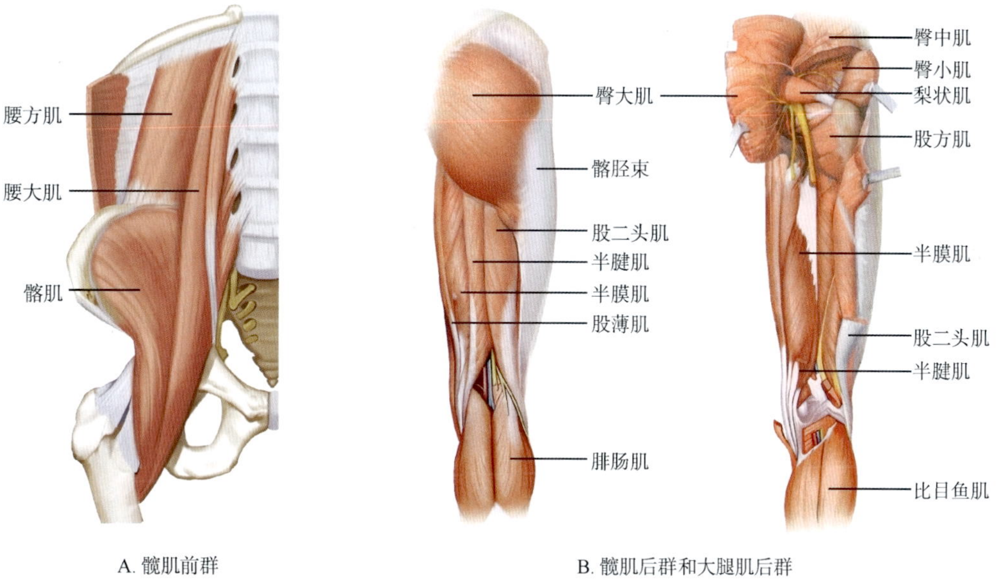

图4-51 髋肌和大腿肌后群

（1）腰大肌 位于腰部脊柱的两侧，起自腰椎体侧面及横突。髂肌呈扇形，起自髂窝，位于腰大肌的外侧。两肌向下汇合，经腹股沟韧带深部，止于股骨小转子。作用是使髋关节前屈、旋外。下肢固定时可使躯干前屈，如仰卧起坐。

（2）阔筋膜张肌 位于臀部外方，包在阔筋膜两层之间。起自髂前上棘及其后方，肌腹下端移行于髂胫束，止于胫骨体上端的髂胫束粗隆。作用是紧张阔筋膜和髂胫束，屈髋关节。

2. 后群 主要包括臀大肌、臀中肌、臀小肌和梨状肌（图4-51B）。

（1）臀大肌 略呈四边形，位于臀部浅层，宽大而肥厚，是形成臀部隆起的主要肌肉。起自髂骨翼后部外面、髂后上棘和骶骨、尾骨背面，肌束斜向外下，止于髂胫束和股骨的臀肌粗隆。作用是使髋关节伸和旋外，并防止骨盆过度前倾，下肢固定时，可伸直躯干，是维持身体直立的重要肌肉。也是临床常用的肌内注射部位，为避免伤及神经，常选择其外上1/4部位进行注射。

（2）臀中肌和臀小肌　臀中肌位于臀部外上份，呈扇形。内侧被臀大肌遮盖。起自髂骨翼、髂嵴；臀小肌位于臀中肌的深面，起自髂骨翼外面，肌束向下集中形成短腱，两肌均止于股骨大转子。作用是共同外展髋关节，前部肌束可旋内髋关节，后部肌束可旋外髋关节。

（3）梨状肌　位于臀中肌下方，肌束分散起自骶骨前面，纤维向外穿坐骨大孔达臀部，止于股骨大转子。作用：在身体直立时，使髋关节外展、旋外和后伸。

（二）大腿肌

大腿肌位于股骨周围，分为前群、后群和内侧群。

1. 前群　位于股前部，包括缝匠肌和股四头肌（图4-52）。

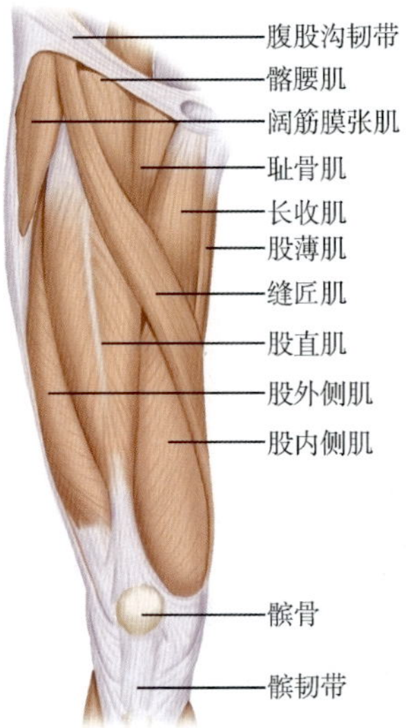

图4-52　大腿肌前群和内侧群

（1）缝匠肌　呈扁带状，为全身最长的肌，起于髂前上棘，肌束斜向内下方，止于胫骨上端内侧面。作用：屈髋关节和膝关节，并使屈位的膝关节旋内。

（2）股四头肌　位于股前部，是全身体积最大、最有力的肌，包括浅层的股直肌、股内侧肌、股外侧肌和深层的股中间肌四部分，股中间肌位于股直肌的深面，在股内、外侧肌之间。股直肌起自髂前下棘，股内侧肌和股外侧肌分别起自股骨粗线内、外侧唇，股中间肌起自股骨体的前面和外侧面。4块肌向下汇合成1条总腱，包绕髌骨，向下续为髌韧带，止于胫骨粗隆。作用是伸膝关节，屈髋关节。

2. 后群　位于股后部，共有3块，即股二头肌、半腱肌和半膜肌（图4-51）。

（1）股二头肌　位于股后部的外侧，有长、短两个头。长头起自坐骨结节，短头起自股骨粗线，两头汇合后，形成股二头肌，以长腱止于腓骨头。

（2）半腱肌和半膜肌　两肌位于股后部的内侧，均起自于坐骨结节，止于胫骨上端的内侧面。

大腿后群肌都跨过髋关节和膝关节，主要作用为屈膝关节和伸髋关节，并可使屈位的膝关节旋内。

3. 内侧群　位于大腿的内侧，有耻骨肌、长收肌、股薄肌、短收肌和大收肌（图4-52），均起自闭孔周围的骨面，分层排列，主要作用是内收髋关节。

（三）小腿肌

小腿肌位于胫骨、腓骨的周围，分为前群、外侧群和后群（图4-53、图4-54）。

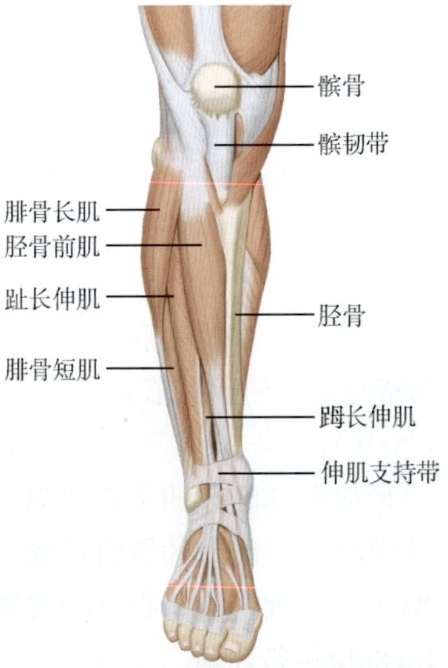

图4-53　小腿肌前群和外侧群

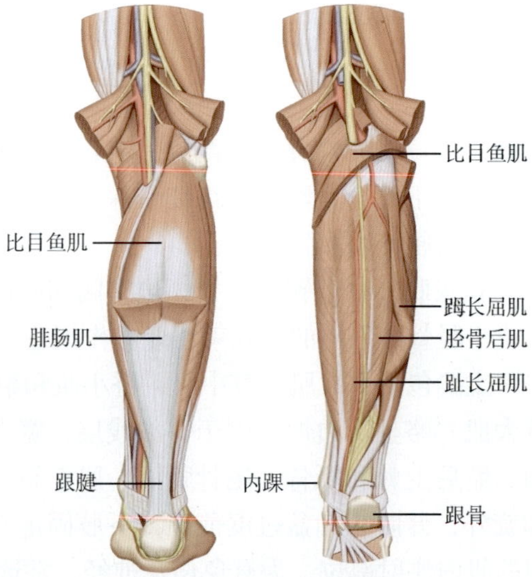

图4-54　小腿肌后群

1. 前群 位于小腿前部，共有胫骨前肌、蹲长伸肌和趾长伸肌3块肌肉，可使踝关节背屈（伸）、足内翻、伸趾等。

2. 外侧群 位于小腿的外侧部，能使足外翻和踝关节跖屈。

3. 后群 位于小腿后部，分浅层和深层。浅层包括腓肠肌和比目鱼肌，合称小腿三头肌。起于股骨的下端和胫、腓骨上端的后面，3个头汇合向下续为跟腱，止于跟骨。作用：跖屈踝关节、屈膝关节。深层的肌可使踝关节跖屈，使足内翻，屈趾等。

（四）足肌

足肌配布于足背和足底，其作用是运动足趾，维持足弓（图4-55）。

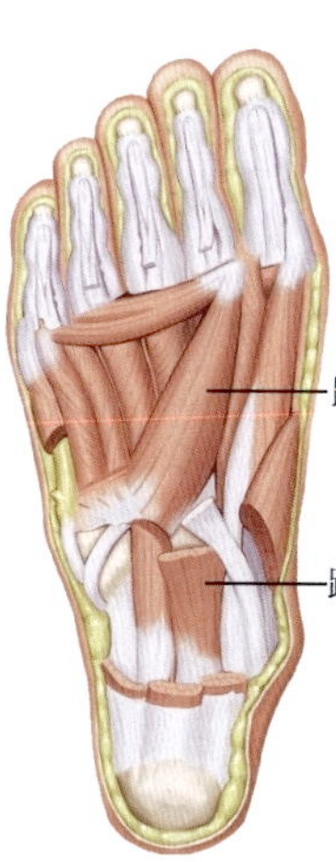

图4-55 足肌

第7节 头颈肌

案例 4-6

患者，男，30岁。因生产事故致右上肢损伤，上臂出血，送医后X线检查示肱骨骨折。拟行外科手术治疗。

问题：1. 事故现场如何进行按压止血？

2. 手术选择何种麻醉方法？

一、头 肌

头肌分为面肌和咀嚼肌。

（一）面肌

面肌主要有枕额肌、眼轮匝肌、口轮匝肌、颊肌等。为扁薄的皮肌，多起自颅骨，止于皮肤，其分布于面部孔裂周围，有闭合或开大睑裂和口裂的作用。同时，牵动面部皮肤，显示喜怒哀乐等各种表情，故面肌也称为表情肌。其中枕额肌为二腹扁肌，由前后的额腹、枕腹及中间的帽状腱膜构成。额腹位于额部皮下，起自额骨，止于眉部皮肤，可提眉并使额部皮肤出现皱纹；枕腹位于枕部皮下，起自枕骨，可向后牵拉帽状腱膜（图4-56）。

（二）咀嚼肌

咀嚼肌包括咬肌、颞肌、翼内肌、翼外肌，配布于颞下颌关节周围，参与咀嚼运动（图4-57）。

1. 咬肌 起自颧弓的下缘，纤维斜向后下止于下颌角外侧的咬肌粗隆，收缩时上提下颌骨。

2. 颞肌 起自颞窝，肌束呈扇形向下汇聚，经颧弓的深面，止于下颌骨的冠突，是上提下颌骨最有力的肌。

3. 翼外肌 位于颞下窝内，起自蝶骨大翼和翼突外侧板，向后外止于下颌颈和颞下颌关节的关节盘。双侧收缩时牵拉下颌头和关节盘向前做张口运动，单侧收缩可使下颌骨移向对侧。

4. 翼内肌 走行与翼外肌几乎垂直，起自翼窝的翼突外侧板，止于下颌角内面的翼肌粗隆，收缩时牵拉下颌骨向前上运动，还可使下颌骨移向对侧，与翼外肌交替作用，形成下颌骨的研磨运动。

咬肌、颞肌、翼内肌都属于闭口肌，翼外肌属于张口肌，闭口肌的力量大于张口肌，故颌关节的自然姿势是闭口。当肌痉挛或下颌神经受刺激时，表现为牙关紧闭或张口困难。

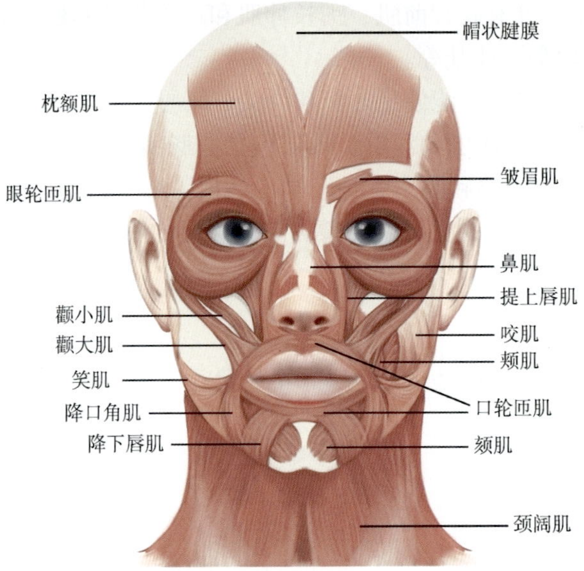

图4-56 面肌

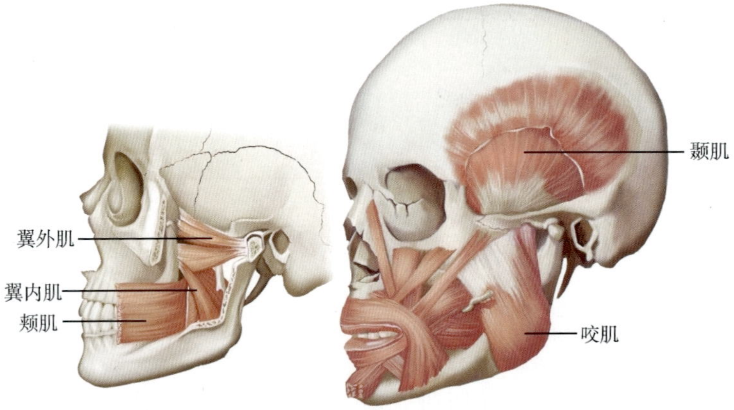

图4-57 咀嚼肌

二、颈 肌

颈肌分颈浅肌群（图4-58）和舌骨上、下肌群和颈深肌群（图4-59）。

（一）颈浅肌群

1. 颈阔肌 位于颈部浅筋膜中，为一扁薄的皮肌。起自胸大肌和三角肌的表面，向上止于口角。作用：拉口角向下，紧张颈部皮肤。

2. 胸锁乳突肌 位于颈部外侧皮下，大部分被颈阔肌所覆盖。起自胸骨柄前面和锁骨的胸骨端，两头汇合绕颈部斜向后上方，止于颞骨的乳突。作用：单侧收缩可使头屈向同侧，面转向对侧；双侧同时收缩可抬头并后仰。若一侧发生病变，可引起斜颈。

（二）舌骨上、下肌群

1. 舌骨上肌群 位于舌骨与下颌骨之间，主要作用为上提舌骨，下降下颌骨。

2. 舌骨下肌群 位于舌骨与胸骨之间，主要作用为下降舌骨和喉。

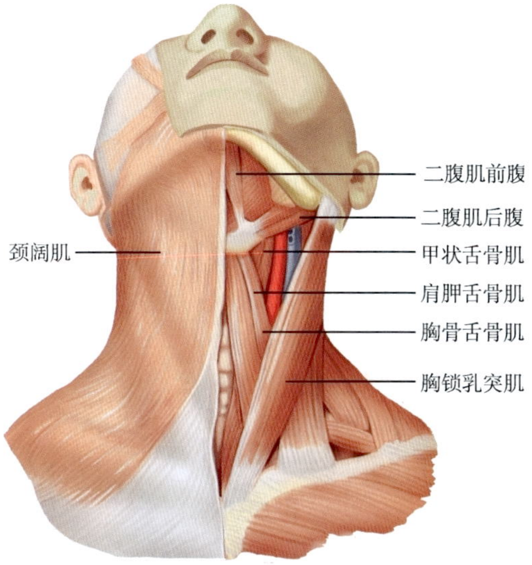

图4-58　颈浅肌群

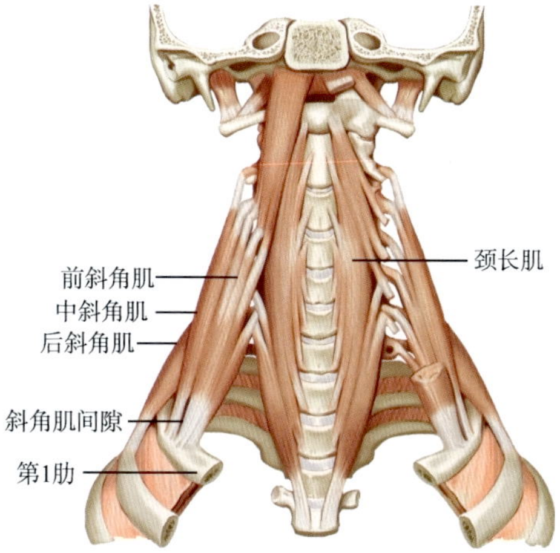

图4-59　颈深肌群

（三）颈深肌群

1. 外侧群　位于脊柱颈段两侧，有前斜角肌、中斜角肌和后斜角肌。均起自颈椎横突，其中前、中斜角肌止于第1肋，后斜角肌止于第2肋。前、中斜角肌与第1肋之间的空隙称斜角肌间隙，间隙内有锁骨下动脉和臂丛神经通过。在临床上，前斜角肌肥厚或痉挛可压迫锁骨下动脉和臂丛神经产生相应症状，称前斜角肌综合征。亦可在此处进行臂丛神经阻滞麻醉和锁骨下动脉压迫止血。作用：单侧肌收缩，使颈侧屈；双侧肌同时收缩，可上提第1、2肋，助深吸气。

2. 内侧群　位于脊柱颈段的前方，包括头前直肌、头长肌和颈长肌等，统称椎前肌。作用：肌收缩对能使头颈前屈。

自　测　题

一、名词解释

1. 体表标志　2. 翼点　3. 胸骨角　4. 肋弓　5. 椎间盘
6. 鼻旁窦　7. 斜角肌间隙

二、单项选择题

1. 不属于运动系统组成的是（　　）
   A. 骨　B. 骨连结　C. 骨骼肌
   D. 关节　E. 皮肤
2. 骨按形态分类，不包括（　　）
   A. 圆骨　B. 长骨　C. 扁骨
   D. 短骨　E. 不规则骨
3. 属于长骨的是（　　）
   A. 腕骨　B. 指骨　C. 跗骨
   D. 胸骨　E. 肋骨
4. 骨的构造不包括（　　）
   A. 骨膜　B. 骨质　C. 红骨髓
   D. 黄骨髓　E. 关节盘
5. 关于红骨髓的说法，正确的是（　　）
   A. 位于成人骨髓腔内
   B. 不存在于骨松质内
   C. 胎儿时期造血成年后不造血
   D. 胸骨、椎骨内终身保持红骨髓
   E. 髋骨内无红骨髓
6. 关节的辅助结构包括（　　）
   A. 纤维连结、软骨连结、骨性连结
   B. 韧带、关节盘、关节唇
   C. 关节面、关节囊、关节腔
   D. 直接连结和间接连结
   E. 以上都不对
7. 关节围绕冠状轴所做的运动是（　　）
   A. 环转　B. 屈和伸　C. 旋内
   D. 内收和外展　E. 旋后
8. 一般椎骨不包括（　　）
   A. 椎体　B. 椎弓　C. 椎孔
   D. 侧块　E. 棘突

9. 相邻椎骨的椎上切迹、椎下切迹围成（　　）
A. 椎孔　B. 椎管　C. 横突孔
D. 椎间孔　E. 椎弓

10. 围成椎孔的是（　　）
A. 上、下相邻的椎弓根　B. 椎弓根与椎弓板
C. 上、下相邻的棘突　D. 椎体与椎弓
E. 上、下相邻的椎弓

11. 成人椎骨数目错误的是（　　）
A. 颈椎8块　B. 胸椎12块
C. 腰椎5块　D. 骶骨1块
E. 尾骨1块

12. 颈椎最具有特征性的结构是（　　）
A. 分叉的棘突　B. 心形椎体
C. 横突孔　D. 肋凹
E. 棘突长

13. 骶管神经麻醉的部位和须摸认的体表标志是（　　）
A. 骶前孔，骶骨岬　B. 骶管，骶骨岬
C. 骶管裂孔，骶角　D. 骶后孔，骶角
E. 以上都不对

14. 肩胛骨下角平对第几肋（　　）
A. 第5肋　B. 第6肋　C. 第7肋
D. 第8肋　E. 第9肋

15. 肱骨易骨折的部位是（　　）
A. 解剖颈　B. 外科颈　C. 肱骨体
D. 大结节　E. 骶角

16. 连接相邻椎弓板的结构有（　　）
A. 前纵韧带　B. 后纵韧带　C. 黄韧带
D. 棘间韧带　E. 项韧带

17. 属于脑颅骨的是（　　）
A. 上颌骨　B. 颞骨　C. 颧骨
D. 腭骨　E. 下颌骨

18. 属于面颅骨的是（　　）
A. 蝶骨　B. 颞骨　C. 颧骨
D. 顶骨　E. 额骨

19. 上颌窦开口于（　　）
A. 上鼻道　B. 下鼻道　C. 眼眶
D. 中鼻道　E. 蝶筛隐窝

20. 额窦开口于（　　）
A. 上鼻道　B. 下鼻道　C. 眼眶
D. 中鼻道　E. 蝶筛隐窝

21. 不属于颅后窝结构的是（　　）
A. 枕内隆凸　B. 枕骨大孔　C. 内耳门
D. 蝶鞍　E. 颈静脉孔

22. 不属于髋骨的骨性标志的是（　　）
A. 髂前上棘　B. 髂窝
C. 耻骨结节　D. 坐骨结节
E. 髂结节

23. 全身最复杂的关节是（　　）
A. 下颌关节　B. 肩关节　C. 肘关节
D. 髋关节　E. 膝关节

24. 有关肌的起止和作用，正确的描述是（　　）
A. 肌的定点和动点不可转换
B. 躯干肌起于远离正中矢状面的部位
C. 肌运动时多以起点作为定点
D. 肌运动时多以起点作为动点
E. 四肢肌起于肢的远端

25. 以下属于咀嚼肌的是（　　）
A. 咬肌　B. 颅顶肌　C. 口轮匝肌
D. 颊肌　E. 三角肌

26. 一侧胸锁乳突肌收缩可出现以下哪项动作（　　）
A. 头屈向同侧，面转向同侧
B. 头屈向对侧，面转向同侧
C. 头屈向同侧，面转向对侧
D. 头屈向对侧，面转向对侧
E. 头后仰

27. 外展肩关节的肌是（　　）
A. 肱二头肌　B. 胸大肌　C. 冈下肌
D. 三角肌　E. 肱三头肌

28. 腕关节不能作（　　）
A. 内收运动　B. 外展运动
C. 前屈运动　D. 后伸运动
E. 旋转运动

29. 以下属于大腿前群肌的是（　　）
A. 股二头肌　B. 半腱肌
C. 半膜肌　D. 股四头肌
E. 臀大肌

30. 关于腹股沟管的描述，错误的是（　　）
A. 男性有精索通过
B. 女性有子宫圆韧带通过
C. 内口又称为深环
D. 外口又称为皮下环
E. 位于腹股沟韧带内侧半下方

三、问答题

1. 颈椎、胸椎、腰椎各有何主要形态特点？
2. 关节的基本结构和辅助结构有哪些？
3. 试述肩关节、肘关节、腕关节、髋关节、膝关节、踝关节的构成和运动形式。
4. 简述椎间盘的位置、结构特点及临床意义。
5. 临床上进行腰椎穿刺的部位常选在何处？穿刺针到达何部位？穿刺针经过哪些韧带？

（张　磊　王　卿）

第5章 消化系统

第1节 概　　述

一、消化系统的组成

消化系统由消化管和消化腺两部分组成（图5-1）。消化管又称为消化道，包括口腔、咽、食管、胃、小肠（十二指肠、空肠、回肠）及大肠（盲肠、阑尾、结肠、直肠、肛管）。临床上通常把口腔到十二指肠的部分称为上消化道；把空肠及以下的部分称为下消化道。消化腺可分为大消化腺和小消化腺两种，大消化腺是独立的器官，位于消化管壁外，包括大唾液腺、肝和胰；小消化腺主要分布于消化管壁内，如唇腺、胃腺和肠腺等。消化腺分泌的消化液进入消化管腔内，对食物进行化学性消化。

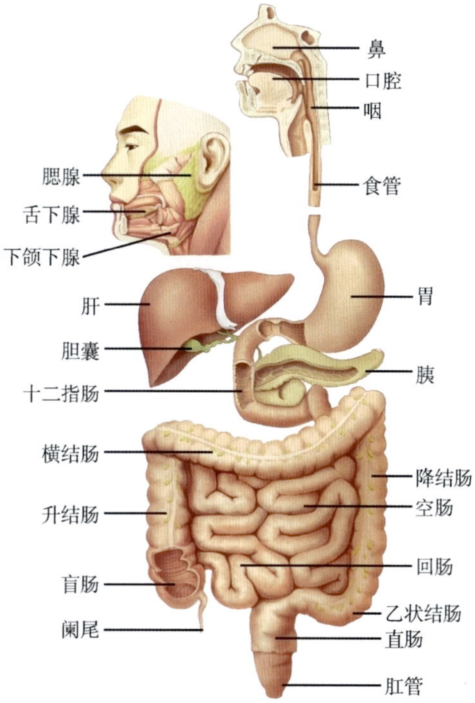

图5-1　消化系统

二、消化系统的功能

消化系统的主要功能是消化食物，吸收营养物质和排出食物残渣，为机体的新陈代谢提供营养物质和能量来源。

三、胸腹部标志线和腹部分区

消化系统的器官大部分位于胸、腹腔内，它们的位置一般较恒定。为了便于描述各器官的位置和体表投影，通常在胸、腹部体表确定若干标志线（图5-2），将腹部分成若干区。

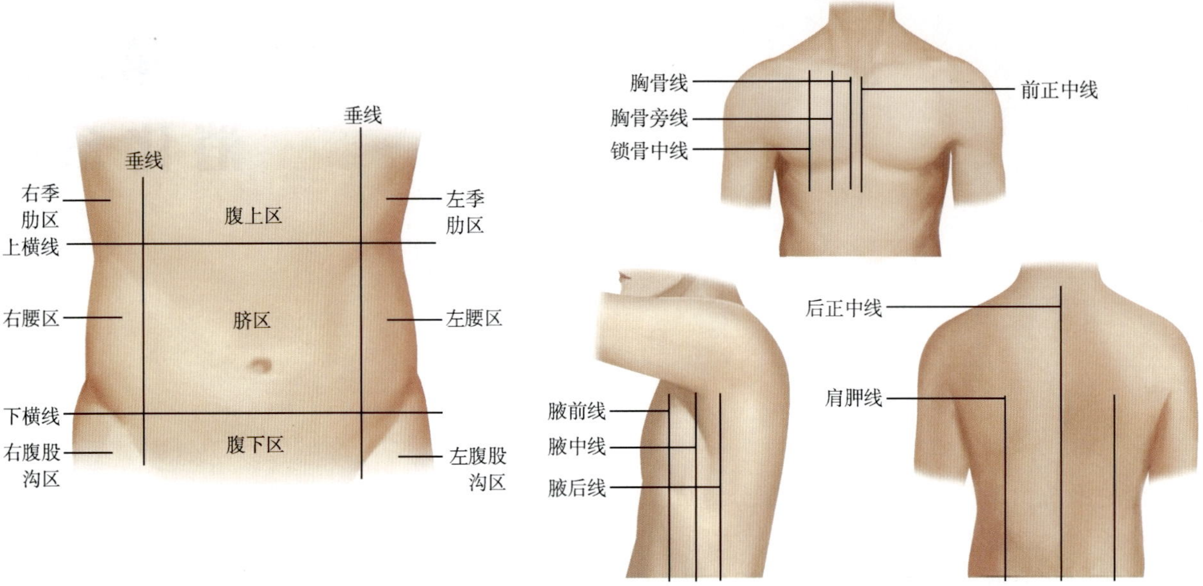

图5-2　胸、腹部标志线和腹部分区

（一）胸部的标志线

1. 前正中线　沿身体前面正中所做的垂直线。

2. 胸骨线　沿胸骨最宽处的外侧缘所做的垂直线。

3. 锁骨中线　通过锁骨中点向下所做的垂直线。

4. 胸骨旁线　同侧胸骨线与锁骨中线之间的中点所做的垂直线。

5. 腋前线　沿腋前襞向下所做的垂直线。

6. 腋后线　沿腋后襞向下所做的垂直线。

7. 腋中线　沿腋前线与腋后线之间中点所做的垂直线。

8. 肩胛线　过肩胛骨下角所做的垂直线。

9. 后正中线　经身体后面正中所做的垂直线。

（二）腹部的标志线和分区

1. 腹部的标志线　由两条横线和两条纵线，将腹部分成9个区（图5-2）。两条横线是两侧肋弓最低点（第10肋的最低点）的连线和两侧髂结节的连线，两条纵线是通过两侧腹股沟韧带中点所做的两条垂直线。

2. 腹部的分区

（1）四分法　临床上，常采用四分法，即通过脐的水平线和垂线，将腹部分为左上腹、右上腹、左下腹和右下腹4个区。

（2）九分法　解剖学中，为了准确描述腹腔器官的位置，常采用两条横线和两条纵线将腹部划分为9个区域（图5-2），上腹部的左、右季肋区和腹上区，中腹部的左、右外侧区（腰区）和脐区，下腹部的左、右髂区（腹股沟区）和腹下区（耻区）。

案例5-1

患者，女，42岁，服用大量有机磷农药，被家人送至医院时已神志不清。经洗胃、输液等抢救后苏醒。

问题：1. 插管时应该注意消化管的哪些结构特点？

2. 胃黏膜的结构包括哪些层次？

第2节 消 化 管

一、消化管壁的一般结构

除口腔和咽以外，消化管壁由内向外一般分为黏膜、黏膜下层、肌层和外膜4层（图5-3，表5-1）。

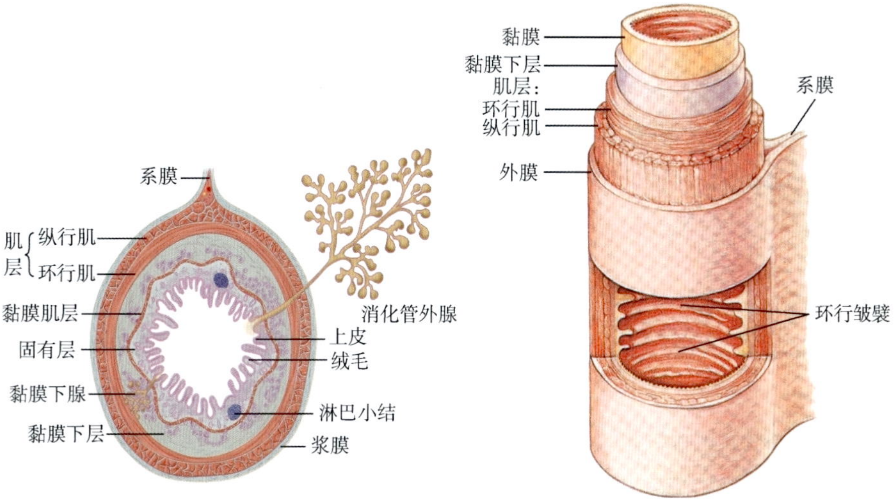

图5-3 消化管壁组织结构

表5-1 消化管壁的结构特征

名称	结构特征
黏膜上皮	复层扁平上皮：口腔、咽、食管和肛门 单层柱状上皮：胃、小肠和大肠（除肛门）
黏膜固有层	结缔组织、血管、神经、淋巴管、淋巴组织和腺等
黏膜肌层	为薄层平滑肌
黏膜下层	疏松结缔组织、血管、淋巴管和黏膜下神经丛
肌层	骨骼肌：口腔、咽、食管和肛门外括约肌 平滑肌：胃、小肠和大肠（除肛门外括约肌）
外膜	纤维膜：咽、食管和大肠末段 浆膜：胃、大部分小肠和大肠

（一）黏膜

黏膜由黏膜上皮和黏膜固有层及黏膜肌层组成。

1. 黏膜上皮 衬在消化管的腔面，以保护功能为主。

2. 黏膜固有层 为疏松结缔组织，内含腺体、毛细血管和淋巴组织等，可分泌消化液和黏液，帮助消化、湿润和保护消化管壁。

3. 黏膜肌层 为一薄层平滑肌，其收缩可帮助固有层的腺体分泌物排出和血液运行，有利于食物的消化和吸收。

（二）黏膜下层

黏膜下层由疏松结缔组织组成，使黏膜有一定移动性，内含丰富的淋巴管、血管和黏膜下神经丛。

（三）肌层

肌层多为平滑肌，通常分内、外两层，内层为环行肌，外层为纵行肌，其收缩和舒张，可使消化管产生蠕动。

（四）外膜

外膜由薄层结缔组织构成，分为纤维膜和浆膜两种。前者主要分布于咽、食管和大肠末段。后者分布于胃、大部分小肠和大肠，其表面光滑，可减少消化管蠕动时的摩擦。

二、口　　腔

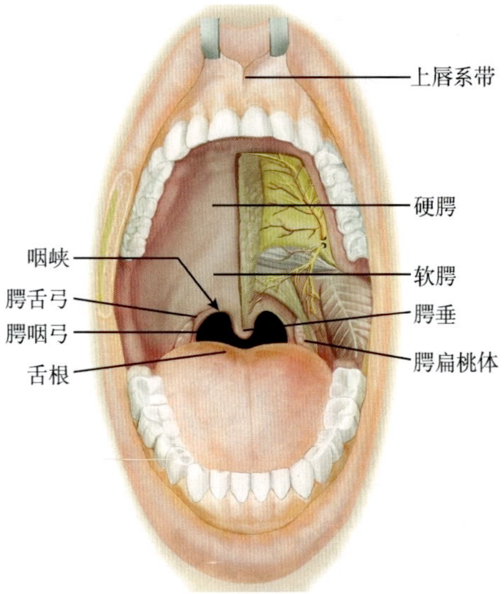

图5-4　口腔

口腔为消化管的起始部（图5-4），前借口裂与外界相通，后经咽峡与咽相续。口腔形似六面体，前壁为唇，两侧壁为颊，上壁为腭，下壁为口腔底，内有牙、舌等器官。口腔以上、下牙弓及牙周组织为界，将口腔分为外侧的口腔前庭和内侧的固有口腔两部分。二者在最后一颗磨牙的后方相通，临床上，当患者牙关紧闭时，可经此处插管入胃注入药物和营养物质。

（一）口唇

口唇分为上唇和下唇，两唇之间的裂隙称为口裂，其左右结合处为口角。上唇外面正中的纵行浅沟，称人中。上唇两侧以弧形的鼻唇沟与颊分界，正常人的鼻唇沟左、右对称，面肌瘫痪的患者，患侧的鼻唇沟变浅或消失。

（二）颊

口腔的两侧壁为颊，由浅入深为皮肤（皮下有颊脂体）、颊肌、口腔黏膜。在平对上颌第二磨牙颊黏膜处有腮腺导管的开口。

（三）腭

口腔上壁，前2/3称硬腭，后1/3称软腭。软腭后缘游离，其中央有一向下的突起，称腭垂。腭垂两侧各有两条弓状黏膜皱襞，前为腭舌弓，后为腭咽弓，两者之间的凹陷，容纳腭扁桃体。腭垂、左右腭舌弓和舌根共同围成咽峡，是口腔与咽的分界（图5-4）。

（四）舌

舌位于口腔底，为肌性器官，具有感受味觉、搅拌食物、协助吞咽和辅助发音等功能。

1. 舌的形态　舌分为上、下两面，舌的上面称舌背，以V形界沟分为前2/3的舌体和后1/3 的舌根，前端为舌尖。舌的下面正中有一连于口腔底的黏膜皱襞，称舌系带。舌系带下端两侧，各有一个圆形隆起，称舌下阜，是下颌下腺和舌下腺大管的开口处。舌下阜向后外侧延续为带状的舌下襞，是舌下腺小管的开口处。舌下面黏膜深面含有丰富的静脉丛，故临床上舌下含化的药物如硝酸甘油等能经此迅速吸收（图5-5A、B）

2. 舌的构造　舌由舌肌和黏膜构成（图5-5，表5-2）。

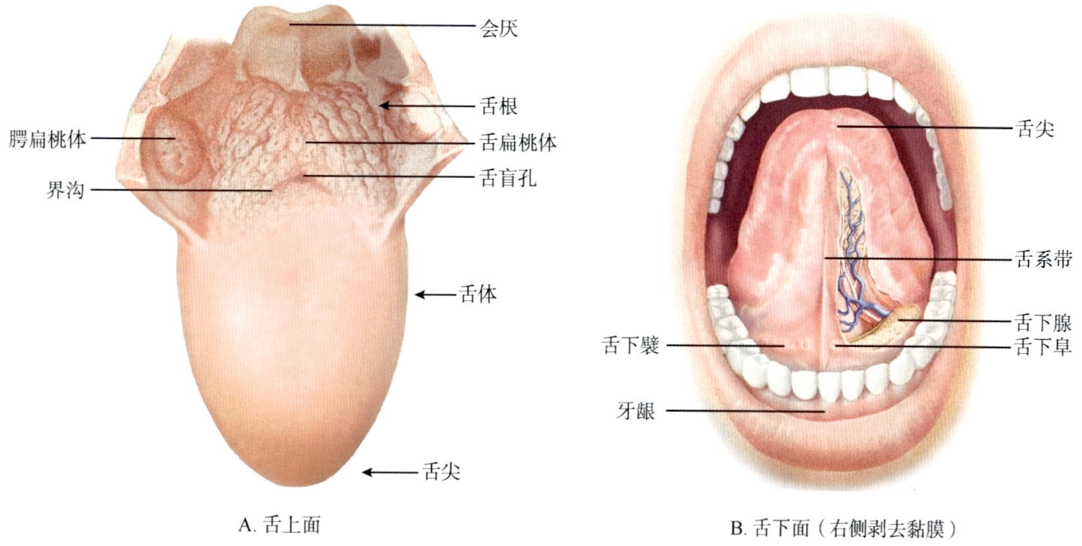

图5-5 舌

表5-2 舌的构造

名称	结构	解剖描述及特征
黏膜	舌背（舌乳头）	丝状乳头：呈白色丝状，分布于舌背前2/3，感受触觉，不含味蕾 菌状乳头：呈红色圆点状，多见于舌尖和舌侧缘，含有味蕾 叶状乳头：为4～8条叶状皱襞，在舌侧缘后部，含有味蕾 轮廓乳头：体积最大，7～11个，位于界沟前方，含有味蕾
扁桃体	舌扁桃体	舌根背面的黏膜内，由淋巴组织构成
舌肌	舌内肌	舌内肌构成舌的主体，肌纤维纵横交错，收缩时改变舌的形态
	舌外肌	起于舌外，止于舌内，收缩时改变舌的位置。颏舌肌在临床上最重要，同时收缩，舌可伸向前，一侧收缩，可使舌伸向对侧。当一侧颏舌肌瘫痪，舌尖偏向患侧

（五）牙

牙是人体内最坚硬的器官，嵌入上、下颌骨牙槽内。牙对食物进行咬切、磨碎，并有辅助发音的作用。

1. 牙的形态及构造 牙可分为牙冠、牙颈和牙根3部分（图5-6）。牙冠是露于口腔内的部分，牙根是嵌入上、下牙槽内的部分，牙颈是介于牙冠和牙根之间缩细的部分。牙由牙本质、釉质、牙骨质和牙髓构成。牙本质呈黄色，构成牙的主要部分。釉质是人体最坚硬的组织，是包裹在牙冠部牙质表面的白色物质。在牙颈和牙根牙质外面包有牙骨质。牙内的空腔称为牙腔，腔内富含疏松结缔组织、神经和血管的牙髓。

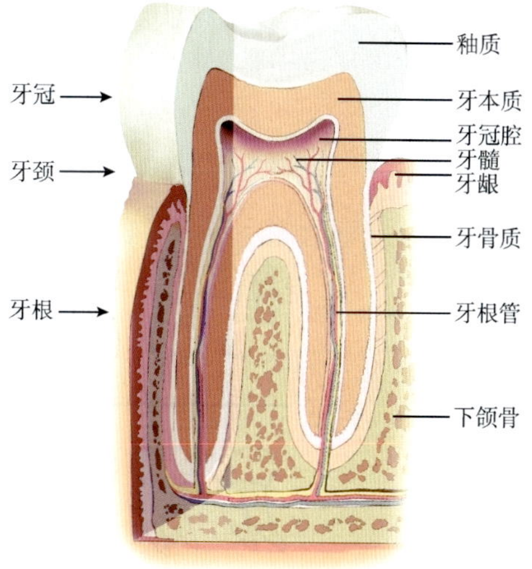

图5-6 牙的形态和构造

2. 牙周组织 由牙周膜、牙槽骨、牙龈3部分构成，对牙有保护和固定的作用。

3. 牙的种类和排列 人的一生中先后有两组牙。第1组牙称乳牙，一般在出生后6个月左右开始萌出，至3岁左右出齐，共20个。第2组称恒牙，6岁左右，乳牙开始陆续脱落，长出恒牙，至13岁左右出齐。第三磨牙萌出最迟，称迟牙，到成年后才长出，也有人终生不出。因此恒牙数28～32个均属正常。

根据牙的形态和功能，乳牙分为切牙、尖牙和磨牙3类，恒牙分为切牙、尖牙、前磨牙和磨牙4类。乳牙和恒牙的名称及排列顺序，见图5-7，图5-8。临床上为了记录牙的位置，常以被检查者的方位为准，以“+”划分为4区，并以罗马数字Ⅰ～Ⅴ标示乳牙，用阿拉伯数字1～8标示恒牙，这样记录牙的排列形式称为牙式。如$\lfloor 5$表示左上颌第二前磨牙。$\lceil$Ⅳ表示左下颌第一乳磨牙。具体表示方法见图5-9，图5-10。

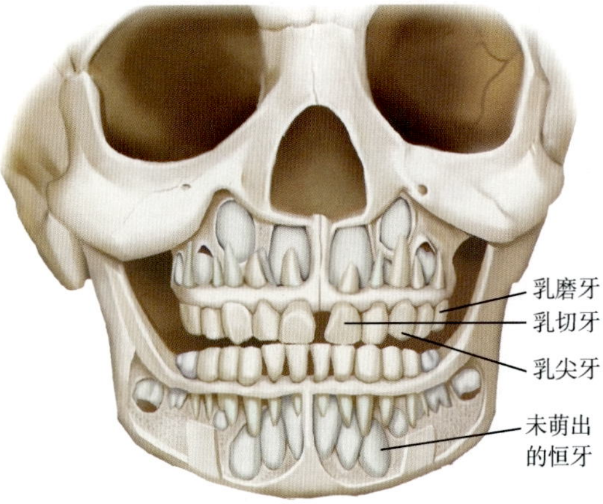

图5-7　乳牙

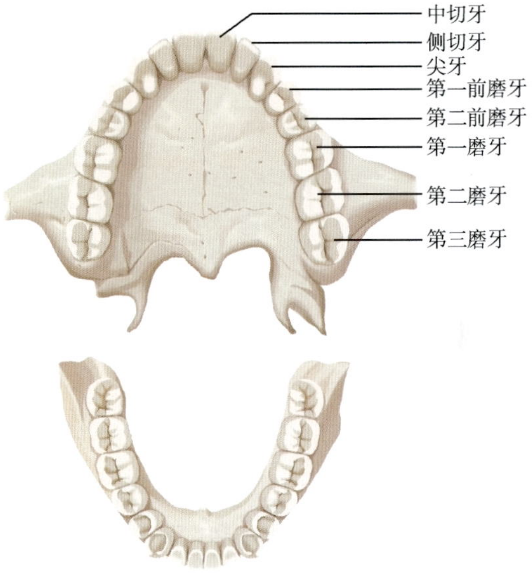

图5-8　恒牙

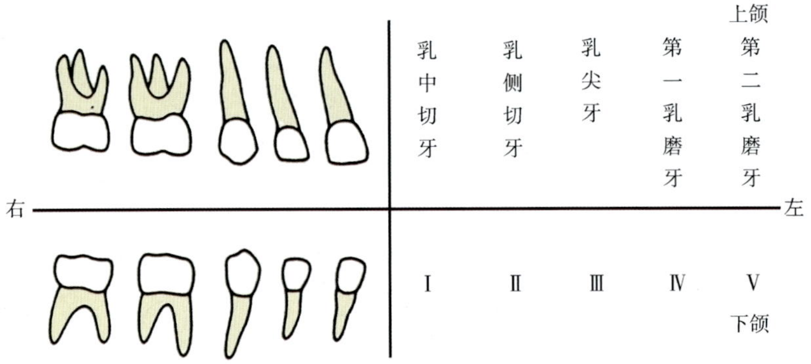

图5-9　乳牙的分类、名称及符号

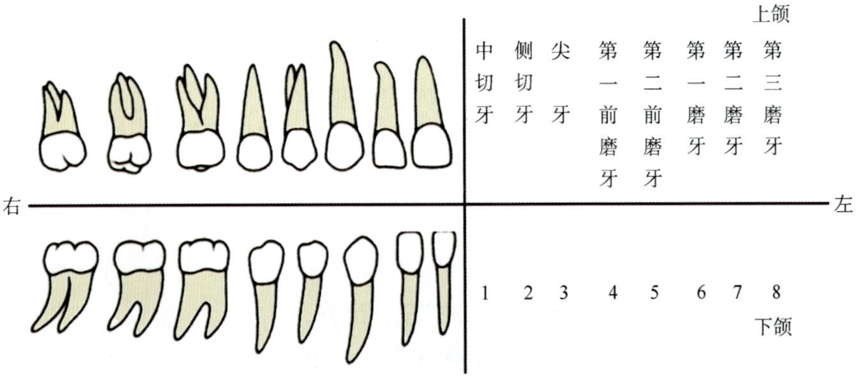

图5-10　恒牙的分类、名称及符号

三、咽

（一）咽的形态和位置

咽是一个前后略扁的漏斗状肌性管道，是消化道与呼吸道的共同通道，位于第1～6颈椎体前方，上起颅底，下至第6颈椎体下缘与食管相续，全长约12cm。咽自上而下分为鼻咽、口咽和喉咽3部分（图5-11）。

（二）咽的分布和结构

1. 鼻咽 位于咽腔的上部，上界为颅底，下界以软腭后缘与口咽分界，向前经鼻后孔与鼻腔相通。在鼻咽侧壁上，相当于下鼻甲后方约1cm处有咽鼓管咽口，借咽鼓管通中耳鼓室。咽鼓管咽口前、后、上方的隆起称为咽鼓管圆枕，是寻找咽鼓管的标志性结构。咽鼓管圆枕后方与咽后壁之间有一纵行的凹陷，称咽隐窝，为鼻咽癌的好发部位。

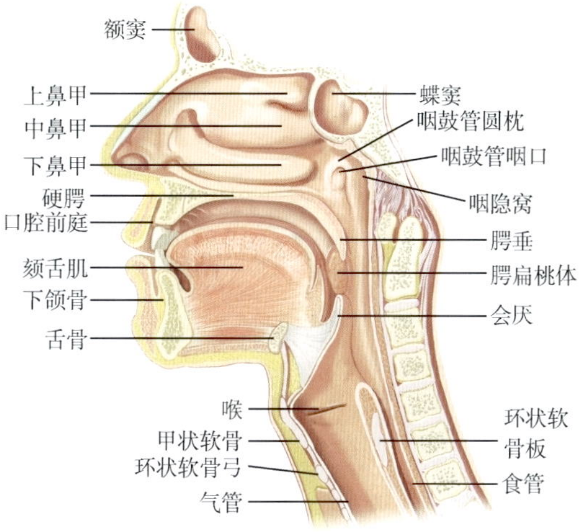

图5-11 咽的正中矢状切面

2. 口咽 位于咽腔的中部，其上界为软腭的上缘，下界为会厌的上缘，向前借咽峡与口腔相通，口咽侧壁腭舌弓与腭咽弓之间容纳腭扁桃体。

3. 喉咽 位于咽腔的下部，其上界是会厌的上缘，下界为第6颈椎体下缘，向下与食管相续，向前借喉口与喉腔相通。喉口两侧各有一凹陷，称梨状隐窝，是异物常嵌顿停留的地方。

四、食　管

（一）食管的形态和位置

食管全长约25cm，为肌性管道。上端在颈部平第6颈椎下缘的高度与咽相接，沿脊柱前方下行，穿经胸部至膈的食管裂孔入腹部，下端在第11胸椎左侧与胃的贲门相连。根据食管所经过的部位，分为颈部、胸部、腹部3部分。

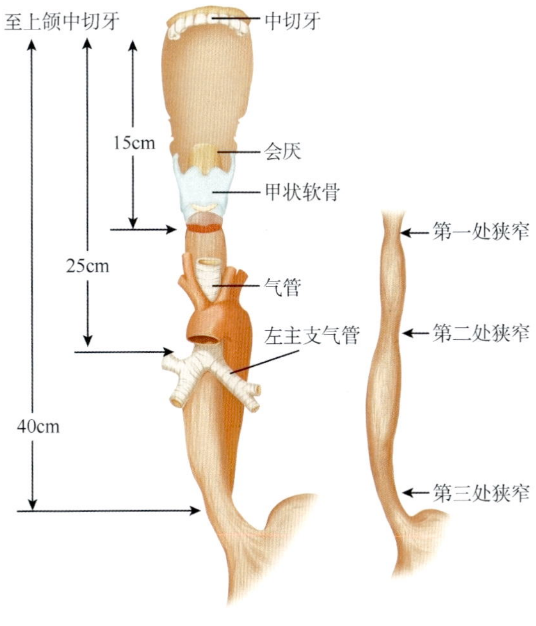

图5-12 食管3处狭窄（前面观）

（二）食管的分部和狭窄

食管全长有3处生理狭窄：第1处狭窄位于食管起始处，距上颌中切牙约15cm。第2处狭窄位于与左主支气管交叉处，距上颌中切牙约 25cm。第3处狭窄为膈食管裂孔处，距上颌中切牙约40cm。各狭窄处是食管异物滞留和结核、肿瘤的好发部位。临床上进行食管插管和胃镜操作时，要牢记3处狭窄和中切牙的距离，避免损伤食管狭窄处的黏膜（图5-12）。

（三）食管壁的微细结构

食管的腔面有纵行皱襞，食物通过时皱襞消失。黏膜上皮为未角化的复层扁平上皮，固有层为细密结缔组织，黏膜肌层为薄层纵行平滑肌。黏膜下层含有血管、神经、淋巴管及食管腺。肌层为内环行、外纵行2层，在上1/3段为骨骼肌，中1/3段既有骨骼肌又有平滑肌，下1/3为平滑肌。外膜为纤维膜。

五、胃

胃是消化管的最膨大部分，成人胃容量约1500ml，具有容纳食物、分泌胃液和对食物进行初步消化的功能。

（一）胃的形态和分部

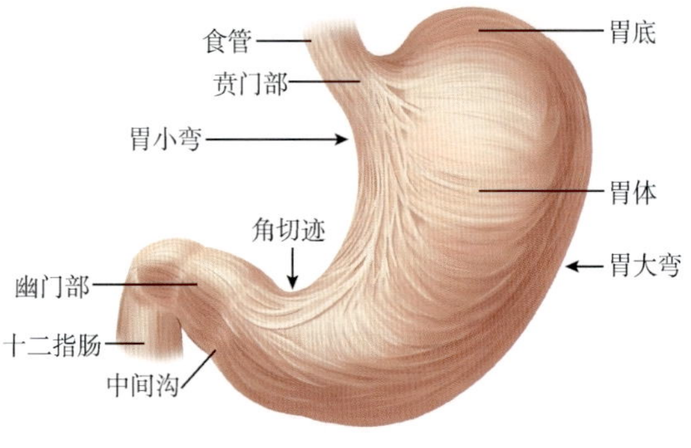

图5-13 胃的外形与分部

胃有入、出两口，前、后两壁和上、下两缘。入口与食管相接称贲门；出口与十二指肠相通称幽门。贲门位于第11胸椎体左侧；幽门位于第1腰椎体右侧。胃的两壁即朝向前上的前壁和朝向后下的后壁。胃的上缘凹向右上方称胃小弯，其最低处称角切迹；胃的下缘凸向左下方称胃大弯（图5-13）。

胃可分为4部分：①近贲门的部分称贲门部。②贲门平面以上向左上方膨出的部分为胃底。③胃底与角切迹处的中间大部分区域为胃体。④胃体角切迹与幽门之间的部分，称幽门部，临床上又称为胃窦。幽门部的大弯侧有一不甚明显的中间沟，将幽门部分为右侧的幽门管和左侧的幽门窦（图5-13）。幽门部近胃小弯处是胃溃疡和胃癌的好发部位。

（二）胃的位置和毗邻

在中等充盈时，胃大部分位于左季肋区，小部分位于腹上区。在剑突下部分胃前壁直接与腹前壁相贴，是临床触诊胃的部位。胃的前壁右侧与肝相贴、左侧与膈相邻、中间与腹前壁相贴，胃的后壁与胰腺、横结肠、左肾和肾上腺相邻。

（三）胃壁的微细结构

胃壁由内向外分别为黏膜、黏膜下层、肌层和外膜（图5-14）。胃空虚时黏膜形成许多纵行皱襞，充盈时皱襞减少、变低。幽门的黏膜突入管腔形成环行皱襞，称幽门瓣，有控制食物通过和防止反流的作用。胃黏膜表面有许多小窝，称胃小凹，胃小凹的底部有胃腺开口。胃腺按所在部位分为贲门腺、幽门腺和胃底腺。胃底腺为胃的主要腺体，分布于胃底和胃体，主要有3种细胞（图5-15）。

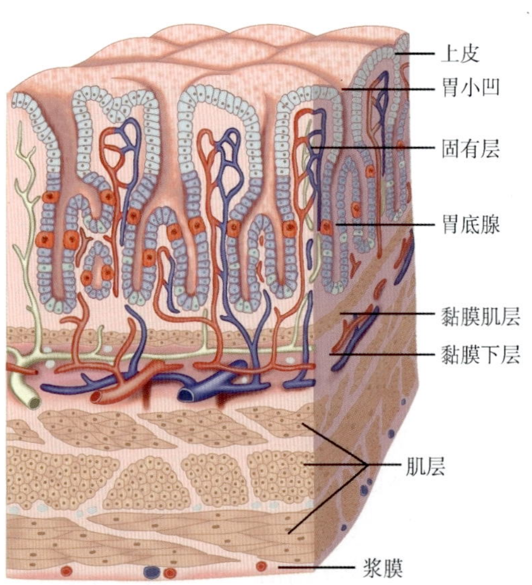

图5-14 胃的微细结构

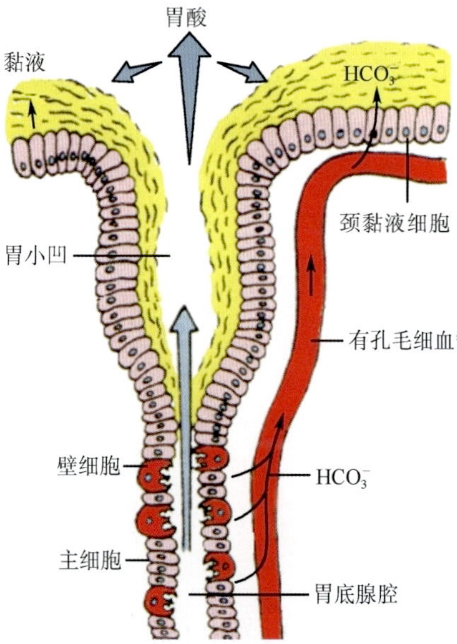

图5-15 胃底腺

1. 主细胞 又称胃酶细胞，主要功能是分泌胃蛋白酶原，胃蛋白酶原经盐酸激活后转变为有活性的胃蛋白酶，对蛋白质进行初步分解。

2. 壁细胞 又称泌酸细胞，主要功能是分泌盐酸和内因子。盐酸具有激活胃蛋白酶原和杀菌作用，内因子能促进回肠吸收维生素B_{12}，供给红细胞合成所需。

3. 颈黏液细胞 可分泌黏液，对胃黏膜具有保护作用。

案例 5-2

患者，男，45岁，间歇性上腹痛4年余，自服胃药可好转，常于秋冬、冬春交界或情绪不佳时疼痛发作，无反酸，空腹可减轻症状。近期有头晕、腿软等情况发生。1周前因饮酒后突然出现上腹部剧烈疼痛，随即入院。查体见剑突下压痛（+），Hb 90g/L。胃镜检查提示角切迹溃疡，溃疡底部可见一个血块附着。临床诊断：胃溃疡伴贫血。医生拟在内镜下进行止血治疗，并在其周边活检进行病理学检查。

问题：1. 角切迹是胃的哪两部分的分界标志？

2. 试分析该名患者贫血可能的原因。

六、小　肠

小肠为消化管中最长的一段，成人全长5～7m，上起胃幽门，下接盲肠，分为十二指肠、空肠和回肠3部分，是食物消化和吸收的主要部位。

（一）十二指肠

十二指肠为小肠起始段，紧贴腹后壁，介于幽门与空肠之间，长约25cm，呈C字形包绕胰头，分为上部、降部、水平部和升部4部分（图5-16）。上部近幽门处的一段肠管，壁薄且内面光滑，无环状襞，称十二指肠球部，是十二指肠溃疡的好发部位。降部后内侧壁上有十二指肠纵襞，纵襞下方有一突起称十二指肠大乳头，是胆总管和胰管的共同开口处，距中切牙约75cm。水平部自右向左横过第3腰椎，至左侧移续于升部。升部自第3腰椎左侧上升至第2腰椎左侧，弯向前下方，形成十二指肠空肠曲，此曲被十二指肠悬肌固定于腹后壁，十二指肠悬肌和包绕其下段的腹膜皱襞共同构成十二指肠悬韧带（Treitz韧带），此结构是手术时确定空肠起点的标志。

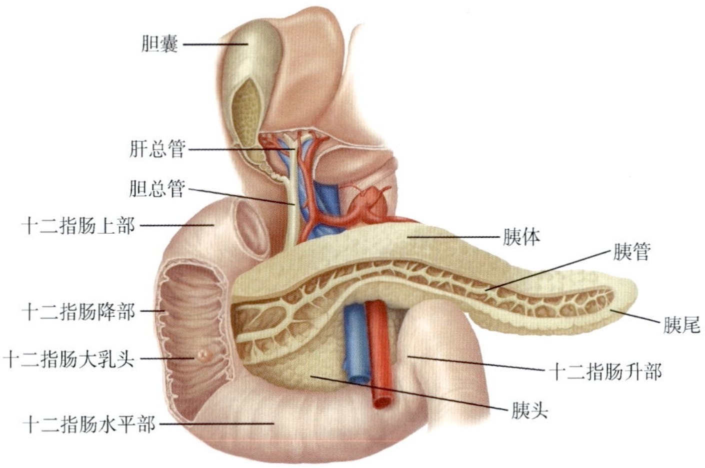

图5-16 胰腺和十二指肠

（二）空肠和回肠

空肠和回肠盘曲在腹腔中，为结肠所环抱。两者无明显的界线，空肠位于左上腹，约占空肠、回肠近侧2/5。回肠位于右下腹部，约占空肠、回肠远侧3/5（表5-3，图5-17）。

表5-3 空肠和回肠的区别

项目	空肠	回肠
位置	位于左上腹部	位于右下腹部
长度	约占全长的2/5	约占全长的3/5
管腔	较粗	较薄
管壁	较厚	较薄
颜色	较红	较淡
环状襞	明显	不明显
淋巴滤泡	孤立淋巴滤泡	集合淋巴滤泡、孤立淋巴滤泡

（三）小肠壁的微细结构

小肠壁的微细结构：一是小肠黏膜腔面有许多环状皱襞和绒毛；二是固有层有大量肠腺和丰富淋巴组织（图5-18）。黏膜和黏膜下层形成许多环状襞，襞上有大量小肠绒毛，绒毛的上皮为单层柱状上皮，细胞的游离面有大量的微绒毛。绒毛的中轴是固有层，内含1～2条以盲端起始的纵行毛细淋巴管，称为中央乳糜管，可收集和转运脂肪。小肠腺是位于固有层内的管状腺，直接开口于肠腔，能分泌小肠液。环状皱襞、绒毛和微绒毛可使小肠腔的吸收面积加大约600倍，有利于对营养物质的吸收。

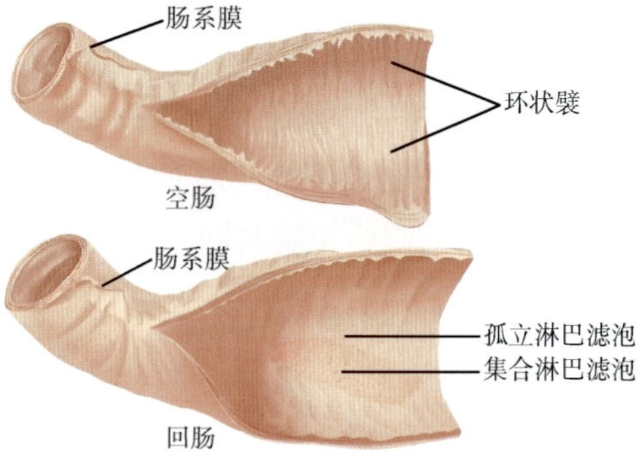

图5-17 空肠和回肠黏膜

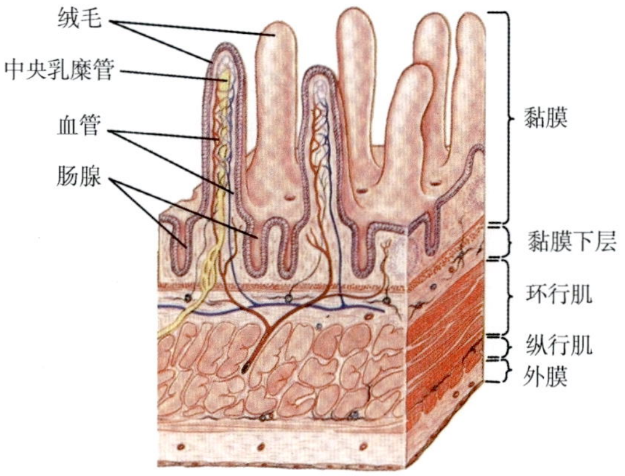

图5-18 小肠微细结构

七、大　肠

大肠长约1.5m，分为盲肠、阑尾、结肠、直肠和肛管5部分。大肠的主要功能是吸收水分、无机盐和维生素等，分泌黏液，使食物残渣形成粪便排出体外。盲肠和结肠在形态上具有3个特征性结构（图5-19）。①结肠带：共3条，与肠管的纵轴平行排列。②结肠袋：是肠壁向外膨出形成的袋状结构。③肠脂垂：是附于结肠带附近的脂肪突起。以上结构特征是区别大肠和小肠的标志。

（一）盲肠

盲肠位于右髂窝，为大肠的起始部，长6～8cm。回肠末端经回盲口与盲肠相接，回盲口的上、下方有两个半月形的瓣，称回盲瓣（图5-20），可阻止小肠内容物过快地流入大肠，还可防止盲肠内容物逆流到回肠。

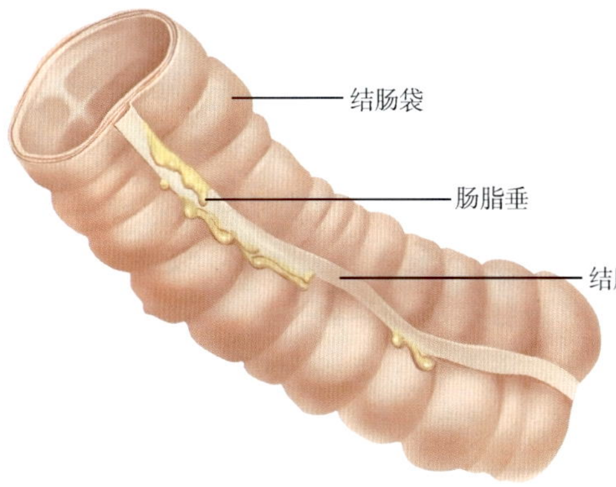

图5-19 大肠的特征性结构

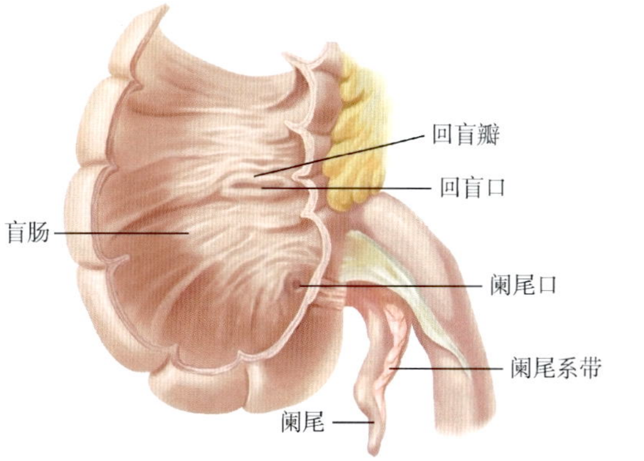

图5-20 盲肠和阑尾

（二）阑尾

阑尾是一细长的蚓状盲管，大多数人的阑尾连于盲肠后内侧壁，末端游离，长6～8cm（图5-20）。阑尾的根部位置较恒定，其体表投影在脐与右髂前上棘连线的中、外1/3交点处，临床上称麦氏（McBurney）点，急性阑尾炎时此点常有压痛（图5-21）。3条结肠带汇集在阑尾的根部，是手术中寻找阑尾的可靠方法。

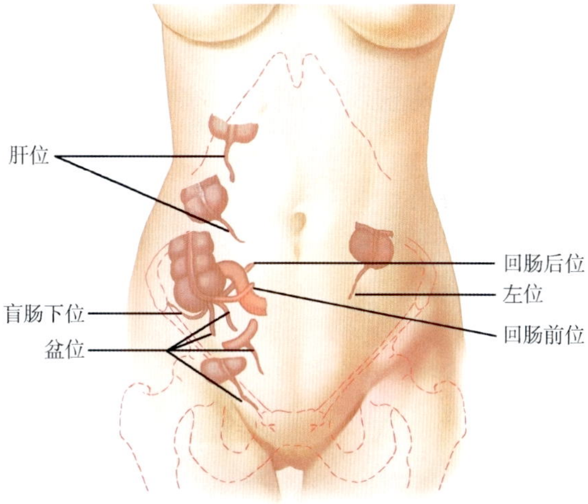

图5-21 阑尾根部的体表投影

（三）结肠

结肠始于盲肠，终于直肠，呈M形环绕在空肠、回肠的周围，可分为升结肠、横结肠、降结肠和乙状结肠4部分（图5-1）。

（四）直肠

直肠位于盆腔的后部，上接乙状结肠，下续肛管，长10～14cm，直肠并不直，在矢状面上有两个弯曲，即骶曲和会阴曲。直肠下段有一个膨大，称直肠壶腹，腔面有3个半月形的直肠横襞，上、下两条位于直肠的左壁，中间一条大而明显，位置恒定，距肛门7cm，常作为临床上直肠镜检时的定位标志。

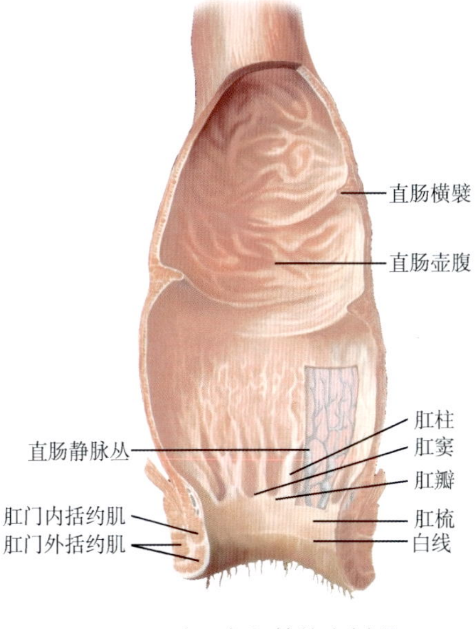

图5-22 直肠与肛管的内侧观

（五）肛管

肛管上续直肠，终于肛门，长3～4cm。肛管内面有6～10条纵行的黏膜皱襞，称肛柱。相邻肛柱的下端连有半月形的皱襞，称肛瓣（图5-22）。肛瓣与相邻两肛柱围成的小窝，称肛窦。肛瓣与肛柱下端共同连成锯齿状的环形线，称齿状线。齿状线下方约1cm处，有一个不太明显的环形浅沟，称白线。齿状线与白线之间的环形区域，称肛梳或痔环。在肛梳和肛柱的深面，有丰富的静脉丛，此丛如淤血扩张则易形成痔，发生在齿状线以上的静脉曲张为内痔，以下的为外痔，故齿状线是区分内、外痔的标志。肛管的下端管壁环形平滑肌增厚，形成肛门内括约肌，能协助排便。在肛门内括约肌的外侧，有由骨骼肌形成的肛门外括约肌，受意识控制，可括约肛门，控制排便（图5-22）。

链 接 齿状线的解剖学及临床意义

齿状线具有重要的解剖学和临床意义：①齿状线是直肠肛管的结合线，是黏膜皮肤的移行线，齿状线以上是直肠，肠腔内壁覆盖着黏膜。齿状线以下是肛门，肛管覆盖着皮肤。齿状线以上的痔是内痔，齿状线以下的痔是外痔。齿状线以上的息肉、肿瘤附以黏膜，多数是腺瘤，齿状线以下的肿瘤，附以皮肤，多数是皮肤癌。②齿状线是脏器神经的分界线，齿状线以上的神经是自主神经，没有明显痛觉；齿状线以下的神经是脊神经，痛觉灵敏。③齿状线是胚胎内、外胚层的分界线，所以几乎所有肛门、直肠先天畸形都发生在齿状线。④齿状线是排便反射的诱发区，当粪便由直肠到达肛管后，齿状线区的神经末梢感受器受到刺激，就会反射性地引起内、外括约肌舒张、肛提肌收缩，粪便排出。

（六）大肠壁的微细结构

1. 盲肠和结肠 二者结构基本相同，结构特点为黏膜无绒毛、肠腺多、杯状细胞多。

（1）黏膜 上皮为单层柱状，固有层内有大量粗而直的大肠腺，黏膜上皮和腺上皮杯状细胞多，分泌大量黏液，润滑黏膜，利于粪便的排出。

（2）黏膜下层 为疏松结缔组织。

（3）肌层 为内环行、外纵行2层平滑肌，外纵行肌局部增厚形成3条结肠带。

（4）外膜 在盲肠、横结肠、乙状结肠为浆膜，其余均为纤维膜。

2. 阑尾 阑尾腔小不规则，肠腺短而少，固有层内有极丰富的淋巴组织并突入黏膜下层，肌层薄，外膜为浆膜。

第3节 消 化 腺

一、唾 液 腺

唾液腺有大有小，小唾液腺主要位于口腔各部黏膜内，如唇腺、颊腺、舌腺等，大唾液腺主要有腮腺、下颌下腺和舌下腺共3对，它们分泌唾液，助消化（图5-23）。

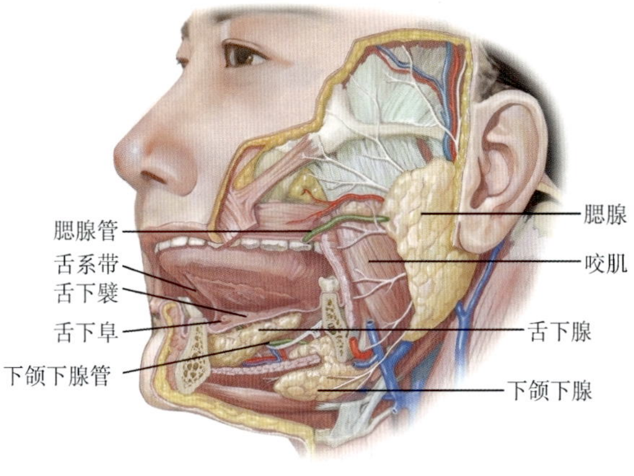

图5-23 唾液腺体

（一）腮腺

腮腺是最大的唾液腺，位于耳的前下方。腮腺管在颧弓下一横指处向前越过咬肌表面，穿颊肌，开口于上颌第二磨牙牙冠所对的颊黏膜处。

（二）下颌下腺

下颌下腺位于下颌体的深面，导管开口于舌下阜。

（三）舌下腺

舌下腺位于舌下襞的深面，导管开口于舌下阜与舌下襞。

二、肝

肝是人体最大的消化腺。成人肝重约1500g，具有分泌胆汁、合成蛋白质、储存糖原、解毒等功能，在胚胎时期还有造血功能。

(一)肝的形态

活体呈红褐色，质软而脆，呈不规则楔形，可分上、下两面和前、后两缘。上面隆凸，与膈相邻，称膈面，借镰状韧带分为左、右两叶。下面凹凸不平，邻接腹腔器官，称脏面。脏面中部有呈H形的左、右两条纵沟和一条横沟。右纵沟的前方是胆囊窝，容纳胆囊。后方是腔静脉窝，容纳下腔静脉。左纵沟前方容纳肝圆韧带，后方容纳静脉韧带。横沟即肝门，是肝左、右管、肝固有动脉、肝门静脉、血管、淋巴管和神经等出入肝的部位。脏面被H形沟分为左叶、右叶、方叶和尾状叶。肝的前缘也称下缘，是肝的脏面与膈面之间的分界线，薄而锐利，肝后缘圆钝（图5-24）。

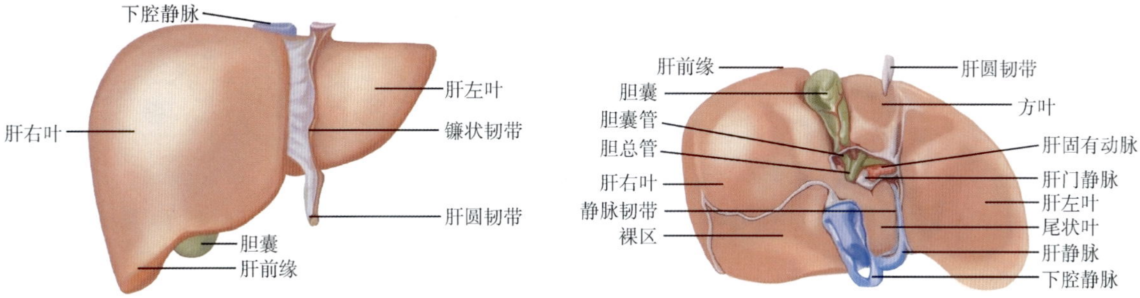

图5-24 肝的形态

(二)肝的位置和体表投影

肝大部分位于右季肋区和腹上区，小部分位于左季肋区。肝的上界与膈穹隆一致，成人肝下界（前缘）与右肋弓大体一致，在腹上区可达剑突下3～5cm。临床上，腹部触诊在右肋弓平面下摸不到肝脏。7岁前小儿肝的下界可超过右肋弓，但一般不超过2cm。

(三)肝的微细结构

肝的表面覆有被膜，被膜在肝门处伸入肝内，将肝实质分隔成许多肝小叶（图5-25）。

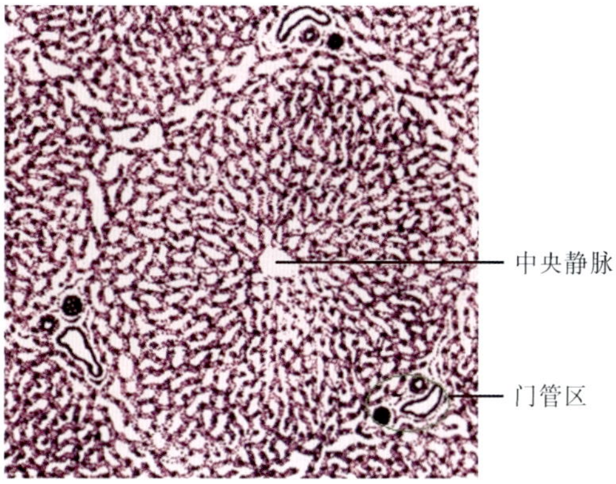

图5-25 肝小叶横切面模式图

1. 肝小叶 是肝的基本结构和功能单位，呈多面棱柱状。在肝小叶中央有一条沿其长轴走行的中央静脉（图5-26），肝细胞以中央静脉为中心，向四周呈放射状排列成肝板，肝板之间的空隙是肝血窦（图5-27），内含吞噬能力较强的肝巨噬细胞，又称库普弗细胞（Kupffer cell）。相邻肝细胞之间局部细胞膜凹陷围成的微细管道称为胆小管。

2. 肝门管区 是相邻肝小叶之间的结缔组织区域，内有小叶间动脉、小叶间静脉和小叶间胆管通过。

3. 肝的血液循环 肝接受肝门静脉和肝固有动脉的双重供血。肝门静脉是肝的功能性血管，把来自消化道含有营养的血液送至肝脏加工。肝固有动脉是肝的营养性血管，将直接来自心脏的动脉血输入肝脏，主要供给氧气。其血液循环途径如下：

门静脉→小叶间静脉 ↘
　　　　　　　　　　肝血窦→中央静脉→小叶下静脉→肝静脉→下腔静脉
肝动脉→小叶间动脉 ↗

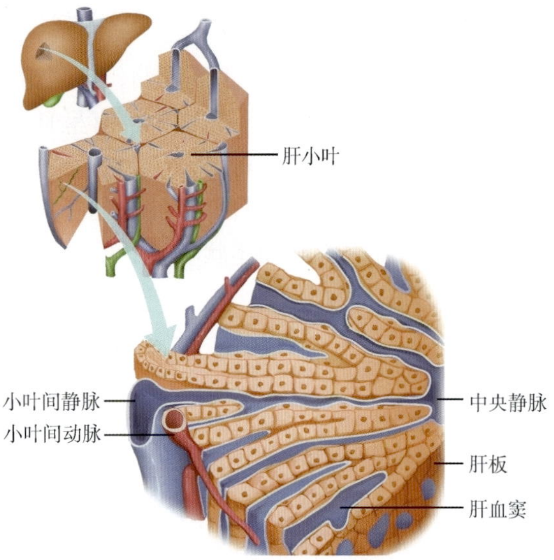

图5-26 肝的微细结构

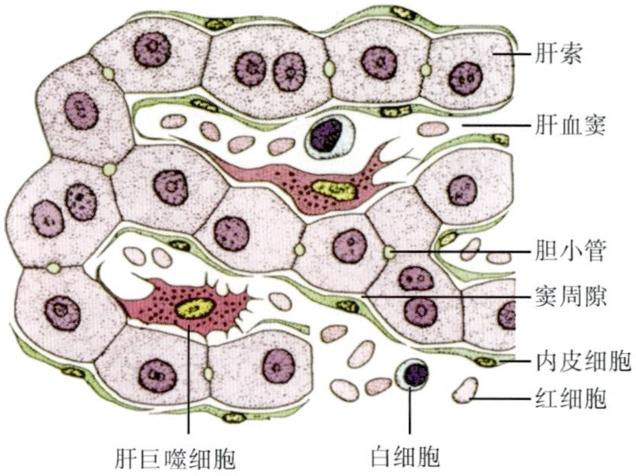

图5-27 肝索和肝血窦的关系模式图

（四）肝外胆道系统

肝外胆道包括胆囊和输胆管道（图5-28）。

1. 胆囊 位于肝右纵沟前面的胆囊窝内，是贮存和浓缩胆汁的器官。胆囊近似梨形，容量为40～60ml。胆囊分为底、体、颈、管4部分。突向前下方钝圆的盲端称胆囊底，其体表投影在右锁骨中线与右肋弓交点稍下方，胆囊炎时该点有压痛，临床上称墨菲征阳性。中部大部分称胆囊体。胆囊体向后变细的部分称胆囊颈，常以直角向左下弯曲移行延续为胆囊管。由胆囊管、肝总管与肝的脏面围成的三角形区域，称为胆囊三角（Calot三角），是手术寻找胆囊动脉的标志性结构。

2. 输胆管道 包括肝左管和肝右管、肝总管、胆囊管、胆总管（图5-28）。

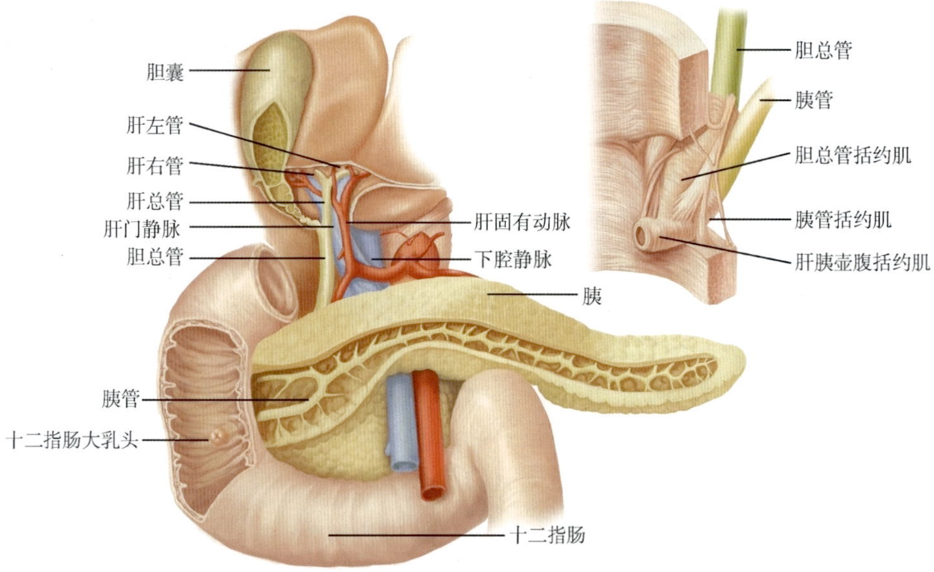

图5-28 胆囊和输胆管道

肝内的胆小管和小叶间胆管逐级汇合成肝左管、肝右管，肝左管、肝右管出肝门后汇合成肝总管，肝总管与胆囊管汇合成胆总管，长4～8cm，直径0.6～0.8cm，在肝十二指肠韧带内下降，经十二指肠降部后内侧壁与胰管汇合，形成略微膨大的肝胰壶腹（Vater壶腹），开口于十二指肠大乳头。在肝胰壶腹周围有环形的平滑肌，称肝胰壶腹括约肌（Oddi括约肌），可控制胆汁和胰液的排出。胆汁排出的途径可归纳如下：

肝细胞分泌胆汁→胆小管→小叶间胆管→肝左、右管→肝总管→胆总管→十二指肠降部

↓ 胆囊管 ↓ 胆囊 ↗（胆囊→胆总管）

链 接 阻塞性黄疸

阻塞性黄疸是因各种原因导致肝内、外胆管机械性梗阻，胆汁的排泄受阻而使胆红素反流到血液所致。有完全性梗阻和不完全性梗阻，包括结石、肿瘤、炎症、寄生虫与先天性畸形等。皮肤呈暗黄或绿褐色，因胆盐在血中潴留刺激皮肤神经末梢而多有瘙痒。因胆道阻塞，胆汁不能进入肠道而使粪色变淡或呈陶土色，尿胆原减少或缺如。肠道内缺乏胆汁酸、胆固醇等，加之脂溶性维生素的缺乏，临床上可表现为脂肪泻、皮肤黄色疣、出血倾向、骨质疏松等。癌性阻塞者尚可出现库瓦西耶（Courvoisier）征（即胆管渐进阻塞征，明显黄疸且逐渐加深，胆囊显著肿大，但无压痛）。

三、胰

（一）胰的形态和分部

胰是人体第2大消化腺，呈长棱形，是一个狭长的腺体，质软，灰红色，可分头、体、尾3部分。胰头为胰右端膨大部分，位于第2腰椎体右侧，其上、下及右侧被十二指肠呈C形包绕；胰体为胰的中部，横跨第1腰椎体前面；胰尾较细，行向左达脾门。胰实质内有贯穿胰全长的胰管，它与胆总管汇合成肝胰壶腹，开口于十二指肠大乳头（图5-16）。

（二）胰的位置和毗邻

胰横向位于腹上区和右季肋区，位于胃的后方，横贴于腹后壁，平对第1、2腰椎体。

（三）胰的微细结构

胰实质分为外分泌部和内分泌部两部分（图5-29）。

（1）外分泌部　构成胰的大部分，由腺泡和导管组成。腺泡分泌的胰液中含有多种消化酶，通过胰管运送到十二指肠中参与食物的消化。

（2）内分泌腺　又称胰岛，是分布于腺泡之间的内分泌细胞团，主要由胰岛A、B、D、PP 4种细胞组成，其功能，见表5-4。

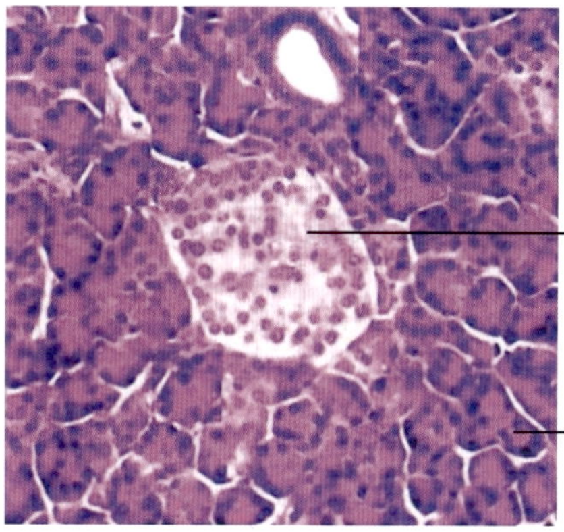

图5-29　胰的微细结构

表5-4　胰岛各细胞功能

类型	主要功能
胰岛A细胞	分泌胰高血糖素，促进肝细胞内的糖原分解为葡萄糖，并抑制糖原合成，使血糖浓度升高
胰岛B细胞	分泌胰岛素，主要作用是促进细胞吸收血液中的葡萄糖合成糖原或转化成脂肪，使血糖浓度降低
胰岛D细胞	分泌生长抑素，抑制胰岛其他细胞的分泌活动
胰岛PP细胞	分泌胰多肽，抑制胃肠活动、胰液分泌及胆囊收缩

自 测 题

一、名词解释

1. 上消化道 2. 咽峡 3. 十二指肠悬韧带 4. 十二指肠大乳头 5. 麦氏点 6. 齿状线 7. 肝门 8. 肝血窦 9. 胆囊三角 10. 肝胰壶腹

二、单项选择题

1. 属于上消化道的器官是（　　）

A. 十二指肠　B. 空肠　C. 回肠　D. 阑尾　E. 盲肠

2. 牙最坚硬的组织是（　　）

A. 釉质　B. 牙本质　C. 牙骨质　D. 牙龈　E. 牙髓

3. 鼻咽癌的好发部位是（　　）

A. 口咽　B. 喉咽　C. 梨状隐窝　D. 咽隐窝　E. 咽后壁

4. 关于食管的描述错误的是（　　）

A. 长约15cm
B. 有3处生理狭窄
C. 第一处狭窄距中切牙约15cm
D. 第二处狭窄位于食管与左支气管交叉处
E. 向下续于十二指肠

5. 胃的出口称（　　）

A. 贲门　B. 胃底　C. 胃体　D. 幽门　E. 幽门部

6. 十二指肠大乳头位于（　　）

A. 上部　B. 降部　C. 水平部　D. 升部　E. 球部

7. 关于小肠的描述错误的是（　　）

A. 接幽门
B. 下连盲肠
C. 分为空肠和回肠两部分
D. 消化管中最长的一段
E. 是消化食物和吸收营养的主要部位

8. 最大的消化腺是（　　）

A. 腮腺　B. 下颌下腺　C. 舌下腺　D. 肝　E. 胰

9. 不属于肝小叶的结构是（　　）

A. 门管区　B. 肝板　C. 肝血窦　D. 胆小管　E. 中央静脉

10. 关于胆囊的描述错误的是（　　）

A. 位于胆囊窝内
B. 呈梨形
C. 能分泌胆汁
D. 能储存和浓缩胆汁
E. 胆囊管与肝总管汇合成胆总管

11. 墨菲征（+）多见于（　　）

A. 胃溃疡　B. 急性胰腺炎　C. 急性胆囊炎　D. 门静脉高压　E. 肝囊肿

三、问答题

1. 简述咽的分部和交通。
2. 请描述肝细胞分泌出的胆汁的排出途径。

（姜　雪）

第6章 呼吸系统

呼吸系统（图6-1）由呼吸道和肺组成，呼吸道是传送气体的管道，肺是气体交换的器官。在呼吸过程中人体通过呼吸系统不断地由外界吸入新的空气，呼出体内在新陈代谢过程中所产生的二氧化碳，从而保证新陈代谢活动的正常进行。呼吸系统的主要功能是进行气体交换，此外，呼吸系统还有嗅觉、发音等功能。

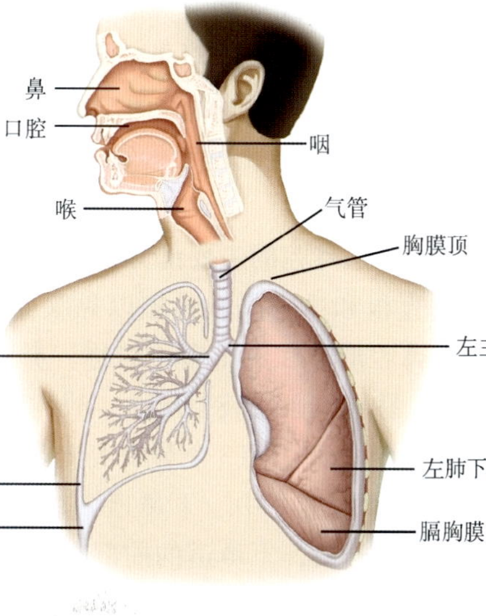

图6-1 呼吸系统模式图

第1节 呼 吸 道

案例 6-1

患儿，男，4 岁，在自主进食零食时发生阵发性呛咳、气促半小时入院。患儿既往体健，无任何过敏史。查体：心率 90 次 / 分，呼吸 28 次 / 分，精神状态尚可，右侧胸部运动在呼吸时受限，右肺语颤减弱、呼吸音降低，可闻及喘鸣音，X 线检查示纵隔向左侧偏移，余未见异常。初步诊断：右主支气管异物。

问题：1. 右主支气管的解剖特点有何临床意义？

2. 支气管镜检查时定位标志是什么？

呼吸道包括鼻、咽、喉、气管和各级支气管，临床上将鼻、咽、喉称为上呼吸道；气管和各级支气管称下呼吸道。

一、鼻

鼻既是气体的通道，又是嗅觉器官，并辅助发音。鼻可分为外鼻、鼻腔和鼻旁窦3部分。

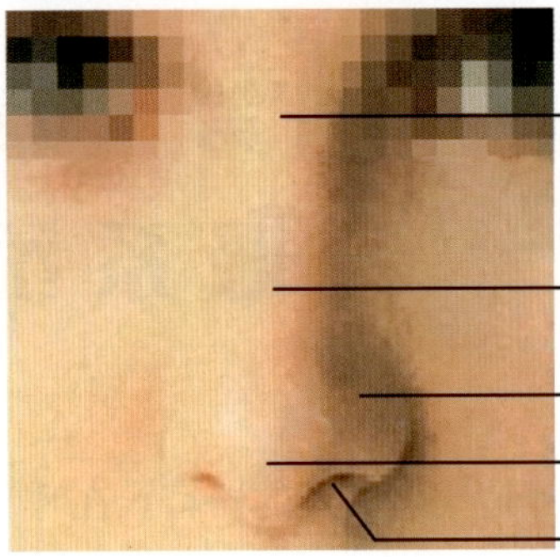

图6-2 外鼻

（一）外鼻

外鼻（图6-2）位于面部中央，呈三棱锥形，以骨和软骨为支架，外被皮肤和少量皮下组织。外鼻上端较窄，与额部相连，位于两眼内眦之间，称鼻根。鼻根向下延续为鼻背。鼻背的末端游离而隆起，称鼻尖。鼻尖两侧的弧形隆起称鼻翼，此部只有软骨支撑，平静呼吸时无明显活动，当出现呼吸困难时，可出现明显的鼻翼扇动。鼻翼下方有一对鼻孔。从鼻翼向外下方到口角的浅沟称鼻唇沟。

（二）鼻腔

鼻腔以骨和软骨为基础，内面被覆黏膜或皮肤。鼻腔被鼻中隔分为左、右两部分。鼻中隔的前下份是软骨部，其他部分为骨性部。鼻腔向前下借1对鼻前孔与外界相通，向后经鼻后孔通鼻咽。每侧鼻腔借鼻阈分为鼻前庭和固有鼻腔两部分。鼻阈是鼻腔内皮肤和黏膜分界的标志。

1. 鼻前庭 为鼻腔的前下部，由鼻翼围成，是鼻腔前下份的扩大部。内面衬有皮肤，长有鼻毛，有过滤尘埃、净化吸入空气的作用。

2. 固有鼻腔 位于鼻腔的后上份，是鼻腔的主要部分，由骨性鼻腔内衬黏膜构成。

（1）鼻中隔 由犁骨、筛骨垂直板和鼻中隔软骨覆以黏膜而构成。鼻中隔的位置常略偏向一侧，其中以偏向左侧最为常见，故两侧鼻腔形态和大小多不对称。鼻中隔的前下部黏膜内含有丰富的毛细血管网，受外伤或干燥空气的刺激，易导致血管破裂出血，故此区称为易出血区（Little区）。

（2）鼻腔外侧壁 在鼻腔外侧壁自上而下有3个鼻甲突向鼻腔，分别称上鼻甲、中鼻甲和下鼻甲（图6-3）。3个鼻甲下方的裂隙，分别称为上、中、下鼻道。在上鼻甲的后上方的凹陷，称蝶筛隐窝；上鼻道、中鼻道和蝶筛隐窝有鼻旁窦的开口，下鼻道的前部有鼻泪管的开口。

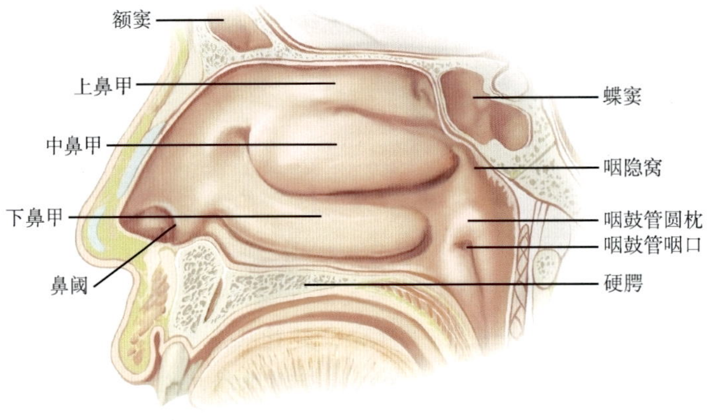

图6-3 鼻腔外侧壁的结构

（3）鼻黏膜 分为嗅区和呼吸区两部分。

1）嗅区：位于上鼻甲的内侧面及其相对的鼻中隔黏膜，活体呈苍白色或淡黄色，内含嗅细胞，能感受气味的刺激。

2）呼吸区：除嗅区以外的鼻腔黏膜部分，活体呈粉红色，黏膜表面被覆假复层纤毛柱状上皮，且黏膜内含有丰富的静脉丛和黏液腺，对吸入的空气具有湿润、加温的作用。

（三）鼻旁窦

鼻旁窦又称副鼻窦，为骨性鼻旁窦内衬黏膜而成，可调节吸入空气的温度和湿度，同时对发音有共鸣的作用。鼻旁窦包括上颌窦、额窦、筛窦和蝶窦4对（图6-4），均开口于鼻腔。上颌窦和额窦开口于中鼻道；蝶窦开口于蝶筛隐窝；筛窦可分为前筛窦、中筛窦和后筛窦，前、中筛窦开口于中鼻道，后筛窦开口于上鼻道（图6-5）。鼻旁窦的黏膜在窦口处与鼻黏膜相互连续，故鼻腔黏膜的炎症，可蔓延至鼻旁窦，其中上颌窦的窦腔较大，开口高于窦腔底，分泌物不易排出，因此，以上颌窦的慢性炎症最为多见。

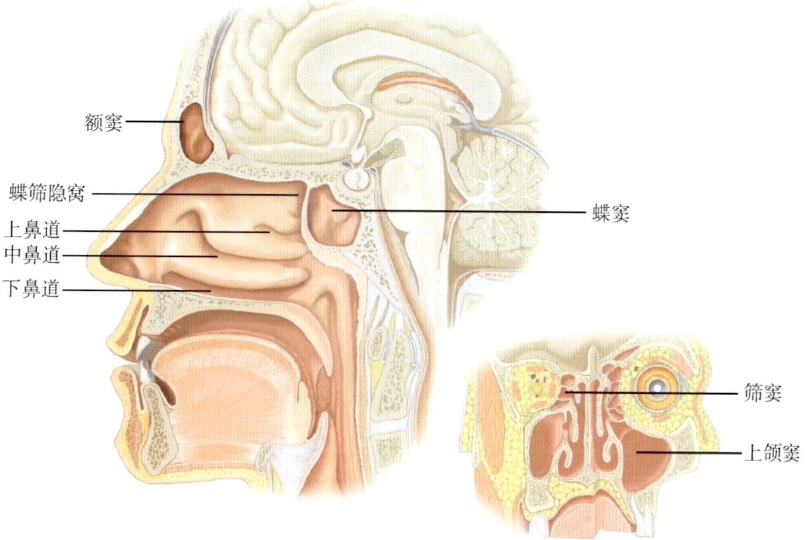

图6-4　鼻旁窦

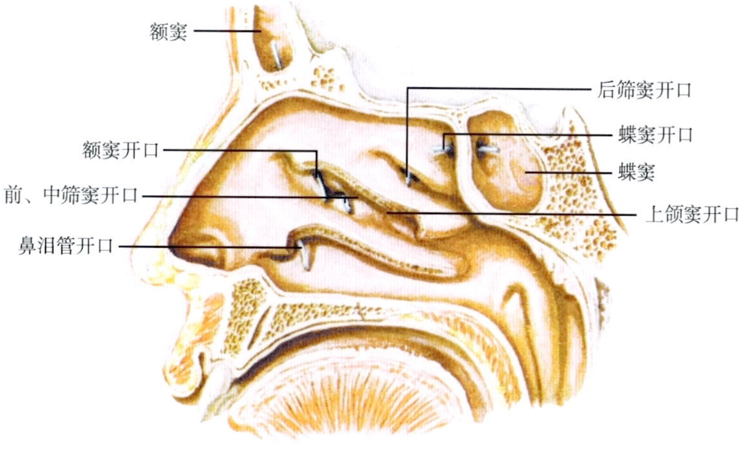

图6-5　鼻旁窦的开口

二、喉

喉既是呼吸器官，又是发音器官。喉以喉软骨为基础，借关节、韧带和肌肉连结而成。喉位于颈前部，喉咽的前方，成年人的喉平对第3～6颈椎高度，向上与咽相接，向下与气管相续，两侧为颈部的大血管、神经及甲状腺侧叶（图6-6）。喉可随吞咽和发音而上、下移动。

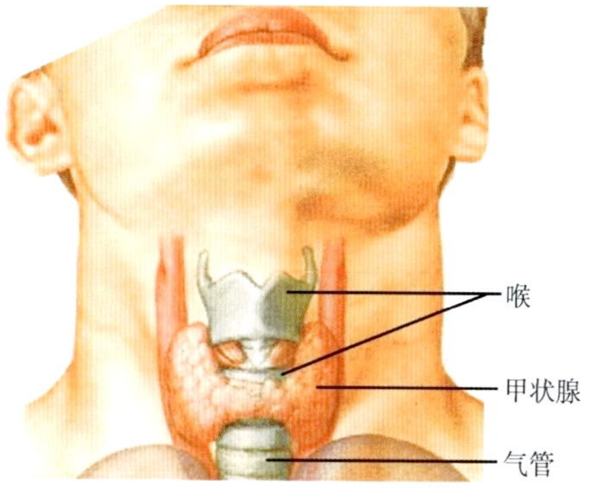

图6-6　喉的位置

（一）喉软骨

喉软骨包括成对的杓状软骨和不成对的甲状软骨、环状软骨和会厌软骨等（图6-7）。

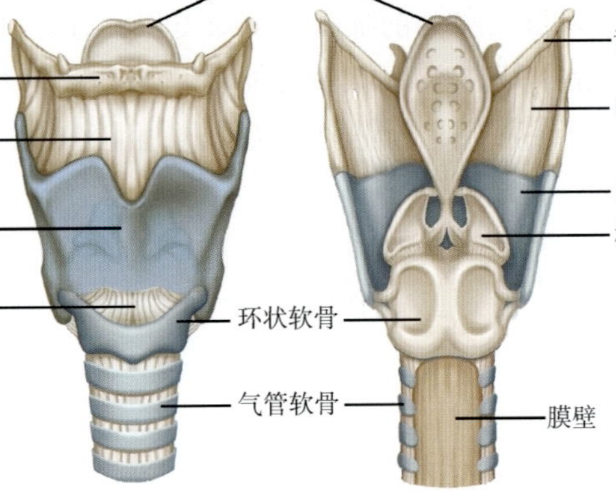

图6-7 喉软骨及其连结

1. 甲状软骨 是最大的喉软骨，构成喉的前壁和侧壁的大部分，由左、右两块长方形的软骨板在其前缘处彼此融合而成。融合处的上端向前突出，称喉结。喉结上方两板相互分开，形成甲状软骨上切迹。两软骨板的后缘游离，并向上、下各伸出1对突起，分别称上角和下角。上角借韧带与舌骨大角相连，下角的内侧面有关节面，与环状软骨侧面构成环甲关节。

2. 环状软骨 位于甲状软骨下方，向下与气管相连。环状软骨是喉软骨中唯一完整的软骨环，对维持呼吸道的畅通具有重要作用。前部窄低称环状软骨弓，与第6颈椎平对，是颈部的重要体表标志之一；后部宽高称环状软骨板。环状软骨前、后部交界处的外面与甲状软骨下角构成环甲关节，其上缘两侧各有关节面与杓状软骨构成环杓关节。

3. 会厌软骨 形似树叶，上宽下窄，位于甲状软骨的后上方。其上端游离，下端借韧带连于喉结的后下方。会厌软骨外覆黏膜构成会厌，当吞咽时，喉上提，会厌将喉口遮盖，以防食物进入喉腔。

4. 杓状软骨 位于环状软骨后部的上方，左、右各一，形似三棱锥体，可分为尖、底和两突。尖向上，底朝下。由底向前伸的突起，称声带突，有声韧带附着；由底向外侧伸出的突起，称肌突，有喉肌附着。

（二）喉软骨的连结

喉软骨的连结包括喉软骨之间及喉与舌骨、气管间的连结。

1. 环杓关节 由杓状软骨底与环状软骨板上缘的关节面构成。杓状软骨可沿此关节的垂直轴做旋转运动，使声带突向内、外侧转动，以此来控制声门裂的大小。

2. 环甲关节 由甲状软骨下角与环状软骨侧方关节面构成。甲状软骨可沿此关节的冠状轴做前倾和复位运动，使声带紧张或松弛。

3. 弹性圆锥 为圆锥形的弹性纤维膜状结构，此膜自甲状软骨前角的后面，向下向后附着于环状软骨上缘和杓状软骨的声带突。该膜上缘游离增厚，连于甲状软骨前角与杓状软骨声带突之间，称声韧带，是构成声带的基础。弹性圆锥的前部较厚，张于甲状软骨下缘与环状软骨弓上缘之间，称环甲正中韧带。当发生急性喉阻塞而来不及气管切开术时，为建立临时气体通道，可选择在环甲正中韧带处做穿刺或切开。

（三）喉腔

喉的内腔称喉腔，它向上经借喉口通喉咽，向下与气管相通（图6-8）。喉的入口称喉口，朝向后上方，主要由会厌上缘、两侧的杓状会厌襞和杓间切迹围成。喉腔中部的侧壁上有上、下两对呈矢状位的黏膜皱襞突入腔内。上方的一对黏膜皱襞称前庭襞，活体呈粉红色，与发音无直接关系，两侧前庭襞之间的裂隙，称前庭裂；下方的1对黏膜皱襞称声襞，活体呈苍白色，较前庭襞更贴近喉腔，两侧声襞及杓状软骨基底部之间的裂隙，称声门裂，是喉腔最狭窄的部位。通常所称的声带是由声襞及其深面的声韧带和声带肌共同构成。

喉腔借前庭襞、声襞可分为喉前庭、喉中间腔、声门下腔3部分。喉前庭为喉口至前庭裂之间的部分；喉中间腔为前庭裂与声门裂之间的部分，是喉腔中容积最小的，喉中间腔向两侧突出形成的隐窝，称喉室；声门下腔为声门裂至环状软骨下缘之间的部分，此区黏膜下组织疏松，炎症或过敏反应时易引起水肿。婴幼儿由于喉腔较窄小，水肿时更易引起喉腔阻塞而导致呼吸困难。

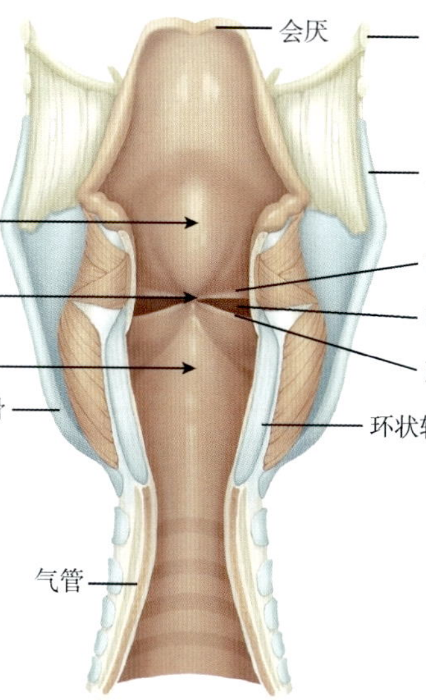

图6-8 喉冠状切面（后面观）

（四）喉肌

喉肌属于骨骼肌，附着于喉软骨的内面和外面。按其功能可分为两群，一群作用于环甲关节，使声带紧张或松弛；另一群作用于环杓关节，使声门裂开大或缩小。因此，喉肌的运动可以控制发音的强弱和调节音调的高低。环甲肌起自环状软骨弓前外侧面，向后上止于甲状软骨下缘，收缩时可紧张声带。环杓后肌起自环状软骨板后面，向外止于杓状软骨肌突，收缩时可开大声门裂并使声带紧张。

三、气管与主支气管

气管和主支气管是连接喉与肺之间的管道，气管和主支气管均由若干“C”形气管软骨借韧带相连而成。气管以“C”形透明软骨为支架，以保持其扩张状态，“C”形透明软骨的缺口向后，被平滑肌和结缔组织构成的膜壁所封闭，不完整的软骨环和膜壁，使气管和主支气管在吸气状态下有轻度的扩张。

（一）气管

气管位于颈前正中，食管的前方，全长10～12cm，上端在平第6颈椎下缘附近连接环状软骨，向下经胸廓上口入胸腔，在胸骨角平面分为左、右主支气管，分杈处称气管杈（图6-9）。在气管杈内有一向上凸的半月状隆嵴，称气管隆嵴（图6-10），是支气管镜检查的定位标志。气管由16～20个呈“C”形的气管软骨环以及连接各软骨环之间的环状韧带、平滑肌、结缔组织等构成，气管腔面衬有黏膜。

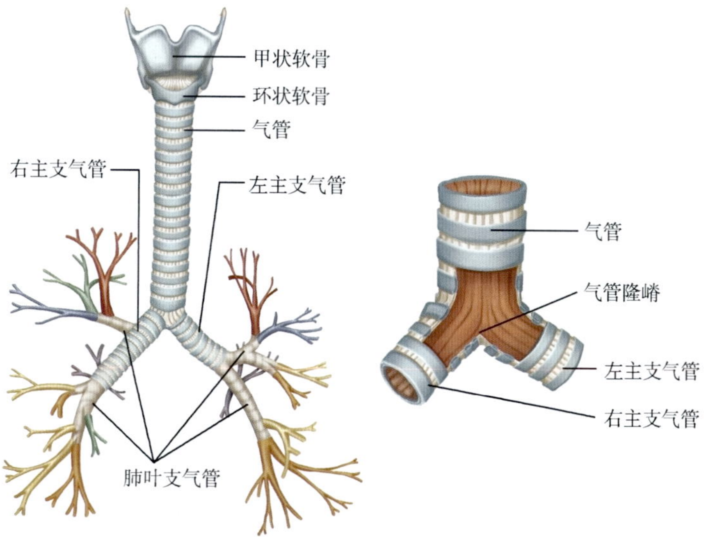

图6-9 气管与主支气管（前面观）

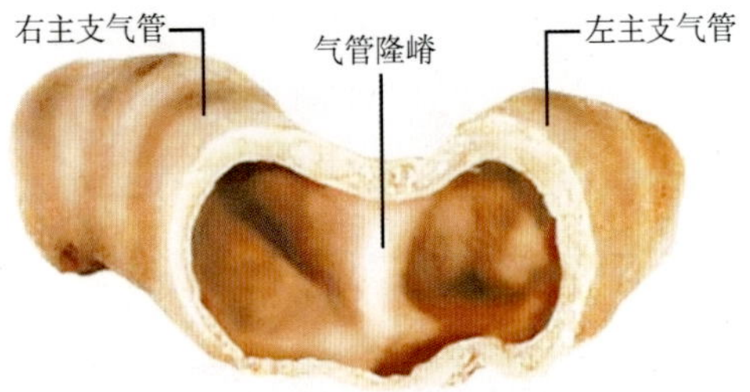

图6-10 气管隆嵴

根据位置和行程，气管可分为颈部和胸部。气管颈部较粗，位置表浅，是从第6颈椎体下缘到颈静脉切迹，在第2～4气管软骨的前方有甲状腺峡，两侧邻近颈部大血管和甲状腺侧叶；胸部较长，位于胸腔的上纵隔内，两侧有重要的血管、神经走行。

（二）主支气管

主支气管是气管的第一级分支，左、右主支气管由气管分出后，均斜向外下方走行。左主支气管细长，一般长4～5cm，走向倾斜，经左肺门入左肺；右主支气管粗短，一般长2～3cm，走向较陡直，经右肺门入右肺。因此，气管内异物多坠入右主支气管。

链 接　气管切开术

气管切开术是机体在出现喉源性呼吸困难或发生呼吸道分泌物堵塞时，为解除以上情况所致的呼吸困难而采取的一种急救手术，该手术是将气管颈段前壁切开，插入气管套管以解除窒息从而保持呼吸道畅通。临床上常在第3～5气管软骨环处施行气管切开术，由于第2～4气管软骨环前方有甲状腺峡，在气管切开术时应将峡部向上推，充分暴露气管前壁，以免伤及甲状腺。

（三）气管与主支气的微细结构

气管与主支气管的管壁由内向外依次为黏膜、黏膜下层和外膜（图6-11）。

1. 黏膜　由上皮和固有层组成。上皮为假复层纤毛柱状上皮，主要由纤毛柱状细胞、杯状细胞等组成，杯状细胞可以分泌黏蛋白，与黏膜下层混合腺的分泌物共同构成黏液屏障，能黏附吸入空气中的灰尘颗粒。固有层位于上皮深面，有散在的淋巴组织和较多的弹性纤维。

2. 黏膜下层　由疏松结缔组织构成，内含血管、淋巴管、神经及丰富的腺体。

3. 外膜　较厚，主要含“C”形透明软骨环，软骨环之间及缺口处有致密结缔组织相连接，软骨环缺口处有环形的平滑肌束。

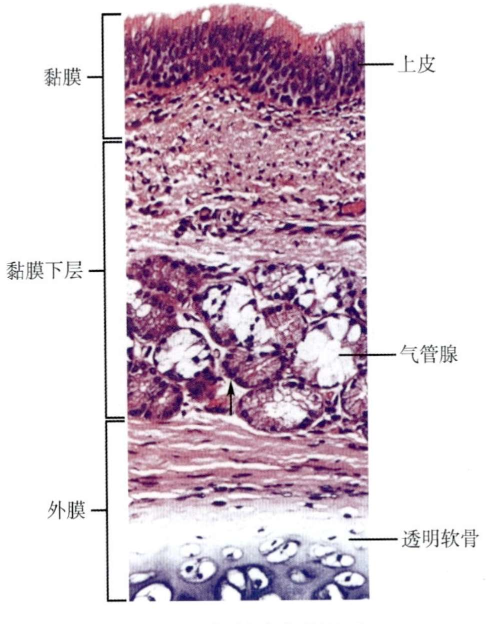

图6-11 气管光镜结构像

第2节　肺

一、肺的位置和形态

（一）肺的位置

肺位于胸腔内，纵隔的两侧，膈的上方，左、右各一。受肝的位置和心脏位置的影响，右肺较宽短，左肺较狭长。

（二）肺的形态

肺组织质软而轻，呈海绵状，富有弹性。婴幼儿的肺呈淡红色，随着年龄的增长，由于吸入空气中的尘埃不断沉积，肺的颜色逐渐变为灰暗甚至蓝黑色。

每侧肺呈半圆锥形，具有1尖、1底、3面、3缘（图6-12）。肺尖钝圆，经胸廓上口突至颈根部，高出锁骨内侧1/3上方2～3cm；肺底位于膈上面，呈凸向上的半月形凹陷，又称膈面；肋面隆凸，邻近肋和肋间隙，又称外侧面；纵隔面，邻贴纵隔，又称内侧面（图6-13），此面中央凹陷，称肺门，是主支气管、肺动脉、肺静脉、淋巴和神经等出入肺的部位。这些出入肺门的结构被结缔组织包绕，称肺根。肺前缘薄而锐利，右肺前缘近乎垂直，左肺前缘下部有左肺心切迹，在心切迹下方的舌状突起，称左肺小舌。肺的后缘圆钝，紧邻脊柱两侧；肺的下缘也较薄锐，并随呼吸而上下移动。

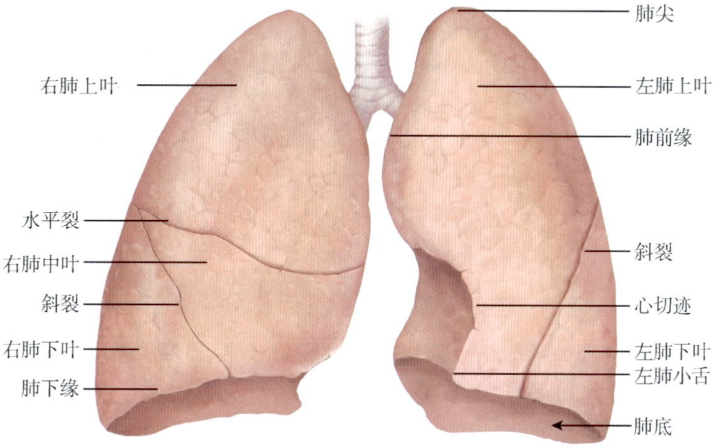

图6-12 肺的形态

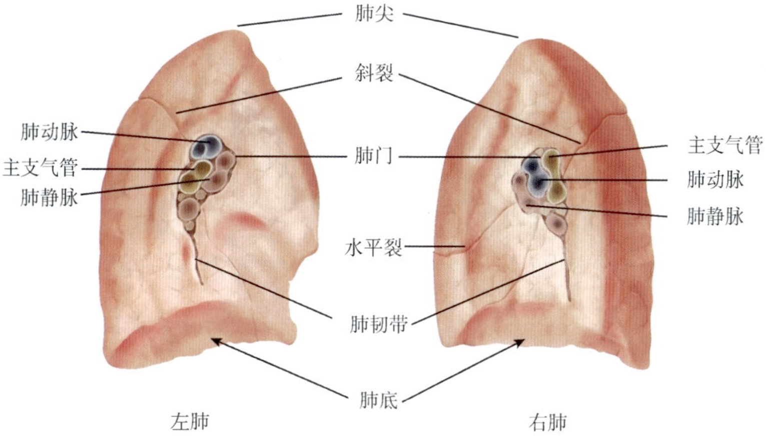

图6-13 肺的内侧面

肺借叶间裂分为数叶，左肺被自后上斜向前下的斜裂分为上、下两叶；右肺斜裂和水平裂分为上、中、下3叶。临床所说的大叶性肺炎就是指某个肺叶的炎症。

二、肺内支气管和支气管肺段

左、右主支气管（1级支气管）在肺门附近分出肺叶支气管（2级支气管）进入肺叶，肺叶支气管在各肺叶内再分出肺段支气管（3级支气管）。全部各级支气管在肺内如此反复分支，呈树枝状，称支气管树（图6-14）。每条肺段支气管及其所属的肺组织称支气管肺段（图6-15），简称肺段。各肺段呈圆锥形，尖朝向肺门，底朝向肺表面，相邻肺段间以薄层结缔组织相隔。根据这些特点，临床上可对某些肺部疾病作定位诊断或作肺段切除术。

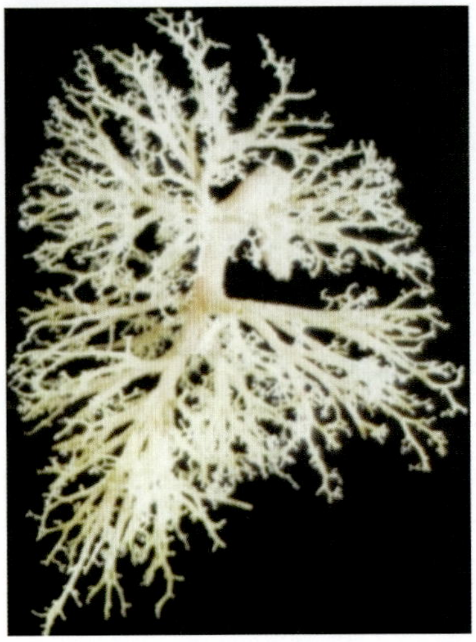

图6-14 支气管树

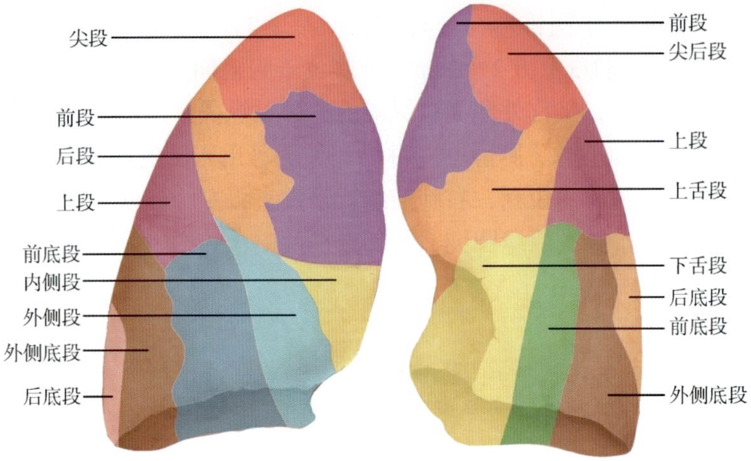

图6-15 肺段

链 接 肺癌

在我国，肺癌的发病率和死亡率均居恶性肿瘤的首位，男女发病率之比约为 2 ∶ 1。肺癌的发病可能与吸烟、大气污染、职业环境等因素有关，该病的预后大多不良，只有早发现、早诊断、早治疗才可以提高其治愈率和生存率。成人 40 岁左右，如果出现胸痛、咳嗽、痰中带血或刺激性干咳，应高度警惕肺癌的发生。

三、肺的微细结构

肺表面覆以浆膜，光滑湿润，为胸膜脏层。肺组织分为肺实质和肺间质两部分。肺实质由肺内支气管的各级分支及其终末的大量肺泡构成；肺间质是指肺内的结缔组织、血管、淋巴管、神经等。根据功能不同，肺实质又可分为导气部和呼吸部。

（一）导气部

导气部仅能传送气体，不能进行气体交换。按分级依次包括叶支气管、段支气管、小支气管、细支气管（管径＜1mm）、终末细支气管（管径＜0.5mm）。每条细支气管及其各级分支和所属肺泡构成一个肺小叶（图6-16），肺小叶呈锥体形，尖朝向肺门，底呈多边形朝向肺的表面。临床上所谓的小叶性肺炎，就是指肺小叶的感染。

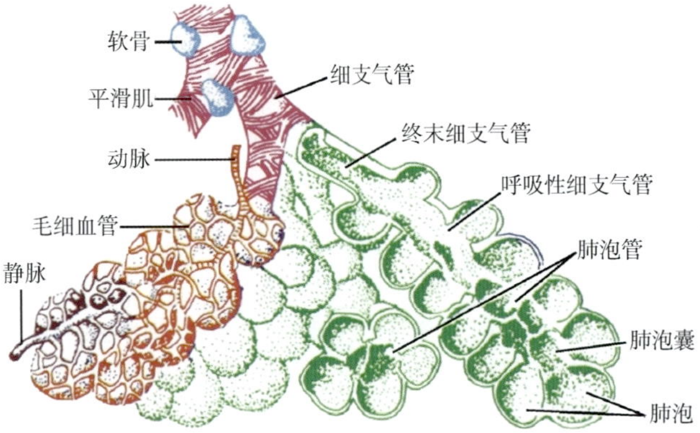

图6-16 肺小叶的结构模式图

导气部各级支气管管壁的组织结构与主支气管基本相似，但随着逐级分支，管径渐细，管壁渐薄，管壁的结构也发生相应改变。其主要变化规律为：①上皮由假复层纤毛柱状上皮逐渐变为单层纤毛柱状上皮或单层柱状上皮；②杯状细胞、腺体逐渐减少，最后消失；③外膜中的软骨环变为不规则的软骨碎片，并逐渐减少，最后消失；④平滑肌则相对增多，最终形成完整的环行肌层。

至终末细支气管时，上皮已移行为单层纤毛柱状上皮，无杯状细胞，腺体和软骨均已消失，平滑肌已形成完整环行肌层，而平滑肌的舒缩，可影响管径的大小，从而影响进出肺泡的气量。临床上的支气管哮喘，即为环行平滑肌痉挛致使细支气管、终末细支气管管腔变窄而引起的呼吸困难。

（二）呼吸部

肺的呼吸部是进行气体交换的部分，依次包括呼吸性细支气管、肺泡管、肺泡囊和肺泡。

1. 呼吸性细支气管 管壁内衬单层立方上皮，上皮下有少量结缔组织和平滑肌，管壁有少量肺泡开口，故具有气体交换功能。

2. 肺泡管 为呼吸性细支气管的分支，管壁有大量肺泡和肺泡囊的开口，故自身的管壁结构很少，仅存在于相邻肺泡开口之间，在切片上此处呈结节状膨大，其表面覆有单层立方或扁平上皮，上皮下有结缔组织和少量的环行平滑肌。

3. 肺泡囊 为数个肺泡共同开口构成的囊腔，相邻肺泡开口之间的壁中无平滑肌，故在切片上此处无结节状膨大。

4. 肺泡 是由肺泡上皮围成的多面形薄壁囊泡，成人两肺有3亿～4亿个肺泡，吸气时总面积达100m^{2}以上。肺泡上皮由Ⅰ型肺泡细胞和Ⅱ型肺泡细胞共同组成（图6-17）。

Ⅰ型肺泡细胞的数量多，为扁平细胞，构成广而薄的气体交换面。Ⅱ型肺泡细胞夹在Ⅰ型细胞之间，数量少，呈立方形或圆形。Ⅱ型肺泡细胞能分泌一种表面活性物质，以单层分子分布于肺泡腔的内表面，该物质具有降低肺泡表面张力、稳定肺泡直径的作用。

5. 肺泡隔 是相邻肺泡之间的薄层结缔组织，内含丰富的毛细血管网、弹性纤维和散在的巨噬细胞等。其内的毛细血管紧贴肺泡上皮，二者在气血交换中发挥重要作用；弹性纤维使肺泡具有良好的回缩力，若弹性纤维变性，可导致肺泡弹性减弱，肺泡扩大，从而引起肺气肿；巨噬细胞能吞噬吸入的尘粒、细菌和渗出的红细胞等，吞噬尘粒后的巨噬细胞，称尘细胞。

6. 肺泡孔 是沟通和平衡相邻肺泡内气体的通道，每个肺泡的壁上可有1个到数个小孔。在肺部感染时，细菌往往会通过肺泡孔使炎症扩散。

7. 气-血屏障 肺泡腔与肺毛细血管腔之间气体交换所通过的结构，称为气-血屏障，又称肺泡毛细血管膜（图6-17）。

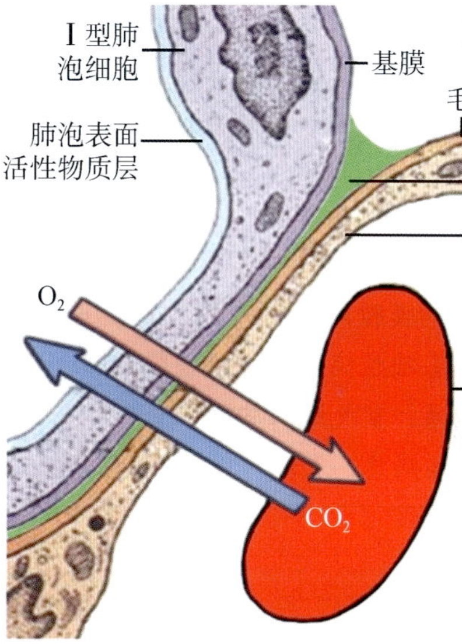

图6-17 气-血屏障示意图

第3节 胸 膜

案例 6-2

患者，女，53岁，因胸闷、气短1个月，近1周加重而不能平卧收入院。查体：体温37.6℃，脉搏92次/分，呼吸24次/分，血压136/88mmHg，叩诊右肺呈浊音，听诊右肺呼吸音减弱，胸部正位X线片示右肺大片高密度阴影，其余未见异常。初步诊断：右侧胸膜腔积液。

问题：1. 胸膜腔与胸腔的区别是什么？

2. 胸膜腔穿刺抽液的注意事项有哪些？

一、胸膜与胸膜腔的概念

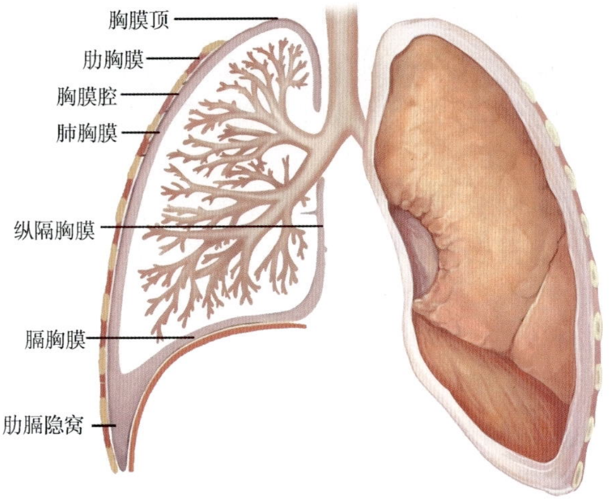

图6-18 胸膜和胸膜腔

胸膜是一层半透明的浆膜，薄而光滑，具有分泌和吸收浆液的功能。胸膜可分为脏胸膜和壁胸膜两部分，脏胸膜被覆于肺的表面，壁胸膜衬贴在胸壁内面、膈的上面和纵隔的两侧。

胸膜腔是由脏胸膜与壁胸膜在肺根处相互移行形成的潜在性密闭腔隙（图6-18），左、右各一，互不相通。胸膜腔内呈负压，内含少量的浆液，可减少呼吸时脏壁两层胸膜间的摩擦。

二、胸膜的分部及胸膜隐窝

壁胸膜按部位可分为4部分：衬贴于肋与肋间肌内面的，称肋胸膜；贴附于膈上面的部分，称膈胸膜；呈矢状位衬覆于纵隔两侧的部分，称纵隔胸膜；突出于胸廓上口达颈根部，覆盖于肺尖上方的部分，称胸膜顶。

胸膜腔在壁胸膜各部相互转折处，即使在深吸气时肺缘也不能伸入其中，这些间隙称为胸膜隐窝。胸膜隐窝包括肋膈隐窝、膈纵隔隐窝等，其中最大的胸膜隐窝是肋膈隐窝，它是肋胸膜与膈胸膜转折处形成的半环形间隙，又称肋膈窦。在坐位或直立位时，肋膈隐窝是胸膜腔的最低部位，胸膜腔积液首先积聚于此。

链接 气胸

气胸即胸膜腔内积气，多见于青壮年男性或患有慢性支气管炎、肺气肿、肺结核者。形成气胸的原因多是肺部基础疾病使肺组织破裂，肺和支气管内空气进入胸膜腔或者胸部外伤造成胸膜破裂，使胸膜腔与外界相通，空气进入胸膜腔。在临床上气胸可以分为闭合性气胸、开放性气胸和张力性气胸3类。大部分患者起病急，表现为呼吸困难、胸痛、气促，常伴有咳嗽、胸闷等症状，严重者可出现生命危险。

三、胸膜与肺的体表投影

（一）肺的体表投影

两肺前界从肺尖开始，向内下方斜行，经胸锁关节后方至胸骨柄后面，约在第2胸肋关节水平，左右相互靠拢并垂直下降，右侧到第6胸肋关节处向外下方移行为右肺下界；左侧在降到第4胸肋关节处沿第4肋软骨转向外下，在第6肋软骨中点处移行为左肺下界。

平静呼吸时，两肺下界在锁骨中线上与第6肋相交，在腋中线上与第8肋相交，在肩胛线上与第10肋相交，在脊柱旁（后正中线）平对第10胸椎棘突。深呼吸时，两肺下界可向上、下各移动2～3cm（图6-19）。

（二）胸膜的体表投影

胸膜的体表投影是指壁胸膜各部相互移行形成的反折线在体表的投影位置，标志着胸膜腔的范围。胸膜顶和胸膜前界的体表投影分别与肺尖和肺前界一致；胸膜下界是肋胸膜与膈胸膜的返折线，一般比肺下缘低两个肋的高度（表6-1），右侧起自第6胸肋关节处，左侧起自第6肋软骨后方，在锁骨中线上与第8肋相交，在腋中线上与第10肋相交，在肩胛线上与第11肋相交，在脊柱旁（后正中线）平对第12胸椎棘突。

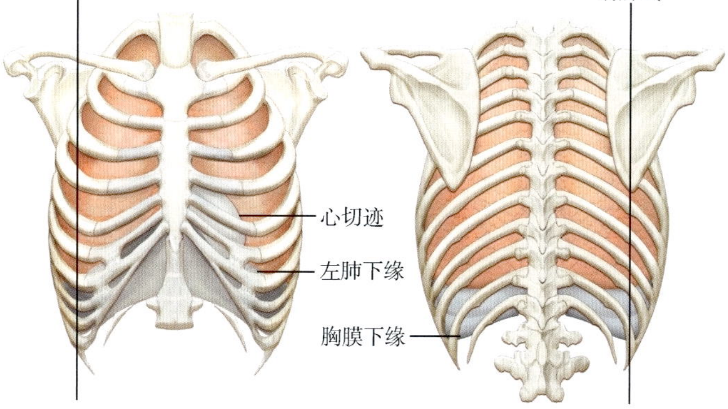

图6-19 胸膜及肺的体表投影

表6-1 肺下缘和胸膜下界的体表投影

	锁骨中线	腋中线	肩胛线	后正中线
肺下缘	第6肋	第8肋	第10肋	第10胸椎棘突
胸膜下界	第8肋	第10肋	第11肋	第12胸椎棘突

第4节 纵 隔

一、纵隔的概念及境界

纵隔是两侧纵隔胸膜之间所有器官和组织的总称。纵隔的前界为胸骨，后界为脊柱胸段，上界为胸廓上口，下界为膈，两侧界为纵隔胸膜。

二、纵隔的分部

通常以胸骨角平面为界，将纵隔分为上纵隔和下纵隔（图6-20）。

（一）上纵隔

上纵隔主要有胸腺、气管、食管、左右头臂静脉、上腔静脉、主动脉弓及其分支、左右膈神经、迷走神经、喉返神经、胸导管、淋巴结等。

（二）下纵隔

以心包为界，下纵隔又分为前纵隔、中纵隔和后纵隔3部分。

1. 前纵隔 位于胸骨体与心包之间，内有少量淋巴结及疏松结缔组织等。

2. 中纵隔 位于前、后纵隔之间，内有心、心包、出入心的大血管及主支气管的起始部等。

3. 后纵隔 位于心包后面与脊柱胸段之间，内有主支气管、食管、胸主动脉、胸导管、奇静脉、半奇静脉、迷走神经、胸交感干及淋巴结等。

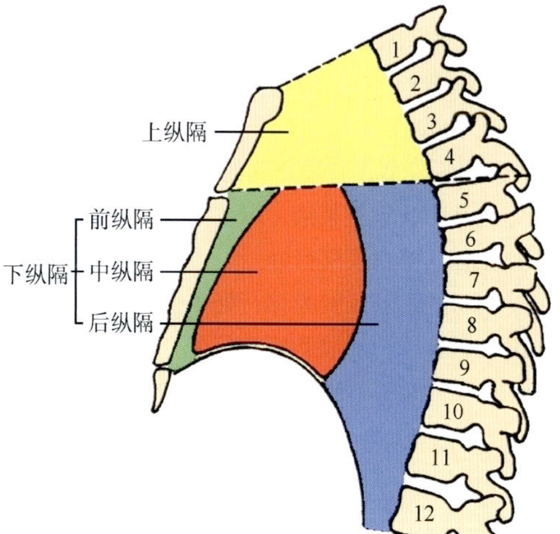

图6-20 纵隔的分部

自 测 题

一、名词解释

1. 肋膈隐窝 2. 胸膜腔 3. 上呼吸道 4. 肺门 5. 声门裂

二、填空题

1. 呼吸道包括________、________、________、________、________和________。
2. 鼻黏膜可分为________和________两部分。
3. 开口于中鼻道的鼻旁窦有________、________、________、________。
4. 喉软骨包括不成对的________、________、________和成对的________。
5. 喉腔被分为上、中、下3部分，分别称为________、________和________。
6. 肺的内侧面又称________，外侧面又称________，肺底又称________。
7. 壁胸膜按部位可分为________、________、________、________4部分。
8. 左肺被________分为上下两叶，右肺被________和________分为上中下 3 叶。
9. 肺的上端较钝圆，称为________，可高出锁骨内侧1/3上方________cm，左肺前缘的下部有________。
10. 肺的呼吸部包括______、______、________和________。

三、单项选择题

1. 鼻旁窦不包括（　　）
   A. 上颌窦　B. 额窦　C. 乳突窦
   D. 筛窦　E. 蝶窦
2. 喉腔最狭窄的部位是（　　）
   A. 前庭裂　B. 声门裂　C. 喉口
   D. 喉中间腔　E. 声门下腔
3. 关于肋膈隐窝，叙述正确的是（　　）
   A. 正常时含大量浆液
   B. 在脏、壁胸膜移行处
   C. 在肋胸膜与膈胸膜移行处
   D. 在膈胸膜与纵隔胸膜移行处
   E. 深吸气时肺下缘可伸入其中
4. 关于肺的外形，下列哪项是错误的（　　）
   A. 左肺较狭长　B. 右肺较宽短
   C. 右肺有心切迹　D. 左肺分为两叶
   E. 肺尖高出锁骨内侧1/3上方2～3cm
5. 关于右主支气管的叙述，下列哪项是错误的（　　）
   A. 较左主支气管垂直
   B. 比左主支气管长
   C. 管径比左主支气管粗
   D. 构造与气管类似
   E. 在肺门处分成3个肺叶支气管
6. 开口于下鼻道的是（　　）
   A. 上颌窦　B. 鼻泪管　C. 额窦
   D. 蝶窦　E. 筛窦后群
7. 不开口于中鼻道的鼻旁窦是（　　）
   A. 后筛窦　B. 中筛窦　C. 前筛窦
   D. 额窦　E. 上颌窦
8. 胸膜腔的特点是（　　）
   A. 腔内呈负压状态
   B. 左、右胸膜腔经肺根相通
   C. 腔内有肺
   D. 与外界相通
   E. 以上均不对
9. 有关气管的描述，错误的是（　　）
   A. 上端平对第6颈椎下缘
   B. 气管软骨呈“C”形、缺口对向后方
   C. 向下至胸骨角平面分杈
   D. 缺口由平滑肌和结缔组织封闭
   E. 位于食管后方
10. 肺下缘的体表投影位于（　　）
    A. 胸骨旁线平第5肋　B. 锁骨中线平第7肋
    C. 腋中线平第8肋　D. 肩胛线平第9肋
    E. 后正中线平第11肋

四、问答题

1. 简述左右主支气管的特点及其临床意义。
2. 简述肺的位置、形态和分叶。
3. 简述肺和胸膜下界的体表投影。

（王　琦）

第7章 泌尿系统

泌尿系统由肾、输尿管、膀胱和尿道组成（图7-1）。肾脏产生的尿液通过输尿管到达膀胱进行储存，然后经尿道排出体外。尿液的产生和排出可以清除代谢废物、无机盐及多余的水分，以维持机体内环境的平衡和稳定。

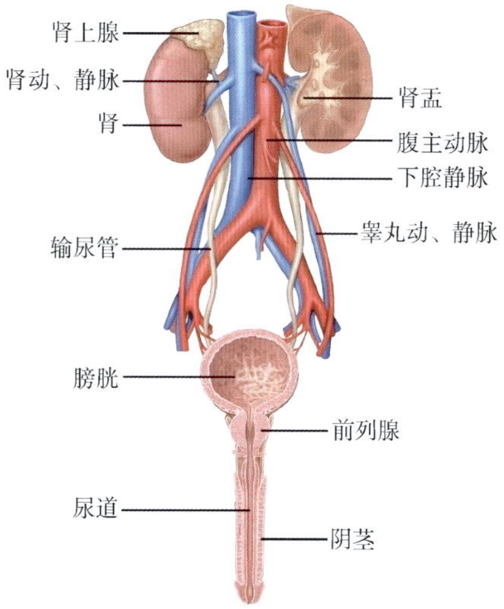

图7-1 泌尿系统

第1节 肾

一、肾的形态和位置

肾是形似蚕豆的实质性器官，呈红褐色，质地柔软，表面光滑，左、右各一。分前、后两面，上、下两端和内、外侧两缘。前面较凸，后面较平，紧贴腹后壁。外侧缘隆凸，内侧缘中部凹陷，称肾门，有肾的血管、神经、淋巴管及肾盂出入，这些结构被结缔组织包裹称肾蒂，由于下腔静脉靠近右肾，故右侧肾蒂较左侧肾蒂略短。自肾门向内凹陷的腔隙，称肾窦，内含肾血管、肾小盏、肾大盏、肾盂、淋巴管、神经和脂肪组织等（图7-2）。

肾位于脊柱两侧，左肾略高于右肾，右肾上端平第12胸椎体上缘，下端平第3腰椎体上缘；左肾上端平第11胸椎体下缘，下端平第2腰椎体下缘。第12肋分别斜过左肾后面的中部和右肾后面的上部。肾门约平第1腰椎体。竖脊肌外侧缘与第12肋之间的夹角区，称肾区，肾脏疾病时，此区可有叩击痛或压痛。两肾的内上方有肾上腺。左肾前上邻胃后壁和脾，下部邻空肠袢和结肠脾曲，胰尾横过肾门。右肾前上邻肝右叶，前下与结肠肝曲相邻，内侧肾门处与十二指肠降部紧贴。肾后面与膈、腰方肌及腰大肌外侧缘相邻。肾的位置还受年龄和性别的影响，男性略高于女性，成人略高于儿童，新生儿肾的位置最低（图7-3）。

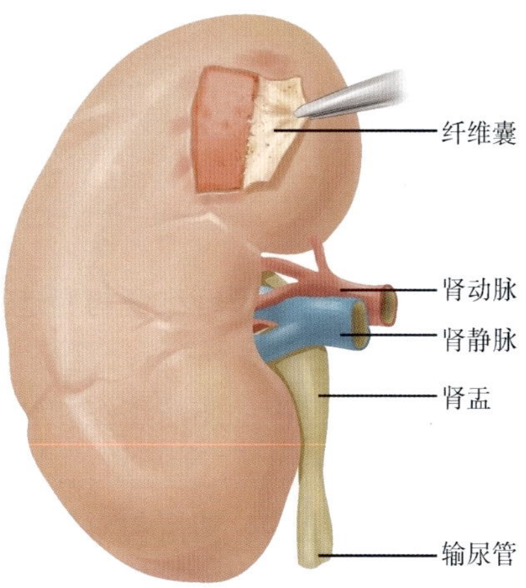

图7-2 肾的外形

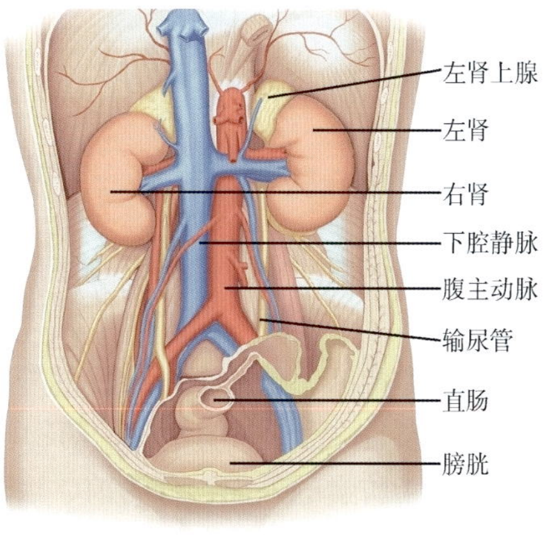

图7-3 肾的位置（正面观）

二、肾的构造

肾实质分浅层的肾皮质和深层的肾髓质。冠状切面观察，肾皮质呈红褐色，富含血管。肾髓质色淡红，约占肾实质厚度的2/3，可见15～20个呈圆锥形的肾锥体；深入髓质的肾皮质，称肾柱；肾锥体尖突入肾窦内形成肾乳头，顶端有孔，称乳头孔，尿液经乳头孔排入肾小盏。

在肾窦内，肾小盏呈漏斗状包绕肾乳头，共有7～8个，承接排出的尿液。相邻2～3个肾小盏组成1个肾大盏，肾大盏汇合成肾盂。肾盂在肾门处逐渐变细移行为输尿管（图7-4）。肾盂是炎症和结石的好发部位。

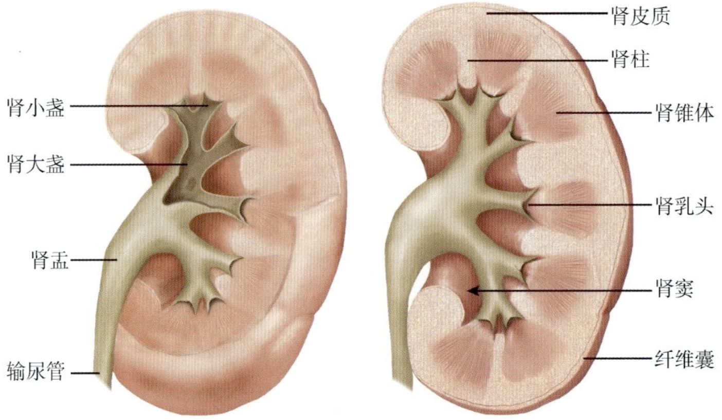

图7-4 肾的剖面结构

三、肾的被膜

肾表面由内向外覆盖有3层被膜，分别为纤维囊、脂肪囊和肾筋膜（图7-5）。

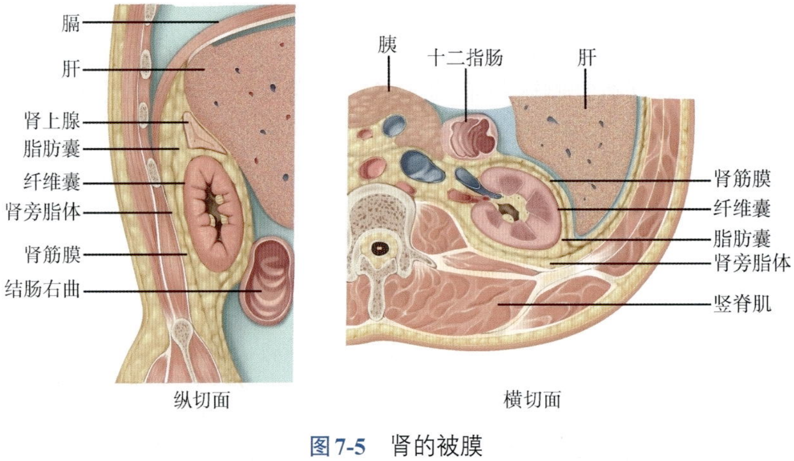

图7-5 肾的被膜

1. 纤维囊 肾表面的薄层致密结缔组织膜，富含弹性纤维。正常情况下纤维囊与肾连接疏松，易于剥离。

2. 脂肪囊 又称肾床，包被于纤维囊的外周，并深入肾窦，与肾窦内的脂肪组织相续，对肾有缓冲振荡的作用。临床上行肾囊封闭术时，药物可经过腹后壁注入此肾囊内。

3. 肾筋膜 在脂肪囊的外面，分为前、后两层，同时包裹肾和肾上腺。前层与对侧前层相续，后层与腰大肌筋膜相融合，有保护和固定肾脏的作用。前后两层在肾的上方和外侧融合，在肾的下方分离，其间有输尿管通过。

四、肾的微细结构

肾实质主要由大量泌尿小管构成，在泌尿小管之间有少量的结缔组织及血管和神经，构成肾的间质。尿液生成的结构是泌尿小管，由肾单位和集合管组成（图7-6）。

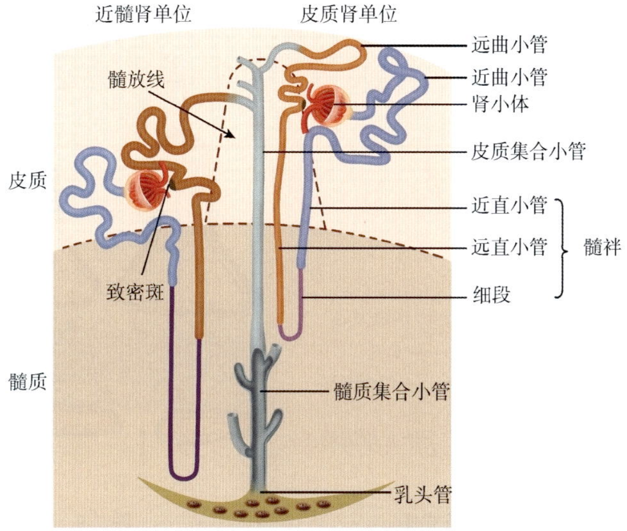

图7-6 皮质肾单位和近髓肾单位示意图

（一）肾单位

每侧肾有100万～400万个肾单位，由肾小体和肾小管组成，为肾结构和功能的基本单位。

链 接 血液透析疗法

患者出现急、慢性肾衰竭，急性药物或毒物中毒等情况时，临床可采用血液透析疗法进行治疗。血液透析疗法是利用透析器（人工肾）的半透膜，将血中蓄积的过多毒素和过多的水分清出体外，并补充碱基以纠正酸中毒，调整电解质紊乱，替代肾的排泄功能。

1. 肾小体 又称肾小球，由血管球和肾小囊组成，主要作用是滤过血液形成原尿。肾小体有2极，微动脉出入的一端，称血管极；与近端小管曲部相连的一端，称尿极。

（1）血管球 由入球微动脉进入肾小囊后反复分支形成的毛细血管袢，最后汇聚成出球微动脉从血管极离开肾小囊。入球微动脉管径较出球微动脉粗，因此血管球内压力较高，有利于血浆滤过形成原尿。血管球的毛细血管由1层有孔的内皮细胞和外面的基膜组成，能滤过大量水分和小分子物质（图7-7）。

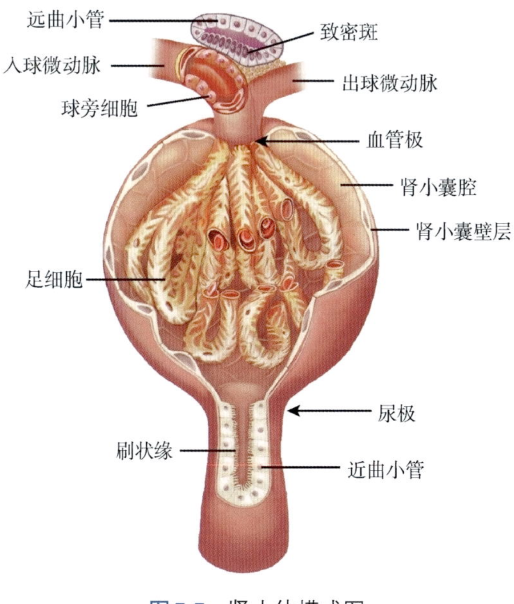

图7-7 肾小体模式图

（2）肾小囊 为肾小管起始段膨大的双层盲囊，分壁层和脏层，两层间的间隙，称肾小囊腔，与近端小管曲部相通。肾小囊脏层由1层多突起的足细胞构成。足细胞体积较大，胞体伸出几个大的初级突起，继而再发出许多指状的次级突起，紧贴在毛细血管基膜外，相邻次级突起互相嵌插成栅栏状，之间有裂隙，称裂孔，孔上覆盖裂孔膜（图7-8）。

2. 滤过屏障 当血液流经血管球毛细血管时，血浆内小分子物质经有孔内皮、基膜和足细胞裂孔膜滤入肾小囊腔，这3层结构称滤过屏障，又称滤过膜。滤入肾小囊腔的滤液，称原尿，其成分中除不含大分子蛋白质外，其余与血浆相似。若滤过屏障受损，则大分子蛋白质甚至血细胞均可通过滤过屏障漏出，出现蛋白尿或血尿（图7-9）。

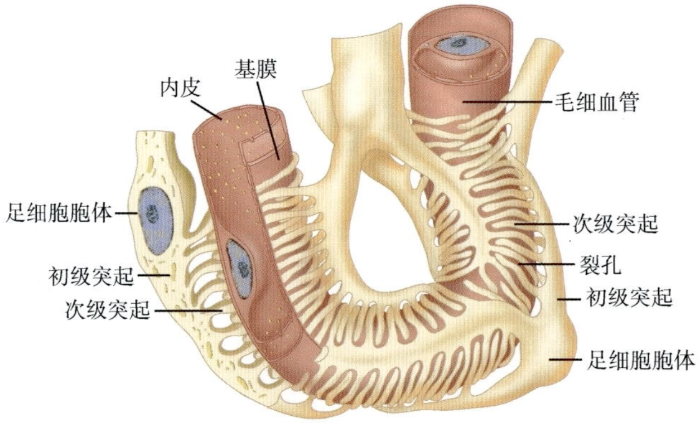

图7-8 足细胞与毛细血管超微结构模式图

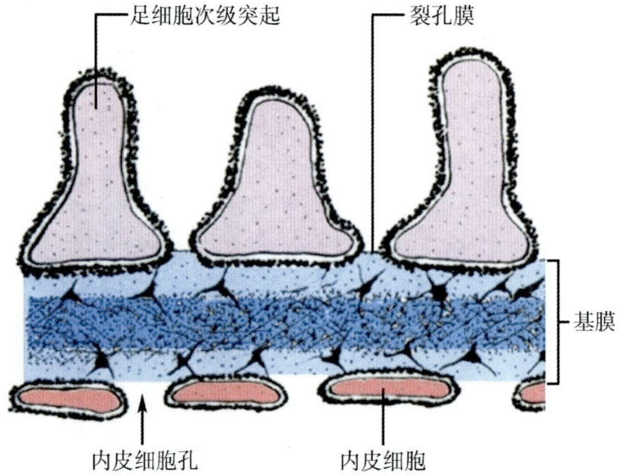

图7-9 滤过屏障结构模式图

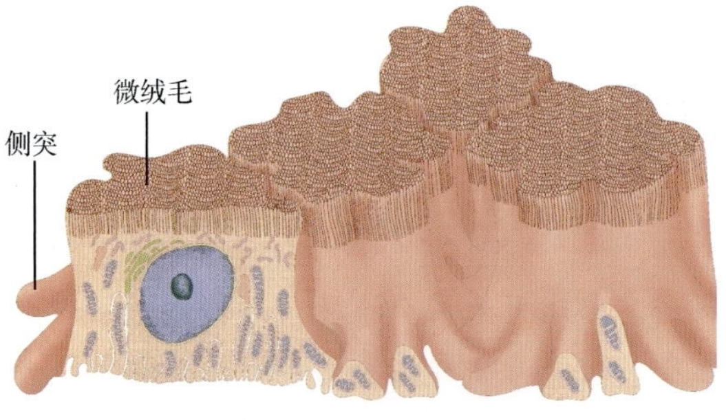

图7-10 近曲小管微细结构

3. 肾小管 分为近端小管、细段和远端小管。有重吸收原尿和排泄等作用（图7-6）。

（1）近端小管 为肾小管的起始段，分为与肾小囊相通的曲部（又称近曲小管）和位于近曲小管和细段之间的直部（又称近直小管）。管壁由单层上皮构成，上皮细胞呈立方形或锥体形，细胞分界不清，胞体较大，胞质嗜酸性强，细胞核圆，近基底部。细胞游离面有微绒毛构成的刷状缘，有利于重吸收（图7-6，图7-10）。近端小管的功能主要是重吸收，原尿中几乎所有葡萄糖、氨基酸、蛋白质以及大部分水、离子和尿素等被重新吸收；此外，近端小管还能向管腔内分泌H^+、NH_3、肌酐和马尿酸等代谢产物；能转运和排除青霉素等药物。

（2）细段 为肾小管管径最细的部分，由单层扁平上皮构成，有利于水和离子通过。

（3）远端小管 管腔大而规则，分为直部（又称远直小管）和曲部（又称远曲小管），直部位于细段与曲部之间，曲部盘曲于肾小体附近（图7-6，图7-10）。管壁为单层立方上皮，细胞着色较近端小管浅，分界较清楚；微绒毛短而少。远端小管曲部是离子交换的重要部位，能吸收水、Na^+和排出K^+、H^+、NH_3等，对维持体液的酸碱平衡有重要作用。

近直小管、细段和远直小管构成的“U”形袢样结构，称髓袢。远端小管直部离开髓放线或肾锥体，又盘曲行走于肾小体周围，形成远端小管曲部，最后汇入集合管。

（二）集合管

集合管由相邻肾单位远曲小管末端汇合而成，开口于肾乳头，上皮由单层立方逐渐变为高柱状，细胞分界清楚，细胞质着色浅，核圆居中，着色深。集合管对水和无机盐具有重吸收功能。

（三）球旁器

球旁器位于肾小体血管极，由球旁细胞、致密斑和球外系膜细胞组成，也称球旁复合体（图7-11）。

1. 球旁细胞 是近肾小体血管极处的入球微动脉管壁平滑肌细胞分化而成的上皮样细胞。其功能是分泌肾素。肾素能使血浆中的血管紧张素原转化为血管紧张素，使血管平滑肌收缩，血压升高。同时血管紧张素还可刺激肾上腺皮质分泌醛固酮，促进肾远曲小管和集合管吸收Na^+和水，导致血容量增大，血压升高。

2. 致密斑 为靠近肾小体侧的远端小管曲部上皮细胞增高、变窄、紧密排列而形成的椭圆形斑块状隆起，是一种离子感受器，能感受远端小管内Na^+浓度变化。当Na^+浓度降低时，将信息传递给球旁细胞并促进其分泌肾素。

3. 球外系膜细胞 位于致密斑、入球和出球微动脉组成的三角区内。形态结构与球内系膜细胞相似，与球旁细胞、球内系膜细胞之间有缝隙连接，它在球旁复合体功能活动中，起信息传递作用。

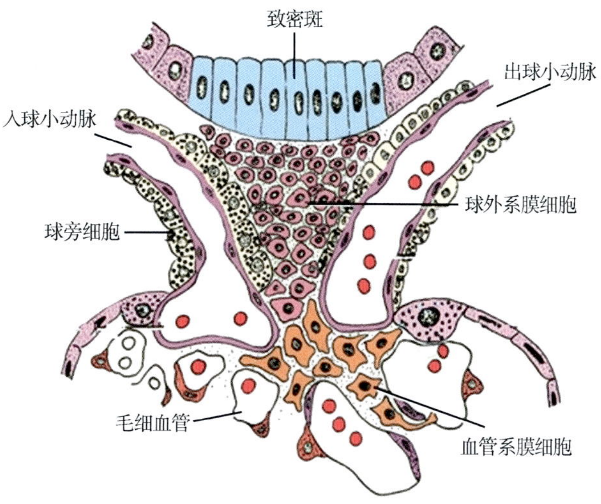

图7-11 球旁复合体结构模式图

（四）肾间质

肾间质为肾内的结缔组织、血管和神经等。肾髓质的间质细胞主要为成纤维细胞，能合成纤维和基质，还能产生前列腺素。肾小管周围的血管内皮细胞能产生促红细胞生成素，刺激骨髓生成红细胞。

五、肾的血液循环

肾的血液供应直接来自腹主动脉，同时兼顾营养肾组织和生成尿液的功能。其特点是：①短粗的肾动脉直接连腹主动脉，血流量大、流速快，每4～5分钟流经肾的血流量与全身血量相当；②皮质血流量大（90%），流速快，髓质血流量小（10%）；③入球微动脉粗且短于出球微动脉，球内血压较高，有利于滤过；④形成两次毛细血管网，血管球毛细血管网起滤过作用，球后毛细血管网有利于重吸收；⑤髓质内直小血管袢和髓袢相伴行，有利于水的重吸收和原尿浓缩。

第2节 输 尿 管

案例 7-1

患者，男，36岁。突发右腰部绞痛伴血尿2小时。2小时前剧烈活动后突然出现右腰部绞痛，疼痛呈持续性，阵发性加重，右肾区叩击痛（+）。排尿时可见尿呈粉红色，量约200ml/次。既往体健。B超：右侧肾盂和近段输尿管扩张，距离肾门4cm处可见一个强回声光团，大小约7mm，远段输尿管显示不清。初步诊断为右侧输尿管结石。

问题：1. 输尿管如何走行？

2. 输尿管结石容易嵌顿在什么地方？

输尿管为成对的肌性管道，位于腹膜后方，长20～30cm，管径0.5～1.0cm。上起肾盂末端，在腹膜后沿腰大肌前面下行，至骨盆上口跨过髂血管入盆腔，末端斜穿入膀胱底外上角膀胱壁，终于膀胱。

一、输尿管的分部

按位置输尿管分为腹段、盆段和膀胱壁内段（图7-12）。

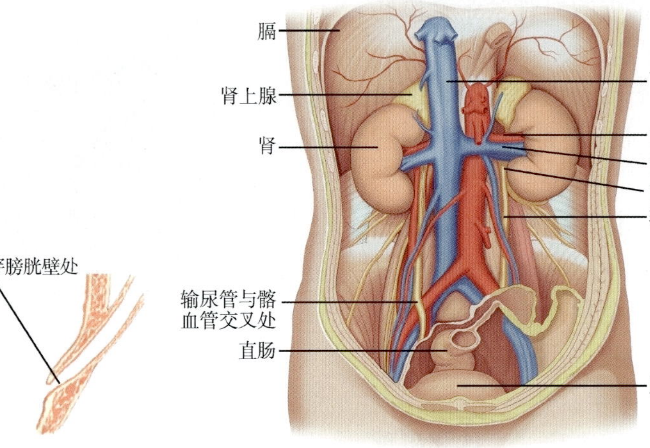

图7-12　输尿管

输尿管腹段介于肾盂末端和小骨盆入口处之间，左输尿管越过左髂总动脉前方，右输尿管越过右髂外动脉前方进入盆腔。

输尿管盆段自小骨盆入口处，经盆腔侧壁下行至坐骨棘水平。男性输尿管走向前内下，在到达膀胱底外上角之前，其前上方有输精管由外侧向内侧跨过，然后经输精管腹壶与精囊之间进入膀胱底。女性输尿管经子宫颈外侧，从子宫动脉后下方绕过，行向内下至膀胱底斜穿膀胱壁。

输尿管膀胱壁内段为斜穿膀胱壁的部分，当膀胱充盈时，由于膀胱内压力增高，输尿管壁内部被挤压而闭合，可防止尿液反流。此段是输尿管最狭窄的部位，亦是输尿管结石常见的滞留之处。

二、输尿管的狭窄

输尿管全长有3处狭窄，分别位于：①肾盂与输尿管移行处；②与髂血管交叉处；③膀胱壁内段。输尿管结石易嵌顿于这些狭窄处（图7-12）。

三、输尿管的微细结构

输尿管管壁由内向外分为黏膜、肌层和外膜3层。黏膜由变移上皮和固有层构成。肌层主要由内纵和外环两层平滑肌组成，在下1/3段增厚，为内纵、中环和外纵3层平滑肌。外膜为疏松结缔组织，与周围结缔组织相互移行。

第3节　膀　　胱

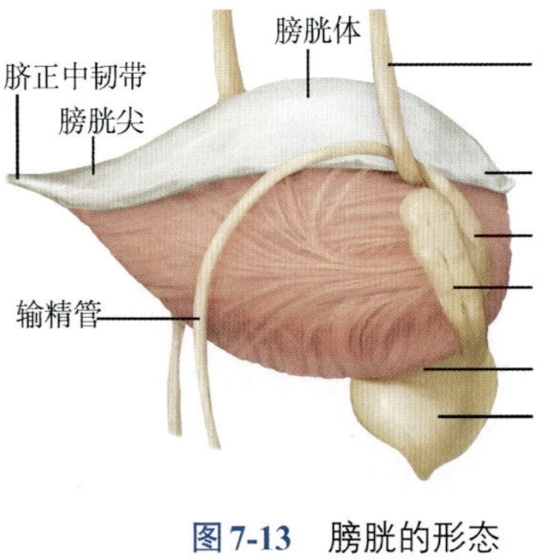

图7-13　膀胱的形态

膀胱是储存尿液的肌性囊状器官，其大小、形态和位置均随尿液充盈程度、年龄、性别不同而异。正常成人的膀胱容量为350～500ml，最大容量为800ml；新生儿膀胱容量约为成人的1/10；老年人因膀胱肌张力降低而容量增大。

一、膀胱的形态

膀胱空虚时呈三棱锥体形，分膀胱尖、膀胱体、膀胱底和膀胱颈（图7-13）。膀胱尖朝向前上方，膀胱底朝向后下方，略呈三角形；膀胱尖与膀胱底之间的部分为膀胱体；膀胱的最下部称膀胱颈，其下端有尿道内口。膀胱充盈时呈卵圆形。

二、膀胱的位置和毗邻

成年人膀胱空虚时位于耻骨联合的后方，膀胱尖一般不超过耻骨联合上缘。充盈时膀胱向上隆凸，腹前壁折向膀胱的腹膜返折线可移至耻骨联合上方，此时可在耻骨联合上方行膀胱穿刺术，不会损伤腹膜（图7-14）。

在男性，膀胱后面与精囊、输精管壶腹和直肠相邻，下面与前列腺底相接（图7-13）；在女性，膀胱后面邻子宫和阴道，下面邻接尿生殖膈。

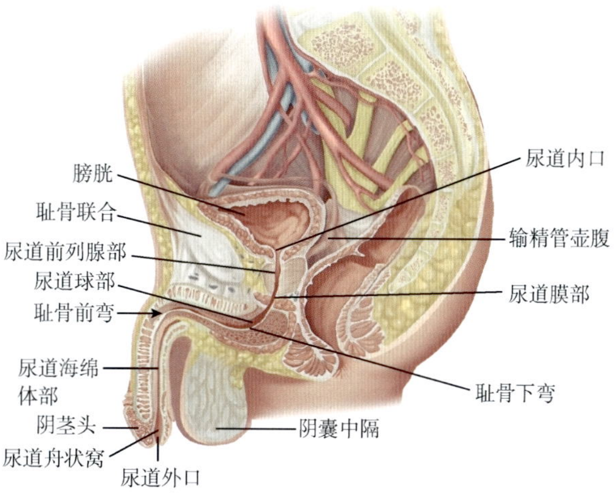

图7-14 男性盆腔正中矢状面

三、膀胱壁的结构

取膀胱切开后观察膀胱内面，可见膀胱壁在空虚时有平滑肌收缩形成的皱襞，充盈时皱襞消失。在膀胱底内面可见两输尿管口和尿道内口之间形成的一尖朝下的三角区，称膀胱三角；膀胱三角由于缺乏黏膜下层，黏膜与肌层相连，无论在膀胱充盈或空虚状态下都保持平滑状态，是肿瘤、结核和炎症的好发部位，膀胱镜检查时应特别注意。两输尿管口之间的横行皱襞，称输尿管间襞，呈苍白色，是膀胱镜检时寻找输尿管口的标志（图7-15）。

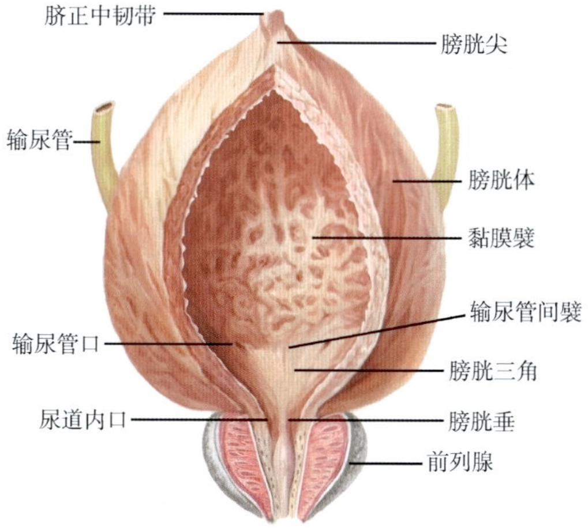

图7-15 膀胱的形态及膀胱壁的结构

膀胱壁由内向外由黏膜层、肌层和外膜3层构成。

1. 黏膜层 由变移上皮和固有层组成。膀胱充盈时上皮变薄，仅有3～4层细胞，盖细胞也变扁。固有层含较多弹性纤维，除膀胱三角区外，其他部位近肌层的固有层部分含纤维少，结构疏松。

2. 肌层 较厚，由内纵行、中环行和外纵行3层平滑肌组成，各层肌纤维相互交错，分界不清。中层环行肌在尿道内口处增厚形成括约肌。

3. 外膜 除膀胱顶部为浆膜外，多为疏松结缔组织。

第4节 尿　　道

男性尿道兼具排尿和排精功能，详见男性生殖系统的相关内容。

女性尿道仅有排尿功能，长3～5cm，直径约0.6cm，起始于膀胱的尿道内口，向前下穿尿生殖膈，终于阴道前庭的尿道外口。女性尿道较男性短、宽且直，故易引起泌尿系逆行性感染。

链接　导尿术

导尿术是在严格的无菌条件下，将导尿管经尿道插入膀胱引出尿液的临床诊疗技术。其目的是解除尿潴留，采无污染的尿液标本作检查，测定残余尿，测定膀胱冷热感、容量、压力，注入造影剂或药物及诊断或治疗等。

自 测 题

一、名词解释

1. 肾单位 2. 肾区 3. 肾锥体 4. 滤过屏障 5. 膀胱三角

二、单项选择题

1. 氨基酸的重吸收部位在（ ）
   A. 近端小管 B. 细段
   C. 远端小管 D. 髓袢
   E. 集合管
2. 第12肋与肾的位置关系，正确的是（ ）
   A. 斜过左肾后面的上部
   B. 斜过左肾前面的上部
   C. 斜过右肾后面的上部
   D. 斜过右肾后面的中部
   E. 斜过右肾前面的中部
3. 肾被膜由内向外依次为（ ）
   A. 肾筋膜、纤维囊、脂肪囊
   B. 纤维囊、脂肪囊、肾筋膜
   C. 肾筋膜、脂肪囊、纤维囊
   D. 脂肪囊、纤维囊、肾筋膜
   E. 脂肪囊、肾筋膜、纤维囊
4. 关于肾实质的描述，错误的是（ ）
   A. 分为肾皮质和肾髓质两部分
   B. 皮质位于浅层，由肾小体和肾小管构成
   C. 髓质位于深部，由15～20个肾锥体组成
   D. 肾锥体的尖朝向皮质，称为肾乳头
   E. 皮质伸入肾锥体之间的称为肾柱
5. 原尿形成的部位是（ ）
   A. 肾小体 B. 肾小管
   C. 集合管 D. 肾小体和肾小管
   E. 肾小管和集合管
6. 以下关于输尿管的描述，正确的是（ ）
   A. 起于肾盏，终于膀胱
   B. 全长35～40cm
   C. 分为腹、盆两段
   D. 管腔有两处狭窄
   E. 女性子宫动脉位于其前方
7. 膀胱肿瘤与结核好发于（ ）
   A. 输尿管间襞 B. 膀胱体
   C. 膀胱垂 D. 膀胱颈
   E. 膀胱三角
8. 肾窦内结构不包括（ ）
   A. 肾小盏 B. 肾大盏
   C. 肾盂 D. 肾柱
   E. 脂肪组织
9. 分泌肾素的结构是（ ）
   A. 足细胞 B. 球旁细胞
   C. 致密斑 D. 有孔的内皮细胞
   E. 基膜
10. 肾小体（ ）
    A. 由肾小囊和血管球组成
    B. 由肾小管和血管球组成
    C. 由肾小囊和肾小管组成
    D. 由肾小囊、肾小管和集合管组成
    E. 由血管球和泌尿小管组成

三、问答题

1. 试述尿液的产生和排出体外的途径。
2. 试述当滤过屏障受到破坏后，尿液可能会发生的变化。

（熊 伟）

第8章 生殖系统

生殖系统分为男性生殖系统和女性生殖系统，其功能是产生生殖细胞、繁殖新个体、分泌性激素和维持性功能、激发和维持第二性征，按器官所在的部位分为内生殖器和外生殖器两部分。内生殖器多位于盆腔内，包括产生生殖细胞的生殖腺、输送生殖细胞的生殖管道及附属腺体。外生殖器露于体表，以两性的交接器官为主。

第1节 男性生殖系统

案例8-1

患者，男，75岁。自述10年前开始出现排尿困难，尿等待，尿不净，被诊断为前列腺增生。昨晚饮酒后受凉，突发不能自行排尿，下腹部胀痛、膨隆，遂来院就诊。辅助检查：肾功能示血尿素氮增高；B超示前列腺增大突入膀胱，呈球形，双肾中度积水。诊断：1. 良性前列腺增生合并慢性尿潴留；2. 肾功能损害。

问题：1. 前列腺增生引起肾功能损害的原因是什么？

2. 患者出现尿潴留时，如需要做膀胱穿刺，穿刺部位在何处？

男性生殖器分为内生殖器和外生殖器两部分。内生殖器是由生殖腺（睾丸）、生殖管道（附睾、输精管、射精管、男性尿道）和附属腺（精囊、前列腺、尿道球腺）组成（图8-1）。外生殖器包括阴囊和阴茎。睾丸的主要功能是产生精子和分泌雄激素。睾丸产生的精子，先贮存于附睾内，当射精时经输精管、射精管和尿道排出体外。附睾的分泌液参与精液的组成，供给精子营养并促进精子的成熟。阴茎具有排尿和射精两种功能。

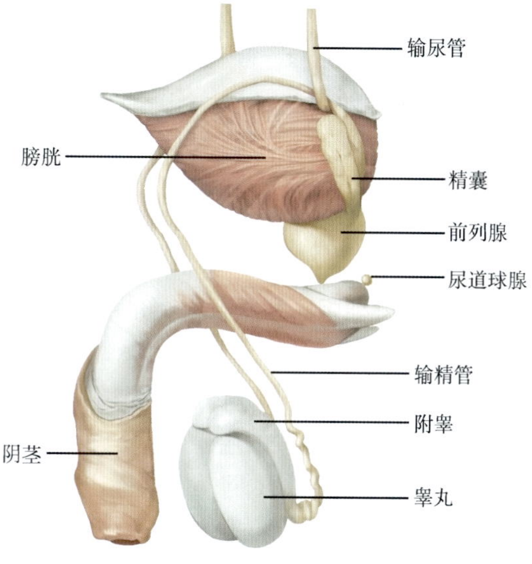

图8-1 男性生殖系统概观

一、男性内生殖器

（一）睾丸

睾丸是男性的生殖腺，其主要功能是产生精子和分泌雄激素。

1. 睾丸的位置和形态 睾丸（图8-2）位于阴囊内，左、右各一，为成对实质性器官，一般左侧略低于右侧，呈扁椭圆形，表面光滑。睾丸分前后两缘、上下两端、内外两面。前缘和下端游离。睾丸上端和后缘与附睾相连。后缘还有睾丸的血管、神经、淋巴管出入。睾丸除后缘外均被有鞘膜，称睾丸鞘膜。睾丸鞘膜分脏、壁两层，脏层紧贴睾丸表面，壁层贴附于阴囊内面。脏、壁两层在睾丸后缘处相互移行，形成一个密闭的腔，称鞘膜腔，内有少量浆液，起润滑作用。如腔内液体增多，临床上称为睾丸鞘膜积液。新生儿的睾丸相对较大，性成熟期以前发育较慢，随着性成熟迅速生长，老年人的睾丸随着性功能的衰退而萎缩变小。

2. 睾丸的微细结构 睾丸表面有一层坚厚的致密结缔组织膜，称白膜。白膜在睾丸后缘处增厚，并深入睾丸内形成睾丸纵隔。从纵隔发出许多放射状结缔组织形成的睾丸小隔，呈锥形伸入睾丸实质并与白膜相连，将睾丸实质分为100～200个睾丸小叶。每个睾丸小叶内含有2～4条盘曲的细长弯曲的精曲小管，其上皮能产生精子。精曲小管在近睾丸纵隔处汇合成直精小管，进入睾丸纵隔后交织成睾丸网。从睾丸网发出12～15条睾丸输出小管经睾丸后缘上部进入附睾头（图8-3）。

（1）精曲小管　是产生精子的部位（图8-4），生精上皮由支持细胞和5～8层生精细胞组成。

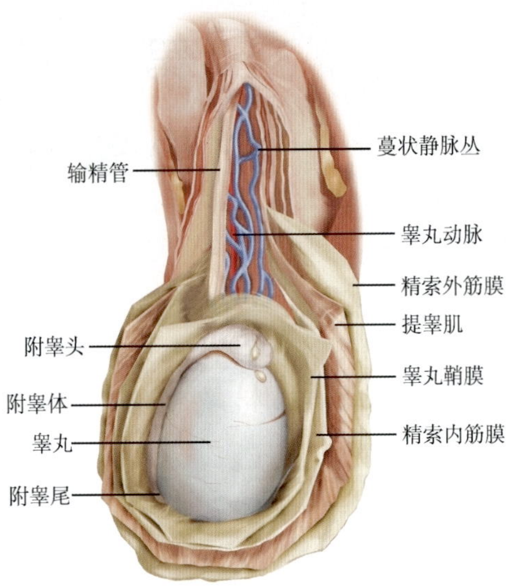

图8-2　睾丸、附睾和精索

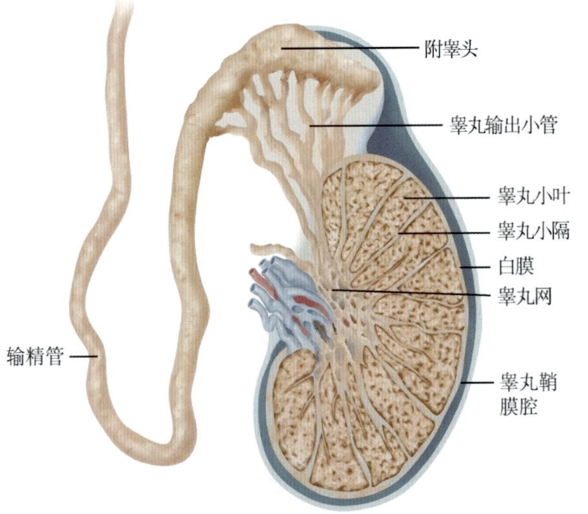

图8-3　睾丸和附睾的结构

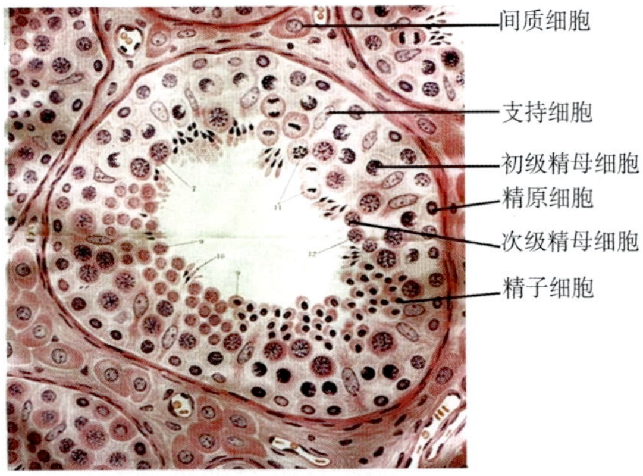

图8-4　精曲小管的微细结构

1）支持细胞：细胞较大，呈不规则的高柱状或长锥形，基部紧贴基膜，顶部伸达管腔面。对生精细胞起支持和营养作用。

2）生精细胞：其分化过程为精原细胞→初级精母细胞→次级精母细胞→精子细胞→精子，是一系列处于不同发育阶段的生殖细胞。它们从管壁的基膜向管腔依次排列。精子生成后，游动于精曲小管内，经精直小管、睾丸网、睾丸输出小管，入附睾储存。

精子（图8-5）形似蝌蚪，长约60μm，可分为头、尾两部分。头部有浓缩的细胞核，参与受精，头前2/3有顶体覆盖，内含多种水解酶。尾细长，能使精子向前游动。

（2）睾丸间质　是精曲小管之间的疏松结缔组织。内含间质细胞，单个或成群分布，能分泌雄激素。雄激素可促进精子发生和男性生殖器官发育，维持第二性征和性功能。

（二）输精管道

1. 附睾 左、右各一，呈新月形，紧贴于睾丸的上端和后缘，由睾丸输出小管和迂曲的附睾管组成，分为头、体、尾3部分（图8-2，图8-3）。附睾尾折向后上方移行为输精管。附睾有储存精子，并为精子的发育提供营养，促进精子进一步成熟的功能。附睾为结核的好发部位。

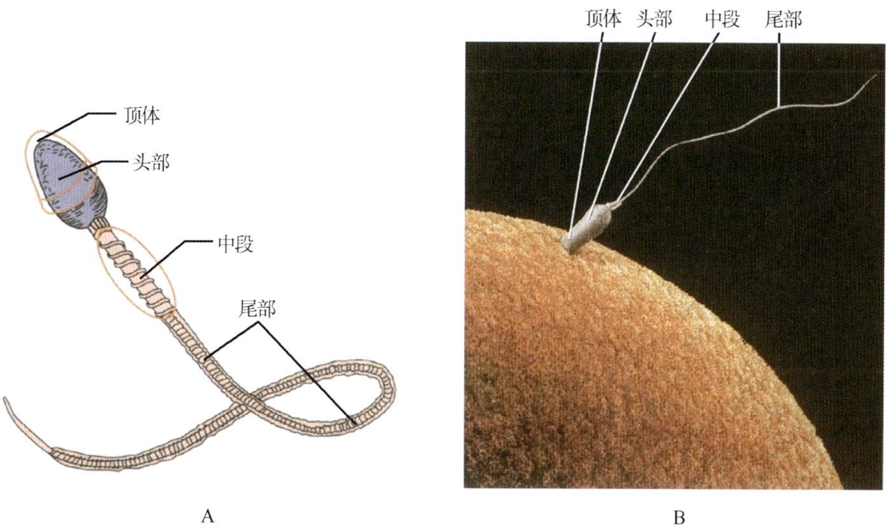

图8-5 精子的微细结构示意图

2. 输精管 左、右各一，续于附睾，是输送精子的细长肌性管道，长约50cm，管径3mm，管壁肌组织较厚，管腔狭小，活体触摸有坚实的圆索状绳索感。输精管依行程分为4部。

（1）睾丸部 最短，迂曲，始于附睾尾，沿睾丸后缘上行至睾丸上端进入精索部。

（2）精索部 又称皮下部，介于睾丸上端与腹股沟管浅环之间，位于皮下，容易触及，为输精管结扎术的常选部位。

输精管自睾丸上端至腹股沟管深环的一段，与伴行的血管、神经、淋巴管及外包的筋膜等共同组成的圆索状结构，称精索（图8-2）。它由输精管、睾丸动脉、蔓状静脉丛、神经、淋巴管等结构外包3层被膜构成。蔓状静脉丛的扩张、迂曲可影响精子的产生和精液的质量，是男性不育症的因素之一。

（3）腹股沟管部 位于腹股沟管内的精索内。疝修补术时，注意勿伤及输精管。

（4）盆部 最长，自腹股沟管深环至膀胱底的后面，在此膨大形成输精管壶腹。

3. 射精管 左、右各一，由输精管末端和精囊的排泄管汇合而成。射精管穿入近前列腺底的后缘处，长约2cm，斜向前下方穿前列腺实质，开口于尿道前列腺部的后壁上（图8-6，图8-7）。

（三）附属腺体

1. 精囊 又称精囊腺，是1对扁椭圆形囊状腺体，位于膀胱底的后方，输精管壶腹的下外侧，表面凹凸不平。其分泌物参与组成精液，其排泄管和输精管末端汇合成射精管，开口于尿道前列腺部（图8-6）。

2. 前列腺 为不成对的实质性器官，重8～20g，位于尿生殖膈和膀胱颈之间，包绕尿道的起始部，中央有尿道和射精管穿过。形似前后稍扁的栗子，上端宽大称底，下端尖细称为尖，两者之间为体（图8-6）。体后面平坦，中间有一纵行浅沟，称前列腺沟，活体直肠指诊可触及此沟，患前列腺增生时，此沟消失。

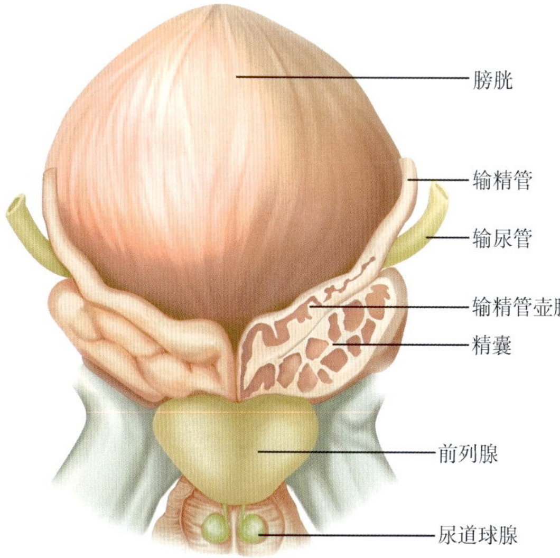

图8-6 膀胱、精囊和前列腺的后面观

前列腺一般分为5叶（图8-7），即前叶、中叶、后叶和两侧叶。前叶很小，位于尿道前方；中叶呈楔形，位于尿道的前列腺部与射精管之间；左、右侧叶分别位于尿道和中叶的两侧。当前列腺增生尤其是中叶和侧叶增生时，可压迫尿道而引起排尿困难甚至尿潴留。后叶是前列腺肿瘤的好发部位。

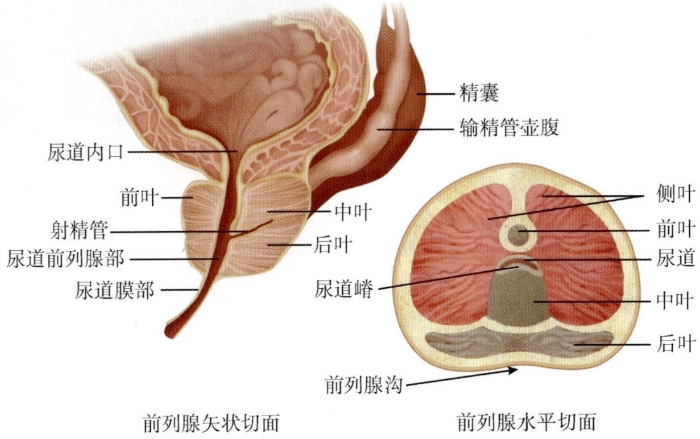

图8-7 前列腺的分叶

前列腺由腺组织、平滑肌和结缔组织构成，其表面包有筋膜鞘，称前列腺囊，囊与前列腺之间有前列腺静脉丛。前列腺分泌乳白色液体参与精液的组成。小儿的前列腺较小，腺组织不发达。性成熟期腺组织迅速生长。中年以后腺组织逐渐退化，结缔组织增生。老年人因激素平衡失调，前列腺结缔组织增生，引起前列腺肥大，压迫尿道，造成排尿困难甚至尿潴留。

链 接 雌激素会刺激前列腺增生吗?

男性一般从40岁开始出现前列腺增生，随着年龄增长，患病率明显提升。随着男性年龄增长，雌激素浓度会有所增加，雌、雄激素比例升高，雌、雄激素平衡的改变是前列腺增生发生的重要原因之一。

3. 尿道球腺 是1对豌豆大小的球形腺体，位于会阴深横肌内，尿生殖膈内，以细长的排泄管开口于尿道球部，其分泌物参与精液的组成。

链 接 精液

精液为乳白色弱碱性液体，由睾丸产生的精子和附属腺的分泌物组成。正常成年男性一次射精排出精液量为2～5ml，内含精子2亿～5亿个。输精管结扎后，阻断了精子的排出路径，腺体分泌物的排出不受影响，因而射精时仍有无精子的液体排出体外。

二、男性外生殖器

（一）阴囊

阴囊（图8-8）位于阴茎的后下方，为一皮肤囊袋。阴囊的皮肤薄而柔软，色素沉着明显。阴囊壁由皮肤和肉膜组成。阴囊被肉膜形成的阴囊中隔分为左、右两腔，容纳睾丸、附睾和精索等结构。阴囊肉膜内平滑肌可随外界温度的变化而舒缩，以调节阴囊内的温度，保证精子生存和发育的正常。

在阴囊肉膜的深面有包绕睾丸和精索的被膜，由外向内为精索外筋膜、提睾肌、精索内筋膜、睾丸鞘膜。

1. 精索外筋膜 是腹外斜肌腱膜的延续。

2. 提睾肌 来自腹内斜肌和腹横肌，有上提睾丸的作用。

3. 精索内筋膜 来自腹横筋膜。

4. 睾丸鞘膜 来源于腹膜，分为壁层和脏层，壁层紧贴精索内筋膜内面，脏层包贴睾丸和附睾表面。脏、壁两层在睾丸的后缘处相互移行，共同围成封闭的鞘膜腔，内有少量浆液。腔内可因炎症液体增多，形成睾丸鞘膜积液。

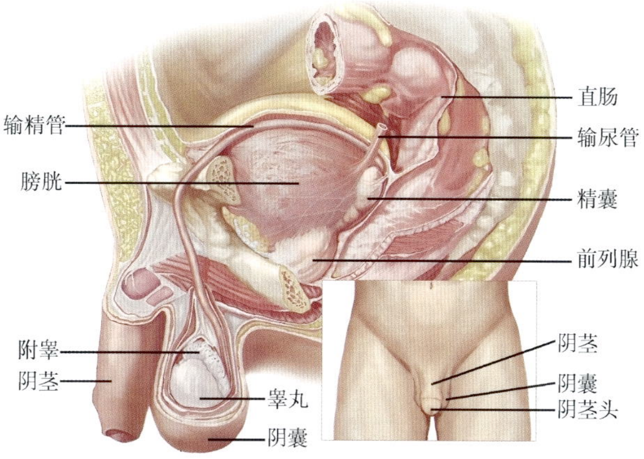

图8-8 阴囊结构模式图

（二）阴茎

阴茎（图8-9）为男性的性交器官，悬垂于耻骨联合的前下方，分头、体、根3部。阴茎的前端膨大为阴茎头，其尖端有呈矢状位的尿道外口，阴茎头后方较细的部分为阴茎颈。后端为阴茎根，固定于耻骨下支、坐骨支和尿生殖膈。阴茎头、根之间的圆柱状部分为阴茎体，圆柱形，以韧带悬挂于耻骨联合的前下方，可活动。阴茎头与体交接处缩细称阴茎颈，临床上称为冠状沟。

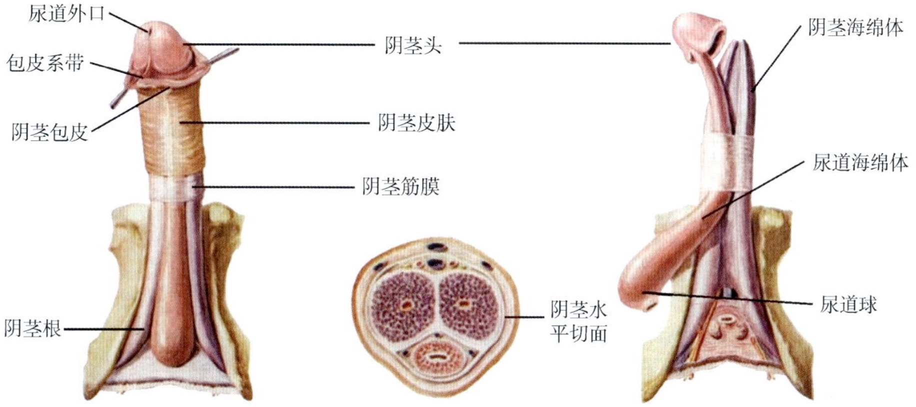

图8-9 阴茎的外形与构造

阴茎主要由2条阴茎海绵体和1条尿道海绵体组成，外面包以筋膜和皮肤。阴茎海绵体左右各一，位于阴茎的背侧，尿道海绵体位于阴茎海绵体的腹侧，尿道贯穿其全长。尿道海绵体前端膨大为阴茎头，后端膨大为尿道球。尿道球位于两阴茎脚之间，附于尿生殖膈的下面。每个海绵体的表面均包有一层坚厚的纤维膜，称海绵体白膜。海绵体由许多海绵体小梁和腔隙组成，腔隙与血管相通。当腔隙充血时，阴茎即变粗变硬而勃起。

3条海绵体外面共同包有阴茎深、浅筋膜和皮肤。阴茎的皮肤薄而柔软，有较大的伸展性。其在阴茎体的前端、阴茎头的近侧，形成游离的双层皱襞包绕阴茎头，称阴茎包皮。阴茎包皮与阴茎头的腹侧中线处有一皮肤皱襞，称包皮系带。做包皮环切手术时，注意勿伤及包皮系带，以免影响阴茎的正常勃起。

链 接　包皮环切术

幼儿的包皮较长，包着整个阴茎头，随年龄增长，包皮逐渐向后退缩，包皮口逐渐扩大，阴茎头显露于外表。如到成年时，包皮覆盖于全部阴茎头和尿道口，但仍可上翻的状态，称为包皮过长。如果包皮口过小，包皮不能退缩暴露阴茎头时，则称为包茎。在以上两种情况下，影响排尿，包皮腔内易存留污垢导致炎症，也可能成为阴茎癌的诱发因素，应行包皮环切术。

三、男性尿道

（一）男性尿道的分部

男性尿道（图8-10）为排尿和排精的共同通道，起于膀胱的尿道内口，终于阴茎头的尿道外口。成年男性尿道长16～22cm，管径平均5～7mm。

男性尿道分为前列腺部、膜部和海绵体部3部分。临床上称海绵体部为前尿道，前列腺部和膜部为后尿道。

1. 前列腺部 为尿道穿过前列腺的一段，长约3cm，是尿道的最宽处。其后壁上有射精管和前列腺排泄管的开口。

2. 膜部 为尿道穿过尿生殖膈的一段。短而窄，长约1.2cm，周围有尿道膜部括约肌环绕，该肌属横纹肌，受意识支配，可控制排尿。膜部位置较固定，外伤时易损伤此部。

链 接 尿道黏膜折叠

尿道前列腺部可有先天性异常的黏膜折叠，形成瓣膜，影响排尿。有这样畸形的幼儿，排尿困难，膀胱膨胀，两肾发生肾积水。有时则以泌尿系统感染或膀胱结石的症状为主。应注意鉴别诊断，遇此异常应早期手术，切除瓣膜。

3. 海绵体部 为尿道穿过尿道海绵体的一段，最长约15cm。起始部膨大，称尿道球部，尿道球腺开口于此。由于尿道球部固定于耻骨联合下方，如果发生骑跨式损伤，会阴部跨压在硬物上，尿道球部挤压于耻骨与硬物之间，可造成球部损伤。阴茎头内的尿道扩大成尿道舟状窝。

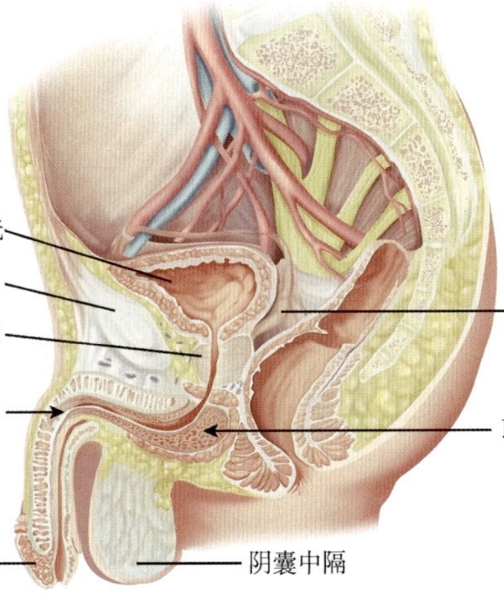

图8-10 男性盆腔正中矢状面

（二）男性尿道的形态特点

男性尿道管径粗细不一，平均管径5～7mm，全长有3处狭窄和2个弯曲（图8-10）。3处狭窄分别位于尿道内口、膜部和尿道外口，其中以尿道外口最为狭窄，膜部次之，尿道结石常易嵌顿在这些狭窄部位。2个弯曲分别是耻骨下弯和耻骨前弯。耻骨下弯位于耻骨联合下方，凹向前上方，此弯曲恒定无变化。耻骨前弯位于耻骨联合前下方，凹向后下方，阴茎勃起或将阴茎向上提起时，此弯即可变直而消失。临床上导尿或行膀胱镜检查时应注意这些结构特点。

医者仁心

“生命天使”林巧稚

林巧稚院士在胎儿宫内呼吸、女性盆腔疾病、妇科肿瘤、新生儿溶血病等的研究方面做出了重要贡献，是中国妇产科学的主要开拓者、奠基人之一。她从医期间接生了5万多名婴儿，被尊称为“生命天使”，这个称号不仅是对林巧稚医术的肯定，还是对她的信任和敬佩！1978年患病后，她历时4年在病床上编写出50万字的专著《妇科肿瘤学》。1983年去世，按她的遗嘱将她的3万元存款捐给了医院托儿所，将她的骨灰撒向家乡的大海里。她曾说：“我这一生最喜爱的声音，就是婴儿的第一声啼哭”。林巧稚院士将一生都奉献给了她热爱的医学事业。

第2节 女性生殖系统

案例 8-2

患者，女，24岁，已婚，停经2个月，伴乏力、嗜睡。6小时前突发腹痛，以右下腹疼痛较为明显，同时伴阴道少量流血，急来我院就诊。入院查体：T 37.3℃，BP 95/72mmHg，面色苍白，右下腹轻压痛。辅助检查：B超示“子宫内膜回声增厚，轮廓清，宫内未见异常回声，右侧附件区见一异常回声团块（55mm×52mm×15mm），可见胚芽组织及原始心血管搏动”。诊断：宫外孕（右侧输卵管壶腹部妊娠）。

问题：1. 宫外孕常见位置在哪？发生原因是什么？

2. 输卵管分哪几部？受精部位常在何处？

女性生殖系统（图8-11）由内、外生殖器组成。内生殖器（图8-12）包括生殖腺（卵巢）、生殖管道（输卵管、子宫、阴道）和附属腺（前庭大腺）。外生殖器即外阴。卵巢是产生卵子和分泌雌激素的器官。卵巢产生的卵子，成熟后排至腹膜腔，再经输卵管伞部进入输卵管，在输卵管受精后移至子宫，而后植入子宫内膜发育成胎儿。分娩时，胎儿经子宫和阴道娩出。卵子在输卵管内如未受精，则会退化而被吸收。

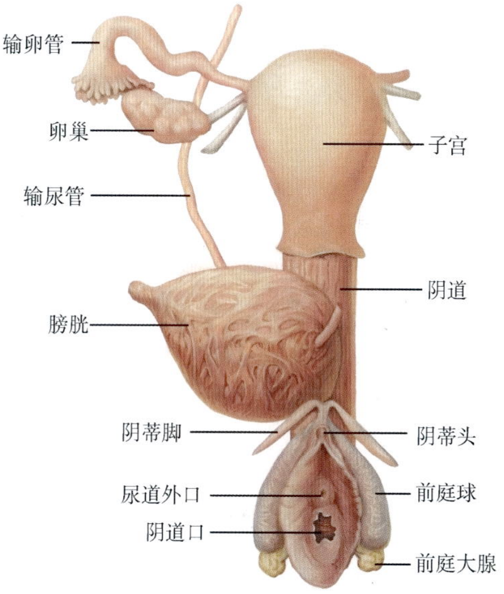

图8-11 女性生殖系统概观

一、女性内生殖器

（一）卵巢

1. 卵巢的位置、形态 卵巢是女性的生殖腺，为成对的实质性器官，左、右各一，其主要功能是产生卵子和分泌雌激素。

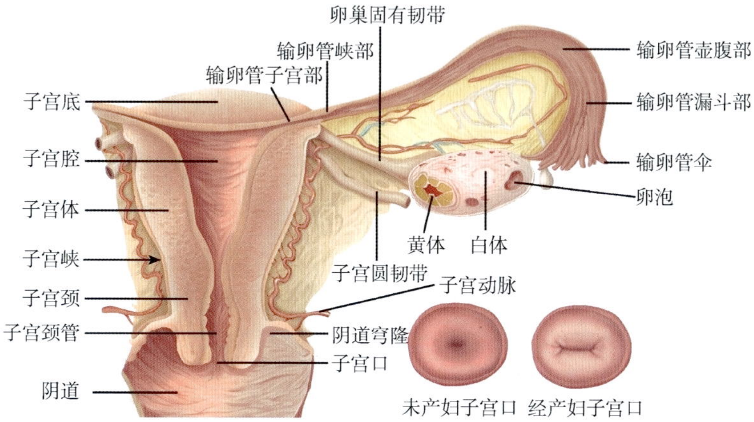

图8-12 女性内生殖器

卵巢位于盆腔内，子宫的两侧，髂总动脉分叉处的下方。呈扁卵圆形，灰红色，被子宫阔韧带后层所包绕。可分上、下两端，前、后两缘和内、外侧两面。其上端钝圆，借卵巢悬韧带连于盆壁；下端略尖，借卵巢固有韧带连于输卵管和子宫结合处的后下方。前缘借卵巢系膜附于子宫阔韧带，称系膜缘，其中部有血管、神经等出入，称卵巢门；后缘游离。内侧面与小肠相邻；外侧面紧贴盆腔侧壁的卵巢窝。

性成熟前卵巢较小，表面光滑。性成熟期体积最大，由于多次排卵，卵巢表面形成瘢痕，变得凹凸不平。35～40岁开始缩小，50岁左右逐渐萎缩，月经随之停止。

链 接 多囊卵巢综合征

多囊卵巢综合征（PCOS）是指以高雄激素血症（妇女体内雄激素产生过剩）和慢性无排卵（排卵功能紊乱或丧失）、卵巢多囊改变为特征的病变，是生育年龄妇女常见的一种复杂的内分泌及代谢异常所致的疾病，常发病于青春期和生育期，主要临床表现为月经周期不规律、不孕、多毛和（或）痤疮、肥胖、黑棘皮病。PCOS患者需要预防糖尿病、心血管病及子宫内膜癌，可通过锻炼控制体重，通过药物调整促进排卵，也可行腹腔镜打孔手术进行治疗。

2. 卵巢的结构 成熟卵巢表面覆盖一层浆膜，在浆膜的深面为一层致密结缔组织构成的白膜。卵巢实质可分为两部：周围部称皮质，主要由不同发育阶段的卵泡和结缔组织构成；中央部称髓质（图8-13），由疏松结缔组织、血管、淋巴管和神经组成。女性出生时两侧卵巢内含有30万～40万个原始卵泡。自青春期始，在垂体促性腺激素的作用下，每个周期有部分原始卵泡开始生长发育，经生长卵泡各阶段的发育，最后通常只有1个成熟为成熟卵泡。女性在一生中仅有400～500个卵泡发育成熟并排卵，其余都退化。绝经期后，排卵停止。

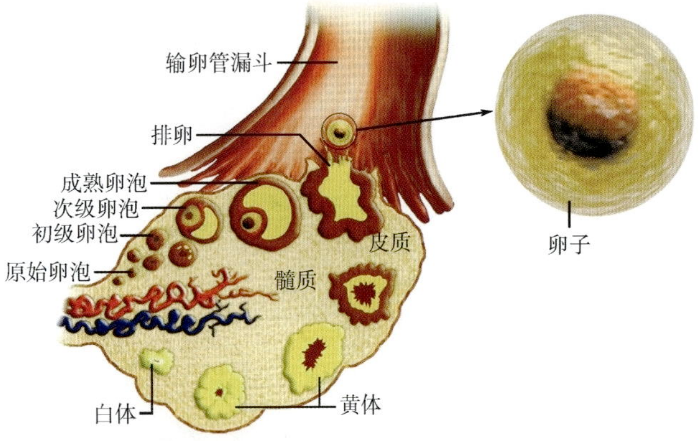

图8-13 卵巢微细结构

卵泡发育过程：原始卵泡、初级卵泡、次级卵泡、成熟卵泡。次级卵泡、成熟卵泡和卵泡膜细胞能分泌雌激素。成熟卵泡包括卵泡壁、卵泡腔、透明带、放射冠和初级卵母细胞。初级卵母细胞在排卵前36～48小时完成第一次分裂，产生1个次级卵母细胞。随着卵泡液增多，卵泡内压力增高导致卵泡破裂，次级卵母细胞及透明带、放射冠从卵巢表面排出，进入腹膜腔的过程称排卵。一般每隔28天排卵一次，通常在下次月经周期第14天排卵。排卵日前5天至后4天称排卵期即危险期。两侧卵巢交替排卵。每次排出1个卵子，偶尔排2个，使用药物可以促排多个卵子。排出的次级卵母细胞受精后迅速完成第2次成熟分裂，产生1个成熟卵细胞，染色体为23X，如24小时内未受精则退化消失。每个月经周期内绝大多数卵泡不能发育成熟，它们在不同的发育阶段停止生长并退化，形成形态结构不一致的闭锁卵泡。

3. 黄体 排卵后，残留的卵泡壁和卵泡膜连同血管向卵泡腔内塌陷，在黄体生成素的作用下，逐渐发育成一个体积较大而血管丰富的内分泌细胞团，新鲜时呈黄色，故称黄体。黄体在卵细胞未受精时，持续14天后，退化为白体，雌激素、孕激素水平骤降，月经也随之而来；黄体在卵细胞受精时，一般可持续6个月，并分泌雌激素、孕激素，实现保胎、安胎。

链 接 危险期与安全期

某女月经周期为28天，本次月经来潮的第1天在1月1日，那么下次月经来潮是1月29日，则1月14日为排卵日。排卵日及其前5天和后4天，即1月9日至18日为排卵期称危险期，其余时间为安全期。

（二）输卵管

输卵管（图8-12）左、右各一，是1对细长而弯曲的肌性管道，长10～14cm，连于子宫底的两侧，包裹于子宫阔韧带的上缘内，起到输送卵子的作用。其外侧端以输卵管腹腔口开口于腹膜腔，内侧端连于子宫以输卵管子宫口开口于子宫腔。故女性腹膜腔经输卵管、子宫、阴道可与外界相通。

左侧输卵管与小肠、乙状结肠相邻。右侧输卵管与阑尾和右侧输尿管的第2个狭窄位置靠近。因此，右侧输卵管炎、阑尾炎和右侧输尿管结石的疼痛部位近似，临床上应注意鉴别诊断。

输卵管由内向外分为4部。

1. 输卵管子宫部 为贯穿子宫壁的一段结构，直径最细（约1mm），以输卵管子宫口通子宫腔。

2. 输卵管峡部 短直而狭窄，壁较厚，血管较少，水平向外移行为壶腹部。峡部是输卵管结扎的常选部位。

3. 输卵管壶腹部 管径较大，长而弯曲，富含血管，约占输卵管全长的2/3。卵细胞通常在此部受精成为受精卵，经输卵管子宫口入子宫，植入子宫内膜中发育成胎儿。若受精卵未能迁移入子宫而在输卵管或腹膜腔或卵巢内发育，即为宫外孕。

4. 输卵管漏斗部 为外侧端的扩大部分，呈漏斗状，漏斗中央有输卵管腹腔口通向腹膜腔，卵巢排出的卵子由此进入输卵管。漏斗末端的边缘形成许多细长的指状突起，称输卵管伞，盖于卵巢表面，是临床上识别输卵管的标志。

输卵管常因阴道、子宫的上行感染或腹膜腔的炎症，导致输卵管狭窄、阻塞，造成不孕或宫外孕。临床上将卵巢和输卵管合称为子宫附件。

（三）子宫

子宫（图8-12）为壁厚腔小的中空性器官，主要由平滑肌构成，富于伸展性，为孕育胎儿和产生月经的场所。

1. 子宫的形态 成年未妊娠子宫呈倒置的梨形，前后略扁，分为子宫底、子宫体和子宫颈3部分。上端两侧输卵管子宫口水平以上钝圆的部分为子宫底。下端缩细呈圆柱状的部分为子宫颈，子宫颈是宫颈癌的好发部位。可分为伸入阴道内的子宫颈阴道部和阴道以上的子宫颈阴道上部。子宫底与子宫颈之间为子宫体。子宫颈和子宫体交界处缩窄称为子宫峡，长约1cm，未妊娠的子宫不甚明显，妊娠末期可长达7～11cm，峡壁逐渐变薄，产科常在此处进行剖宫术。子宫的内腔狭窄，可分为子宫腔和子宫颈管。子宫腔呈倒置的三角形，向下通子宫颈管。子宫颈管呈梭形，下口伸入阴道，称子宫口。未产妇的子宫口呈圆形，经产妇的子宫口呈横裂形。

2. 子宫的位置 子宫位于骨盆腔的中央，膀胱与直肠之间，下端与阴道相接，两侧连有输卵管和卵巢。成年女性子宫正常姿势呈前倾前屈位。前倾是指整个子宫向前倾斜，即子宫的长轴与阴道长轴成向前开放的钝角。前屈是指子宫体与子宫颈之间形成的向前开放的钝角。膀胱和直肠的充盈状况可直接影响子宫的位置，故临床妇科检查时，常需受检者排空尿液。

3. 子宫的固定装置 子宫的正常位置和姿势依赖于盆底肌的承托、子宫韧带的牵拉与固定。维持子宫正常位置的韧带如下。

（1）子宫阔韧带 为子宫两侧的双层腹膜皱襞，由子宫前、后面的腹膜向两侧延伸至骨盆侧壁形成，可限制子宫向两侧移动（图8-14）。

（2）子宫圆韧带 为一对由结缔组织和平滑肌形成的圆索状结构。它起于子宫外侧缘，输卵管子宫口前下方，在子宫阔韧带两层间行向前外侧，通过腹股沟管止于阴阜和大阴唇的皮下。其主要功能是维持子宫前倾（图8-14）。

（3）子宫主韧带 亦称子宫颈旁组织，由结缔组织和平滑肌构成，横行于子宫颈两侧和骨盆侧壁之间。此韧带较大、坚韧，对固定子宫颈的位置、防止子宫向下脱垂有重要作用（图8-15）。

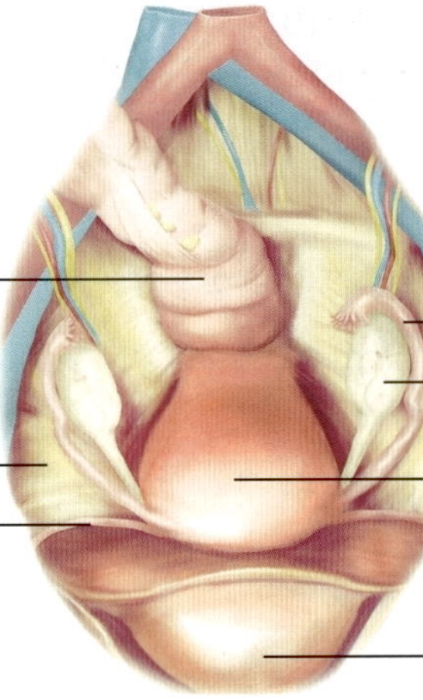

图8-14 子宫的固定装置

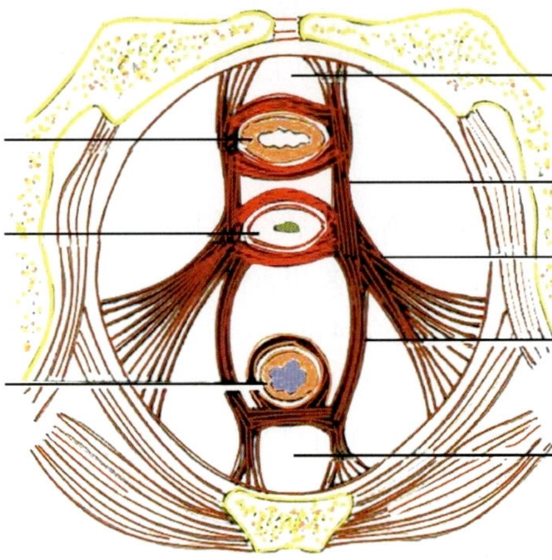

图8-15 子宫的固定装置模式图

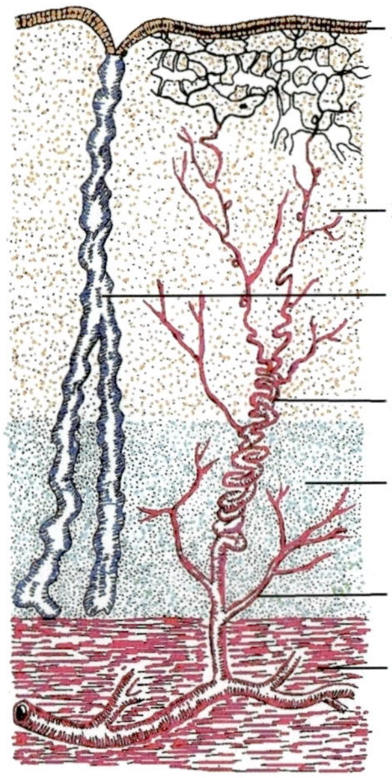

图8-16 子宫壁的微细结构

（4）骶子宫韧带（图8-15） 由结缔组织和平滑肌构成，起于子宫颈后面上外侧，向后绕过直肠，止于第2、3骶椎前面。此韧带对子宫颈有向后、向上的牵拉作用，协同子宫圆韧带维持子宫的前屈位。

4. 子宫壁的微细结构 子宫壁较厚，由外向内依次是外膜、肌层、内膜（图8-16）。

（1）外膜 大部分为浆膜，只有子宫颈为纤维膜。

（2）肌层 较厚，由平滑肌构成，为全身平滑肌最厚的器官，肌束之间以结缔组织分隔，内含丰富的血管。

（3）内膜 由单层柱状上皮和固有层构成。上皮由分泌细胞和散在的纤毛细胞构成。固有层较厚，增殖能力强，含有大量血管和子宫腺。子宫内膜可分为浅部的功能层和深部的基底层。功能层较厚，自青春期开始，在卵巢分泌的雌激素和孕激素的作用下，功能层发生周期性的剥脱和出血，即月经。基底层较薄，有增生、修复功能层的作用，不参与月经的形成。

链 接 异位妊娠

异位妊娠是指受精卵在子宫体腔以外的部位着床，包括前置胎盘和宫外孕。临床上以输卵管妊娠最常见。异位妊娠如果发现不及时，常破裂引起大出血，危及孕妇生命。早诊断、早治疗是预防异位妊娠大出血的主要措施。治疗以手术为主。

（四）阴道

阴道是连接子宫和外生殖器之间的前后略扁的肌性管道，是性交的器官，也是排出月经和娩出胎儿的管道，由黏膜、肌层和外膜组成，富于伸展性。阴道位于盆腔的中央，前面与膀胱和尿道相邻，后面与直肠相邻。临床上可隔直肠壁触诊直肠子宫陷凹、子宫颈和子宫口的情况。阴道上部比较宽阔，包绕子宫颈阴道部，在二者之间形成的环形凹陷，称为阴道穹。阴道穹的后部较深，与直肠子宫陷凹之间仅隔以阴道后壁和腹膜。当直肠子宫陷凹内有积液或积血时，临床上可经阴道后穹穿刺以引流，以辅助诊断和治疗。阴道下部较窄，以阴道口开口于阴道前庭（图8-11、

图8-12)。

阴道黏膜形成许多环形皱襞。阴道上皮为复层扁平上皮，受雌激素的影响而发生周期性变化。如邻接部位损伤，可发生尿道阴道瘘或直肠阴道瘘，致使尿液或粪便进入阴道。阴道下部穿尿生殖膈处，膈内的尿道阴道括约肌，对阴道有括约作用。

(五)前庭大腺

前庭大腺左、右各一，形如豌豆，位于阴道口两侧后部的皮肤深面。导管开口于阴道口两侧的阴道前庭，其分泌物有润滑阴道的作用。如因炎症导致导管阻塞，可形成前庭大腺囊肿。

二、女性外生殖器

女性外生殖器又称外阴(图8-17)，包括阴阜、大阴唇、小阴唇、阴道前庭、阴蒂和前庭球等。

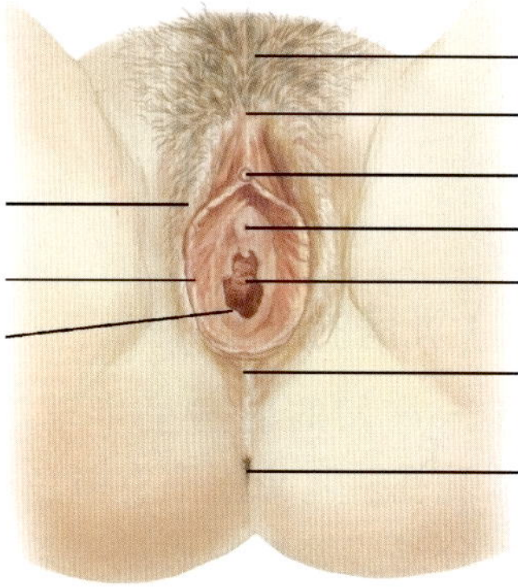

图8-17 女性外生殖器

(一)阴阜

阴阜是耻骨联合前面的皮肤隆起，皮下脂肪较多，性成熟期以后，皮肤生有阴毛。

(二)大、小阴唇

大阴唇左、右各一，为纵行隆起的皮肤皱襞，富有色素，长有稀疏的阴毛。大阴唇的前端和后端左右互相连合，形成唇前和唇后连合。

小阴唇位于大阴唇的内侧，为一对纵行较薄的皮肤皱襞，富于弹性，表面光滑无阴毛。小阴唇前端分成内、外两个小皱襞，外侧襞向上，于阴蒂头上方左右连合，包绕阴蒂，称阴蒂包皮。内侧襞在阴蒂下方与对侧相合，向上连于阴蒂构成阴蒂系带。大、小阴唇后端相连合，在正中线形成一条横行皱襞，称阴唇系带，分娩时此处常被撕裂。

(三)阴道前庭

阴道前庭是位于两侧小阴唇之间的裂隙。其前部有较小的尿道外口，后部有较大的阴道口，阴道口两侧各有一个前庭大腺的开口。处女的阴道口周缘有环形或半月形的黏膜皱襞，称处女膜，破裂后成为处女膜痕。

(四)阴蒂

阴蒂位于尿道外口的前方，唇前连合的后方，由两个阴蒂海绵体组成，相当于男性的阴茎海绵体。后端以两个阴蒂脚附于耻骨下支和坐骨支，两脚在前方结合成阴蒂体，表面盖以阴蒂包皮。露于表面的阴蒂头，富有感觉神经末梢，感觉灵敏。

(五)前庭球

前庭球相当于男性的尿道海绵体，呈蹄铁形，由中间部和外侧部组成。中间部细小，位于尿道外口与阴蒂体之间的皮下。外侧部粗大，位于大阴唇皮下深面。

三、乳　房

乳房为哺乳动物特有的结构。人的乳房为成对器官，男性乳房不发育，但位置较恒定，多位于第4肋间隙，常作为定位标志。女性乳房于青春期后开始发育生长。妊娠期和哺乳期的乳房有分泌活动。

(一)乳房的位置

女性乳房为泌乳器官，位于胸前部、胸大肌及其胸筋膜的表面，上起第2～3肋，下至第6～7肋，内侧至胸骨旁线，外侧可达腋中线（图8-18）。

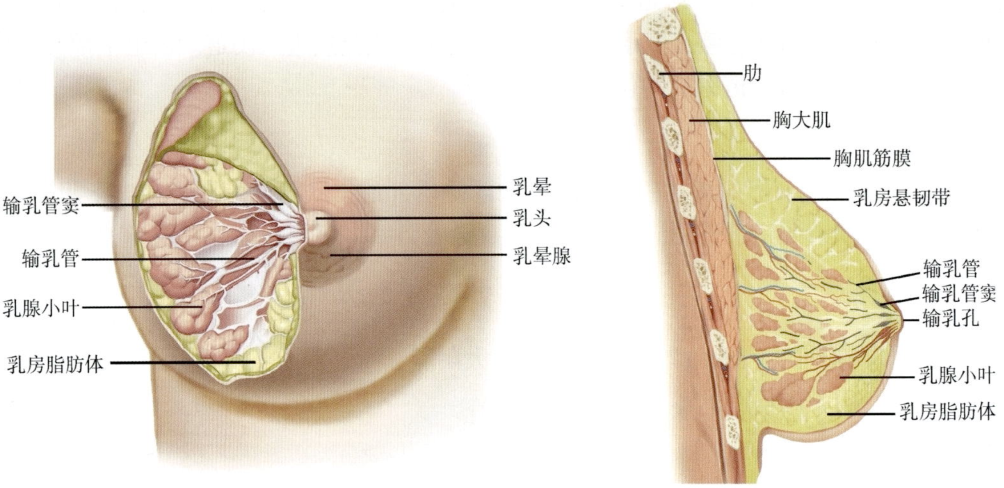

图8-18　女性乳房

（二）乳房的形态

成年未产妇的乳房呈半球形，紧张而富有弹性。乳房中央有乳头，其顶端有输乳管的开口，称输乳孔。乳头周围有颜色较深的环形区域，称乳晕。表面有许多圆形小隆起，其深部有乳晕腺，可分泌脂溶性物质润滑乳头。乳头和乳晕的皮肤薄弱，易于损伤，哺乳期尤应注意，以防感染。

（三）乳房的结构

乳房由皮肤、乳腺、脂肪组织和纤维组织构成。脂肪组织位于皮下。纤维组织包绕乳腺，并将乳腺分隔成15～20个乳腺叶，每个乳腺叶由若干乳腺小叶构成。每个乳腺叶有一个排泄管称输乳管。输乳管在近乳头处呈梭形膨大称输乳管窦，其末端变细开口于乳头。乳腺叶和输乳管均以乳头为中心呈放射状排列，故乳房手术时，要尽量做放射性切口，以减少对乳腺叶和输乳管的损伤。

乳房表面的皮肤与深部的胸肌筋膜和乳腺之间连有许多结缔组织小束，称乳房悬韧带，对乳房起固定和支持作用。乳腺癌侵及乳房悬韧带时，韧带缩短，牵拉皮肤向内凹陷，皮肤表面形成许多点状小凹陷，称酒窝征或橘皮样变，是乳腺癌的早期体征之一。

四、会　　阴

（一）会阴的概念

会阴有广义和狭义之分。临床将肛门和外生殖器之间的狭小区域，称为狭义会阴，也称为产科会阴（图8-19）。女性分娩时该区伸展扩张，助产时应注意保护，避免撕裂。广义的会阴是指封闭小骨盆下口的所有软组织。会阴呈菱形，境界与骨盆下口一致。前方男性有尿道通过，女性有尿道和阴道通过，后方有肛管通过。

（二）会阴的分区

广义的会阴呈菱形，其前界为耻骨联合下缘；后界为尾骨尖；两侧界为耻骨下支、坐骨支、坐骨结节和骶结节韧带。两侧坐骨结节之间的连线，可将广义会阴分为前、后两个三角形的区。前为尿生殖区，又称尿生殖三角，男性有尿道通过，女性有尿道和阴道通过；后为肛区，又称肛门三角，有肛管通过。会阴的结构，除男、女生殖器外，主要是肌肉和筋膜。

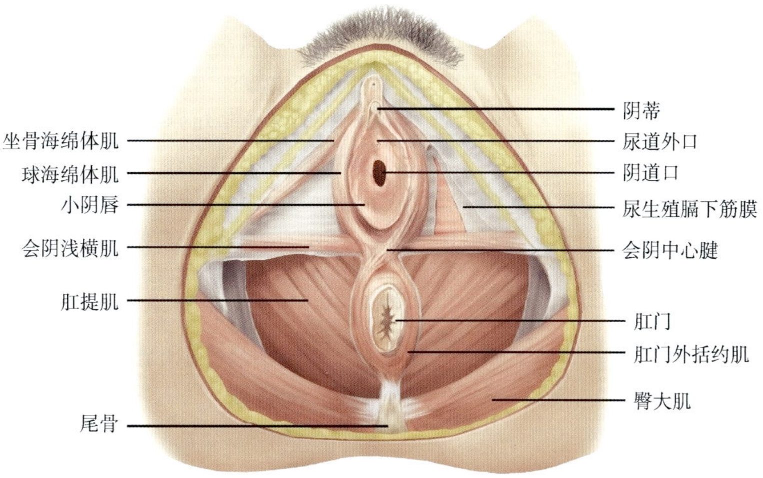

图8-19 会阴

链 接 环境因素对生殖功能的影响

环境污染对生殖功能的危害已引起WHO重视，许多化学污染物具有类似雌激素的作用，如某些消毒剂、有机氯杀虫剂、合成洗涤剂、食物防腐剂及氯化物等，被科学家称为环境雌激素。环境雌激素能干扰生物体的内分泌功能，包括对性激素的干扰，在男性可引起睾丸发育中断、永久性功能障碍、隐睾、睾丸癌、阴茎发育不良、尿道下裂、生殖细胞发育异常和不育；在女性可出现青春期提前、流产、异位妊娠、月经失调和子宫内膜异位症等。

自 测 题

一、名词解释

1. 精索 2. 阴道穹 3. 会阴 4. 精索部 5. 输卵管 6. 乳房悬韧带

二、填空题

1. 生殖腺包括________和________。
2. 输精管的分部是______、______、________和________。
3. 男性尿道的分部是________、________、________。
4. 男性尿道的三个狭窄是________、________和________，三个扩大是________、________和________，两个弯曲是________和________。
5. 子宫的固定装置是______、______、______和________。
6. 输卵管的分部是________、______、______和________。

三、单项选择题

1. 月经的发生是由于（　　）
   A. 雌激素急剧减少
   B. 孕激素急剧减少
   C. 雌激素与孕激素都急剧减少
   D. 前列腺素 PGF_2 减少
   E. 催产素急剧减少
2. 男性的生殖腺为（　　）
   A. 前列腺　B. 尿道球腺
   C. 附睾　D. 睾丸
   E. 精囊
3. 男性尿道最狭窄处在（　　）
   A. 尿道前列腺部　B. 尿道外口
   C. 海绵体部　D. 膜部
   E. 尿道内口
4. 女性生殖腺为（　　）
   A. 子宫　B. 输卵管
   C. 卵巢　D. 阴蒂
   E. 前庭大腺
5. 输卵管结扎常用的部位是（　　）
   A. 子宫部　B. 峡部
   C. 漏斗部　D. 壶腹部
   E. 输卵管伞
6. 有关子宫的描述，正确的是（　　）

A. 呈前后略扁倒置的梨形
B. 为腹膜内位器官
C. 呈前倾后屈位
D. 子宫分两部
E. 子宫颈阴道部占全长的 2/3

7. 子宫内膜增厚，血管、腺体增生但腺体尚不分泌的时期是（　　）
A. 卵泡期　　B. 黄体期
C. 月经期　　D. 绝经期
E. 增生期

8. 识别输卵管的标志是（　　）
A. 输卵管伞　　B. 输卵管峡
C. 输卵管壶腹　　D. 输卵管子宫部
E. 输卵管漏斗

9. 睾丸的主要功能是（　　）
A. 分泌雄激素　　B. 分泌抑制素
C. 分泌雌激素　　D. 产生精子
E. 产生精子和分泌雄激素

10. 关于乳房的叙述，下列哪项是错误的（　　）
A. 由大量结缔组织束和乳腺构成
B. 乳腺叶以乳头为中心呈放射状排列
C. 每个乳腺叶只有一个输乳管
D. 乳晕皮肤色深，且薄而易受损伤
E. 乳房悬韧带对乳腺有支持作用

四、问答题

1. 试述男性尿道的分部、狭窄、弯曲和功能。
2. 试述卵巢、子宫的形态、位置及子宫的固定装置。
3. 试述输卵管的分部及各部的意义。

（施坚超）

第9章 腹膜

案例 9-1

患儿，女，9 岁，体温 39℃，咳嗽 5 天，伴腹痛 2 天，腹胀，有广泛压痛、反跳痛及肌紧张，肠鸣音弱，腹部穿刺抽出稀薄无臭味脓汁。

问题：根据该患儿的表现应首先考虑是什么病？

一、腹膜与腹膜腔

腹膜是全身面积最大、配布最复杂的浆膜，由间皮细胞及少量结缔组织构成，薄而光滑，呈半透明状。衬于腹、盆腔壁内表面的腹膜称为壁腹膜或腹膜壁层；覆盖于腹、盆腔内各器官表面的腹膜称为脏腹膜或腹膜脏层。脏腹膜与壁腹膜互相延续、移行，共同围成一个不规则的潜在性腔隙，称为腹膜腔。腹膜腔内有少量浆液，在脏器活动时可减少摩擦。病理情况下，腹膜渗出液增多，可形成腹水。腹膜腔和腹腔在解剖学上是两个不相同而又相关的概念。腹腔是指膈以下、盆腔以上、腹前壁与腹后壁之间的腔，腔内容纳所有腹盆腔脏器，而这些脏器全部在腹膜腔之外。男性腹膜腔为一完全封闭的腔隙，与外界不相通。女性腹膜腔则经输卵管腹腔口、输卵管、子宫、阴道与外界相通，故女性生殖道感染可扩散至腹膜腔（图9-1）。

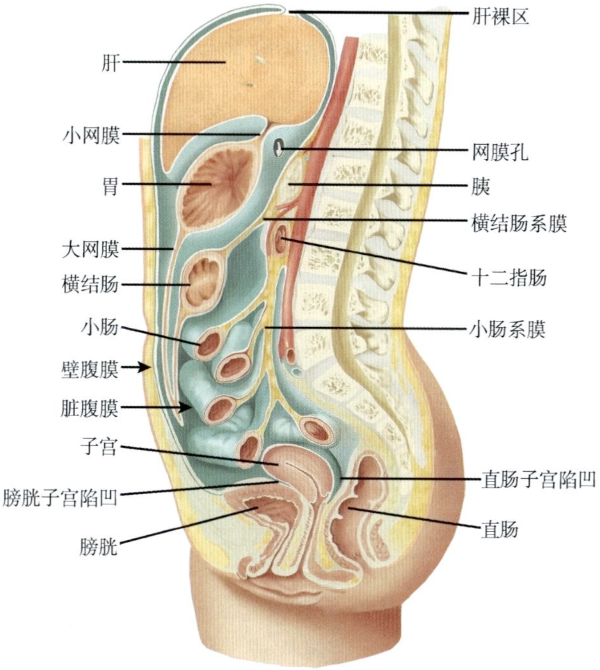

图9-1 腹膜腔

壁腹膜较厚，与腹、盆壁之间有一层疏松结缔组织，称为腹膜外组织。在腹后壁及腹前壁下部的腹膜外组织中含有较多脂肪。脏腹膜紧贴覆于脏器表面，从组织结构和功能方面都可视为器官的一部分，如胃、肠壁最外层的浆膜即为脏腹膜。腹膜表面广阔，且具有较强的吸收能力，特别是上腹部腹膜的吸收能力更强（图9-2），故腹膜炎或手术后的患者多采取半卧位，以减少腹膜对毒素的吸收。腹膜对腹腔还具有支持、固定、修复及防御功能。

二、腹膜与脏器的关系

（一）腹膜内位器官

腹膜内位器官指脏器表面几乎全部包被腹膜，活动度较大。主要的器官有胃、十二指肠上部、空肠、回肠、盲肠、阑尾、横结肠、乙状结肠、脾、卵巢和输卵管等（图9-2）。

（二）腹膜间位器官

腹膜间位器官指脏器 3 个面或大部分被腹膜包被，活动度较小。主要的器官有升结肠、降结肠、直肠上段、肝、胆囊、空虚的膀胱和子宫等（图9-2）。

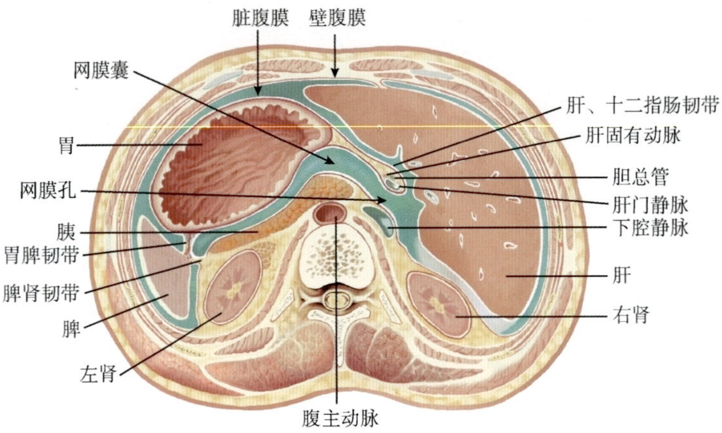

图9-2 腹膜与器官的关系

（三）腹膜外位器官

腹膜外位器官指器官只有1面被腹膜遮盖，几乎不能活动。主要的器官有胰、肾、输尿管、充盈的膀胱、肾上腺、十二指肠降部与水平部和直肠中下部等（图9-2）。

熟悉腹膜与脏器的关系，有重要的临床意义。一些腹膜外位和腹膜间位器官的手术，可以不经过腹膜腔而在腹膜外进行，以避免腹膜的感染和术后脏器的粘连，如肾、输尿管等部位的手术。

三、腹膜形成的结构

壁腹膜与脏腹膜之间，或脏腹膜之间互相返折移形，不仅对器官起固定作用，也是血管神经等出入器官的径路，如网膜、系膜、韧带和陷凹等。

（一）网膜

网膜包括小网膜、大网膜及网膜囊。

1. 小网膜 是连结于肝门与胃小弯、十二指肠上部之间的双层腹膜（图9-3）。形似围在脖子下的“餐巾”。从肝门连于胃小弯的部分，称肝胃韧带；两层间有胃左、右动脉。连于肝和十二指肠上部的部分称肝十二指肠韧带。此韧带肥厚，有缘游离，内有胆总管、肝固有动脉、门静脉、神经和淋巴管等结构通过。其后方为网膜孔，经此可进入网膜囊。

2. 大网膜 是连于胃大弯和横结肠之间的4层腹膜（图9-4）。呈“围裙”状悬挂于横结肠和小肠前面。大网膜由4层腹膜构成，前两层起于胃大弯，是胃前、后面脏腹膜的延续。前两层下垂一段后又反折向上，形成后两层续于横结肠及其系膜。大网膜前、后两层常融为一体。大网膜内含脂肪、血管、淋巴管等，活动度大，有包围炎性病灶、限制炎症蔓延的作用，有“腹腔卫士”之称。

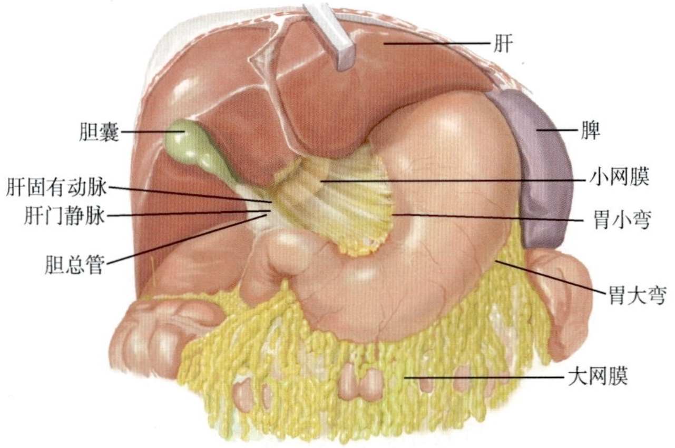

图9-3 小网膜

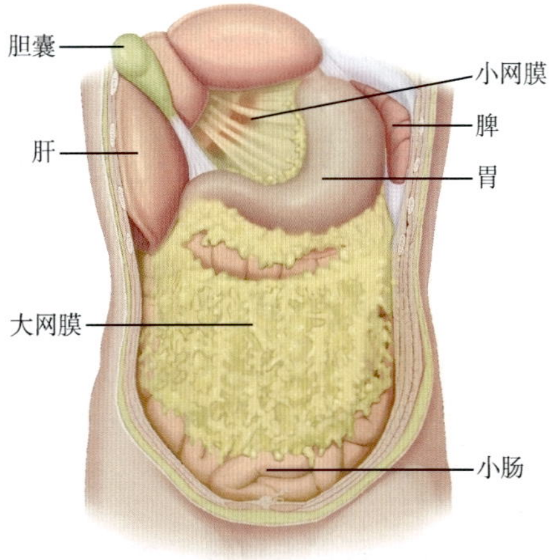

图9-4 大网膜

3. 网膜囊 是位于小网膜和胃后方的扁窄间隙，是腹膜腔的一部分，又称小腹膜腔。前壁为小网膜、胃后壁；后壁为横结肠及其系膜及覆盖在胰、左肾、左肾上腺等处的腹膜。上壁是肝和膈下面的腹膜。下壁是大网膜前、后两层的愈合部。左壁是脾、脾胃韧带和脾肾韧带。网膜囊右侧借网膜孔与腹膜腔相通。网膜囊位置较深，胃后壁穿孔时，胃内容物常局限于囊内，给早期诊断带来困难。

链 接 网膜形态特点

小网膜似餐巾，小弯向上围肝门；大网膜像围裙，大弯向下横连襟。

（二）系膜

系膜是肠管连于腹后壁的双层腹膜结构。两层腹膜中有脏器的血管、神经和淋巴管通过。各部系膜有肠系膜、阑尾系膜、横结肠系膜、乙状结肠系膜等。其中肠系膜最长，呈扇形，是空肠、回肠系于腹后壁的双层腹膜结构。它附着于腹后壁的部分，称肠系膜根，肠系膜根始于第2腰椎左侧的十二指肠空肠连接处，斜向右下，止于右骶髂关节前方，长约15cm。由于肠系膜两缘的差异甚大，故肠系膜形成许多皱褶，肠系膜的两层间有小肠血管及其分支、淋巴管和神经走行，并含有脂肪和淋巴结。由于回肠的系膜较长，所以肠系膜扭转多发生于该部。阑尾系膜是将阑尾连于肠系膜下端的双层腹膜结构。一边附着于阑尾全长，一边游离。游离缘内有血管通过。横结肠系膜是将横结肠固定于腹后壁的横位双层腹膜结构。横结肠系于腹后壁，系膜根为横位，右端起自结肠右曲，向左依次横过右肾、十二指肠降部、胰头、胰体、左肾至结肠左曲。系膜内有血管、神经、淋巴管和淋巴结等。横结肠系膜根常作为划分腹腔上、下部的标志。乙状结肠系膜是将乙状结肠固定于盆壁的双层腹膜结构。系膜根附着于左髂窝和骨盆的左后壁，内含乙状结肠的血管、淋巴管、淋巴结和神经等。由于乙状结肠活动度较大，系膜较长，故易发生系膜扭转而致肠梗阻。

（三）韧带

韧带是连于腹壁与脏器、或脏器与脏器之间的腹膜结构。对器官有固定、支持和悬吊等作用。

1. 肝的韧带 主要有镰状韧带、肝圆韧带、冠状韧带等。肝镰状韧带呈镰刀状，一端起于脐以上的腹前壁正中线稍偏右侧和膈下面的壁腹膜，另一端连于肝的膈面，借之将肝从外形上分为左、右两叶。该韧带的游离下缘肥厚，内含由脐至肝门的脐静脉索（由胚胎时脐静脉闭锁构成），特名为肝圆韧带。肝冠状韧带由膈下面的壁腹膜连于肝的膈面的腹膜构成，呈冠状位，有前后两层。前层可视为镰状韧带的左、右两层分别向左、右侧的延续，后层则是腹后壁的壁腹膜从膈下面向肝上面的反折。冠状韧带前、后两层之间有一定距离，这部分肝脏因无腹膜被覆故名肝裸区。此处肝的被膜直接与膈下筋膜愈合。在肝冠状韧带的左、右两端互相靠近，彼此联合而构成左、右三角韧带。

2. 脾的韧带 主要有胃脾韧带、脾肾韧带等。胃脾韧带为连于胃底部和脾门间的双层腹膜结构，与大网膜的左端相续，内含胃短动脉，为脾动脉向胃底的分支。脾肾和脾膈韧带为系于脾门和左肾前面、膈的双层腹膜结构，其中反折至左肾前面的称脾肾韧带，脾肾韧带内有脾血管走行，胰尾亦位于该韧带内。

（四）腹膜陷凹

腹膜陷凹是腹膜在盆腔器官之间形成的凹陷。男性主要有直肠膀胱陷凹，位于直肠和膀胱之间。女性主要有膀胱子宫陷凹和直肠子宫陷凹，膀胱子宫陷凹位于女性膀胱与子宫之间，直肠子宫陷凹位于女性直肠与子宫之间。这些腹膜凹陷是腹膜腔最低的部位，故积液常积存于凹陷内。

自 测 题

一、名词解释

1. 腹膜腔　2. 韧带

二、填空题

腹膜腔由________和________相互移行所围成。

三、单项选择题

1. 关于腹膜腔的概念，正确的是（　　）
   A. 腹壁内的空腔即是腹膜腔
   B. 是指脏、壁两层腹膜相互移行所围成的间隙
   C. 男女性腹膜腔都是完全密闭的盲囊
   D. 大部分内脏器官都位于腹膜腔内
   E. 男性腹膜腔与外界相通，女性腹膜腔密闭
2. 由4层腹膜形成的结构是（　　）
   A. 小网膜　　B. 大网膜
   C. 小肠系膜　　D. 横结肠系膜
   E. 升结肠系膜
3. 下列器官，属于腹膜间位器官的是（　　）
   A. 胃　　B. 胰　　C. 肾
   D. 子宫　　E. 脾

四、问答题

1. 腹膜可分为哪3类？各类主要有哪些器官？
2. 何为系膜？系膜主要有哪些？

（任　迪）

第10章 脉管系统

脉管系统由心血管系统和淋巴管系统两部分构成，为一系列封闭而连续的管道。

脉管系统主要有以下功能：①运输功能，即不断地把营养物质、氧气及激素等运送到全身各组织，供其新陈代谢所需；同时，将各组织的代谢产物如CO_2等运送到机体的排泄器官排出体外，以维持人体内环境的稳定。②内分泌功能，心房肌细胞等还具有内分泌的功能。③防御功能，淋巴系统中的大量吞噬细胞、淋巴细胞等，参与机体的免疫反应，具有防御的功能。

第1节　心血管系统

一、概　　述

（一）心血管系统的组成

心血管系统由心和血管组成。心是心血管系统的动力器官，推动血液在血管内流动；血管包括动脉、毛细血管和静脉3种，动脉引导血液离开心脏，静脉引导血液流回心脏，毛细血管连于动脉和静脉之间，是血液与组织液之间进行物质交换的场所。

（二）血液循环的途径

血液由心室射出，经动脉、毛细血管、静脉返回心房，这种周而复始的流动称为血液循环。血液循环分为肺循环和体循环两个部分（图10-1）。

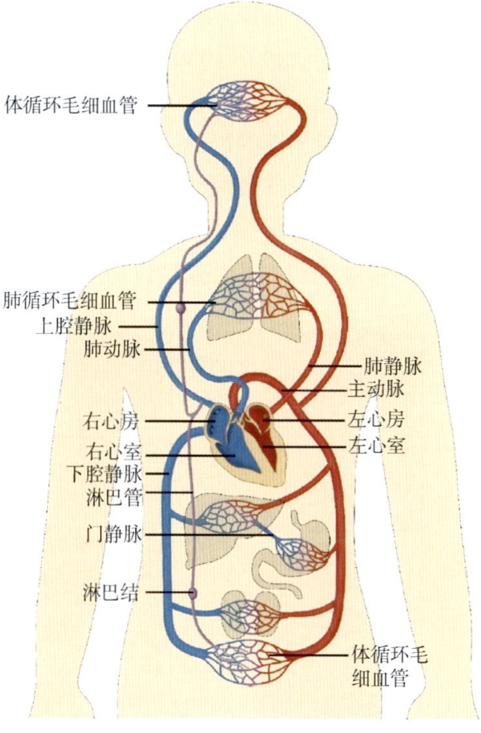

图10-1　血液循环示意图

肺循环又称为小循环，是指血液由右心室射出，经肺动脉及其各级分支到达肺泡周围的毛细血管网，与肺泡内气体进行交换，最后经肺静脉流回左心房的过程。其具有流程短、范围窄、阻力小的特点，主要功能是在肺部进行气体交换。经过肺循环后，血液由静脉血变成了动脉血。

体循环又称为大循环，是指血液由左心室射出，经主动脉及其各级分支流向全身毛细血管，与组织进行物质交换后，再经各级静脉的向心汇集，最后流回右心房的过程。其具有流程长、范围广、阻力大等特点，主要功能是将O_2和营养物质输送给全身组织，同时将组织的代谢产物如CO_2等运到肺、肾等机体的排泄器官排出体外。此外，体循环还具有运输激素等其他物质的作用。经过体循环后，动脉血变成了静脉血。

体循环与肺循环同步进行，通过左右房室口互相衔接交通。因此两种循环虽然路径不同，功能各异，但都是人体整个血液循环的组成部分。

（三）血管吻合及侧支循环

机体内各血管之间的吻合现象十分普遍。动脉之间有动脉网和动脉弓，毛细血管之间常吻合成毛细血管网，静脉之间有静脉网和静脉丛，小动脉和小静脉之间有动静脉吻合等。血管吻合对保证器官的血液供应、维持血液循环的正常进行，都有十分重要的作用。

有些较大的血管，在行程中常发出与主干平行的侧支，该侧支的末端与同一主干或另一主干的侧支相吻合，称侧支吻合。侧支在正常情况下管径较小，但如果主干血液受阻（如受压或堵塞等）时，血液将通过逐渐变粗的侧支到达受阻部位远端的组织，使血管受阻区域的血液供应得到不同程度的代偿，这种借侧支吻合建立的血液循环称侧支循环（图10-2）。

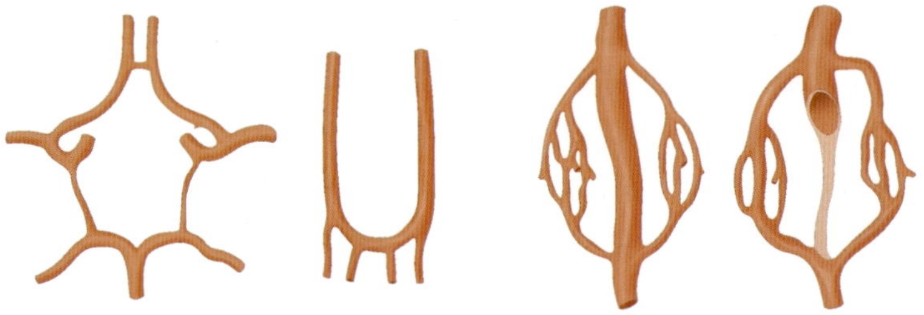

图10-2 侧支循环模式图

（四）血管壁的微细结构

根据管径大小，动脉和静脉可以分为大、中、小、微4级。各级相应的动、静脉比较，静脉数量多、管径大、管壁薄、弹性小，因而血流慢、血压低，一般没有搏动现象。大动脉主要指接近心的动脉，如主动脉、肺动脉等；小动脉一般指管径在0.3～1mm的动脉；管径介于大动脉与小动脉之间的动脉为中动脉，如肱动脉、肾动脉等；管径小于0.3mm的动脉为微动脉，其末端与毛细血管动脉端相接。大静脉的管径在10mm以上，如上腔静脉、下腔静脉、颈内静脉等；小静脉的管径在0.2～1mm；中静脉管径介于大静脉与小静脉之间，除大静脉外，有解剖学名称的静脉均属中静脉；微静脉是与毛细血管静脉端相连的静脉。

1. 动脉 管壁较厚，由内向外依次分为内膜、中膜和外膜（图10-3）。

（1）内膜 最薄，由内皮和薄层结缔组织构成。内皮游离面光滑，可减少血液流动的阻力。内膜与中膜邻接处有1层由弹性纤维构成的内弹性膜，可以作为内膜与中膜的分界。中动脉的内弹性膜最明显。

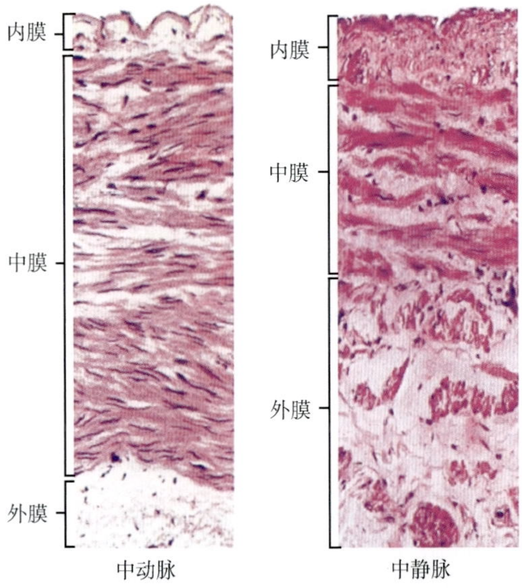

图10-3 动脉和静脉的微细结构

（2）中膜 最厚，由平滑肌、弹性纤维和胶原纤维等构成。大动脉的中膜以弹性纤维为主，管壁弹性较好，故大动脉也称为弹性动脉。中、小动脉的中膜主要由平滑肌构成，故中、小动脉也称为肌性动脉。

（3）外膜 较厚，由疏松结缔组织构成，内有血管和神经。多数中动脉的外膜与中膜交界处有由密集的弹性纤维构成的外弹性膜。外膜中有较多的成纤维细胞，当血管受损时，成纤维细胞可参与血管壁的修复。

2. 静脉 管壁相对较薄，也由内膜、中膜和外膜3层构成，各层间分界不明显。内膜最薄，由1层内皮和少量结缔组织构成；中膜稍厚，主要由一些环行平滑肌构成；外膜最厚，结缔组织内含有大量纵行平滑肌束（图10-3）。

3. 毛细血管 数量多，分布广，相互吻合成网状。毛细血管管径小，只允许血细胞成单行通过；管壁极薄，主要由内皮和基膜构成；血流缓慢，通透性好，是血液与组织细胞进行物质交换的场所。毛细血管分为3类：①连续毛细血管。内皮细胞连续，其间有紧密连接的，基膜完整。主要分布于结缔组织、肌组织和中枢神经系统等处。②有孔毛细血管。内皮细胞有许多小孔贯穿，基膜连续完整。主要分布于胃肠道黏膜、某些内分泌腺和肾小球等处。③血窦。又称为窦状毛细血管，其管腔较大，形状不规则，内皮细胞之间有较大的间隙，主要分布于肝、脾、骨髓和某些内分泌腺中。

（五）微循环

微动脉与微静脉之间的血液循环称为微循环，为血液循环的基本功能单位，是血液和组织细胞之间进行物质交换的场所。微循环由微动脉、毛细血管前微动脉及中间微动脉、真毛细血管、通血毛细血管、动静脉吻合支和微静脉6个部分组成（图10-4）。

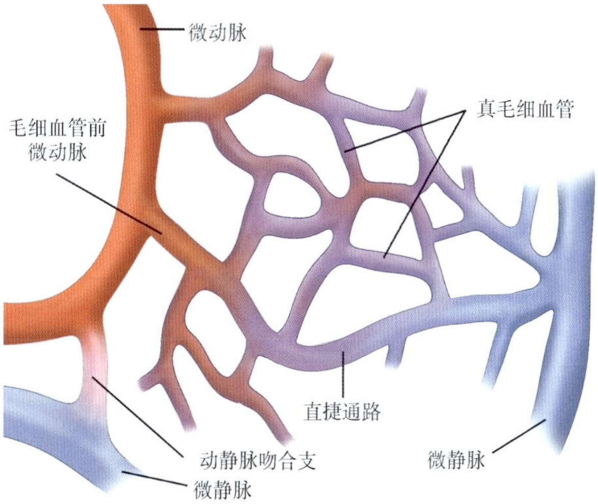

图10-4 微循环组成模式图

1. 微动脉 管壁有完整的平滑肌层，其舒缩可调节进入微循环的血流量。故微动脉被称为微循环的“总闸门”。

2. 毛细血管前微动脉及中间微动脉 毛细血管前微动脉为微动脉的直接分支，其发出的分支称为中间微动脉。

3. 真毛细血管 即通常所说的毛细血管，由中间微动脉发出并相互交织成网，其起始处环形包绕的平滑肌称为毛细血管前括约肌，为调节微循环血流量的“分闸门”。

4. 直捷通路 为中间微动脉的延伸，与微静脉直接相连。组织功能不活跃时，微循环内的血液大部分经该通路流入微静脉。

5. 动静脉吻合支 直接连通微动脉和微静脉的吻合支，管壁较厚，是调节局部组织血液流量的重要结构。

6. 微静脉 与小静脉相连，把微循环的血液导入小静脉。

二、心

（一）心的位置和毗邻

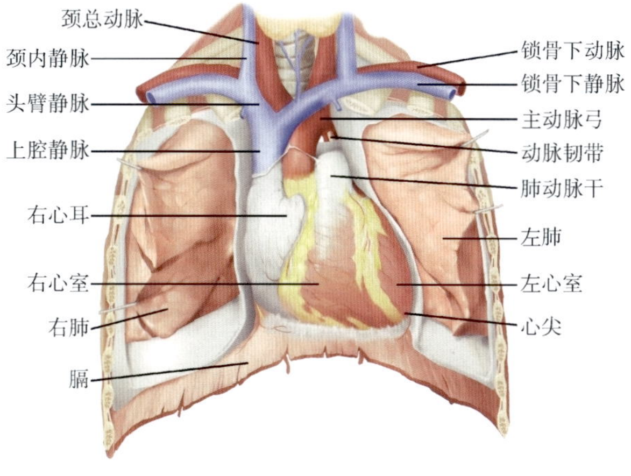

图10-5 心的位置和毗邻

心位于胸腔中纵隔内，约2/3位于正中线的左侧，1/3在正中线的右侧。

心的前方平对胸骨体及第2～6肋软骨；后方平对第5～8胸椎，与食管和胸主动脉相邻；两侧紧邻胸膜腔和肺；上方与出入心的大血管相连，下方与膈邻接。心的前面大部分被肺和胸膜覆盖，只有小部分与胸骨体和左侧第4～6肋软骨相邻，故临床上常在胸骨左缘第4肋间隙进行心内注射，可避免损伤肺和胸膜（图10-5）。

（二）心的外形

心似前后略扁的倒置圆锥体形，具有1尖、1

底、2 面和3缘。心尖朝向左前下方，由左心室构成，位于左侧第5肋间隙与左锁骨中线交点内侧1～2cm处，此处可触摸到心尖的搏动。心底朝向右后上方，有上腔静脉、肺动脉和主动脉等大血管与之相连，是心比较固定的部分。前面朝向胸骨体和肋软骨，又称胸肋面；下面与膈相对，又称膈面。心右缘垂直向下，由右心房构成；左缘钝圆，主要由左心室构成；下缘接近水平位，较锐利，由右心室和心尖构成。心表面有4条浅沟，可作为心脏分界的表面标志：①冠状沟：为心底附近环形浅沟，是心房和心室分界在心脏表面的标志；②前室间沟和后室间沟：分别位于心室的胸肋面和膈面，是左、右心室分界在心脏表面的标志，两沟在心尖右侧约1cm处沟通，此处略凹陷，称为心尖切迹；③房间沟：位于心底，是右心房与右肺上下静脉交界处的浅沟（图10-6）。

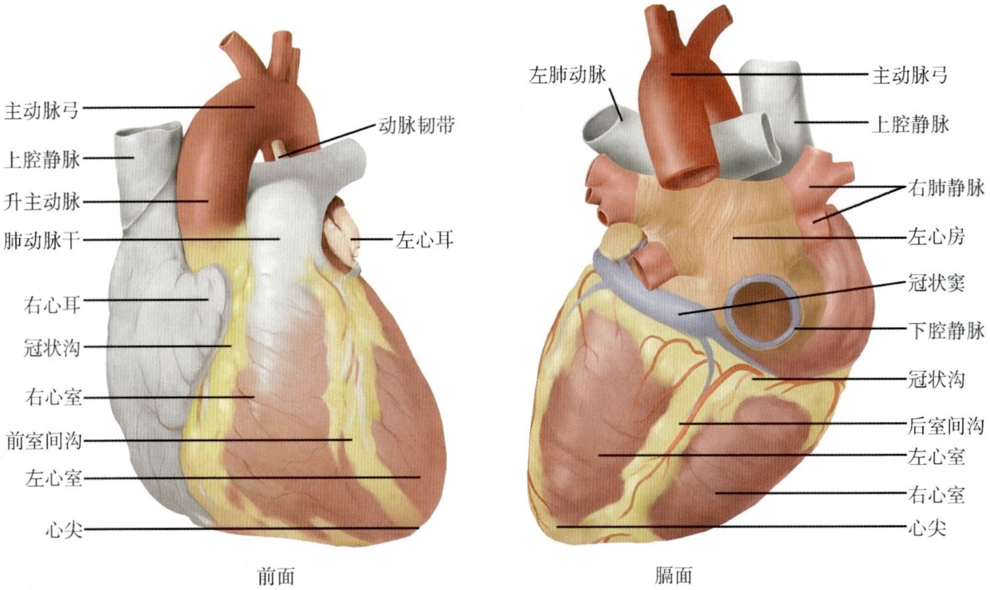

图10-6　心的外形与血管

（三）心腔

心为中空性器官，有左心房、左心室、右心房和右心室4个腔室。左、右心房有房间隔分隔，左、右心室有室间隔分隔，故心房之间、心室之间互不相通，每侧的心房与心室之间经房室口相通。

1. 右心房　位于心的右上部，其向左前方突出的部分称右心耳，其内面平行的肌性隆起称为梳状肌。房间隔右侧面下部卵圆形浅窝称为卵圆窝，为胚胎时期卵圆孔闭合的遗迹，房间隔缺损多发生于此。右心房上壁有上腔静脉口，下壁有下腔静脉口；右心房与右心室之间有右房室口，为右心房的出口，通向右心室；在下腔静脉口与右房室口之间有冠状窦口，心壁的静脉血主要经此口流回右心房（图10-7）。

2. 右心室　位于右心房左前下方，其内腔分为流入道和流出道两个部分（图10-8）。

流入道由右房室口至室尖，占右室腔的右下部，壁较厚。右房室口的周缘有3片略呈三角形的瓣膜，称为三尖瓣（右房室瓣），瓣膜的基底附于右房室口周围的纤维环，尖端向下突入右心室。流入道的内壁有3～4个呈锥状隆起的乳头肌。每个乳状肌的尖端，均有数条腱索，分别连于相邻2片瓣膜的游离缘及其心室面。当心室收缩时，血液推动右房室瓣，使其封闭右房室口。通过乳头肌的收缩，腱索牵拉瓣膜，使瓣膜不致翻入右心房，从而阻止血液反流。纤维环、瓣膜、腱索和乳头肌在功能上是一个整体，统称为三尖瓣复合体，其任何部分损伤都将影响瓣膜有效地封闭房室口的功能。

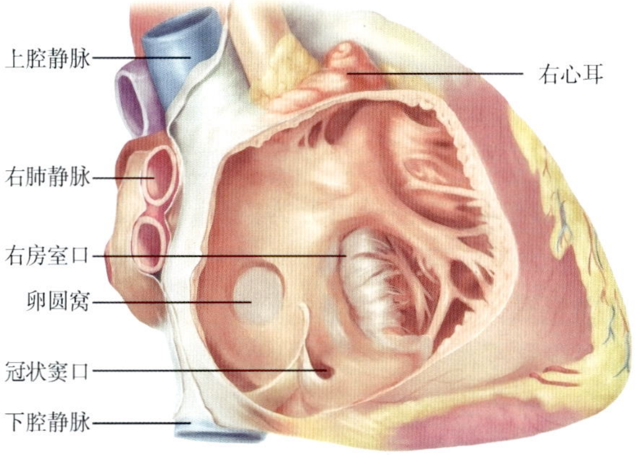

图10-7 右心房

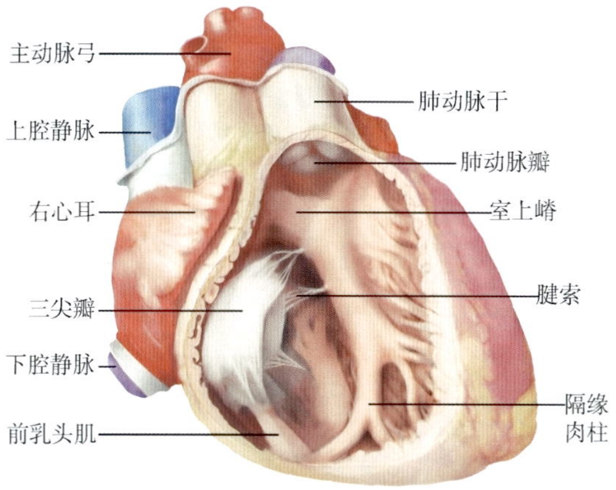

图10-8 右心室

流出道位于右心室的左上部，内壁光滑，形似倒置的漏斗，称为动脉圆锥。动脉圆锥的上端有肺动脉口，通向肺动脉干。肺动脉口处的纤维环上附着有3片半月形瓣膜，称为肺动脉瓣，其与肺动脉根部管壁之间的间隙称为肺动脉窦。当心室舒张时，由于肺动脉肺动脉窦为血液的倒流所充盈，使肺动脉瓣互相紧贴，肺动脉口关闭，有效防止血液逆流入右心室。

3. 左心房 构成心底的大部分，其右前方的突出部分称为左心耳，内面也有发达的梳状肌。左心房后壁的两侧各有2个肺静脉口。左心房的出口为左房室口，通左心室（图10-9）。

4. 左心室 大部分位于右心室的左后下方，其前下部构成心尖。左心室内腔也分流入道和流出道两个部分（图10-10）。

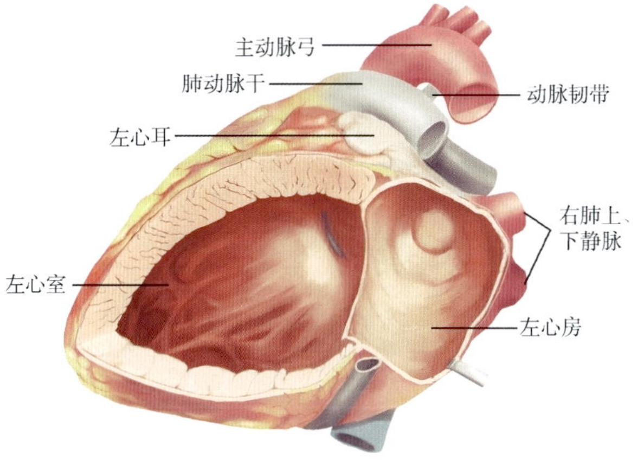

图10-9 左心房

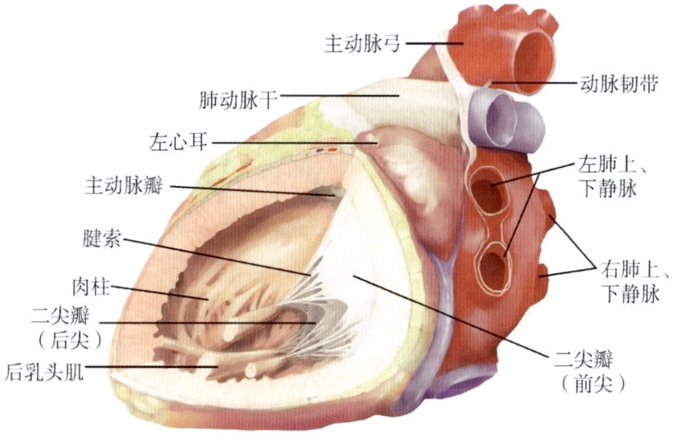

图10-10 左心室

流入道位于室腔的后外侧部，乳头肌发达。流入道的入口即左房室口，其周缘纤维环上附着有2片三角形瓣膜，称为二尖瓣（左房室瓣），瓣膜的游离缘及其心室面借腱索与乳头肌相连。左房室瓣能有效防止血液逆流入左心室。纤维环、二尖瓣、腱索和乳头肌在功能上是一个整体，统称为二尖瓣复合体，其任何部分损伤都将会导致瓣膜功能障碍。

流出道位于室腔的前内侧部，室壁光滑，其出口称为主动脉口，位于左房室口的右前方，通向主动脉。主动脉口处的纤维环上附着有主动脉瓣，其形态与肺动脉瓣相同，可阻止主动脉内的血液反流入左心室。

左、右心室被室间隔分隔。室间隔下部为肌部，主要由心肌纤维构成；上部为膜部，是室间隔缺损的好发部位。

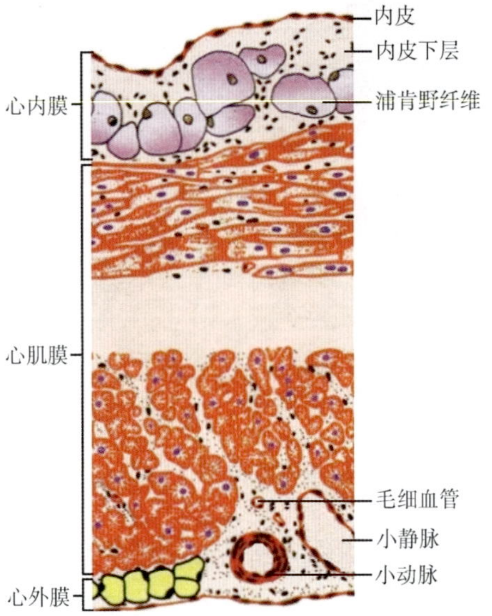

图10-11　心壁的微细结构示意图

（四）心的结构

心壁由内向外依次由心内膜、心肌膜和心外膜3层构成（图10-11）。

1. 心内膜　为被覆于心肌内面的光滑薄膜，心的瓣膜即由心内膜折叠而成。心内膜由内向外可分为内皮、内皮下层和心内膜下层3层。内皮为单层扁平上皮，与出入心脏的血管的内皮相连续，其表面光滑，有利于血液的流动；内皮下层由致密结缔组织构成，含少量平滑肌纤维；心内膜下层由疏松结缔组织构成，内含血管、神经及心传导系统的分支。

2. 心肌膜　主要由心肌纤维构成，是心壁结构中最厚的一层。心肌纤维呈螺旋状排列，大致可分为内纵、中环和外斜3层。心室肌比心房肌厚，左心室肌是右心室肌厚度的3倍。在房室口和动脉口周围，有致密结缔组织构成的纤维环。心房肌和心室肌分别附于纤维环，不互相连续，故心房和心室不会同时发生兴奋与收缩。此外，心房肌纤维尚具有内分泌功能，可分泌心房钠尿肽，具有利尿、排钠、扩张血管和降低血压的作用。

3. 心外膜　属于浆膜，为浆膜心包的脏层，由浅层间皮与深层少量结缔组织构成，其表面光滑湿润，可减少心脏活动时与浆膜心包壁层之间的摩擦。

（五）心的传导系统

心的传导系统位于心壁内，由特殊的心肌细胞组成，包括窦房结、房室结、房室束及其分支，其主要功能是产生并传导冲动，维持心活动的正常节律（图10-12）。

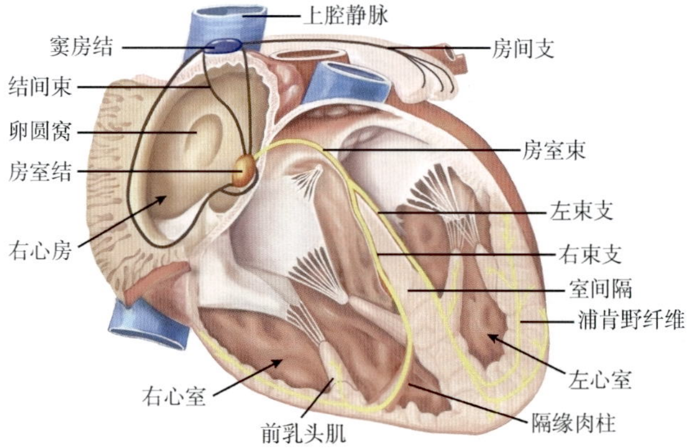

图10-12　心的传导系统

1. 窦房结　位于上腔静脉与右心耳交界处的心外膜深面，呈长椭圆形，为心的正常起搏点。

2. 房室结　位于冠状窦口与右房室口之间的心内膜深面，呈扁椭圆形。其主要作用是将窦房结传来的冲动延搁一段时间后传至心室。

3. 房室束　又称希氏（His）束，起自房室结，入室间隔内下降，至室间隔肌部上缘分为左右束支，分别沿室间隔两侧心内膜深面下行，逐渐分为许多细小分支，吻合形成浦肯野（Purkinje）纤维网，与心室肌纤维相连。

由窦房结发出的节律性冲动，经心的传导系统，先后兴奋心房肌和心室肌，从而引起心房肌和心室肌的不同步节律性收缩。

（六）心的血管

1. 动脉　营养心的动脉有左、右冠状动脉（图10-13）。

（1）左冠状动脉　自主动脉根部的左后壁发出，向左前方行至冠状沟，分为前室间支和旋支。前室间支沿前室间沟下行，分支供应左心室前壁、右心室前壁的小部分及室间隔的前上2/3部。如前室间支发生阻塞，可发生左室前壁和室间隔前部心肌梗死。旋支沿冠状沟向左行至心的膈面，主要分布于左心房、左心室的侧壁和后壁，以及窦房结等处。如旋支阻塞时，可引起左室侧壁和后壁心肌梗死。

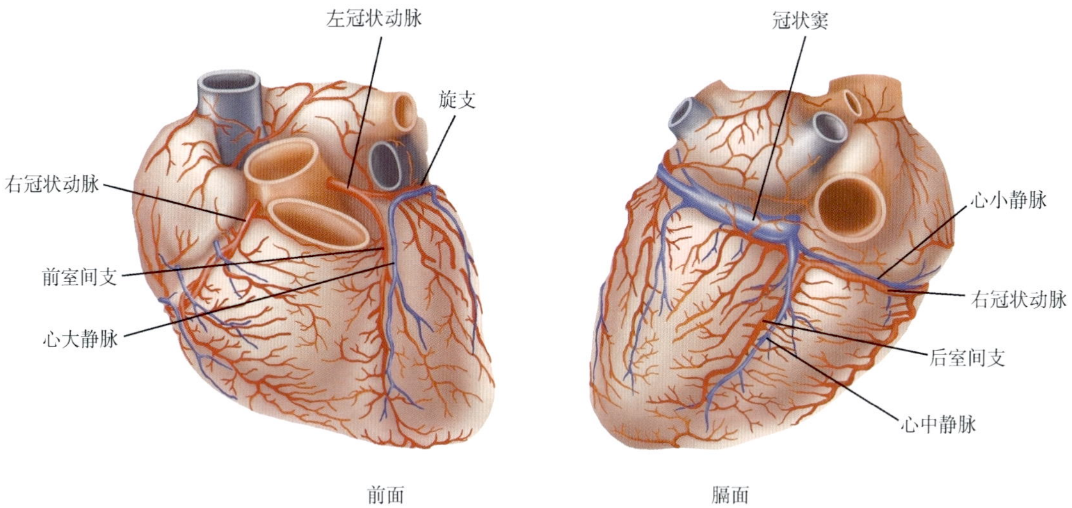

图10-13 心的血管

（2）右冠状动脉 起自主动脉根部的前壁，沿冠状沟向右下绕过心的右缘至心的膈面，发出后室间支和右旋支。右冠状动脉主要分布于右心房、右心室、室间隔的后下1/3部、左心室后壁的一部分、窦房结和房室结等处。

2. 静脉 心的静脉多与动脉伴行，主要有心大静脉、心中静脉和心小静脉，最后汇入冠状窦。冠状窦位于冠状沟后部，借冠状窦口开口于右心房（图10-12，图10-13）。

（七）心包

心包是包裹心和大血管根部的膜性囊，分为纤维心包和浆膜心包两部分（图10-14）。

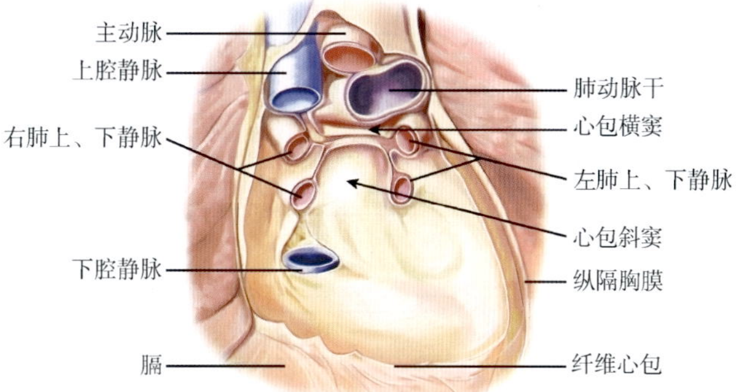

图10-14 心包

1. 纤维心包 为心包的外层，由坚韧的结缔组织构成。向上与出入心的大血管外膜移行，向下与膈的中心腱紧密相连。

2. 浆膜心包 为心包的内层，其又可分为壁层和脏层。壁层紧贴于纤维心包的内面，脏层覆盖于心肌膜的表面，即心外膜。壁层和脏层在出入心的大血管根部互相移行，两层之间形成的腔隙称为心包腔，内含少量浆液，起润滑作用，可减少心搏动时浆膜心包脏层与壁层之间产生的摩擦。

（八）心的体表投影

心在胸前壁的体表投影，在成人一般可用下列4点的连线来表示。

1. 左上点 左侧第2肋软骨下缘，距胸骨左缘1.2cm处。

2. 右上点 右侧第3肋软骨上缘，距胸骨右缘1cm处。

3. 右下点 右侧第6胸肋关节处。

4. 左下点 左侧第5肋间隙，距前正中线7～9cm处（或左锁骨中线内侧1～2cm处）。

用弧线将上述4点连接起来即为心在胸前壁的体表投影，其对心脏疾病的临床诊断具有重要意义（图10-15）。

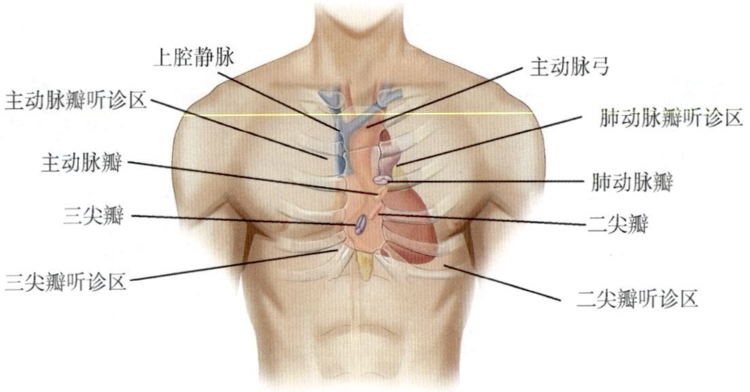

图10-15 心的体表投影

链 接 介入技术

介入技术是在医学影像设备的引导下，将特殊材质的导管、导丝等精密器械引入人体，对体内患病部位进行诊断和局部治疗的新型诊疗技术，多在血管内进行，具有不开刀、创伤小、恢复快、效果好等优点。

三、动　脉

（一）肺循环的动脉

肺循环的动脉主干为肺动脉干，由右心室发出后向左后上方斜行，至主动脉弓的下方分为左、右肺动脉。左肺动脉较短，至左肺门，分上、下两支进入左肺上、下叶。右肺动脉较长，至右肺门，分3支进入右肺上、中、下叶。左、右肺动脉在肺实质内逐级分支，最后到达肺泡周围，形成毛细血管网。在肺动脉干分叉处稍左侧与主动脉弓下缘之间连有1条结缔组织索，称为动脉韧带，是胎儿时期动脉导管在出生后闭锁后的遗迹（图10-6）。

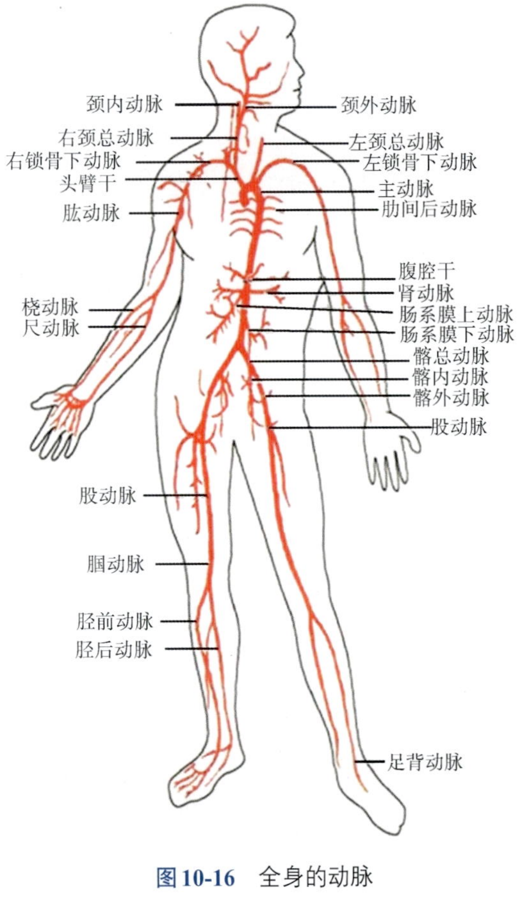

图10-16 全身的动脉

（二）体循环的动脉

1. 概述 体循环动脉的配布具有一定的规律：①呈左右对称性分布；②人体各部都有1～2条动脉干供应，常以最短距离到达所供应的器官；③躯干动脉分壁支和脏支；④多行于躯体的屈侧、深部或安全隐蔽的部位；⑤常与静脉、神经伴行；⑥动脉的配布形式与所供应器官的形态、功能相适应，如在某些局部常形成动脉网或动脉弓等（图10-16）。

体循环的动脉主干为主动脉，起始于左心室的主动脉口，先行向右上方，然后呈弓状向左后方弯曲，达第4胸椎水平，再沿脊柱左侧下降，经膈的主动脉裂孔入腹腔，继续下行至第4腰椎下缘平面分为左、右髂总动脉。主动脉按其行程全长可分为升主动脉、主动脉弓和降主动脉3段（图10-17）。

（1）升主动脉 为主动脉介于左心室主动脉口与胸骨角平面之间的一段，其起始部发出左、右冠状动脉。

（2）主动脉弓 位于胸骨柄的后方，于胸骨角平面续于升主动脉，向左后方至第4胸椎平面左侧移行为降主动脉。从主动脉弓凸侧自右向左发出头臂干（又称无名动脉）、左颈总动脉、左锁骨下动脉3条分支。头臂干短而粗，向右上方斜行，至右胸锁关节的后方分为右颈总动脉和右锁骨下动脉。在主动脉弓壁内有压力感受器，能够感受血压的改变，参与血压的调节。主动脉弓下方靠近动脉韧带处有2～3个粟粒状小体，称主动脉小球，是化学感受器，能够感受血液中氧分压、二氧化碳分压及氢离子浓度的变化，参与呼吸及心血管活动的调节。

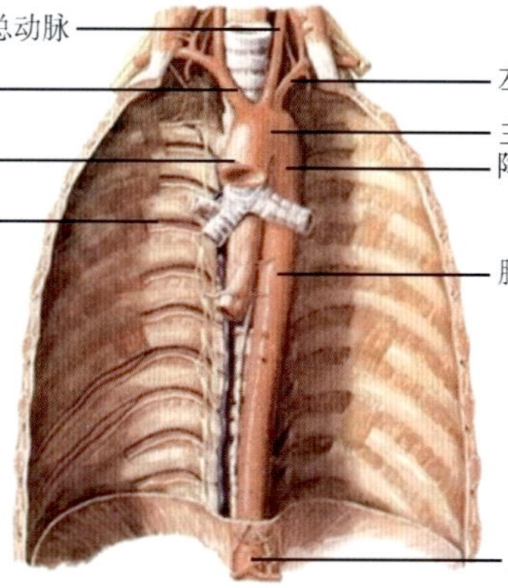

图10-17 主动脉的分部及其分支

（3）降主动脉 于第4胸椎平面左侧移行于主动脉弓，沿脊柱左前方下降至第12胸椎水平，穿膈的主动脉裂口入腹腔，继续下行至第4腰椎体下缘平面分为左、右髂总动脉。以主动脉裂孔为界，降主动脉分为胸主动脉和腹主动脉两个部分。

2. 头颈部的动脉（图10-18） 颈总动脉为头颈部的动脉主干。

右颈总动脉起自头臂干，左颈总动脉起自主动脉弓。两侧颈总动脉均经同侧胸锁关节的后方，在食管、气管和喉的外侧上升，至甲状软骨上缘平面分为颈内动脉和颈外动脉。在环状软骨的两侧，可触及颈总动脉的搏动。在颈总动脉分叉处有颈动脉窦和颈动脉小球两个重要结构。颈动脉窦是颈总动脉末端和颈内动脉起始部的膨大部分，壁内有压力感受器，能感受血压的变化，参与血压的调节。颈动脉小球为一扁圆形小体，借结缔组织连于颈内、外动脉分叉处的后方，为化学感受器，能够感受血液中氧分压、二氧化碳分压及氢离子浓度的变化，参与呼吸及心血管活动的调节。

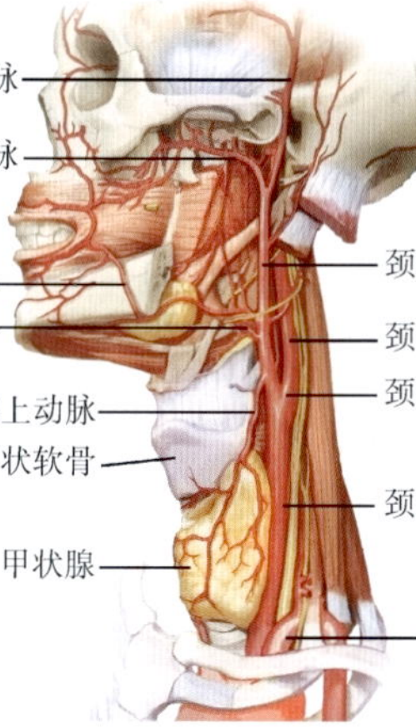

图10-18 头颈部的动脉

（1）颈内动脉 在颈部无分支，于颈总动脉发出后上行，经颅底的颈动脉管入颅腔，分布于脑和视器。

（2）颈外动脉 发自颈总动脉，上行进入腮腺实质内分为颞浅动脉和上颌动脉两条终支。颈外动脉的分支分布于颈部、头面部和脑膜等处。

1）甲状腺上动脉：起自颈外动脉根部，行向前下方，分布于甲状腺及喉。

2）面动脉：于下颌角平面发自颈外动脉，在咬肌前缘处绕过下颌体下缘到面部，向内上行经口角、鼻翼外侧至眼的内眦，移行为内眦动脉。面动脉分支分布于下颌下腺、腭扁桃体及面部的肌肉和皮肤等。在咬肌前缘绕过下颌体下缘处面动脉位置表浅，可触及搏动，此点也是面部压迫止血的有效部位。

3）颞浅动脉：在外耳门前方上行，越过颧弓根部到颞部，分支分布于颞部及颅顶部软组织。颞浅动脉在耳屏前方与颧弓根部之间的位置表浅，可触及其搏动，如头部前外侧出血时，可在此处进行压迫止血。

4）上颌动脉：经上颌支深面向内前方行走。沿途发出分支布于外耳道、中耳、鼻腔、牙、咀嚼肌、硬脑膜等处。脑膜中动脉为其主要的分支，向上穿颅底的棘孔入颅腔，分为前、后两支，分布于硬脑膜。其中前支较大，经过翼点的内表面，当翼点处发生骨折时易损伤该动脉，引起硬膜外血肿。

3. 锁骨下动脉和上肢的动脉 锁骨下动脉是上肢动脉的主干，左右来源不同。

（1）锁骨下动脉 右锁骨下动脉起于头臂干，左锁骨下动脉起自主动脉弓。锁骨下动脉经胸廓上口到颈根部，呈凸向上的弓形横过第1肋的上面，到第1肋外缘，移行为腋动脉。

锁骨下动脉发出的分支主要分布于胸、背部及颈部，主要有以下3支（图10-19）。

1）椎动脉：起自锁骨下动脉内侧段的上壁，上行穿过颈椎的横突孔，经枕骨大孔入颅腔，分布于脑和脊髓。

2）胸廓内动脉：起自锁骨下动脉内侧段的下壁，向下进入胸腔，经第1～6肋软骨的后面（距胸骨外侧缘约1cm处）下降，分支分布于胸前壁、膈和心包等处。其较大的终支称腹壁上动脉，其穿膈进入腹直肌鞘内，沿腹直肌后面下行，分支分布于腹直肌和腹膜。

3）甲状颈干：在椎动脉起点的外侧发自锁骨下动脉。其重要分支有甲状腺下动脉，分布于甲状腺下部、喉及气管等处。

（2）上肢的动脉

1）腋动脉：自第1肋外侧缘续于锁骨下动脉，行于腋窝，至大圆肌下缘移行为肱动脉。腋动脉的分支，主要分布于肩部、背部、胸壁及乳房等处（图10-20）。

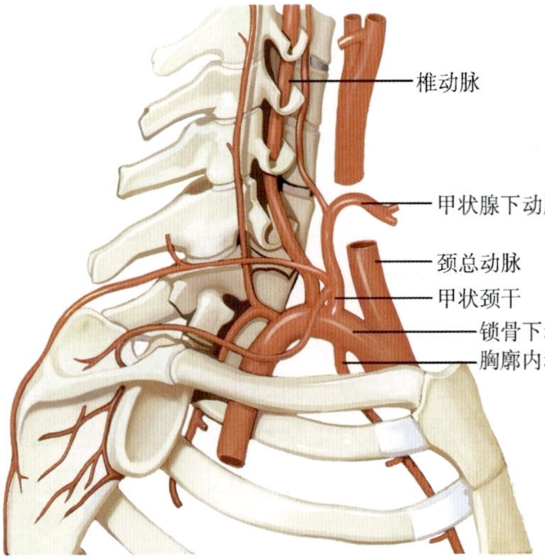

图10-19 锁骨下动脉及其分支

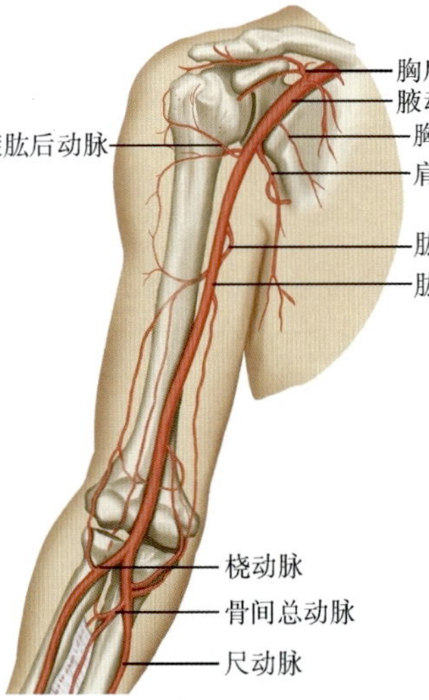

图10-20 腋动脉及其分支

2）肱动脉：于大圆肌下缘续于腋动脉，沿肱二头肌内侧下行，至肘关节前面，分为桡动脉和尺动脉。肱动脉沿途发出分支分布于臂部和肘关节。在肘窝稍上方，肱动脉行走于肱二头肌肌腱的内侧，位置表浅，可触及其搏动，此处为临床测量血压时听诊的部位（图10-21）。

3）桡动脉：于肘窝处由肱动脉发出，向下行于前臂前面桡侧，至桡腕关节处绕过桡骨茎突下方到手背侧，穿第1掌骨间隙至手掌。桡动脉在行程中发出分支，主要营养前臂桡侧的肌肉等。在桡骨茎突前方约一横指处，桡动脉位置表浅，可摸到其搏动，常作为临床切脉和计数脉搏的部位（图10-22）。

4）尺动脉：于肘窝处由肱动脉发出，向内下行于前臂前面尺侧，至桡腕关节处经豌豆骨的外侧至手掌，尺动脉在行程中发出分支主要营养前臂尺侧的肌肉等（图10-22）。

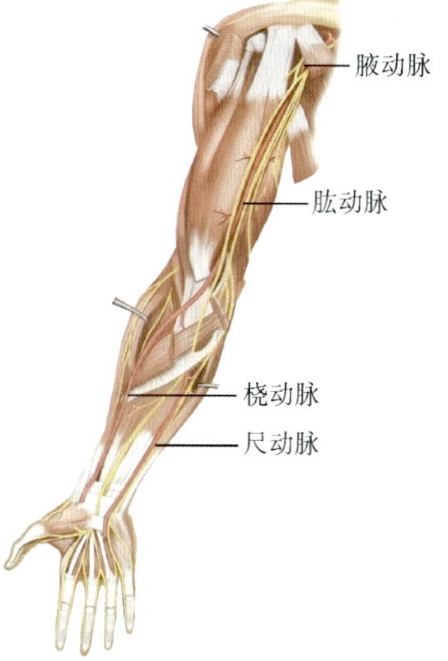

图10-21 肱动脉及其分支

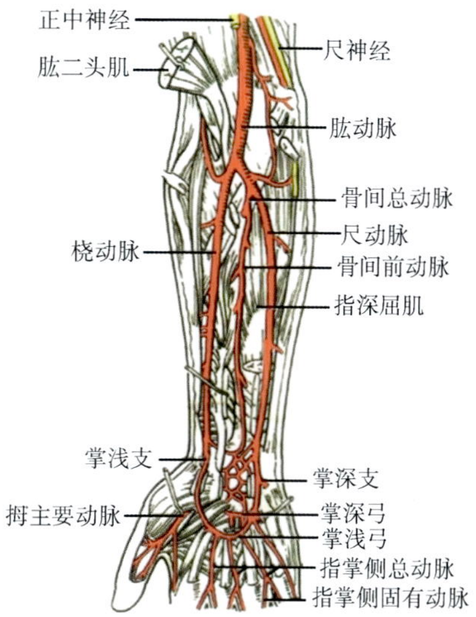

图10-22 桡动脉和尺动脉

5）掌浅弓和掌深弓：桡动脉和尺动脉的末端分支在手掌吻合，形成掌浅弓和掌深弓。①掌浅弓：由尺动脉的末端及桡动脉的掌浅支吻合而成，位于掌腱膜与指屈肌腱之间。②掌深弓：由桡动脉末端与尺动脉掌深支吻合而成，位于指屈肌腱的深面（图10-23）。

4. 胸部的动脉 胸部的动脉主干为胸主动脉。胸主动脉位于脊柱的左前方，其分支有壁支和脏支两种（图10-24）。

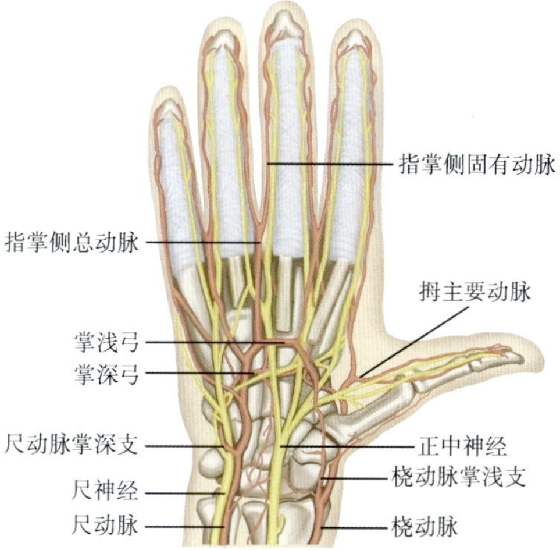

图10-23 手的动脉

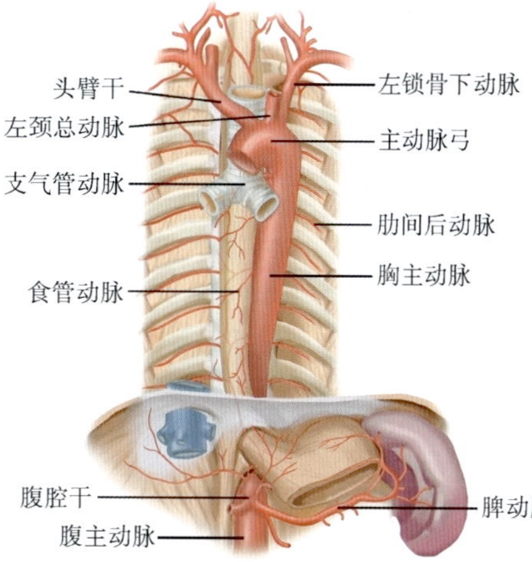

图10-24 胸主动脉及其分支

（1）壁支 主要有肋间后动脉和肋下动脉。肋间后动脉共9对，行于第3～11肋间隙内；肋下动脉1对，沿第12肋下缘行走。肋间后动脉和肋下动脉分布于胸壁、腹壁上部、背部和脊髓等处。

（2）脏支 较细小，主要有支气管支、食管支和心包支，分布于各级支气管、肺、食管和心包等处。

5. 腹部的动脉 腹部的动脉主干为腹主动脉，其分支也有壁支和脏支，但脏支比壁支粗大（图10-25）。

（1）壁支：主要有膈下动脉和腰动脉。

1）膈下动脉：左、右各一，在膈主动脉裂孔下方由腹主动脉发出，分布于膈的下面，并发出肾上腺上动脉，分布于肾上腺。

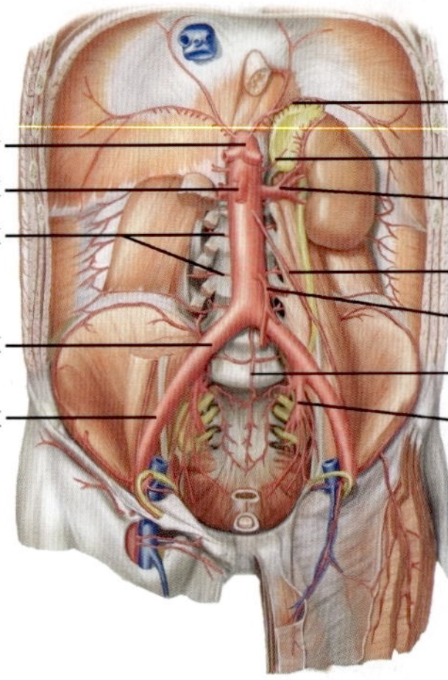

图10-25 腹主动脉及其分支

2）腰动脉：有4对，起自腹主动脉的侧壁，分布于腰部和腹前外侧壁，并有小分支进入椎管，分布于脊髓。

（2）脏支　分为成对脏支和不成对脏支。

1）不成对脏支：有腹腔干、肠系膜上动脉和肠系膜下动脉。

腹腔干短而粗，在主动脉裂孔的稍下方发自腹主动脉的前壁，随即分为胃左动脉、肝总动脉和脾动脉（图10-26）。①胃左动脉：沿胃小弯向右走行，分布于食管腹段、贲门和胃小弯侧的胃壁。②肝总动脉：向右行至十二指肠上部的上缘后分为肝固有动脉和胃十二指肠动脉。肝固有动脉行于肝十二指肠韧带内，至肝门附近分为左、右肝动脉，经肝门入肝。肝右动脉发出胆囊动脉，分布于胆囊。肝固有动脉在起始处发出的胃右动脉，沿微小弯左行，分支分布于十二指肠上部和胃小弯附近的胃壁，其终支与胃左动脉吻合。胃十二指肠动脉在十二指肠上部的后方下行，分为胃网膜右动脉和胰十二指肠上动脉。胃网膜右动脉沿胃大弯向左行，分布于胃大弯附近的胃壁及大网膜；胰十二指肠上动脉分布到胰头及十二指肠等。③脾动脉：主干沿胰的上缘向左行至脾门进入脾，沿途发出胰支、胃短动脉和胃网膜左动脉等，分别分布于胃底、胃大弯附近的胃壁和胰等。胃网膜左动脉沿胃大弯右行，与胃网膜右动脉相吻合，分布于胃大弯附近的胃壁及大网膜。

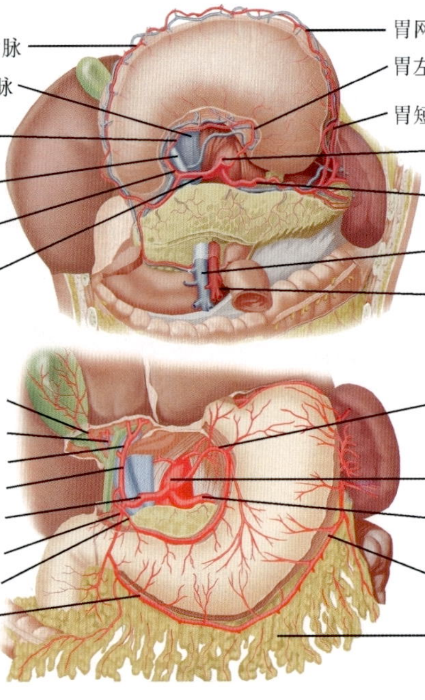

图10-26 腹腔干及其分支

肠系膜上动脉起自腹腔干的稍下方，向下经胰头和十二指肠之间，进入肠系膜根内，呈弓形行向右下方。其主要分支有：①空肠动脉和回肠动脉，行于小肠系膜内，共有13～18条，反复分支并互相吻合成多级动脉弓，分布于空肠和回肠。通常空肠动脉的动脉弓较少，有1～2级，而回肠动脉的动脉弓多至3～5级，这是手术时区别空肠、回肠的依据之一。②回结肠动脉，为肠系膜上动脉右壁最下方的分支，分布于回肠末段、盲肠、阑尾和升结肠的起始部。其中分布于阑尾的分支行经阑尾系膜的游离缘，称阑尾动脉。③右结肠动脉，在回结肠动脉的上方发出，分布于升结肠。④中结肠动脉，起自右结肠动脉的上方，行于横结肠系膜内，分支分布于横结肠，并与左、右结肠动脉的分支吻合（图10-27）。

肠系膜下动脉约在第3腰椎平面发自腹主动脉前壁，沿腹后壁行向左下方。其主要分支有：①左结肠动脉，沿腹后壁横行向左，分布于结肠左曲和降结肠。②乙状结肠动脉，斜向左下方，分支分布于乙状结肠，并与左结肠动脉相吻合。③直肠上动脉，为肠系膜下动脉的延续，下行至直肠后方，分为左、右两支沿直肠两侧下降，分布于直肠上部，并与直肠下动脉和肛动脉的分支吻合（图10-28）。

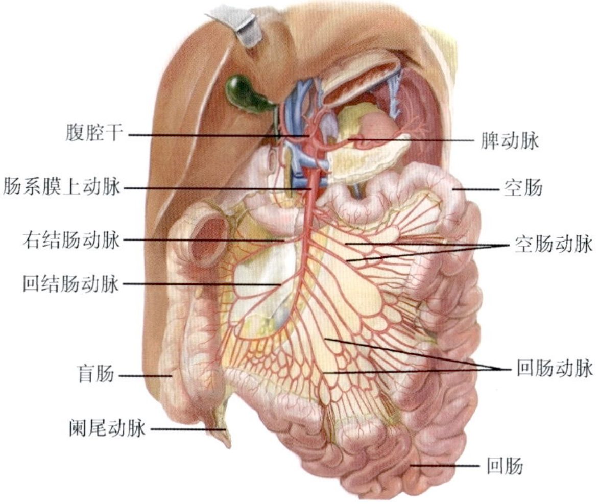

图10-27　肠系膜上动脉及其分支

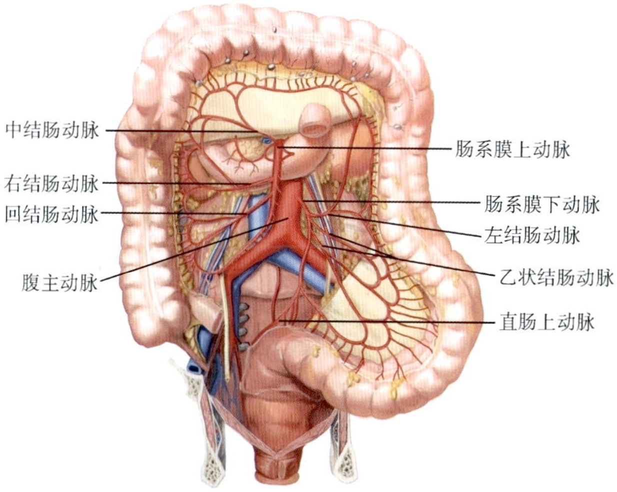

图10-28　肠系膜下动脉及其分支

2）成对脏支：①肾上腺中动脉，平第1腰椎高度发自腹主动脉侧壁，分布于肾上腺。②肾动脉，约平第2腰椎高度发自腹主动脉侧壁，经肾门入肾。右肾动脉比左肾动脉稍长，肾动脉入肾前发出一支肾上腺下动脉，分布于肾上腺。③睾丸动脉，较细长，在肾动脉起始处的稍下方发自腹主动脉前壁，沿腰大肌前面斜向外下方，穿腹股沟管入阴囊，分布于睾丸和附睾。在女性此动脉称卵巢动脉，分布于卵巢和输卵管（图10-25）。

6. 盆部和下肢的动脉　盆部和下肢的动脉主干为髂总动脉，左、右各一，在平第4腰椎体下缘自腹主动脉分出后，沿腰大肌内侧行向外下方，至骶髂关节的前方分为髂内动脉和髂外动脉（图10-29）。

（1）盆部的动脉　主干为髂内动脉，其沿小骨盆后外侧壁走行，分支有壁支和脏支两类。

1）壁支：①闭孔动脉，沿骨盆侧壁行向前方，经闭孔出骨盆腔，分支分布于股内侧部和髋关节。②臀上动脉，经梨状肌上孔出骨盆腔，分支分布于臀中肌和臀小肌。③臀下动脉，经梨状肌下孔出骨盆腔，至臀大肌面，分支分布于臀大肌和坐骨神经等处。

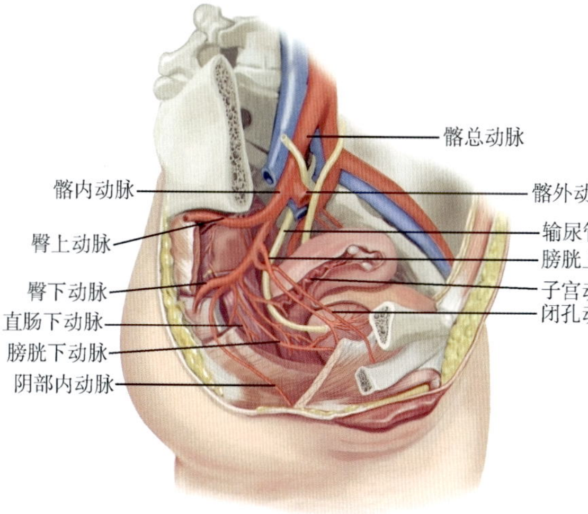

图10-29　盆部动脉及其分支

2）脏支：①脐动脉，为胎儿时期输送胎儿血到胎盘的动脉干，出生后远侧段闭锁，近侧段仍保留管腔，发出2～3支膀胱上动脉，分布于膀胱中上部。②膀胱下动脉，分布于膀胱及前列腺等处（女性分布于膀胱和阴道）。③直肠下动脉，分布于直肠下部，并与直肠上动脉和肛动脉的分支相吻合。④子宫动脉，自髂内动脉发出后，向下行进入子宫阔韧带两层之间，在子宫颈外侧约2cm处跨过输尿管的前方，沿子宫侧缘上升到子宫底。其分支主要分布于子宫、卵巢、输卵管等处。在行子宫切除术结扎子宫动脉时，要注意子宫动脉与输尿管的关系，应尽量靠近子宫壁，以免损伤输尿管。⑤阴部内动脉，经梨状肌下孔出骨盆腔，绕过坐骨棘经坐骨小孔进入坐骨肛门窝，主要分布于外生殖器及会阴的肌肉和皮肤。其中分布于肛门的分支称为肛动脉。

（2）髂外动脉和下肢的动脉　髂外动脉自髂总动脉发出后沿腰大肌内侧缘下行，经腹股沟韧带中点稍内侧后方进入股前部，移行为股动脉。

1）腹壁下动脉：在腹股沟韧带的上方自髂外动脉发出，向内上进入腹直肌鞘，分支分布于腹直肌，并与腹壁上动脉吻合。

2）股动脉：在腹股沟韧带中点深面由髂外动脉延续而来，于股三角内下行，至腘窝后移行为腘动脉。股动脉的分支分布于股部及髋关节。股动脉在腹股沟韧带中点稍内侧的下方，位置较表浅，可触摸到搏动。下肢出血时，可用两手的拇指重叠施以重力进行压迫止血，也可用绷带加压止血。股动脉是临床穿刺和插管最常选用的血管（图10-30）。

3）腘动脉：在腘窝深部下行，分支分布于膝关节及其附近肌肉。腘动脉在腘窝下方分为胫前动脉和胫后动脉。①胫前动脉：向前穿小腿骨间膜进入小腿前部下行，经踝关节的前方到达足背，移行为足背动脉。足背动脉在第1、2跖骨间穿行至足底，与足底外侧动脉吻合形成足底动脉弓（图10-31）。足背动脉位置较表浅，在踝关节前方，内、外踝连线的中点处易触及其搏动，当足背部出血时可于此处向深部压迫足背动脉进行止血。胫前动脉和足背动脉的分支分布于小腿前部、足背和足趾等处。②胫后动脉：沿小腿后部深、浅层肌肉之间下行，经内踝后方至足底，分为足底内侧动脉和足底外侧动脉。胫后动脉和足底动脉的分支分布于小腿肌后群、外侧群和足底等处（图10-32）。

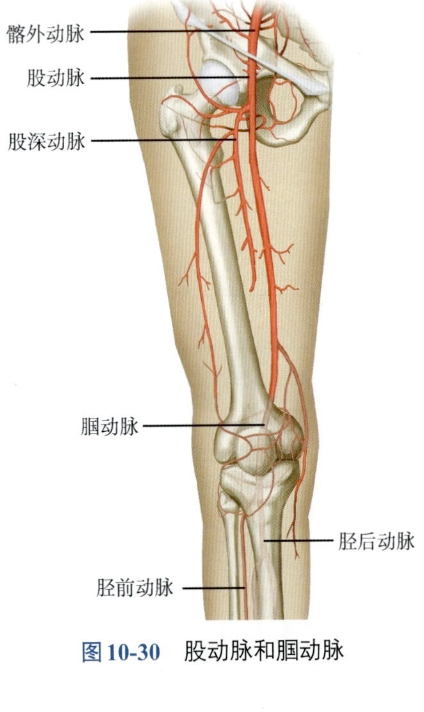

图10-30　股动脉和腘动脉

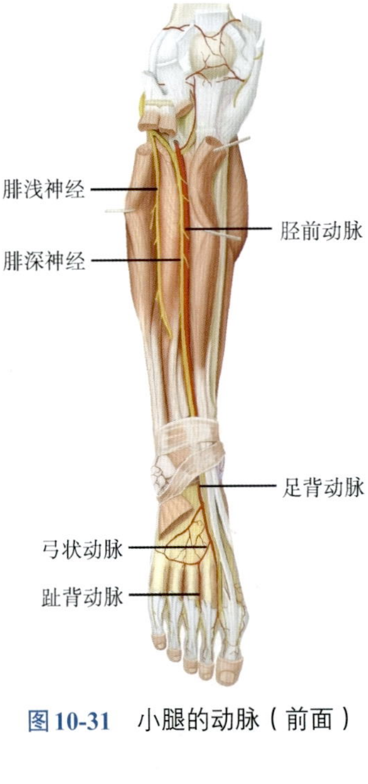

图10-31　小腿的动脉（前面）

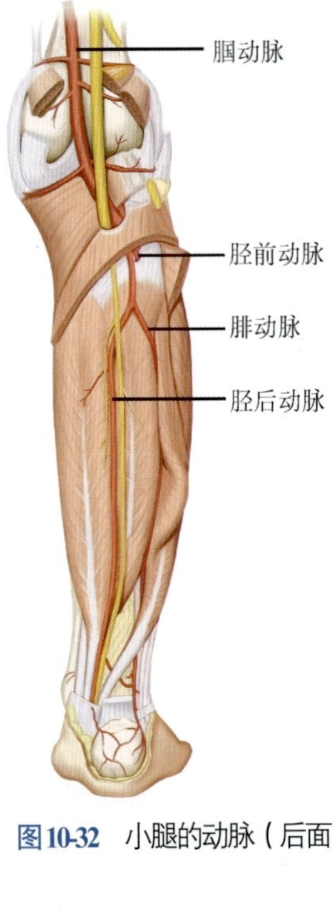

图10-32　小腿的动脉（后面）

四、静　脉

案例 10-1

患者，女，65岁。因呕血、黑便2天入院。既往有肝硬化病史。治疗好转后行食管钡餐X线检查提示食管胃底静脉曲张。经临床诊断为肝硬化，门静脉高压。

问题：1. 肝门静脉收集静脉血的范围有哪些？

2. 门静脉高压时会建立哪些侧支循环与上、下腔静脉相吻合？

（一）肺循环的静脉

肺循环静脉起始于肺泡毛细血管网的静脉端，每侧肺有2条肺静脉，分别称为左肺上、下静脉和右肺上、下静脉，自肺门出肺后横行向内，注入左心房。肺静脉内为含氧量高的动脉血。

（二）体循环的静脉

体循环静脉的特点：①分为浅静脉和深静脉，浅静脉位于皮下浅筋膜内，又称皮下静脉，是临床上输液、采血和插入导管的常用静脉，浅静脉血液注入深静脉；深静脉多与动脉伴行，又称伴行静脉，其收集范围、行程与伴行的动脉大致相同。②多有静脉瓣，成对出现，有保证血液向心流动和阻止血液逆流的作用，下肢多于上肢（图10-33）。③静脉间吻合多，浅静脉之间、深静脉之间及深、浅静脉之间均有广泛的吻合。④静脉的管壁薄、弹性小、管腔大、数量多，总容积比动脉大。

体循环的静脉分为：心静脉系（见心的静脉）、上腔静脉系和下腔静脉系（包括肝门静脉系）3部分（图10-34）。

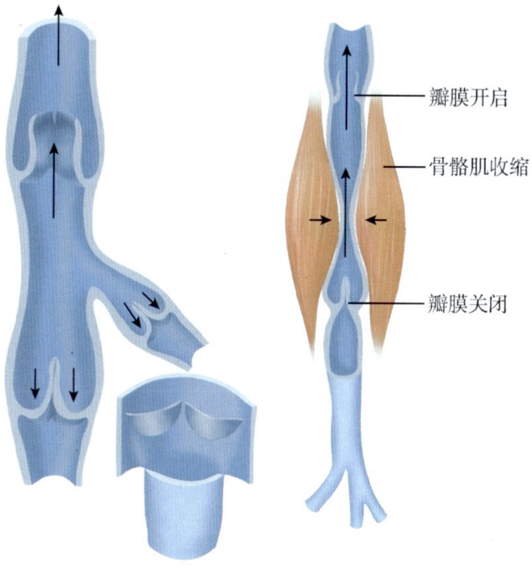

图10-33　静脉瓣

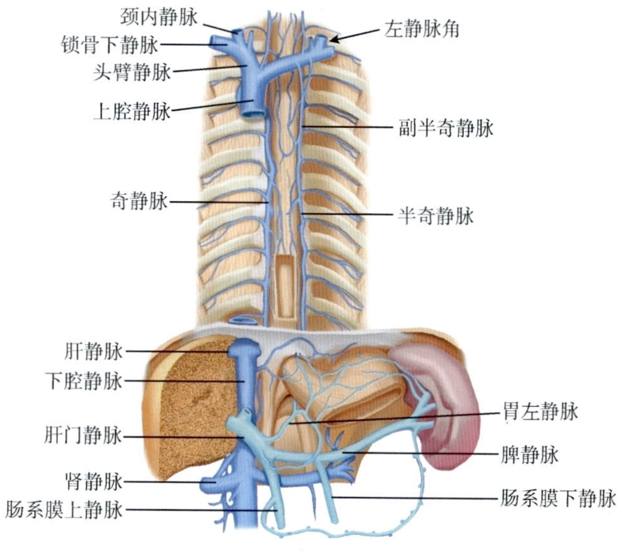

图10-34　上、下腔静脉

1. 上腔静脉系　由上腔静脉及其属支构成，主要收集膈肌以上部位的大部分静脉血，包括头颈部、上肢、胸部（心和肺除外）等部位的静脉血。

上腔静脉在右侧第1胸肋连结处后方，由左、右头臂静脉汇合而成，沿升主动脉右侧下行，至右侧第3胸肋关节下缘注入右心房。上腔静脉入右心房前接纳奇静脉血液的注入。

头臂静脉又称无名静脉，是由同侧颈内静脉和锁骨下静脉在胸锁关节的后方汇合而成，汇合处的夹角称静脉角，是淋巴导管的注入部位。头臂静脉同时还收纳甲状腺下静脉、椎静脉、胸廓内静脉等属支的静脉血。

（1）颈内静脉 在颈静脉孔处续于颅内乙状窦，在颈动脉鞘内沿颈内动脉和颈总动脉外侧下行，至胸锁关节后方与锁骨下静脉汇合成头臂静脉。颈内静脉壁附着于颈动脉鞘，并通过颈动脉鞘与周围的颈深筋膜和肩胛舌骨肌中间腱相连，故管腔处于开放状态，有利于静脉血的回流；但当发生外伤时，空气也容易进入，导致空气栓塞。颈内静脉的属支包括颅内支和颅外支（图10-35）。

1）颅内支：通过颅内静脉及硬脑膜窦收集颅骨、脑、脑膜、视器和前庭蜗器的静脉血。

2）颅外支：主要收集面部和颈部的大部分静脉血。重要的属支如下。①下颌后静脉，由颞浅静脉和上颌静脉在腮腺内汇合而成，向下分为前、后两支，前支汇入面静脉，后支汇入颈外静脉；②面静脉，起自内眦静脉，与面动脉伴行，在下颌角下方接受下颌后静脉的前支汇入，至舌骨大角平面注入颈内静脉。面静脉特点为在口角以上部分无静脉瓣，通过眼上、下静脉与颅内的海绵窦相交通；通过面深静脉与翼静脉丛交通（图10-36）。当口角以上面部，尤其是鼻根至两侧口角间的三角区内发生感染处理不当时，细菌可通过上述途径侵入颅内，从而引起颅内感染。故临床上将鼻根至两侧口角间的三角区称为“危险三角”。

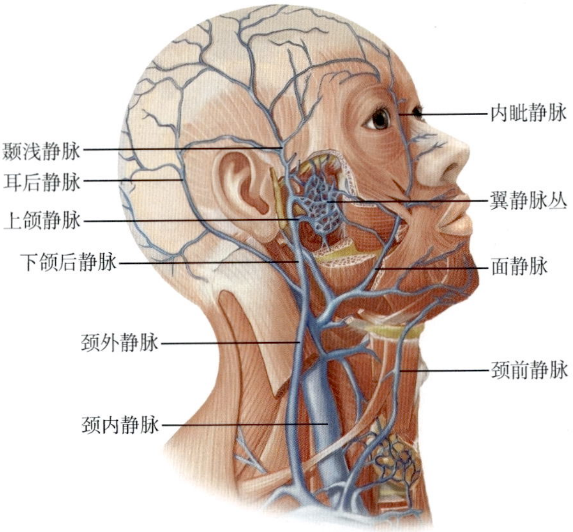

图10-35 头颈部的静脉

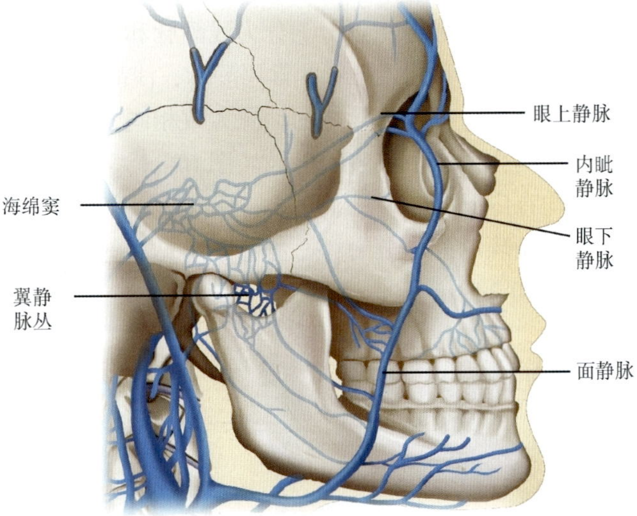

图10-36 面静脉及交通

（2）颈外静脉 是颈部最大的浅静脉，主要收集头皮和面部的静脉血（图10-35）。由下颌后静脉的后支、耳后静脉与枕静脉汇合而成，沿胸锁乳突肌的表面下行，在锁骨上方穿颈深筋膜注入锁骨下静脉或静脉角。正常人颈外静脉常不显露，若右心衰竭或上腔静脉阻塞时，半卧位30°～45°时显著充盈，临床上称颈静脉怒张。颈外静脉位置表浅，临床上常作为穿刺血管的部位。

（3）锁骨下静脉 在第1肋的外侧缘续于腋静脉，伴锁骨下动脉向内侧移行，至胸锁关节的后方与颈内静脉汇合成头臂静脉。临床上可经锁骨上或锁骨下入路作锁骨下静脉导管插入。

（4）上肢的静脉 有深、浅静脉之分。

1）上肢的浅静脉是临床取血、输液和注射药物的常用部位（图10-37）。①头静脉：起自于手背静脉网的桡侧，沿前臂下部的桡侧、前臂上部和肘部的前面及肱二头肌的外侧上行，注入腋静脉或锁骨下静脉。②贵要静脉起于手背静脉网的尺侧，沿前臂尺侧上行，在肘窝处收纳肘正中静脉后，沿肱二头肌内侧沟上行至臂中点水平注入肱静脉，或与肱静脉汇合成腋静脉。③肘正中静脉在肘窝处连接头静脉和贵要静脉。

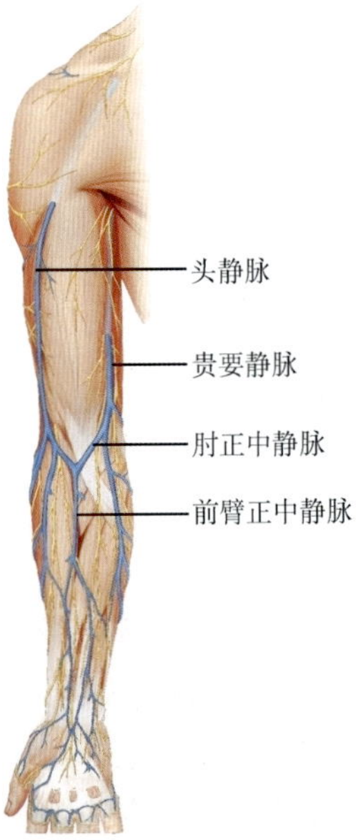

图10-37 上肢浅静脉

链 接 常用静脉输液法

周围静脉输液法是最常用的静脉输液法，手背静脉网一般作为成人周围静脉输液法的首选部位。包括密闭式周围静脉输液法、开放式周围静脉输液法、静脉留置针输液法。密闭式周围静脉输液法因污染机会小，目前临床应用广泛。静脉留置针输液法可保护静脉，减少因反复穿刺而造成血管损伤，有利于抢救和治疗。颈外静脉插管输液法主要用于长期输液且周围静脉不易穿刺者，以及周围循环衰竭而需要测定中心静脉压的患者。

2）上肢的深静脉：与同名动脉伴行，且多为两条，收集同名动脉分布区域的静脉血。包括腋静脉、肱静脉、桡静脉、尺静脉等。

（5）胸部的静脉

1）奇静脉：起自右腰升静脉，穿膈入胸腔，沿胸椎体右侧上行至第4胸椎体高度，向前跨过右肺根的上方，注入上腔静脉。奇静脉沿途收集右肋间后静脉、食管静脉、支气管静脉和半奇静脉等属支。奇静脉上连上腔静脉，下借右腰升静脉连于下腔静脉，是上、下腔静脉交通的重要通道之一。

2）半奇静脉：起自左腰升静脉，沿途收集左胸下部肋间后静脉和副半奇静脉的血液，注入奇静脉。

3）副半奇静脉：收集左胸上部肋间后静脉的血液，注入半奇静脉。

4）椎静脉丛：分为椎内、外静脉丛，纵贯全长，相互吻合，且无瓣膜，血液可双向流动（图10-38）。椎静脉丛向上与颅内硬脑膜窦相交通，向下与盆腔静脉丛相互吻合，故椎静脉丛也是沟通上、下腔静脉系的又一重要途径。

2. 下腔静脉系 由下腔静脉及其属支构成，主要收集膈肌以下部位的大部分静脉血，包括下肢、盆部及腹部等处的静脉血。

下腔静脉由左、右髂总静脉在第4～5腰椎体高度汇合而成，沿腹主动脉右侧上行，穿膈的腔静脉孔入胸腔，注入右心房（图10-39）。

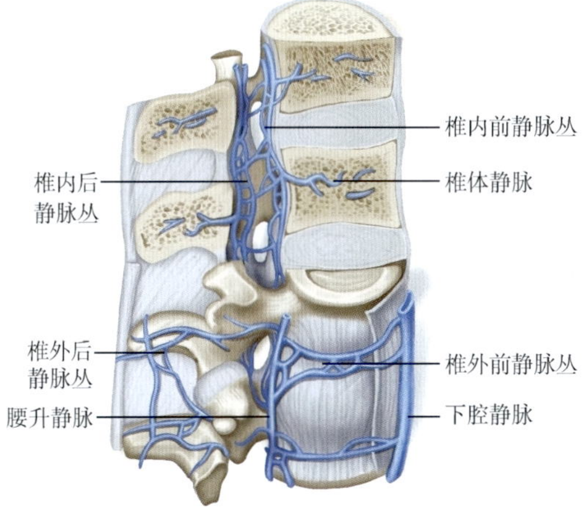

图10-38 椎静脉丛

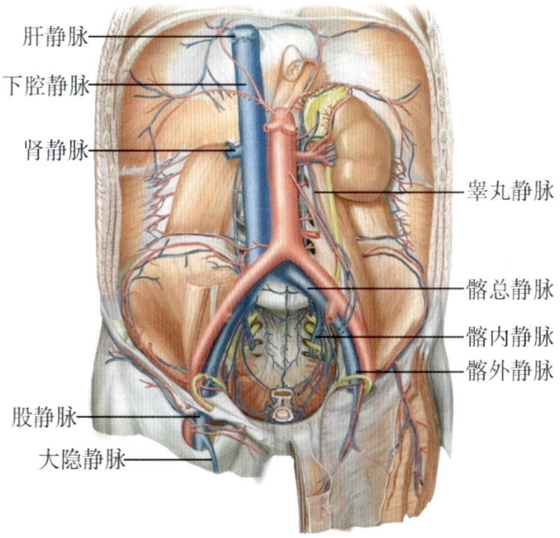

图10-39 下腔静脉

（1）下肢的静脉 有深、浅之分，下肢静脉比上肢静脉瓣多，深静脉与浅静脉之间的交通也较丰富。

1）下肢的深静脉：与同名动脉伴行，均为两条，收集同名动脉分布区域的静脉血。包括股静脉、腘静脉、胫前静脉、胫后静脉等。股静脉在临床上常作为静脉穿刺的部位。

2）下肢的浅静脉：主要包括大隐静脉和小隐静脉（图10-40）。①大隐静脉：起自足背静脉弓的内侧，经内踝前方，沿小腿内侧、膝关节后方、大腿内侧上行，至耻骨结节外下方3～4cm处穿阔筋膜的隐静脉裂孔注入股静脉。在注入之前还收集腹壁浅静脉、阴部外静脉、股内侧浅静脉、股外侧浅静脉、旋髂浅静脉等5个属支。②小隐静脉：起于足背静脉弓的外侧，经外踝后方，沿小腿后面中线上行至腘窝下角处，穿深筋膜注入腘静脉，收集足外侧部和小腿后部浅层结构的静脉血。

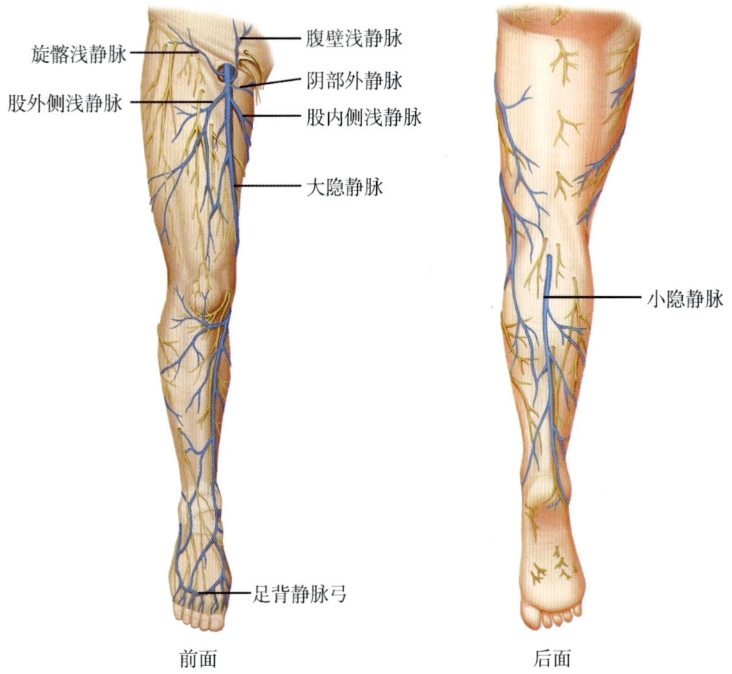

图10-40 下肢的浅静脉（右腿）

（2）盆部的静脉

1）髂外静脉：是股静脉的直接延续，伴髂外动脉向内上行，至骶髂关节前方与髂内静脉汇合成髂总静脉，收集旋腹壁下静脉和髂深静脉的静脉血。

2）髂内静脉：与髂内动脉伴行，主要收集髂内动脉的分布范围的静脉血。①脏支常在器官周围或壁内形成广泛的静脉丛，如直肠静脉丛、膀胱静脉丛和子宫静脉丛等。②壁支主要有臀上静脉、臀下静脉、闭孔静脉等。

3）髂总静脉：在骶髂关节前方由髂内静脉和髂外静脉汇合而成。左、右髂总静脉伴髂总动脉上升至第5腰椎右侧再汇合成下腔静脉。

（3）腹部的静脉　分为壁支和脏支。

1）壁支：主要有1对膈下静脉和4对腰静脉，与同名动脉伴行，直接注入下腔静脉。

2）脏支：分为成对脏支和不成对脏支。

成对脏支：①肾上腺静脉，右侧直接注入下腔静脉，左侧向下注入左肾静脉。②肾静脉，与肾动脉伴行，两侧均直接注入下腔静脉，左肾静脉长于右肾静脉。③睾丸（或卵巢）静脉，右侧以锐角直接注入下腔静脉，左侧以直角向上注入左肾静脉。睾丸静脉曲张以左侧多见。

不成对脏支：肝静脉。肝静脉包括肝左静脉、肝中静脉和肝右静脉，收集腹腔内所有不成对脏器的静脉血。肝静脉包埋于肝实质内，在腔静脉沟上部注入下腔静脉。

肝门静脉系由肝门静脉及其属支构成，收集腹腔不成对脏器（肝除外）的静脉血（图10-41）。

肝门静脉是由肠系膜上静脉和脾静脉在胰头和胰体交界处的后方汇合而成，向上进入肝十二指肠韧带，在肝固有动脉和胆总管的后方上行至肝门，分左、右支进入肝左叶和肝右叶。肝门静脉在肝内反复分支，最后注入肝窦，与来自肝固有动脉分支的血液混合，经肝静脉注入下腔静脉。肝门静脉的属支包括肠系膜上静脉、脾静脉、肠系膜下静脉、胃左静脉、胃右静脉、胆囊静脉和附脐静脉等。

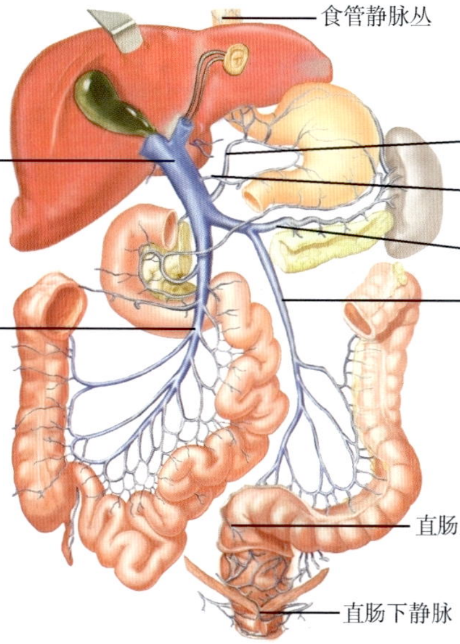

图 10-41 肝门静脉及其属支

肝门静脉系的结构特点：①起止端均为毛细血管；②腔内的静脉血中富含从胃肠道吸收的营养物质；③一般无静脉瓣，当肝门静脉高压时，血液可逆流。

肝门静脉与上、下腔静脉系有3处重要吻合（图10-42）。

食管静脉丛：位于食管下段壁内，由肝门静脉系的胃左静脉与上腔静脉系的奇静脉和半奇静脉吻合而成。

直肠静脉丛：位于直肠下段壁内，由肝门静脉系的直肠下静脉与下腔静脉系的直肠上静脉、肛静脉吻合而成。

脐周静脉网：位于脐周皮下，由肝门静脉系的附脐静脉、上腔静脉系的腹壁上静脉和胸腹壁静脉、下腔静脉系的腹壁下静脉和腹壁浅静脉吻合而成。

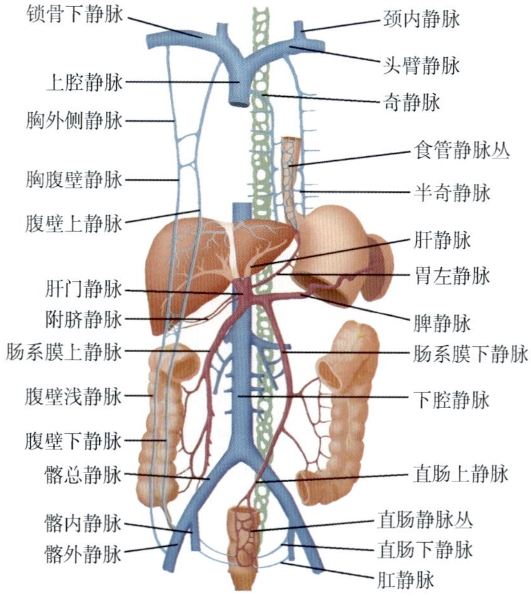

图 10-42 肝门静脉与上下腔静脉模式图

正常情况下，吻合处血流少，吻合支细小。但当肝门静脉血流受阻时（如肝硬化、胰头肿瘤等），血液可以通过上述3处吻合建立3条侧支循环，部分肝门静脉血可分别经上、下腔静脉回流入心。此时，可引起上述吻合处的静脉曲张，甚至破裂，出现呕血、便血或腹水等临床表现（图10-43）。

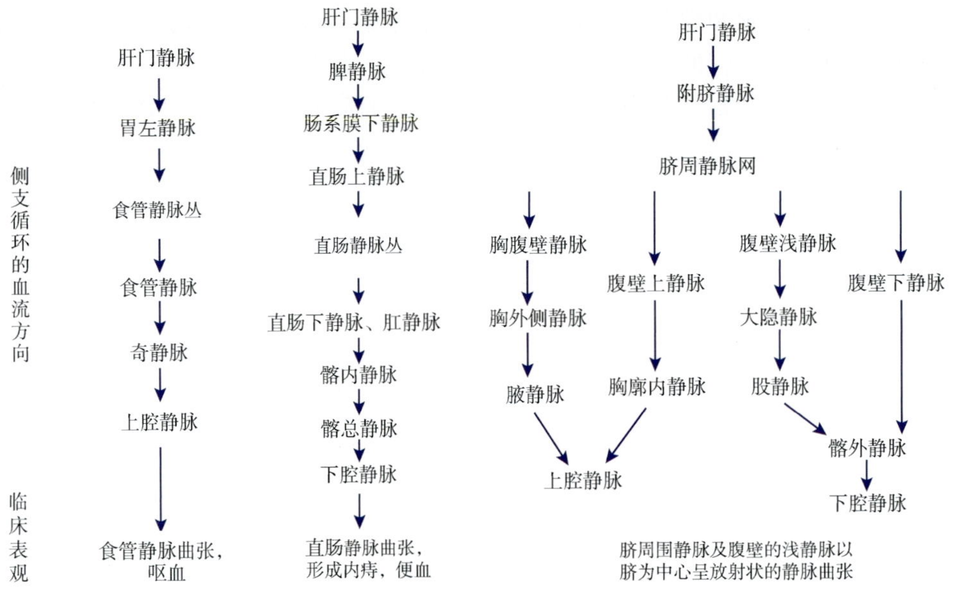

图10-43 肝门静脉主要侧支循环示意图

链 接 肝门静脉高压症临床表现

肝门静脉高压症的临床表现主要包括脾大、侧支循环的建立和腹水形成。①脾大：正常情况下脾静脉血回流入肝门静脉，因此当肝门静脉高压时，脾静脉回流受阻导致脾淤血，引起脾大。②侧支循环的建立：当肝门静脉压力高达200mmHg以上时，侧支循环建立并开放。主要有食管静脉丛、直肠静脉丛及脐周静脉网3处，与上、下腔静脉建立吻合。③腹腔积液：是肝硬化失代偿期最突出的临床表现。

第2节 淋巴系统

案例 10-2

患者，男，39岁，因不规则低热2月余、明显消瘦、盗汗就诊。因工作原因经常接受放射线。体检发现：全身淋巴结肿大，质韧、无痛，活动度尚可。经临床病理诊断为：淋巴瘤。

问题：1. 淋巴结有哪些结构特点？

2. 为什么淋巴瘤会引起全身淋巴结肿大？

一、概　述

（一）淋巴系统的组成

淋巴系统由淋巴管道、淋巴组织和淋巴器官组成（图10-44）。

（二）淋巴系统的功能

淋巴系统是静脉系统的辅助系统，协助静脉引流组织液。血液中的部分成分经毛细血管动脉端滤出，进入组织间隙形成组织液，与组织细胞进行物质交换后，大部分透过静脉端流入静脉，小部分组织液则进入毛细淋巴管，成为淋巴液。淋巴液为无色透明液体，沿各级淋巴管道回流，途经多级淋巴结的过滤，最后汇入静脉。此外，淋巴器官和淋巴组织还具有产生淋巴细胞、过滤淋巴液和参与免疫反应等功能。

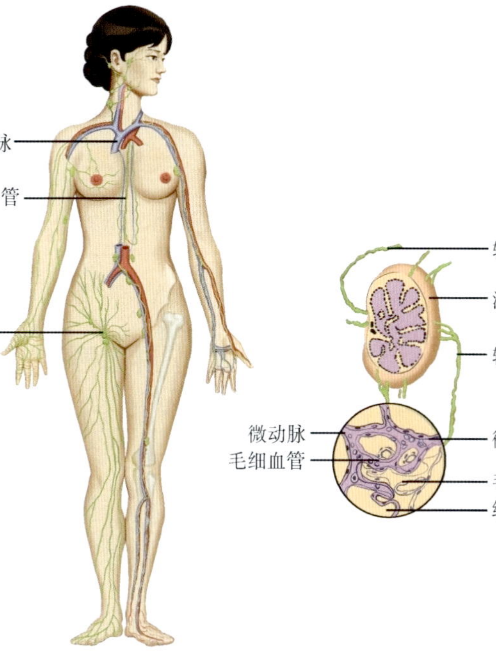

图10-44 淋巴系统概观

二、淋巴管道

淋巴管道包括毛细淋巴管、淋巴管、淋巴干和淋巴导管。

（一）毛细淋巴管

毛细淋巴管是淋巴管道的起始部，位于组织间隙内，它以膨大的盲端起始，彼此吻合成网。毛细淋巴管分布广泛，除上皮、角膜、晶状体、软骨、脑和脊髓外，几乎遍及全身（图10-45）。管径较毛细血管粗，管壁由单层内皮细胞构成，壁薄，内皮细胞间有较大间隙，无基膜，故通透性比毛细血管大。不易透过毛细血管的大分子物质，如肿瘤细胞、蛋白质、细菌、异物等，较易进入毛细淋巴管，随淋巴运行。淋巴管道是炎症蔓延和肿瘤细胞转移的最主要途径。

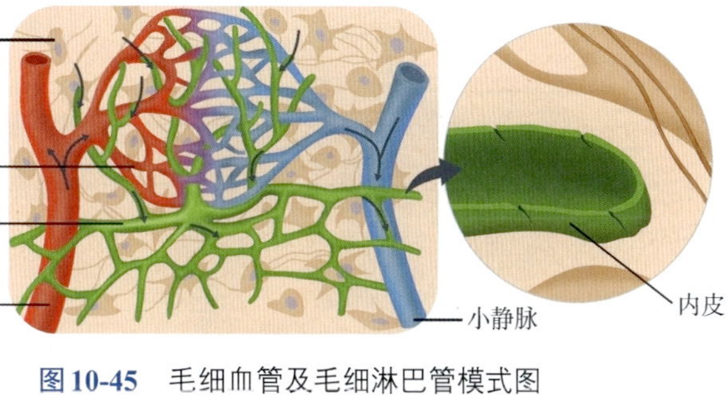

图10-45 毛细血管及毛细淋巴管模式图

（二）淋巴管

淋巴管由毛细淋巴管汇合而成，在向心行程中，穿过1个或多个淋巴结。管壁结构与静脉相似，管腔内有丰富的瓣膜，可防止淋巴反流。相邻两对瓣膜间的淋巴管扩张，呈串珠状外观。淋巴管也有浅、深之分并有丰富的交通。

（三）淋巴干

淋巴干由全身各部的浅、深淋巴管穿过一系列淋巴结后，最终汇合而成较大的淋巴干。全身共有9条淋巴干（图10-46）。

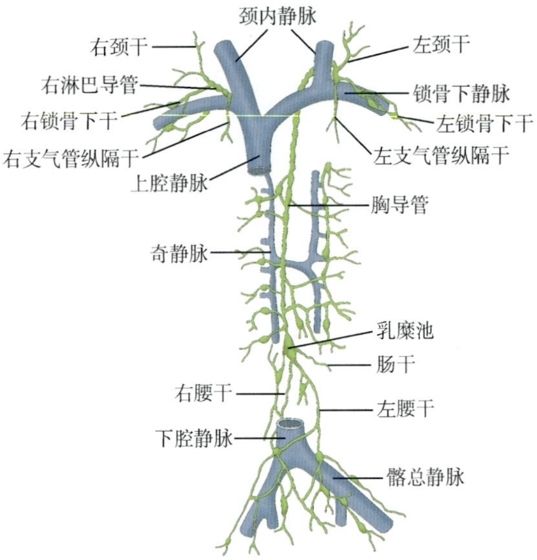

图10-46 淋巴干

1. 左、右颈干 主要收集头颈部的淋巴。

2. 左、右锁骨下干 主要收集上肢和胸壁的部分淋巴。

3. 左、右支气管纵隔干 主要收集胸腔脏器和胸腹壁的部分淋巴。

4. 左、右腰干 主要收集下肢、盆部、腹腔内成对脏器和腹壁的部分淋巴。

5. 肠干 1条，主要收集腹腔内不成对脏器的淋巴。

（四）淋巴导管

淋巴导管全身有2条，即胸导管和右淋巴导管。由9条淋巴干汇合而成，最后分别注入左、右静脉角。

1. 胸导管 由6条淋巴干汇合而成，是人体最粗大的淋巴管道。胸导管的起始部膨大，称乳糜池，在第1腰椎体前方，由左、右腰干和肠干汇合而成。胸导管向上穿主动脉裂孔入胸腔，沿脊柱前方上行达第5胸椎处，转至脊柱左前方，出胸廓上口至颈根部，有左颈干、左锁骨下干和左支气管纵隔干的注入，在左静脉角处汇入左头臂静脉。胸导管收集人体下半身和左侧上半身的淋巴，即全身3/4的淋巴（图10-47）。

2. 右淋巴导管 较短小，由右颈干、右锁骨下干和右支气管纵隔干3条淋巴干汇合而成，注入右静脉角。右淋巴导管收集人体右侧上半身的淋巴，即全身1/4的淋巴（图10-47）。

三、淋巴组织

淋巴组织是免疫应答的主要场所，以网状组织为支架，网眼中充满大量淋巴细胞及其他免疫细胞（图10-48）。根据细胞成分、形态和功能特点，淋巴组织可分为弥散淋巴组织和淋巴小结两种。

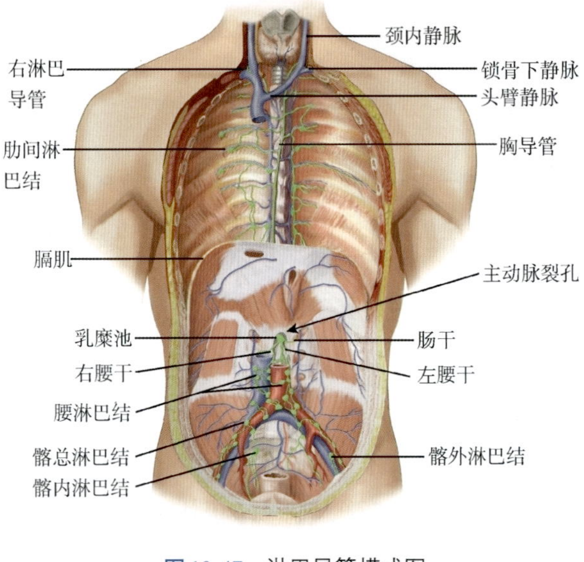

图10-47 淋巴导管模式图

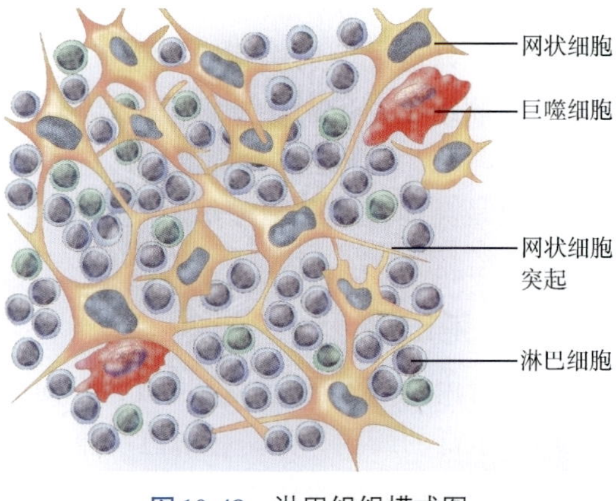

图10-48 淋巴组织模式图

（一）弥散淋巴组织

弥散淋巴组织无固定的形态，与周围的结缔组织无明显分界。组织中有毛细血管后微静脉，因其内皮细胞为柱状，又称高内皮微静脉，是淋巴细胞从血液进入淋巴组织的重要通道。当弥散淋巴组织受抗原刺激时，可出现淋巴小结。

（二）淋巴小结

淋巴小结为直径1～2mm的球形小体，边界清晰，主要含有大量的B细胞和少量的T细胞、巨噬细胞等。淋巴小结有两种类型：未受抗原刺激的淋巴小结称为初级淋巴小结，体积较小，由分布均匀并密集的小淋巴细胞组成；当淋巴小结受到抗原刺激后，体积增大，产生生发中心，形成次级淋巴小结。

生发中心分为深部的暗区和浅部的明区。暗区较小，主要由大的B淋巴细胞和Th细胞组成，嗜碱性强，着色深；明区较大，含有滤泡树突细胞、巨噬细胞、中等大小的B淋巴细胞等；在生发中心的顶部及周围有一层密集的小的B淋巴细胞，尤其以顶部最厚，称为小结帽。

淋巴小结除分布在淋巴器官外，还分布于消化道、呼吸道及泌尿生殖管道的黏膜中。根据存在形式不同分为单独存在的孤立淋巴小结和有10～40个淋巴小结成群存在的集合淋巴小结。

四、淋巴器官

淋巴器官包括淋巴结、脾、扁桃体和胸腺等，主要由淋巴组织构成。

（一）淋巴结

1. 淋巴结的形态 淋巴结为灰红色圆形或椭圆形小体，大小不等，质地柔软。淋巴结的一侧隆凸，有数条输入淋巴管进入；另一侧凹陷，称淋巴结门，有1～2条输出淋巴管、血管及神经出入。

2. 淋巴结的组织结构 淋巴结表面为薄层结缔组织形成的被膜，数条输入淋巴管穿过被膜进入被膜下淋巴窦。被膜结缔组织伸入实质形成小梁，各小梁相互连接，构成淋巴结的支架，血管和神经行于其中。淋巴结的实质可分为皮质和髓质两部分（图10-49）。

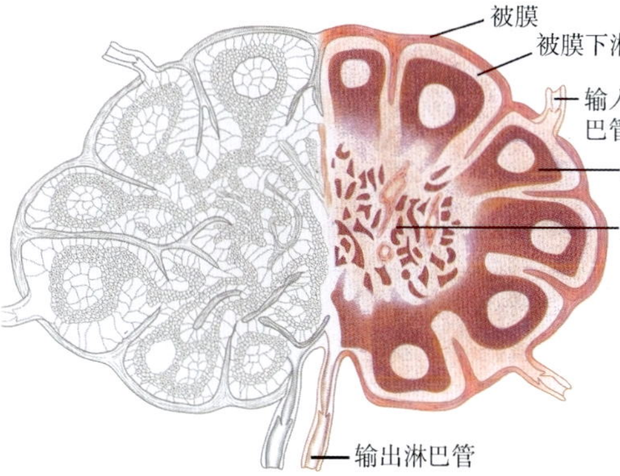

图10-49 淋巴结的结构模式图

（1）皮质 位于被膜下方，由浅层皮质、副皮质区及皮质淋巴窦构成。

1）浅层皮质：含有大量淋巴小结和少量弥散淋巴组织。淋巴小结是由B淋巴细胞密集形成的淋巴组织，呈椭圆形，边界清楚。受到抗原刺激后的淋巴小结增大、增多，并在正中切面中出现细胞分裂相多的浅色区，称生发中心。生发中心可分为浅部的明区和深部的暗区。在生发中心的周围有一层密集的小淋巴细胞，以靠近被膜侧最为明显，称为小结帽。

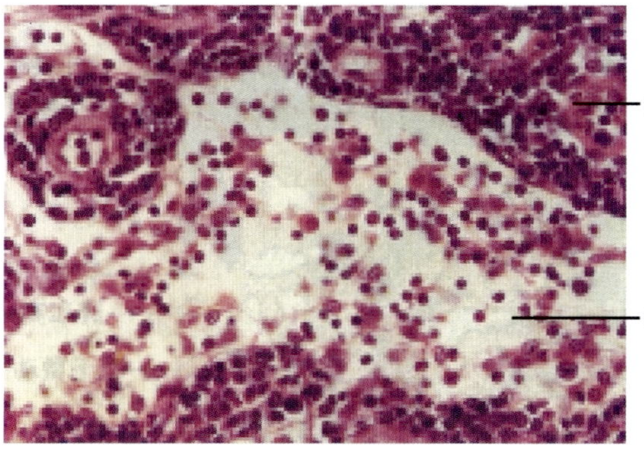

图10-50 淋巴结髓质结构光镜像

2）副皮质区：为位于皮质深层的弥散淋巴组织，主要由胸腺迁移来的T淋巴细胞聚集而成，故又称深层皮质单位或胸腺依赖区。

3）皮质淋巴窦：皮质包括被膜下淋巴窦和小梁周窦。被膜下淋巴窦呈扁囊状，包围整个淋巴结实质，其被膜侧有数条输入淋巴管穿入。小梁周窦的末端常为盲端，仅部分与髓质淋巴管直接相通。淋巴窦由内皮细胞构成窦壁，并有星状的网状细胞支撑窦腔，窦内表面附着有许多巨噬细胞，有利于清除细菌、异物和抗原物质。

（2）髓质　位于淋巴结深部，由髓索和髓窦构成（图10-50）。髓索呈条索状，内含有B淋巴细胞及一些浆细胞和巨噬细胞等。髓窦位于髓索之间，与皮质淋巴窦结构相同，但窦腔宽大，巨噬细胞较多，有较强的滤过作用。

3. 淋巴结的功能　淋巴结作为重要的免疫器官，有滤过淋巴液和产生免疫应答的功能。

（1）滤过淋巴液　淋巴液中的细菌、病毒、毒素等抗原物质，流经淋巴结时被滤过，淋巴结正常时对细菌的清除率可达99.5%。

（2）参与免疫应答　淋巴结内含有多种免疫细胞，是进行免疫应答的场所。当抗原物质进入淋巴结，被巨噬细胞吞噬、处理，并将抗原信息提呈给T淋巴细胞和B淋巴细胞，可激活T细胞并使其分裂、增生，行使细胞免疫功能，使B淋巴细胞增殖成浆细胞，产生抗体，参与体液免疫应答。

4. 人体各部主要的淋巴结群　淋巴结多成群集聚，沿血管排列分布，位于关节的屈侧和体腔的隐蔽部位，可分为浅、深两种。浅淋巴结位于浅筋膜内，深淋巴结位于深筋膜深面，收纳一定器官或部位的淋巴。

（1）头颈部的淋巴结　主要分布于头、颈交界处和颈内、外静脉的周围（图10-51，图10-52）。

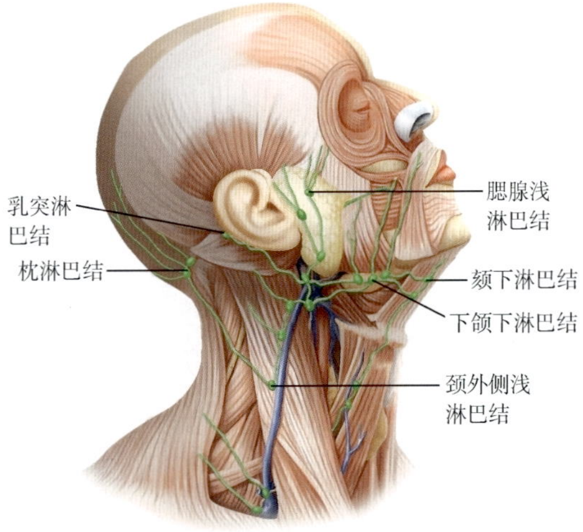

图10-51　头颈部浅淋巴结

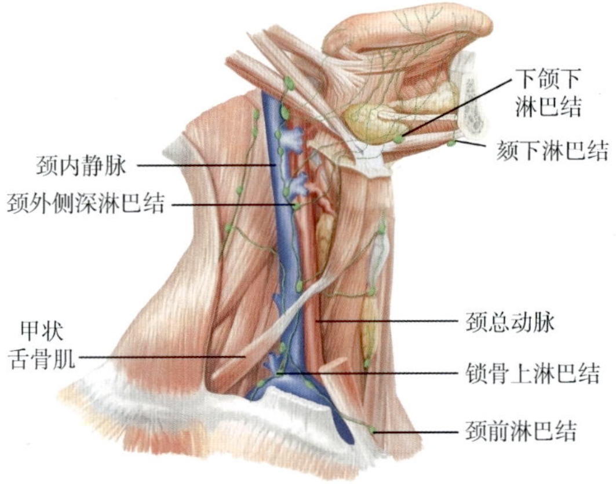

图10-52　头颈部深淋巴结

1）头部淋巴结：位于头、颈交界处，有颏下淋巴结、下颌下淋巴结、腮腺淋巴结、乳突淋巴结和枕淋巴结，主要收纳头面部的淋巴，汇入颈外侧淋巴结。下颌下淋巴结位于下颌下腺附近，收纳面部及口腔的淋巴。

2）颈部的淋巴结：主要有颈外侧淋巴结，分为浅、深两群。①颈外侧浅淋巴结：沿颈外静脉排列，收纳颈部浅层及头部的淋巴，汇入颈外侧深淋巴结。②颈外侧深淋巴结：位于胸锁乳突肌深面，沿颈内静脉排列，收集头颈部、胸壁上部及乳房上部的淋巴，其输出淋巴管汇合成颈干。

（2）上肢的淋巴结　除有腋淋巴结和肘部浅淋巴结外，在臂、前臂和手部均有淋巴结，上肢的淋巴最终都注入腋淋巴结。

1）肘部浅淋巴结：位于肱骨内上髁上方的皮下，又称滑车上淋巴结。

2）腋淋巴结：位于腋窝内，按位置分为外侧淋巴结、胸肌淋巴结、肩胛下淋巴结、中央淋巴结和尖淋巴结5群（图10-53），主要收纳上肢、乳房、胸前外侧壁和脐以上腹壁浅层的淋巴，其输出淋巴管汇合成锁骨下干。

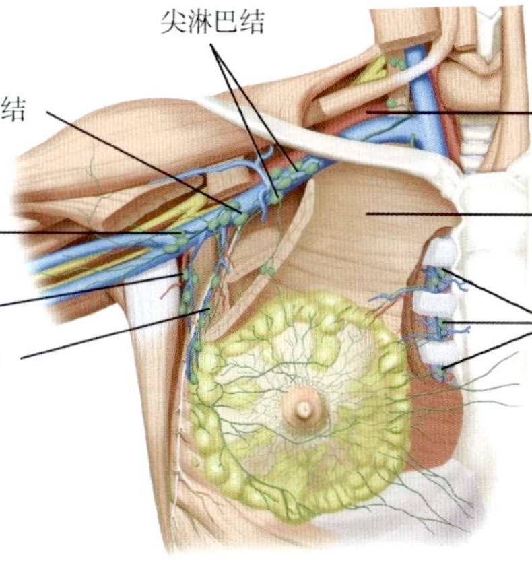

图10-53 腋淋巴结

（3）胸部的淋巴结 分为胸壁和胸腔脏器的淋巴结。主要收纳胸腔脏器、乳房内侧和脐以上胸腹壁深层的淋巴，其输出淋巴管汇入支气管纵隔干或直接汇入胸导管。

1）胸壁淋巴结：主要有胸骨旁淋巴结、膈上淋巴结等。

2）胸腔脏器的淋巴结：主要有纵隔前淋巴结、纵隔后淋巴结、支气管肺门淋巴结（或称肺门淋巴结）、气管支气管上淋巴结、气管支气管下淋巴结、气管旁淋巴结等（图10-54）。

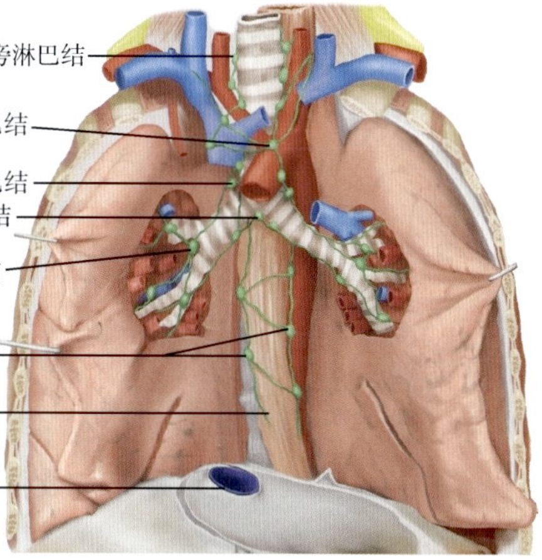

图10-54 胸腔脏器的淋巴结

（4）腹部的淋巴结 包括腰淋巴结，腹腔淋巴结和肠系膜上、下淋巴结，主要沿腹腔血管排列。腹后壁和腹腔成对器官的淋巴汇入腰淋巴结；腹腔不成对器官的淋巴分别汇入腹腔淋巴结和肠系膜上、下淋巴结。

1）腰淋巴结：沿腹主动脉和下腔静脉排列，收纳腹后壁、腹腔成对器官的淋巴及髂总淋巴结的淋巴。腰淋巴结的输出淋巴管汇合成左、右腰干。

2）腹腔淋巴结：位于腹腔干周围，收纳腹腔干分布区域内的淋巴，包括沿其分支排列的胃左淋巴结、胃右淋巴结、脾淋巴结、胃网膜左淋巴结、胃网膜右淋巴结、幽门上淋巴结、幽门下淋巴结等，其输出淋巴管汇合成肠干（图10-55）。

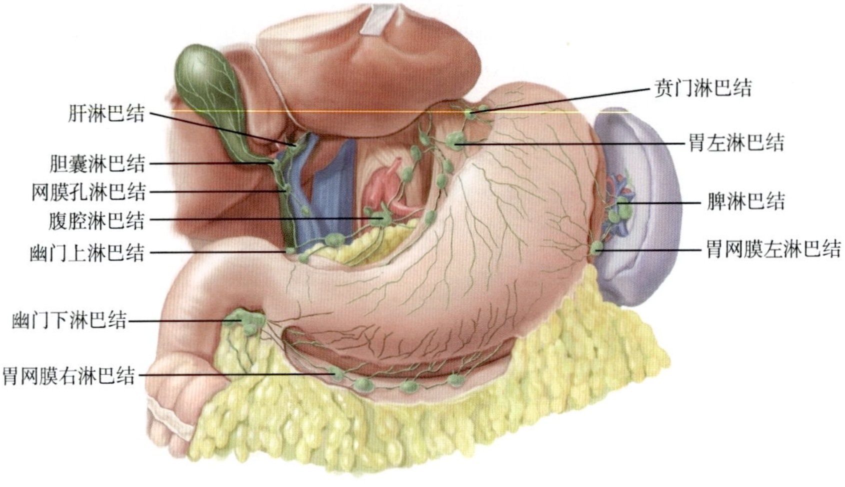

图10-55 腹腔淋巴结

3）肠系膜上、下淋巴结：分别位于肠系膜上、下动脉根部的周围，收纳同名动脉分布区域内的淋巴（图10-56）。腹腔淋巴结、肠系膜上淋巴结和肠系膜下淋巴结的输出淋巴管汇合成肠干。

（5）盆部的淋巴结　主要有髂外淋巴结、髂内淋巴结和髂总淋巴结，收纳盆部和下肢的淋巴。

1）髂外淋巴结：沿髂外动、静脉排列，收纳腹股沟浅、深淋巴结的输出淋巴管及腹前壁下部、膀胱、前列腺或子宫、阴道上部的部分淋巴。

2）髂内淋巴结：沿髂内动脉及其分支排列，收纳大部分盆壁、盆腔脏器，会阴及臀深部的淋巴。

3）髂总淋巴结：位于髂总动、静脉周围，收纳髂内、外淋巴结的淋巴，汇入腰淋巴结。

（6）下肢的淋巴结　主要分两群，位于腘窝的腘淋巴结和腹股沟的腹股沟淋巴结。

1）腘淋巴结：分浅、深两组，分别沿小隐静脉末端和腘血管排列，收纳足外侧缘、小腿后外侧部的浅淋巴和足、小腿的深淋巴，最终注入腹股沟深淋巴结。

2）腹股沟淋巴结：①腹股沟浅淋巴结，分为上、下两组，上组沿腹股沟韧带下方排列，下组沿大隐静脉末端排列。收纳腹前壁下部、臀部、会阴部、外生殖器和下肢大部分的浅淋巴，最后注入腹股沟深淋巴结或髂外淋巴结。②腹股沟深淋巴结：位于股静脉末端周围和股管内，引流大腿深部结构和会阴部的淋巴，并收纳腹股沟浅淋巴结和腘淋巴结深群的淋巴，最后注入髂外淋巴结（图10-57）。

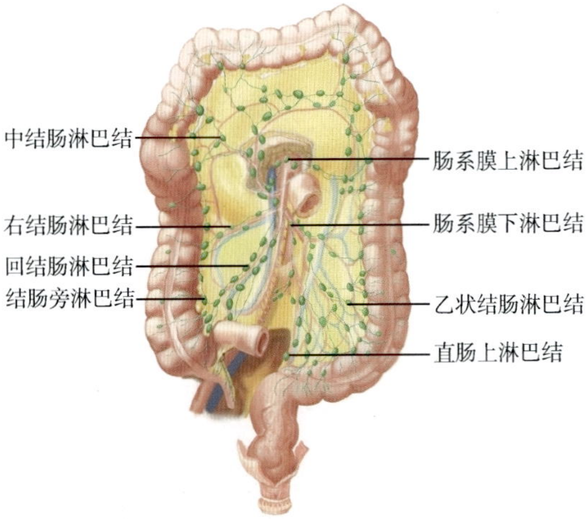

图10-56 肠系膜上、下淋巴结

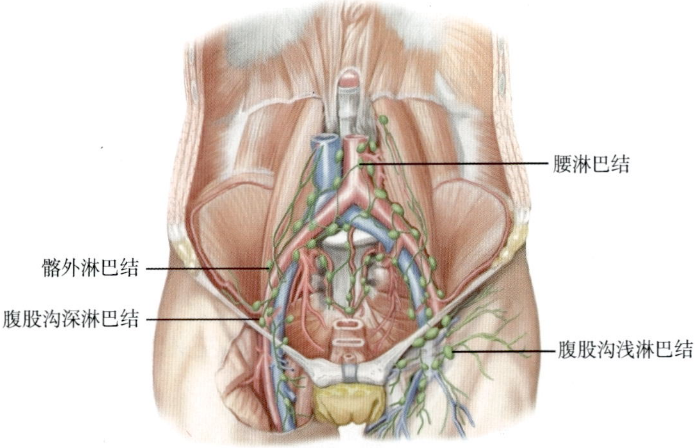

图10-57 腹股沟淋巴结

链 接 急性淋巴管炎

急性淋巴管炎指致病菌从皮肤、黏膜的破损处或其他感染病灶侵入淋巴管，引起淋巴管及其周围组织的急性炎症。致病菌主要为乙型溶血性链球菌、金黄色葡萄球菌等。急性淋巴管炎分为网状淋巴管炎和管状淋巴管炎。网状淋巴管炎即为丹毒，常伴有周围淋巴结肿大和疼痛。管状淋巴管炎分浅层和深层两种，浅层急性淋巴管炎往往在病灶表面出现一条或多条“红线”，并有压痛。深层急性淋巴管炎不出现红线，但患肢有肿胀及条形压痛区。

案例 10-3

患者，男，40 岁，工地摔伤后左上腹疼痛 2 小时。查体：心率 125 次 / 分，血压 55/35mmHg，面色苍白，上腹部压痛，腹肌紧张，叩诊移动性浊音（+），腹腔穿刺抽出不凝固血液。经临床诊断为脾破裂。

问题：1. 脾的位置在哪？

2. 脾的主要功能是什么？

（二）脾

1. 脾的位置 脾位于左季肋区，介于膈与胃底之间，第9～11肋的深面，其长轴与第10肋一致，正常时在左肋弓下不能触及。

2. 脾的形态 为扁椭圆形的实质器官（图10-58），色暗红，质软而脆，受暴力打击易破裂。脾分膈、脏两面，上、下两缘。膈面光滑隆凸，与膈相贴；脏面凹陷，中央处为脾门，有血管、神经和淋巴管出入。上缘锐利，有2～3个深陷的脾切迹，是触诊辨认脾的标志。下缘较钝，朝向后下方。

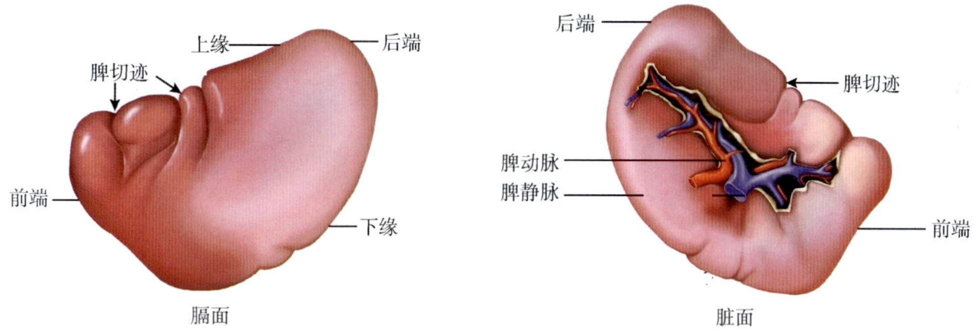

图10-58 脾的形态

3. 脾的组织结构 脾的表面包以被膜，脾实质无皮质、髓质之分，实质分为白髓、红髓和边缘区3部分（图10-59）。

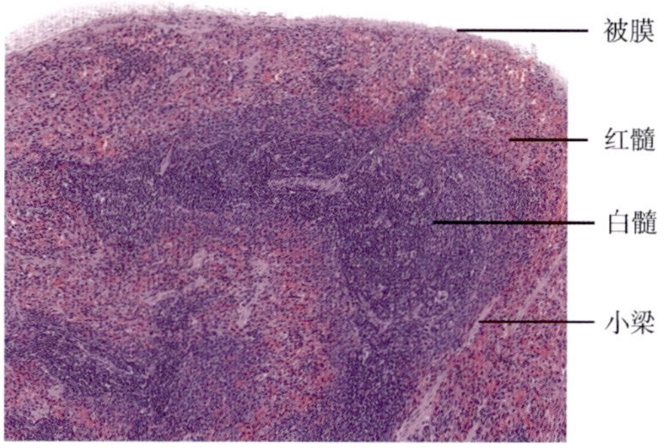

图10-59 脾的光镜图（HE染色）

（1）被膜和小梁 由富含弹性纤维及平滑肌纤维的致密结缔组织构成，被膜的结缔组织伸入脾实质内形成小梁，小梁的分支互相连接成网，构成脾的支架。

（2）白髓 因新鲜脾切面上，分散在红髓之间，呈灰白色小点状而得名。由密集的淋巴组织构成，可分为淋巴小结和动脉周围淋巴鞘两部分。

1）淋巴小结：又称脾小体，位于动脉周围淋巴鞘与边缘区之间，主要由大量B淋巴细胞构成，结构与淋巴结内的淋巴小结相似。

2）动脉周围淋巴鞘：是围绕在中央动脉周围的弥散淋巴组织，由大量T淋巴细胞和少量巨噬细胞等构成，相当于淋巴结的副皮质区。

（3）红髓　位于被膜下、小梁周围及边缘区外侧，占脾实质的大部。因含大量血细胞，新鲜脾切面上呈现红色而得名。由脾索和脾血窦构成。

1）脾索：由富含血细胞的索状淋巴组织相互连接成网而构成。脾索内含有许多B淋巴细胞、浆细胞、巨噬细胞、网状细胞和红细胞等。是脾滤血的主要场所。

2）脾血窦：位于脾索之间，腔大而不规则。窦壁由一层长杆状的内皮细胞平行排列而成，细胞间有间隙，基膜不完整，脾索内的血细胞可自由穿越间隙进入脾血窦。窦壁附近有较多的巨噬细胞，其突起可通过内皮间隙伸向窦腔。

（4）边缘区　位于白髓和红髓交界处，含T淋巴细胞、B淋巴细胞及巨噬细胞等。边缘区内有微小动脉直接开口，是血液和淋巴细胞进入淋巴组织的重要通道，也是脾最先接触抗原并引起免疫应答的重要部位。

4. 脾的功能　是人体最大的淋巴器官，具有滤血、储血、造血和参与免疫应答的功能。

（1）滤血　脾是清除衰老红细胞的主要器官，也可吞噬、清除血液中的抗原物质。

（2）储血　脾的血窦内可储存约40ml血液量，当机体需要时，脾窦和脾索内储存的血液迅速挤出，进入血液循环。

（3）造血　胚胎早期的脾具有造血功能。出生后脾内仍有少量造血干细胞，当机体严重缺血时，脾仍可恢复造血功能。

（4）参与免疫应答　脾是各类免疫细胞居住地，也是对血源性抗原物质（如细菌、病毒等）产生免疫应答的主要部位。

（三）胸腺

1. 胸腺的位置和形态　胸腺是中枢淋巴器官，位于胸骨柄后方，上纵隔前部。分为不对称的左、右两叶，呈长扁条状（图10-60）。新生儿及幼儿的胸腺相对较大，青春期后逐渐萎缩退化，被脂肪组织代替。

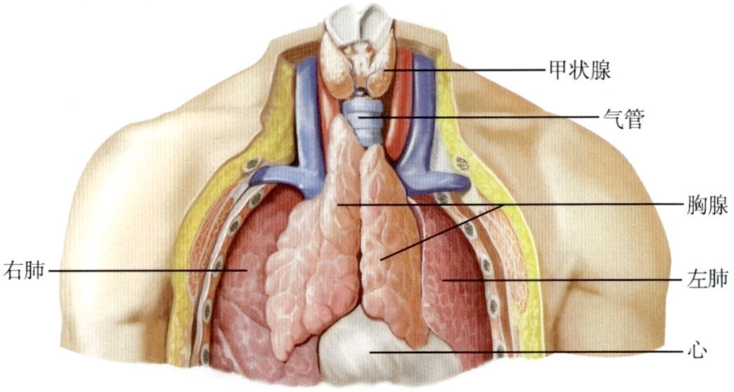

图10-60　胸腺

2. 胸腺的组织结构　胸腺表面有薄层结缔组织被膜，被膜结缔组织伸入实质形成小叶间隔，将胸腺实质分成许多不完整的胸腺小叶。每个小叶分为皮质和髓质。所有的髓质相互连接（图10-61）。

（1）皮质　位于小叶的周边，细胞密集，着色深。以胸腺上皮细胞为支架，间隙内含有大量胸腺细胞和少量基质细胞等。

1）胸腺上皮细胞：分布于被膜下和胸腺细胞之间，为扁平状或星形的多突细胞，相邻细胞突起相连成网，又称上皮性网状细胞。分泌胸腺素和胸腺生成素，为胸腺细胞的发育分化提供适宜的微环境。

2）胸腺细胞：即胸腺内处于不同分化发育阶段的T淋巴细胞，在皮质内高度密集，占皮质细胞总数的85%～90%。在发育中的胸腺细胞，绝大多数与机体自身抗原发生反应，发生凋亡，被巨噬细胞吞噬清除。最终只有5%的胸腺细胞能继续分化成熟，成为初始T淋巴细胞，具有正常的免疫应答潜能。

（2）髓质　位于胸腺小叶的中央，含大量胸腺上皮细胞、少量初始T淋巴细胞和巨噬细胞等，故着色较浅。髓质内胸腺上皮细胞呈多边形，胞体较大，也能分泌胸腺激素，部分胸腺上皮细胞参与构成胸腺小体。

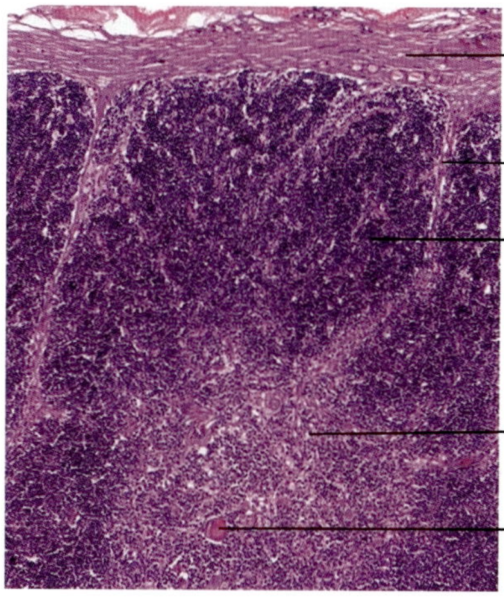

图10-61　胸腺的组织结构（HE染色）

胸腺小体是胸腺髓质的特征性结构，散在分布，由数层胸腺上皮细胞呈同心圆状排列而成，其功能不太明确，但缺乏胸腺小体的胸腺无法培育出T淋巴细胞。

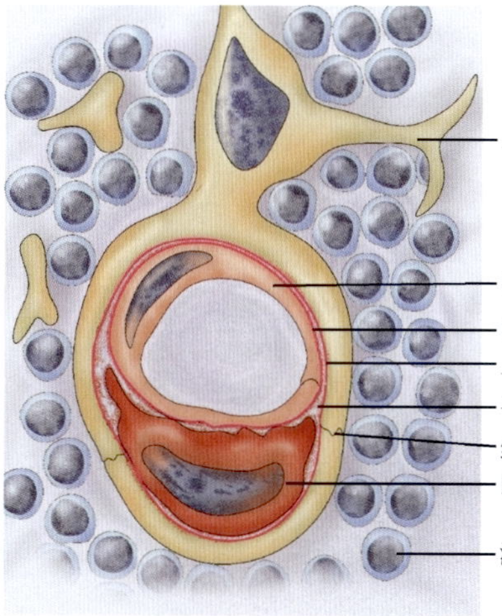

图10-62　血-胸腺屏障模式图

（3）血-胸腺屏障　胸腺皮质内的毛细血管及其周围结构能阻止血液中抗原物质进入胸腺皮质中，具有屏障作用，称为血-胸腺屏障（图10-62）。血-胸腺屏障由以下结构组成：①连续毛细血管内皮，其内皮细胞间有紧密连接；②完整的内皮基膜；③血管周隙，内含巨噬细胞；④上皮基膜；⑤一层连续的胸腺上皮细胞。血-胸腺屏障对维持胸腺内环境的稳定，保证胸腺细胞的正常发育起着极为重要的作用。

3. 胸腺的功能　胸腺是形成初始T淋巴细胞的场所，不直接参与免疫反应，但对人体免疫功能的建立具有重要作用。

（四）扁桃体

扁桃体包括腭扁桃体、咽扁桃体和舌扁桃体，是机体最常接触抗原引起免疫应答的淋巴器官。它们共同构成机体的重要防线。以腭扁桃体最大，呈扁椭圆形，通常所说的扁桃体即指腭扁桃体。

自 测 题

一、名词解释

1. 体循环　2. 肺循环　3. 三尖瓣复合体　4. 二尖瓣复合体　5. 心传导系统　6. 肝门静脉系　7. 胸导管　8. 血-胸腺屏障

二、填空题

1. 脉管系统由________和________组成，其中________由心和血管组成。
2. 心血管系统的动力器官是______。血管包括________、________和________3类。
3. 右心房有3个入口，分别为______、______和________。
4. ________是心脏的正常起搏点。
5. 主动脉分为________、________和________3段，其中________又分为________和腹主动脉。
6. 腹部动脉的主干是________，其分支有________和________两类，其中不成对脏支________、________和________3条。

三、单项选择题

1. 右颈总动脉（　　）
   A. 是头臂干的分支

B. 由主动脉弓凸侧发出
C. 由主动脉弓凹侧发出
D. 行于颈动脉鞘外
E. 动脉起始处有颈动脉窦

2. 脑膜中动脉是（　　）
A. 颈外动脉的一级分支　B. 上颌动脉的分支
C. 椎动脉的分支　D. 颈内动脉的分支
E. 大脑中动脉的分支

3. 左心室舒张时，防止血液逆流的装置是（　　）
A. 二尖瓣　B. 三尖瓣
C. 主动脉瓣和二尖瓣　D. 肺动脉瓣
E. 主动脉瓣

4. 右心室收缩时，防止血液逆流的装置是（　　）
A. 二尖瓣　B. 三尖瓣
C. 主动脉瓣　D. 肺动脉瓣
E. 主动脉瓣和肺动脉瓣

5. 左心房有（　　）
A. 肺动脉口　B. 4个肺静脉口
C. 2个肺静脉口　D. 冠状窦口
E. 上腔静脉口

6. 窦房结位于（　　）
A. 上腔静脉口与右心耳交界处心外膜深面
B. 上腔静脉口附近心内膜下
C. 下腔静脉口附近心外膜下
D. 下腔静脉口附近心内膜下
E. 冠状窦口附近内心膜下

7. 颈外动脉（　　）
A. 发出甲状腺下动脉　B. 发出甲状腺上动脉
C. 发出椎动脉　D. 在颈部无分支
E. 起自锁骨下动脉

8. 左锁骨下动脉（　　）
A. 起自头臂干　B. 起自主动脉弓
C. 延续为肱动脉　D. 发出桡动脉
E. 发出胸尺动脉

9. 腹腔干发出（　　）
A. 胃左动脉　B. 胃右动脉
C. 胃网膜左动脉　D. 胃网膜右动脉
E. 肝固有动脉

10. 脾动脉（　　）
A. 起自腹主动脉　B. 起自肝总动脉
C. 起自腹腔干　D. 锁骨下动脉
E. 主动脉弓

11. 阑尾动脉直接起自（　　）
A. 右结肠动脉　B. 肠系膜上动脉
C. 肠系膜下动脉　D. 回结肠动脉
E. 乙状结肠动脉

12. 乙状结肠动脉起自（　　）
A. 腹腔干　B. 腹主动脉
C. 肠系膜上动脉　D. 肠系膜下动脉
E. 髂内动脉

13. 大隐静脉（　　）
A. 起于足背静脉弓外侧
B. 经外踝后方上升
C. 无静脉瓣
D. 注入股静脉
E. 与腋动脉伴行

14. 肝门静脉收集血液范围不包括（　　）
A. 胃的静脉血　B. 阑尾的静脉血
C. 肝的静脉血　D. 胆囊的静脉血
E. 空肠和回肠的静脉血

15. 胸导管收集范围是（　　）
A. 仅上半身的淋巴
B. 仅右半身的淋巴
C. 下半身与左上半身的淋巴
D. 仅右上半身的淋巴
E. 下半身与右上半身的淋巴

16. 淋巴结内含B细胞的主要区域是（　　）
A. 被膜与小梁　B. 副皮质区
C. 髓质淋巴窦　D. 皮质淋巴窦
E. 浅层皮质和髓索

17. 有关脾的说法，正确的是（　　）
A. 质软而脆，受暴力打击不易破裂
B. 位于右季肋区
C. 正常时在左肋弓下能触及
D. 脾切迹是触诊辨认脾的标志
E. 其长轴位于分5肋

18. 脾脏内T淋巴细胞主要分布于（　　）
A. 脾小梁　B. 淋巴小结
C. 脾窦　D. 动脉周围淋巴鞘
E. 以上均不对

19. 胸腺髓质最显著的特征性结构是（　　）
A. 淋巴小结　B. 胸腺小体
C. 血-胸腺屏障　D. 动脉周围淋巴鞘
E. 副皮质区

四、问答题

1. 微循环由哪些血管组成？
2. 腹腔干的分支主要有哪些？
3. 试述胃癌转移至左锁骨上淋巴结的途径。

（范光忠　季　丹）

第11章
感觉器官

感觉器由感受器及其附属结构组成，能感受特定的刺激，包括视器、前庭蜗器和皮肤等。感受器是机体接受内、外环境中各种刺激的特殊结构，并能将刺激转化为神经冲动，经感觉神经传递至大脑皮质，产生相应的感觉。

第1节 视　　器

案例11-1

患者，男，9岁，20分钟前因燃放烟花爆竹炸伤左眼。体格检查：右眼周围皮肤出血、淤血，从瞳孔流出胶样物质，右眼无感光，裂隙灯检查视网膜有出血点。诊断为右眼穿透伤，需行右眼球摘除术。

问题：1. 眼球穿通伤可能损伤哪些结构？

2. 眼球内容物包括哪些？

视器又称为眼，由眼球和眼副器组成，是能感受一定波长光波刺激的视觉器官。眼球将可见光波的刺激转变为神经冲动，经视觉传导通路传到大脑皮质视觉中枢，产生视觉。眼副器对眼球具有保护、运动和支持作用。

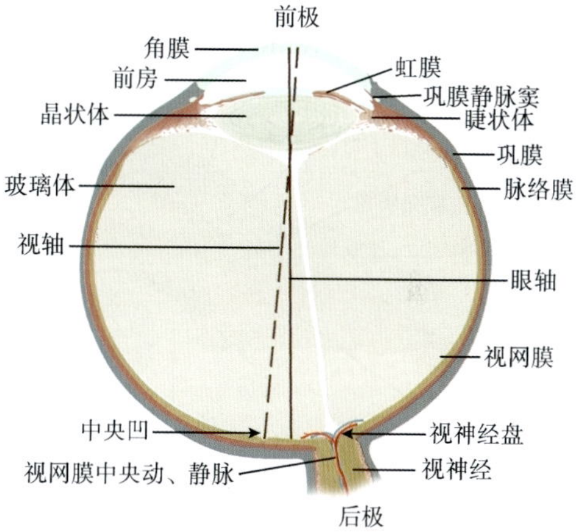

图11-1　眼球

一、眼　　球

眼球为视器的主要组成部分，近似球形，位于眼眶内，借筋膜连于眶壁，后端借视神经连于脑。眼球由眼球壁和眼球内容物组成（图11-1）。

（一）眼球壁

眼球壁由外向内依次分为纤维膜、血管膜和视网膜3层。

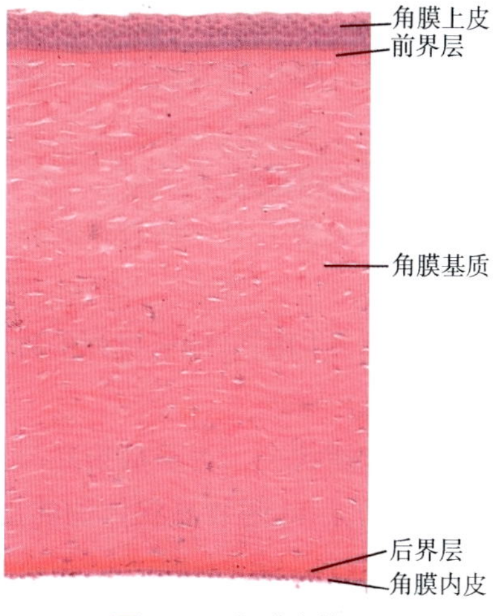

图11-2　角膜光镜图

1. 纤维膜　即外膜，为眼球的最外层，由致密结缔组织构成，厚而坚韧，具有维持眼球外形和保护眼球内容物的作用。纤维膜包括角膜和巩膜。

（1）角膜　占纤维膜的前1/6，是光线进入眼球时经过的首层结构。角膜无色透明，内无血管，但富含感觉神经末梢，对触觉和痛觉敏感，具有屈光作用。角膜由前向后分5层（图11-2）。

1）角膜上皮：为未角化的复层扁平上皮，由5～6层细胞组成。上皮含丰富的游离神经末梢。

2）前界层：是1层均质透明的薄膜，由胶原原纤维和基质构成。此层损伤后将不能再生。

3）角膜基质：约占角膜全层的90%，是构成角膜的主要成分，由粗细均匀的胶原原纤维层板状排列而成。当角膜受损或病变时，此层的纤维排列混乱或成分变性，可引起角膜混浊。

4）后界层：与前界层结构相似，但更薄，由角膜内皮的分泌物形成，损伤后可再生。

5）角膜内皮：由单层扁平上皮构成，胞质内有较多粗面内质网，能合成和分泌蛋白质，参与后界层的形成与更新。角膜内皮邻近房水，能调节水的摄取量，保持角膜含水量恒定。

医者仁心

捐献眼角膜的著名眼科专家潘作新

潘作新是我国著名眼科学专家。1948年，首创切断睑板校正内翻术，被业界称为潘氏手术，在临床长期应用，使无数患者得到救治。1983年，潘作新去世，遵照他的遗嘱，其眼球被制作成教学科研标本，其角膜移植给了一位青年，让“爱”永远看得见。

（2）巩膜　占纤维膜的后5/6，呈乳白色，不透明，厚而坚韧，表面有眼球外肌附着，起支持和保护眼球的作用。在巩膜与角膜交界处深面有一环形的小管，称为巩膜静脉窦，是房水回流入静脉的通路（图11-3）。巩膜由大量粗大的胶原纤维交织而成，内有少量血管、神经、成纤维细胞和色素细胞。

2. 血管膜　即中膜，又称色素膜，为眼球壁中层结构，由疏松结缔组织构成，富含血管、神经和色素细胞，呈棕黑色，薄而柔软，具有营养眼内组织和遮光作用。血管膜由前向后分为虹膜、睫状体和脉络膜3部分（图11-3，图11-4）。

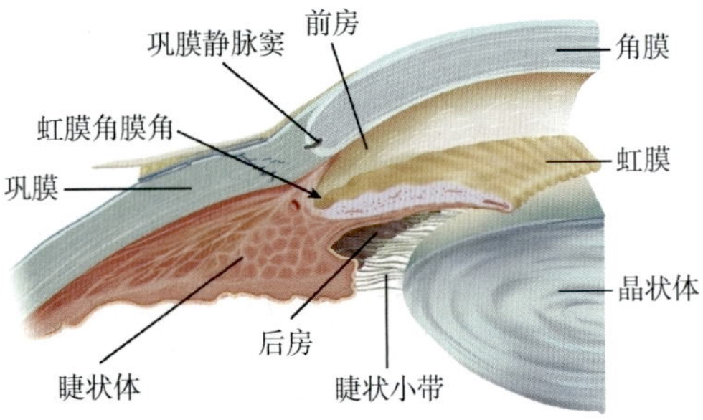

图11-3　眼球前半部后面观

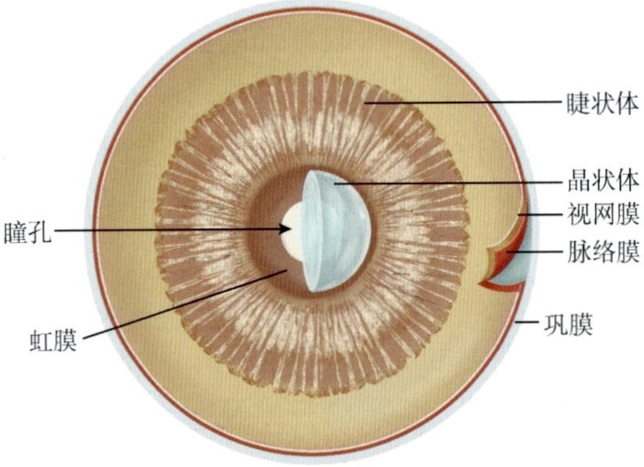

图11-4　眼球前半部后面观示意图

（1）虹膜　位于角膜的后方，呈圆盘状，中央为瞳孔，为光线进入眼球的通路。虹膜内有平滑肌组织，其中呈环状排列的为瞳孔括约肌，收缩时使瞳孔缩小；呈放射状排列的为瞳孔开大肌，收缩时使瞳孔开大。瞳孔的变化可调节进入眼球内光线的量。在弱光下或看远物时，瞳孔开大；反之，瞳孔缩小。虹膜由前向后依次分为3层。

1）前缘层：由1层扁平不连续的成纤维细胞和色素细胞组成，与角膜上皮相延续。

2）虹膜基质：为富含血管和色素细胞的疏松结缔组织。由于种族和个体差异，其中所含色素量不同，使虹膜呈现不同的颜色。

3）虹膜上皮：由两层色素上皮细胞组成。前层分化为肌上皮细胞，在瞳孔周围呈环形排列的称瞳孔括约肌，以瞳孔为中心呈放射状排列的称瞳孔开大肌，两者都受副交感神经支配。

（2）睫状体　连于虹膜的后外侧，是血管膜增厚的部分。睫状体前部有睫状突，为呈放射状排列的皱襞。睫状突借睫状小带与晶状体相连。睫状体内的平滑肌，称为睫状肌，可调节晶状体的曲度，是房水产生的部位（图11-4）。睫状体由外向内分3层。

1）睫状肌：为平滑肌，呈纵行、环形和放射状排列，受副交感神经支配。睫状肌舒缩可通过睫状小带来调节晶状体的曲度。

2）血管层：又称基质，为富含毛细血管和色素细胞的疏松结缔组织。

3）睫状体上皮：有内外两层细胞，外层为色素上皮细胞，内层细胞可分泌房水。

（3）脉络膜　位于巩膜和视网膜之间，占血管膜的后2/3，由富含毛细血管和色素细胞的疏松结缔组织构成，具有营养眼球壁和吸收眼内分散光线的作用（图11-5）。

3. 视网膜　即内膜，位于血管膜内面，可分为盲部和视部。在虹膜和睫状体内面的部分，称为盲部，无感光功能；在脉络膜内面的部分，称为视部，有感光作用。用检眼镜观察视网膜，在其后部有一呈白色的圆形隆起，为视神经盘，因此处无感光细胞，又称生理盲点。在视神经盘颞侧约3.5mm处，有一黄色区域，称黄斑。黄斑中央凹陷处，称中央凹，此区无血管，只有视锥细胞和色素上皮细胞，是感光和辨色最敏锐、精确的部位（图11-6）。

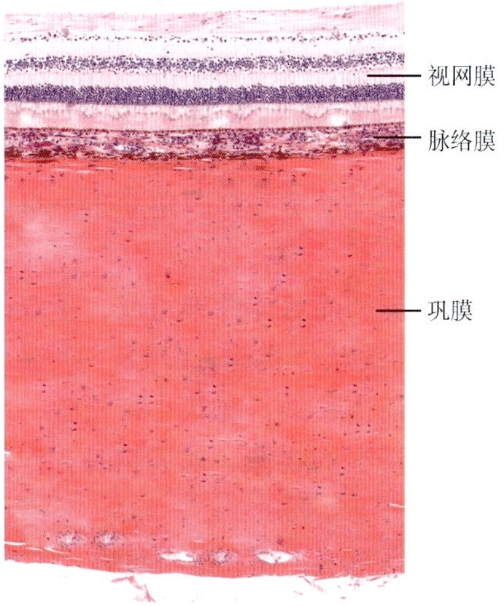

图11-5　眼球壁光镜图

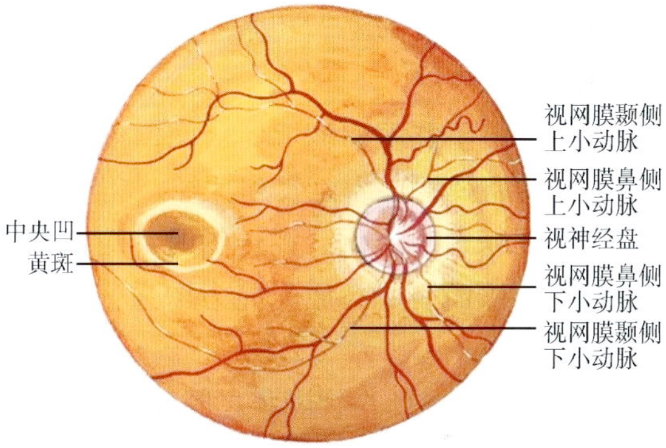

图11-6　眼底观

案例11-2

患者，男，52岁。在干农活时突感眼前一片乌云般阴影伴视物变形，5天后出现右眼视力急剧下降。眼科检查：右眼视力0.03，左眼视力0.8，B超检查提示右眼视网膜脱离。

问题： 该病的组织学基础是什么？

视网膜主要由4层细胞组成（图11-7）。

（1）色素上皮层　位于视网膜最外层。细胞为低柱状，基部借基膜与脉络膜相连，顶部伸出许多细长的突起，插到视细胞之间，但色素上皮与视细胞之间并无牢固的连接结构，所以视网膜剥离常发生在两者之间。色素上皮细胞的胞质内有很多黑素颗粒，可防止强光对视细胞的损害。色素上皮细胞还能储存维生素A。

（2）视细胞层　为感光细胞，包括视杆细胞和视锥细胞两种，均能接受光的刺激并转换为神经冲动。

1）视杆细胞：胞体细长，从胞体向外侧伸出细长杆状的树突。视杆细胞主要感受弱光的刺激，当维生素A缺乏时可降低对弱光的敏感性，导致夜盲症。

2）视锥细胞：结构与视杆细胞相似，但外侧突起粗短，呈圆锥形，称视锥。视锥细胞主要感受强

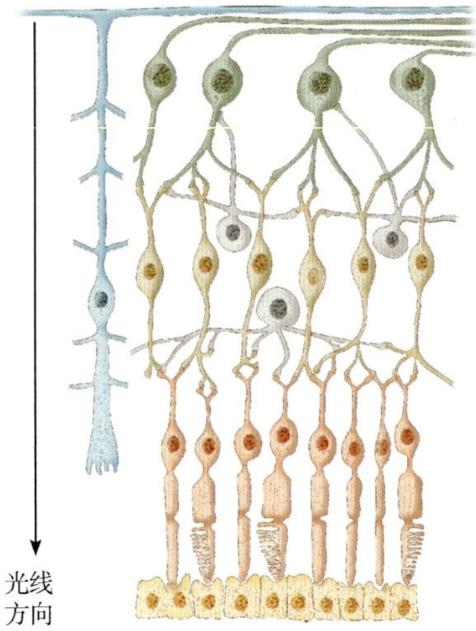

图11-7 视网膜的神经细胞示意图

光和辨色。视锥细胞异常可导致色盲或色弱。

（3）双极细胞层 为连接视细胞和节细胞的中间神经元。

（4）节细胞层 位于视网膜最内层，为多极神经元。其树突与1个或多个双极细胞的轴突形成突触，轴突向视神经盘集中，组成视神经。

（二）眼球内容物

眼球内容物包括房水、晶状体和玻璃体。它们与角膜一样无色透明而不含血管，具有屈光作用，与角膜合称为眼的屈光系统（图11-1）。

1. 房水 为无色透明的液体，充满于眼房内。眼房是角膜与晶状体和睫状体之间的腔隙，以虹膜为界，分为前房和后房，两者借瞳孔连通。在前房的周边，虹膜与角膜交界处的环形区域，称为虹膜角膜角（前房角），与巩膜静脉窦相邻。房水除有屈光作用外，还具有营养角膜和晶状体，维持眼压的作用。

房水由睫状体上皮分泌，其循环途径如下：房水→后房→瞳孔→前房→虹膜角膜角→巩膜静脉窦→眼静脉。

2. 晶状体 位于虹膜和玻璃体之间，由晶状体囊、晶状体上皮和晶状体纤维组成，呈双凸透镜状的透明体，富有弹性，无血管和神经。晶状体周缘借睫状小带与睫状体相连（图11-3）。晶状体曲度可随睫状肌舒缩发生变化。视近物时，睫状肌收缩，睫状体向前内移动，睫状小带松弛，晶状体因本身的弹性回缩而变厚，屈光能力增强，确保在视网膜上形成清晰的物像。视远物时，作用机制相反。

3. 玻璃体 为晶状体与视网膜之间的无色透明胶状物，含水量达99%，还有透明质酸、玻璃蛋白、胶原原纤维等，具有屈光、维持眼球形状和支撑视网膜的作用。

链 接 青光眼

青光眼是因房水循环受阻导致眼压升高，引起视功能障碍，并伴有视网膜形态学变化的疾病。青光眼常见于中壮年，尤其以女性居多，多数发病与精神有关，部分青光眼患者与遗传因素有关。

二、眼 副 器

眼副器包括眼睑、结膜、泪器和眼球外肌等结构，对眼球起支持、保护和运动作用。

（一）眼睑

眼睑（图11-8）俗称眼皮，位于眼球前方，有保护眼球的作用，可分上睑和下睑，两者之间的裂隙，称为睑裂。睑裂的内、外侧角分别称为内眦和外眦。眼睑的游离缘，称为睑缘，生有睫毛，正常的睫毛向外生长，如睫毛长向角膜，称为倒睫，可损伤角膜。睫毛根部有睫毛腺，此腺的急性炎症，称为睑腺炎（麦粒肿）。上、下睑缘近内眦处各有一小孔，称为泪点，是上、下泪小管的入口（图11-8）。

眼睑具有保护眼球的作用，由前向后可分5层。

1. 皮肤 薄而柔软，睑缘处有睫毛。睫毛处有皮脂腺，开口于毛囊。

2. 皮下组织 为薄层疏松结缔组织，缺乏脂肪，易发生水肿和淤血。

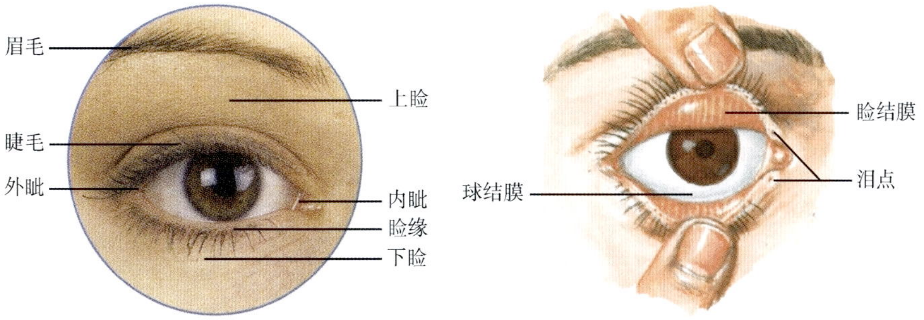

图11-8 眼睑

3. 肌层　主要为眼轮匝肌和提上睑肌。

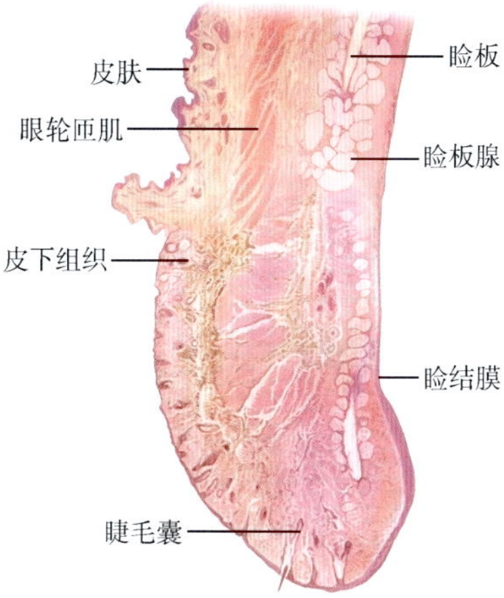

图11-9 眼睑结构示意图

4. 睑板　为致密结缔组织，呈半月形，质硬，内有睑板腺开口于睑缘，其分泌物可润滑睑缘和角膜。该腺的开口阻塞时形成睑板腺囊肿或称霰粒肿（图11-9）。

5. 睑结膜　衬于睑的内面，为薄而透明的黏膜。

（二）结膜

结膜为一层薄而光滑、透明、富含血管的黏膜，其中衬贴在眼睑内面的部分称睑结膜，覆盖在巩膜前面的部分称球结膜。睑结膜和球结膜相互转折移行处称结膜穹隆，分为结膜上穹和结膜下穹。闭眼时，睑结膜和球结膜围成的囊状腔隙，称结膜囊。

（三）泪器

泪器（图11-10）包括泪腺和泪道。

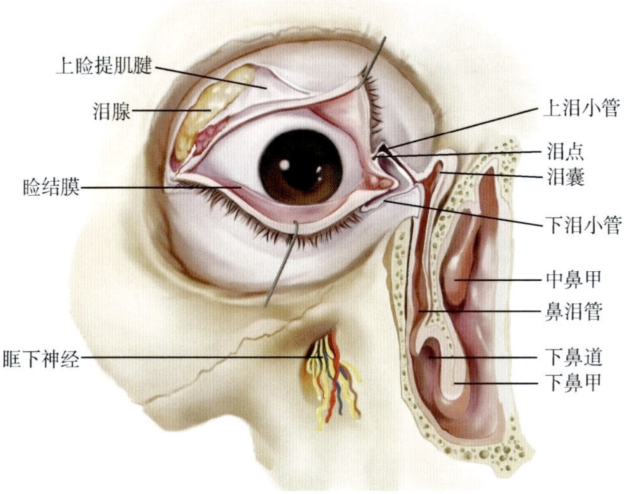

图11-10 泪器

1. 泪腺　位于眶上壁前外侧的泪腺窝内，其排泄管开口于结膜上穹外侧部。泪腺为浆液性复管泡状腺，分泌的泪液呈弱碱性，含少量无机盐。泪液有润滑角膜和杀菌作用。

2. 泪道　由泪点、泪小管、泪囊和鼻泪管组成。

（1）泪点　在上、下睑缘近内眦处各有一小孔，称泪点，是泪小管的入口。

（2）泪小管　连接泪点与泪囊的小管，上、下各一，分别呈直角转向内侧，汇合后开口于泪囊上部。

（3）泪囊　位于眼眶内侧壁的泪囊窝内，为一个膜性囊。上端为盲端，下部移行为鼻泪管。

（4）鼻泪管　为膜性管道，包埋在骨性鼻泪管中，开口于下鼻道。

（四）眼球外肌

眼球外肌配布在眼球周围，共7块，均为骨骼肌。除1块上睑提肌提上睑外，其余6块均作用于眼球。上直肌收缩使眼球转向内上方；下直肌收缩使眼球转向内下方；内直肌收缩使眼球转向内侧；外直肌收缩使眼球转向外侧；上斜肌收缩使眼球转向外下方；下斜肌收缩使眼球转向外上方（图11-11，图11-12）。

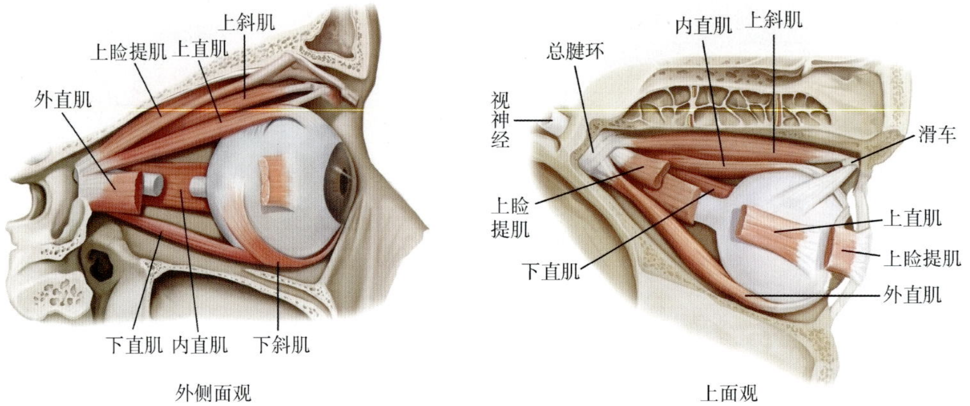

图11-11 眼球外肌

三、眼的血管

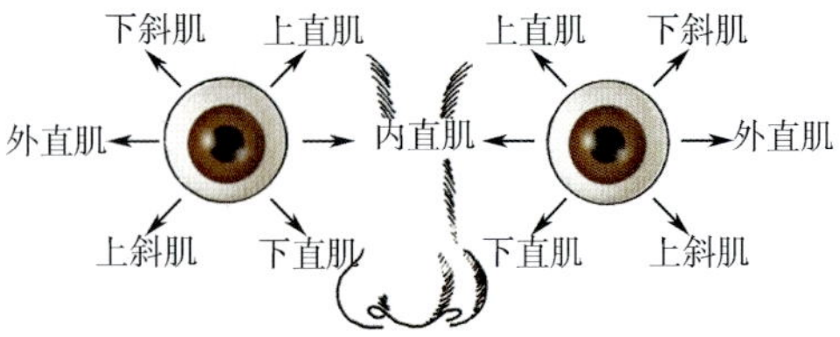

图11-12 眼球外肌运动方向示意图

（一）眼的动脉

眼球和眼副器的血液供应主要来自眼动脉，由颈内动脉发出（图11-13）。眼动脉最重要的分支为视网膜中央动脉。该动脉自眼球后方穿入视神经内，穿经视神经盘入视网膜，分为视网膜鼻侧上、下小动脉和颞侧上、下小动脉4支，营养视网膜各部。临床上，利用检眼镜可清晰地观察到这些结构，对某些疾病的诊断和判断及其预后有重要意义。

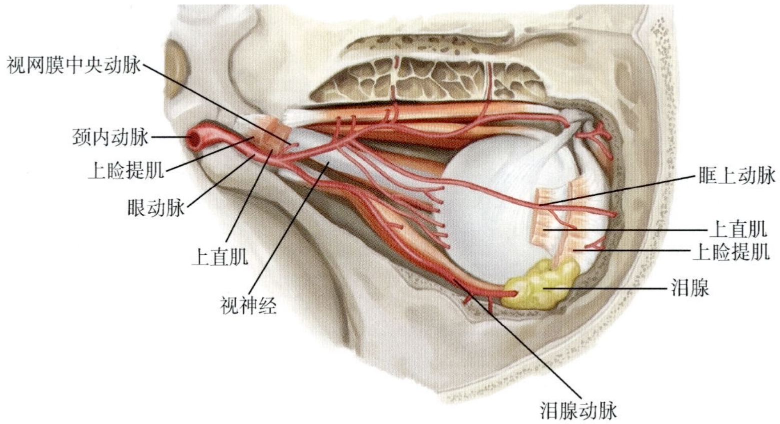

图11-13 眼动脉及其分支

（二）眼的静脉

眶内血液通过眼静脉回流。主要有眼上静脉和眼下静脉。前者起自眶的前内侧，向后经眶上裂注入海绵窦。后者起自眶下壁和内侧壁的静脉网，向后分为两支，一支经眶上裂注入眼上静脉，另一支经眶下裂注入翼静脉丛。因眼静脉无瓣膜，向前与面静脉吻合，向后注入海绵窦，所以，面部感染可经此途径侵入颅内。

第2节 前庭蜗器

前庭蜗器又称耳，分为外耳、中耳和内耳3部分（图11-14）。外耳和中耳是收集和传导声波的装置，内耳有接受声波和位觉刺激的感受器。

一、外 耳

外耳包括耳廓、外耳道和鼓膜3部分。

（一）耳廓

耳廓大部分以弹性软骨为支架，表面覆盖皮肤。耳廓的下部只含结缔组织和脂肪，称耳垂，是临床采血的常用部位。耳廓外侧面中部有一孔，称外耳门，外耳门前方有一突起称耳屏。

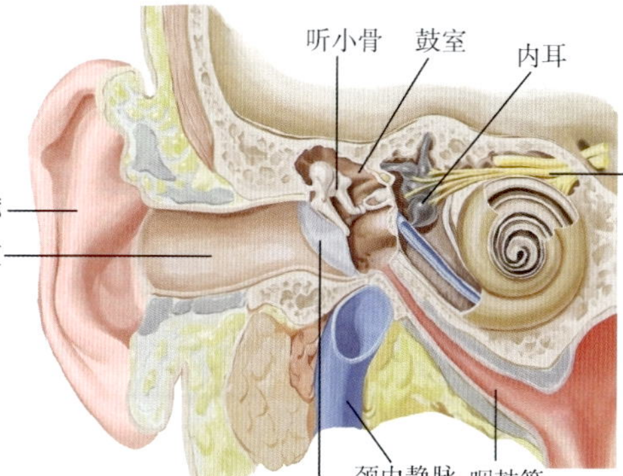

图11-14 耳

（二）外耳道

外耳道为外耳门至鼓膜之间的弯曲管道，呈“～”形，成人长约2.5cm。外侧1/3段为软骨部，指向内后上方；内侧2/3段为骨性部，指向内前下方。检查鼓膜时，应将耳廓拉向后上方，使外耳道变直以便观察。儿童的外耳道短而直，鼓膜近于水平位，检查时要将耳廓拉向后下方。

外耳道表面覆盖一薄层皮肤，内含丰富的感觉神经末梢、毛囊、皮脂腺和耵聍腺。当外耳道皮肤发生肿胀时疼痛剧烈。耵聍腺的分泌物称耵聍。

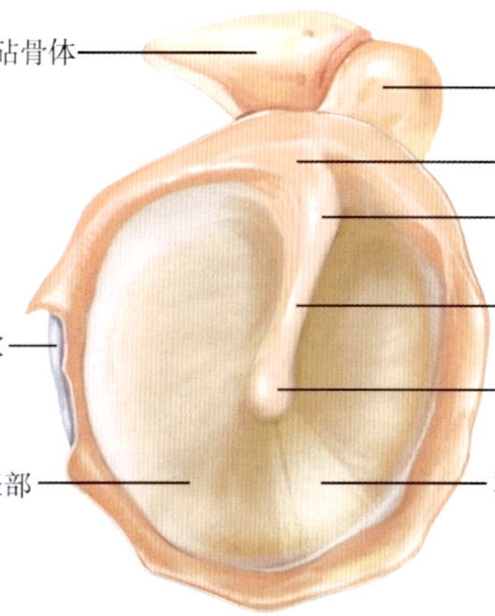

图11-15 鼓膜

（三）鼓膜

鼓膜位于外耳道和鼓室之间，为椭圆形半透明薄膜，自后上外斜向前下内，与外耳道下壁成45°～50°。鼓膜呈漏斗形，凹面向外，中央向内凹陷称鼓膜脐。鼓膜上1/4的三角形区薄而松弛称为松弛部，活体上呈淡红色；下3/4坚实而紧张称紧张部，在活体呈灰白色。鼓膜脐前下方有一个三角形的反光区，称光锥（图11-15）。

案例11-3

患者，女，30岁，左耳间断流脓2个月伴恶臭。耳部检查：耳廓及外周无红肿、外伤、畸形等，无牵拉痛；左耳可见黄褐色胆脂瘤样物，有少许淡黄色分泌物；鼓膜可见一个穿孔；咽鼓管通畅；双耳听力正常。辅助检查：血常规示白细胞16.1×10^9/L，中性粒细胞0.87，淋巴细胞0.13。临床诊断：慢性化脓性中耳炎伴鼓膜穿孔。

问题：请分析该疾病的耳解剖学基础。

二、中 耳

中耳包括鼓室、咽鼓管、乳突窦和乳突小房（图11-16）。

（一）鼓室

鼓室位于鼓膜和内耳外侧壁之间，是颞骨岩部内不规则的小腔。鼓室向前经咽鼓管通咽腔，向后与乳突小房相通。鼓室内主要有3块听小骨，由外至内为锤骨、砧骨和镫骨，它们借关节连成听骨链（图11-17）。

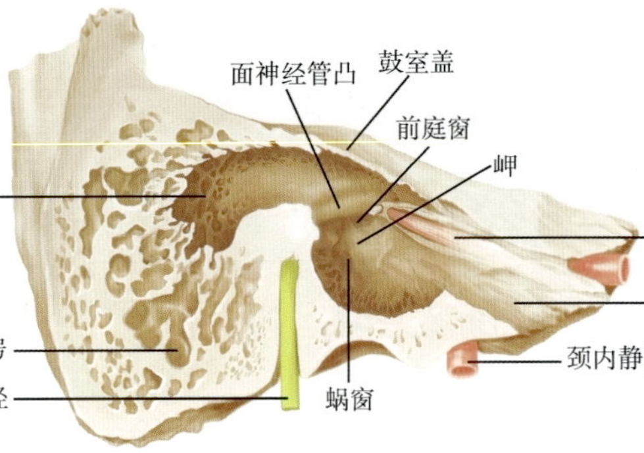

图11-16 鼓室内侧壁

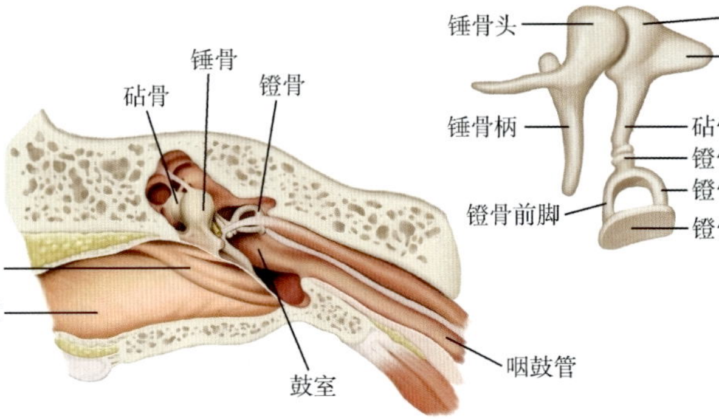

图11-17 听小骨

（二）咽鼓管

咽鼓管是连通鼓室与鼻咽部的管道。其作用是使鼓室的气压与外界气压相等，保持鼓膜内外压力平衡。由于小儿咽鼓管短而宽，近似水平，所以小儿上呼吸道感染可经咽鼓管侵入鼓室，引起中耳炎。

（三）乳突窦和乳突小房

乳突窦是乳突小房中最大的，位于鼓室后壁，乳突窦沟通鼓室与乳突小房。乳突小房是位于颞骨乳突内的许多含气小腔。小腔彼此相通，向前上方开口于鼓室。二者内面衬贴的黏膜与鼓室黏膜相续，在中耳炎时可蔓延至此，形成乳突炎，严重者可形成乳突瘘。

链 接 咽鼓管与中耳炎

急性中耳炎是中耳黏膜的急性化脓性炎症，由咽鼓管途径感染最多见。咽部、鼻部的炎症向咽鼓管蔓延，咽鼓管咽口及管腔黏膜出现充血、肿胀，纤毛运动发生障碍，致病菌乘虚侵入中耳，引起中耳炎。

三、内　耳

内耳位于颞骨岩部内，是鼓室与内耳道之间的一系列复杂管道，故又称迷路。迷路分骨迷路和膜迷路。骨迷路是骨性管道，膜迷路是套在骨迷路内的膜性管道。膜迷路内含有内淋巴，膜迷路与骨迷路之间的间隙充满外淋巴，内、外淋巴互不交通。

（一）骨迷路

骨迷路由后向前分为骨半规管、前庭、耳蜗3部分（图11-18）。

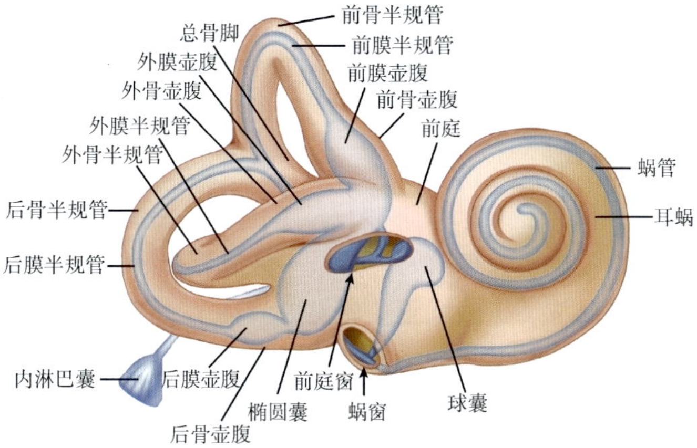

图11-18 骨迷路

1. 骨半规管 为骨迷路的后部，由前、后和外侧3个“C”形互相垂直的管道构成。每个骨半规管有两个脚，其中一脚膨大称骨壶腹。

2. 前庭 为骨迷路中部近似椭圆形的空腔。后方有5个小孔与3个骨半规管相通；前方通耳蜗；外侧壁即鼓室内侧壁，有前庭窗和蜗窗；内侧壁即内耳道底。

3. 耳蜗 位于骨迷路的前部，形似蜗牛壳。其前端朝向前外方称蜗顶，其底朝向后内侧称蜗底。耳蜗由蜗螺旋管环绕蜗轴旋转约2圈半构成。自蜗轴伸出骨螺旋板突入骨螺旋管内，螺旋板外缘与膜迷路（蜗管）相连，将蜗螺旋管分为上部的前庭阶、中间的蜗管和下部的鼓阶。前庭阶通前庭窗，鼓阶通蜗窗，两者在蜗顶经蜗孔相通（图11-19）。

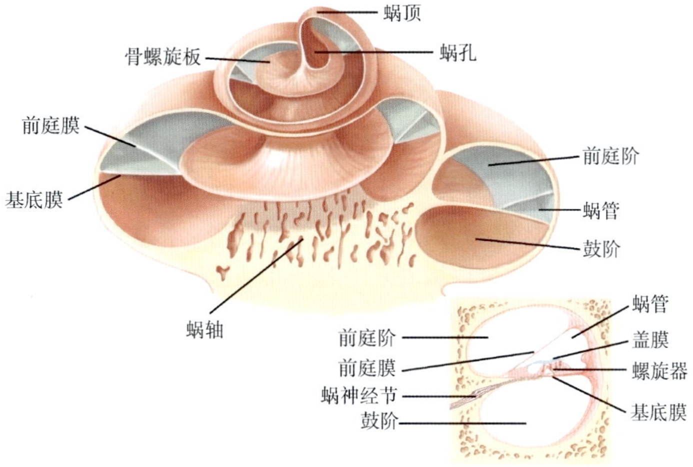

图11-19 耳蜗

（二）膜迷路

膜迷路分为椭圆囊和球囊、膜半规管、蜗管3部分。

1. 椭圆囊和球囊 位于前庭内。椭圆囊较大，在后上方；球囊较小，在前下方，两者借小管相通。椭圆囊后壁与3个膜半规管相通，球囊有小管与蜗管相通。两囊的壁内分别有椭圆囊斑和球囊斑，均为位置觉感受器，能感受直线变速运动的刺激。

2. 膜半规管 位于骨半规管内，两者形状相似，但膜半规管的管径较小。每管在骨壶腹的膨大部分称膜壶腹，壁内有突起称壶腹嵴，也是位置觉感受器，能感受旋转运动的刺激。椭圆囊斑、球囊斑和壶腹嵴都与前庭神经相连。

3. 蜗管 位于蜗螺旋管内，盘绕蜗轴旋转两圈半。其顶端为盲端，下端借小管与球囊相通。在耳蜗切面上，蜗管呈三角形，有上、下和外侧3壁。下壁由骨螺旋板和基底膜组成，并与鼓阶相邻。基底膜上有螺旋器（图11-19），为听觉感受器，能感受声波的刺激。

（三）声波的传导

声波传导途径包括空气传导和骨传导，在正常情况下以空气传导为主。

1. 空气传导 声波→耳郭收集→外耳门→外耳道→鼓膜振动→听骨链→前庭窗→前庭阶（外淋巴波动）→蜗孔→鼓阶（外淋巴波动）→蜗管（内淋巴波动）→基底膜（螺旋器感受声波刺激）→听神经→中枢神经产生听觉。若鼓膜受损和听骨功能障碍时，声波可经第二鼓膜传入内耳，但听力显著降低。

2. 骨传导 声波经颅骨传入内耳。在声波刺激下，颅骨（包括骨迷路）发生微小的来回移动或压缩回弹，导致内耳淋巴的波动，刺激螺旋器引起听觉。但骨传导效能低微。

声波→颅骨→骨迷路→鼓阶外淋巴→蜗管内淋巴→螺旋器→听神经→大脑听觉中枢

↓　　　　　↑

前庭阶外淋巴→前庭膜

第3节　皮　　肤

皮肤被覆于身体表面，总面积为1.2～2.0m^2，重量约占成人体重的16%，是人体最大的器官。皮肤由表皮和真皮组成。表皮为角化的复层扁平上皮。真皮主要为致密结缔组织，借皮下组织与深部的组织相连。皮肤内有丰富的神经末梢和血管网，还有由表皮衍生的毛发、皮脂腺、汗腺和指（趾）甲等附属器。

案例 11-4

患者，女，19岁，3年前开始颜面长粉刺，未治疗。近1年病情加重，颜面布满结节，大小不等，挤之有豆渣样物排出。查体：面部油腻，毛孔粗大，除鼻及眼周外，其他处均见散在的黑头粉刺及大小不等结节隆起，黑头粉刺挤压有豆渣样物排出，大结节挤压有稀薄血性和脓性分泌物。采用中药治疗后效果明显。临床诊断：痤疮。

问题：该病的组织学基础是什么？

一、表　　皮

表皮位于皮肤浅层，由角化的复层扁平上皮组成，主要含有两类细胞：一类是角质形成细胞，构成表皮的主体，且分层排列；另一类是非角质形成细胞，包括黑素细胞、朗格汉斯细胞和梅克尔细胞，细胞数量少，分布于角质形成细胞之间。

（一）表皮的分层与角质形成细胞

角质形成细胞在表皮内按一定顺序排列，厚表皮的结构较典型，由基部到表面依次形成基底层、棘层、颗粒层、透明层和角质层5层结构（图11-20）。

1. 基底层 位于表皮最深层，附着于基膜上，与深层结缔组织的连接面凹凸不平，可扩大两者的接触面，有利于物质交换。形成基底层的为一层立方形或矮柱状细胞，称基底细胞。光镜下，基底细胞的核相对较大，呈圆形或椭圆形，染色较淡。细胞质较少，强嗜碱性。电镜下，胞质内含丰富的游离核糖体和分散或成束的角。细胞间有桥粒连接，基底面借半桥粒与基膜连接。基底细胞是表皮的干细胞，具有活跃的增殖和分化能力，新生的细胞不断向浅层移动，分化为其他各层细胞。

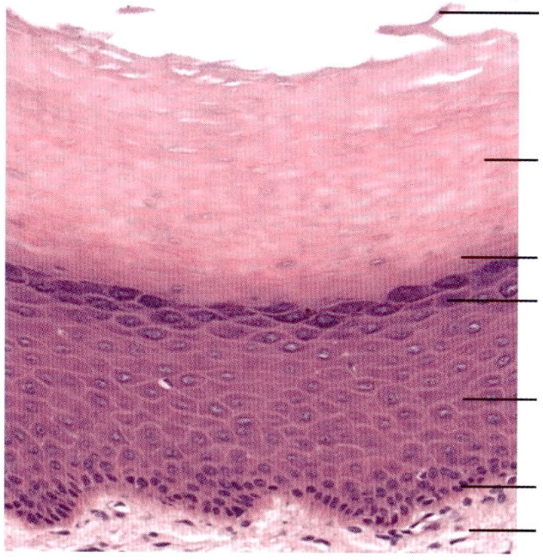

图11-20 厚表皮（手指皮）的表皮光镜图

2. 棘层 位于基底层上方，由4～10层细胞组成。细胞体积较大，深层细胞呈多边形，向浅层逐渐变扁，细胞表面伸出许多细短的棘状突起，故称棘细胞。光镜下，棘细胞核较大，圆形，位于细胞中央，胞质丰富，嗜碱性。电镜下，相邻细胞的突起相嵌，并通过桥粒相连，胞质内游离核糖体丰富，并含成束的角蛋白丝（形成光镜下的张力原纤维）。胞质内还含有膜被颗粒，内有明暗相间的平行板层，故又称板层颗粒，颗粒内主要含有糖脂和固醇，位于深层的棘细胞内还可见黑素颗粒。

3. 颗粒层 位于棘层上方，由3～5层渐扁的梭形细胞组成，细胞核和细胞器渐趋退化。胞质内出现许多透明角质颗粒，大小不等，呈强嗜碱性，其本质是富含组氨酸的蛋白质。电镜下，透明角质颗粒形状不规则，呈致密均质状，无界膜包被，角蛋白丝常穿入颗粒中，是形成角蛋白的前体。颗粒层细胞板层颗粒增多，多分布在细胞周边，并可与细胞膜融合，将其中的糖脂等物质释放到细胞间隙内，封闭细胞间隙，构成阻止物质通过表皮的主要屏障。

4. 透明层 位于颗粒层上方，由数层更扁的梭形细胞组成。HE染色显示细胞界限不清，细胞呈透明均质状，嗜酸性，折光性强。电镜下，细胞核及细胞器均消失，胞质内充满透明角质颗粒蛋白，大量的角蛋白丝浸埋其中。透明层只在无毛的手掌和足底皮肤中较为明显。

5. 角质层 为表皮的表层，由多层扁平的角质细胞组成。角质细胞是一些干硬的死亡细胞，细胞核和细胞器均已消失。HE染色显示细胞呈粉红均质状，细胞轮廓不清。电镜下，可见细胞质中充满密集的角蛋白，角蛋白是角蛋白丝浸埋在均质状透明角质颗粒蛋白中形成的复合体，角蛋白是角质细胞中的主要成分。细胞膜内面附有一层不溶性蛋白质，使细胞膜增厚而坚固。细胞间隙中充满板层颗粒释放的脂类物质。浅层细胞间桥粒解体，细胞连接松散，脱落后形成皮屑。

身体大部分表皮相当薄，称薄表皮，除基底层与厚表皮相似外，棘层、颗粒层及角质层均较薄，无透明层。

基底细胞向表面迁移形成角质细胞的过程称为角化。表皮的角化过程由深层向浅层渐进，主要表现为细胞不断变扁，角蛋白丝逐渐增多，透明角质颗粒出现和融合。随着细胞的上移，角蛋白丝由垂直方向逐渐变成交错排列，并与透明角质颗粒的蛋白融合为角蛋白。板层颗粒先出现在棘细胞，越接近表层越多。在颗粒层，板层颗粒向细胞间隙释放糖脂类物质，封闭细胞间隙，形成屏障，细胞与组织液的物质交换被阻断，以致表层细胞死亡，促进角化。

（二）非角质形成细胞

1. 黑素细胞 是生成黑素的细胞，由源于胚胎早期的神经嵴细胞迁移到皮肤，散在分布于表皮基底层细胞之间和毛囊内，每10个基底细胞中约有1个黑素细胞。身体不同部位黑素细胞的数量也不同，脸部和颈部比四肢多。黑素合成的多少还受光照的影响，紫外线可促使酪氨酸酶活性增强，使黑素合成增多，并向角质形成细胞内转运更多的黑素，使皮肤颜色加深。黑素能吸收和散射紫外线，可保护深层组织免受辐射损伤。当黑素细胞遭到破坏时，则局部皮肤呈现脱色性改变，如白癜风。

2. 朗格汉斯细胞 由胚胎期骨髓发生，以后迁移到皮肤内，分散在表皮棘细胞之间。细胞有多个突起，但在HE染色切片上不易辨认。用氯化金或ATP酶法可显示细胞体向周围伸出几个较粗的突起，粗突起上又分出几个细突起，穿插在棘细胞之间。

3. 梅克尔细胞 是一种具有短指状突起的细胞，常分布在表皮基底层或表皮与真皮连接处，在手掌、甲床，尤其是毛囊附近的表皮基底层内较多见。

二、真　皮

真皮位于表皮深层，主要由致密结缔组织组成。真皮的厚薄不一，一般为 1～2mm。眼睑、腋窝及阴茎包皮部较薄，约0.6mm，手掌及足底部较厚，约3mm。真皮可分为乳头层和网织层。

1. 乳头层 位于真皮浅层，紧邻表皮的基底层。此层较薄，为疏松结缔组织。乳头层形成许多嵴状或乳头状凸起，突向表皮，称真皮乳头。真皮乳头的形成扩大了表皮与真皮的连接面，有利于两者的牢固连接，并便于表皮从真皮的血管中获得营养。具有丰富毛细血管袢的乳头称血管乳头；含游离神经末梢和触觉小体的乳头称神经乳头。

2. 网织层 位于乳头层下方，较厚，是真皮的主要组成部分，与乳头层无明确分界。网织层由致密结缔组织组成，粗大的胶原纤维束交织成网，使皮肤具有较大的韧性。网织层中还有许多弹性纤维，使皮肤具有较大的弹性。此层有许多血管、淋巴管和神经，还有毛囊、皮脂腺和汗腺，此外，还可见环层小体。

三、皮肤的附属器

皮肤的附属器都是由表皮衍生而来，包括毛发、皮脂腺、汗腺和指（趾）甲。

（一）毛发

人体皮肤除手掌、足底外，均有毛发。毛发可分为毛干、毛根和毛球3部分。露在皮肤外面的是毛干，埋于皮肤内部的是毛根。毛根周围有毛囊包裹，毛根和毛囊的末端膨大称毛球，是毛发的生长点。毛囊的一侧有平滑肌构成的立毛肌，收缩时可使毛发竖立（图11-21）。

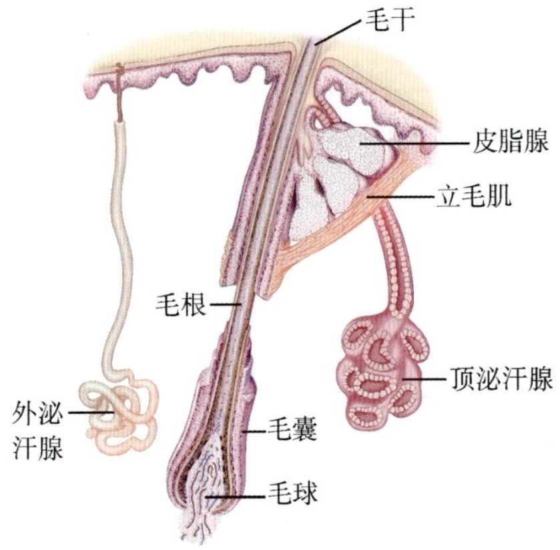

图11-21　皮肤附属器示意图

（二）皮脂腺

皮脂腺位于毛囊和立毛肌之间，其导管开口于毛囊。其分泌物称为皮脂，可滋润皮肤和毛发。

（三）汗腺

汗腺是盘曲的单管状腺，除唇边、阴部外，遍布全身。汗腺由分泌部和导管部组成，分泌部位于真皮深层和皮下组织内，导管细长，开口于皮肤表面。汗腺分泌汗液，有湿润皮肤、调节体温、排除代谢废物等作用。

在腋窝、会阴等处的皮肤，含有一种顶泌汗腺，其分泌物含蛋白质，较黏稠，经细菌分解后有臭味，俗称狐臭。

（四）指（趾）甲

指（趾）甲为指（趾）端背面的硬角质板，露在外面的部分为甲体，甲体下面的皮肤为甲床；埋于皮内的部分为甲根，甲根深面的上皮为甲母质，是甲的生长点。如破坏甲母质，则甲不能再生。

自 测 题

一、名词解释

1. 虹膜角膜角　2. 视神经盘　3. 黄斑　4. 螺旋器　5. 毛囊

二、填空题

1. 房水由_________产生，自_________经________进入眼前房。
2. 眼内容物包括________、______、________和________。
3. 眼球壁由外向内可分为________、________和________。
4. 听小骨有3块，分别为________、________和________。
5. 正常声波传导的主要形式是________，当鼓膜穿孔时，则声波还可经________传导。

三、单项选择题

1. 视器包括（　　）
   A. 眼球和眼副器　B. 眼球壁和眼内容物
   C. 眼球和眼球外肌　D. 眼球和眼神经
   E. 眼球和眼球壁
2. 下列结构中，属于眼球壁中膜的为（　　）
   A. 虹膜　B. 巩膜
   C. 角膜　D. 视网膜
   E. 色素上皮
3. 关于角膜的错误说法是（　　）
   A. 是眼球壁外膜的前1/6
   B. 无色透明
   C. 无毛细血管和感觉神经末梢
   D. 有折光作用
   E. 表面无结膜覆盖
4. 关于视神经盘的正确描述是（　　）
   A. 位于眼球的后极　B. 没有感光作用
   C. 位于黄斑外侧　D. 中央凹陷称中央凹
   E. 有视网膜中央动、静脉穿过
5. 关于晶状体的错误说法是（　　）
   A. 呈双凸透镜状
   B. 无色透明
   C. 外包一层透明而有弹性的薄膜
   D. 不含血管，仅有神经
   E. 有弹性
6. 无折光作用的是（　　）
   A. 房水　B. 晶状体　C. 虹膜
   D. 角膜　E. 玻璃体
7. 关于鼓膜的说法正确的是（　　）
   A. 位于鼓室和外耳道之间
   B. 在活体紧张部呈淡红色
   C. 大部分为松弛部
   D. 后下方有光锥
   E. 不易穿孔
8. 中耳炎引起的鼓膜穿孔，多发生在（　　）
   A. 鼓膜脐　B. 松弛部　C. 紧张部
   D. 光锥　E. 鼓膜中部
9. 毛发的生长点是（　　）
   A. 上皮性鞘　B. 毛囊
   C. 毛乳头　D. 毛根
   E. 毛球

四、问答题

1. 试述房水的循环途径。
2. 试述声波空气传导的途径。

（胡小和）

第12章

内分泌系统

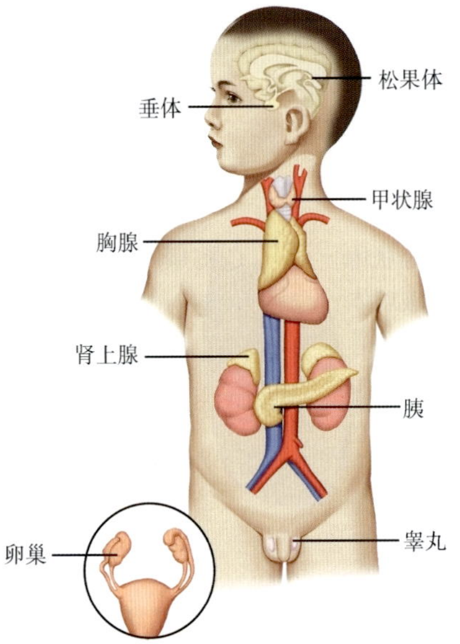

图12-1　人体的内分泌腺

内分泌系统是机体的调节系统，由位于身体不同部位的内分泌腺和内分泌细胞构成，内分泌系统与神经系统相辅相成，共同维持机体内环境的平衡与稳定，调节机体的生长发育和多种代谢活动，并调节生殖等。

内分泌腺由一群特殊分化的细胞组成，无导管，结构上独立存在。人体内的分泌腺包括甲状腺、甲状旁腺、肾上腺、垂体、松果体和胸腺（图12-1）。内分泌组织广泛分散在其他器官和组织内的内分泌细胞，如胰腺内的胰岛、睾丸内的间质细胞和卵巢内的黄体等。它们产生的激素由血液运输到全身各处，作用于特定的器官或细胞，称为该激素的靶器官或靶细胞。靶细胞具有与相应激素结合的受体，激素和受体结合后产生效应。

内分泌腺的腺细胞排列成条索状、团状或围成滤泡状，无导管，周围有丰富的毛细血管。激素按照化学性质分为含氮类激素和类固醇激素两类。机体绝大多数的内分泌细胞分泌的是含氮类激素，含氮类激素分泌细胞超微结构特点与蛋白质分泌细胞相似，胞质内有丰富的粗面内质网和高尔基复合体及分泌颗粒。类固醇激素分泌细胞包括肾上腺皮质和性腺的内分泌细胞，其超微结构特点是，胞质内有与含氮类激素相关的丰富的滑面内质网，线粒体多，含脂滴，为激素合成的原料，无分泌颗粒。

第1节　甲　状　腺

案例12-1

患者，女，44岁，左颈部无痛性肿块18年。随着包块的增大，在近段时间，在颈根部发现有若干个结节状物，并出现了吞咽、发音困难和喘鸣。检查：左侧可触及2个不规则包块，一个为4.3cm×4.7cm大小，另一个为2.1cm×1.8cm大小，边界清楚，包块在吞咽时可上下活动。病理活检示甲状腺癌。临床诊断：甲状腺癌。

问题：1. 该包块为什么能随吞咽上下活动？

2. 什么原因导致吞咽困难？

3. 如果切除此包块，需经过哪些层次结构？

4. 若手术后声音嘶哑是损伤了什么神经？应如何避免？

一、甲状腺的形态和位置

甲状腺为红褐色的腺体，重约26g，呈H形，由左右侧叶和中间的峡部组成，侧叶位于喉下部与气管颈部的前方和两侧，上平甲状软骨中点，下至第6气管软骨环，后方平对第5～7颈椎。甲状腺峡部位于第2～4气管软骨前方。

甲状腺外包有被膜，称为纤维囊（真被膜），是峡部的固定带。甲状腺被气管前筋膜包裹，形成甲状腺鞘（假被膜）。两者之间的间隙为囊鞘间隙，内有甲状旁腺、血管、神经、结缔组织等。甲状腺鞘内侧增厚成甲状腺悬韧带，使甲状腺两侧叶内侧和峡部皆连于甲状软骨、环状软骨和气管软骨环，将甲状腺固定于喉和气管壁上。所以，当吞咽时，甲状腺可随喉活动而移动（图12-2，图12-3）。

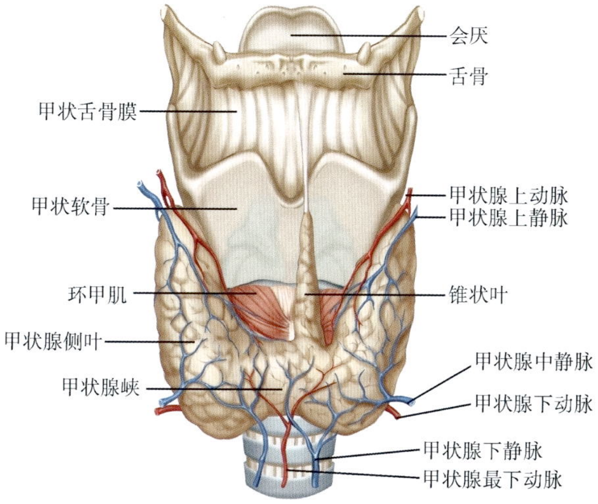

图12-2 甲状腺（正面观）

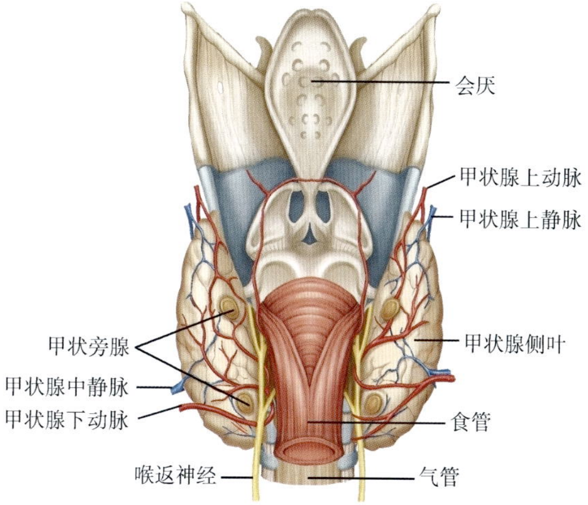

图12-3 甲状腺和甲状旁腺（后面观）

二、甲状腺的微细结构

甲状腺外包致密结缔组织构成的被膜，腺实质内有大量甲状腺滤泡和滤泡旁细胞，滤泡间有丰富的有孔毛细血管和少量结缔组织（图12-4）。

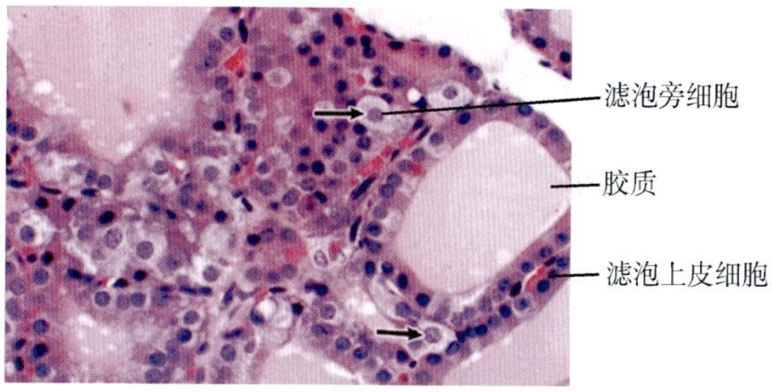

图12-4 甲状腺的微细结构

（一）甲状腺滤泡

甲状腺滤泡大小不等，呈圆形和不规则形。滤泡由单层立方上皮细胞围成，滤泡腔内充满胶状物质。滤泡上皮细胞呈立方形，并随功能状态不同而变高或变矮。功能活跃时，滤泡上皮增高呈低柱状，腔内胶质减少；反之，细胞变矮呈扁平状，腔内胶质增多。胶质是滤泡上皮细胞的分泌物，是碘化的甲状腺球蛋白，在切片上呈均质嗜酸性。

电镜下，细胞游离面有微绒毛，胞质内有较发达的粗面内质网，高尔基复合体位于核上区，顶部胞质内有大量分泌颗粒，此类细胞具有合成、储存和分泌甲状腺激素的功能。

甲状腺激素的形成由以下几个过程组成：合成、碘化、储存、重吸收、分解和释放。首先，滤泡上皮细胞从血液中摄取氨基酸，然后，在粗面内质网合成甲状腺球蛋白的前体，继而，在高尔基复合体内加糖并浓缩，形成分泌颗粒，再以胞吐方式排放到滤泡腔内。同时，滤泡上皮细胞从血液中摄取I^-，在过氧化物酶的作用下将其活化，排入滤泡腔，与甲状腺球蛋白结合，形成碘化的甲状腺球蛋白并储存于腔内。在垂体分泌的促甲状腺激素作用下，滤泡上皮细胞再将滤泡腔内的碘化甲状腺球蛋白吸收入胞质，溶酶体的蛋白水解酶将其水解，成为具有生物活性的四碘甲状腺原氨酸（T_4）和少量三碘甲状腺原氨酸（T_3）。T_3和T_4经细胞基底部释放入血液。

链 接 甲状腺激素的功能

T_3 和 T_4 可作用于机体的多种细胞，其主要功能是促进机体的新陈代谢，提高神经兴奋性，促进生长发育；尤对婴幼儿的骨骼发育和中枢神经系统发育影响更大。胎儿和婴幼儿甲状腺功能低下可导致身材矮小，脑发育障碍，发生呆小症。成人甲状腺功能低下则可引起新陈代谢率降低、毛发稀少、精神呆滞和黏液性水肿等。甲状腺功能亢进时，机体代谢率增高，可导致突眼性甲状腺肿。

（二）滤泡旁细胞

滤泡旁细胞位于滤泡之间或滤泡上皮细胞与基膜之间，细胞较大，在HE染色切片标本上胞质着色略淡，银染法可见胞质内有黑色的嗜银颗粒。滤泡旁细胞分泌降钙素，能促进成骨细胞的活动，使骨盐沉积，抑制胃肠道和肾小管吸收 Ca^{2+}，从而使血钙下降。

第2节 甲状旁腺

一、甲状旁腺的形态和位置

甲状旁腺是黄豆大小、椭圆形的腺体，呈棕黄色，上、下两对，位于甲状腺左右侧叶背面的结缔组织中，每个甲状旁腺重约50mg。上甲状旁腺位于甲状腺侧叶后缘上中1/3交界处，位于纤维囊和甲状腺鞘之间；下甲状旁腺多位于甲状腺侧叶后缘下端近甲状腺下动脉处。甲状旁腺也可埋入甲状腺实质内，或者位于甲状腺鞘外。甲状旁腺的主要作用是调节钙磷代谢，维持血钙平衡，若将甲状旁腺切除，可导致血钙降低，引起肌肉抽搐。

二、甲状旁腺的微细结构

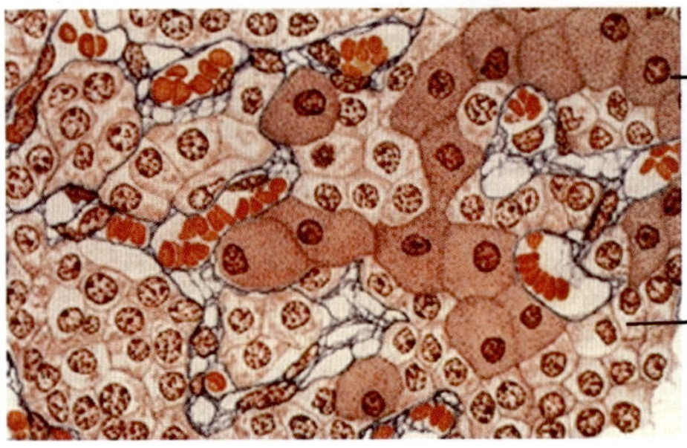

图12-5 甲状旁腺的微细结构

甲状旁腺的腺细胞排列成索团状，有主细胞和嗜酸性细胞两种，有孔毛细血管丰富（图12-5）。主细胞数量多，是构成甲状旁腺的主要细胞，圆形或多边形，核圆，位于细胞中央，HE染色标本中胞质着色浅。电镜下，粗面内质网和高尔基复合体发达。主细胞可合成和分泌甲状旁腺激素，促使骨盐溶解，并能促进肠及肾小管吸收钙，从而使血钙升高。从青春期开始，嗜酸性细胞出现，嗜酸性细胞多成群或单个存在于主细胞之间。嗜酸性细胞比主细胞大，核小，染色较深，胞质内含密集的嗜酸性颗粒，故呈强嗜酸性，目前，其功能尚不清楚。

链 接 生长激素治疗侏儒症

人的身材高低决定于营养、内分泌的调节和遗传三大因素。内分泌的调节主要依靠人体自身产生和分泌的一些微量物质，其含量很少，但在维持生长和调节代谢中却至关重要。与生长有关的激素有生长激素、甲状腺素和性激素。应用高科技的生物基因工程研制而成的人生长激素是20世纪80年代早期医药界的重大成果。在国内，目前应用生长激素治疗尚限于未成年原发性生长激素缺乏症患者。同时用生长激素治疗侏儒症必须经内分泌专科检查确诊后，在专科医生的严密指导下接受治疗。

第3节 肾 上 腺

一、肾上腺的形态和位置

肾上腺位于肾的上方，淡黄色，与肾共同包裹于肾筋膜内。左肾上腺形似半月形，右肾上腺形似三角形（图12-6）。肾上腺前面有肾上腺门，是血管、神经和淋巴管出入之处。肾上腺表面包裹有结缔组织被膜，少量结缔组织伴随血管和神经深入肾实质内。皮质可分泌皮质激素（调节水、盐和碳水化合物的代谢）及性激素，髓质可分泌肾上腺素和去甲肾上腺素，使心率加快、心肌收缩力加强、小动脉收缩，血压上升。

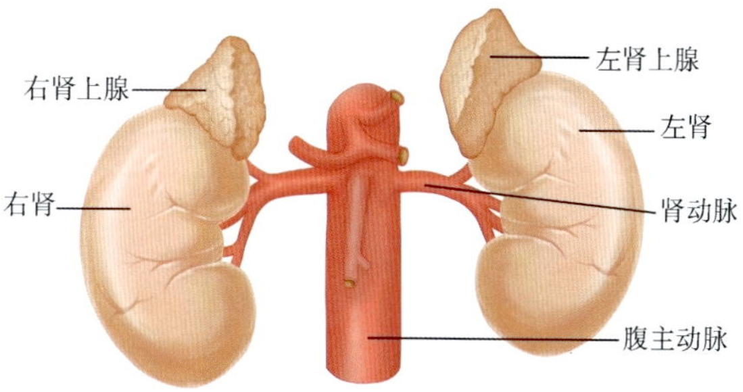

图12-6 肾上腺

二、肾上腺的微细结构

肾上腺实质由周边的皮质和中央的髓质构成。皮质来自中胚层，腺细胞具有类固醇激素细胞的结构特点；髓质来自外胚层，腺细胞具有含氮类激素细胞的特点。皮质由外向内可分为3个带即球状带、束状带和网状带。髓质主要由排列成索状或排列成团状的嗜铬细胞和交感神经节细胞构成。

（一）肾上腺皮质

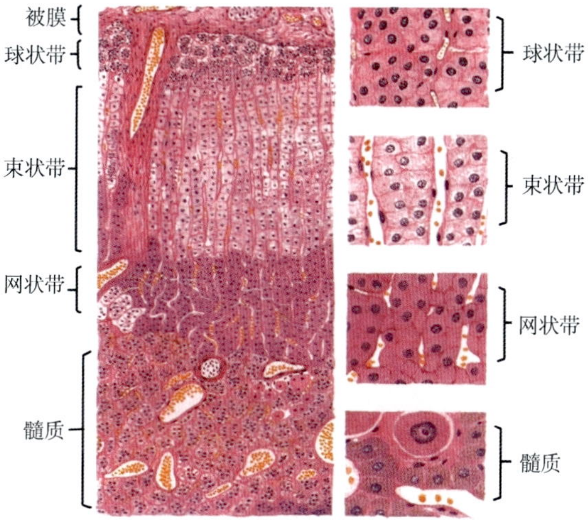

图12-7 肾上腺的微细结构

皮质占肾上腺体积的80%，由皮质细胞、血窦和少量结缔组织组成。根据皮质的细胞的形态和排列特点，其分为3个区带，即球状带、束状带和网状带，3个区带之间没有截然的界限（图12-7）。

1. 球状带 位于被膜下方，较薄，占皮质总体积的15%。细胞排列呈球状团块，胞体小，矮柱状或多边形，核小，染色深，胞质弱嗜酸性，细胞团之间为窦状毛细血管和少量结缔组织。球状带细胞可分泌盐皮质激素，调节水盐代谢，维持体内电解质和体液的动态平衡。

2. 束状带 是皮质中最厚的部分，占皮质总体积的78%。细胞排列成单行或双行细胞索，体积大，界限清楚，多边形，索间为窦状毛细血管和少量结缔组织。胞质内有大量脂滴，在HE切片中，因脂滴被溶解，所以染色浅，呈空泡状。束状带细胞可分泌糖皮质激素，可促使蛋白质和脂肪分解并转变成糖，还有降低免疫应答及抗感染等作用。

3. 网状带 位于皮质的最内层，紧靠髓质，占皮质总体积的7%。细胞索相互吻合成网，网间为窦状毛细血管和少量结缔组织。网状带细胞较小，核也小，着色较深，胞质弱嗜酸性，胞质内有脂褐素和少量脂滴，染色较束状带深。网状带细胞主要分泌雄激素，也分泌少量雌激素和糖皮质激素。

（二）肾上腺髓质

髓质位于肾上腺的中央，占肾上腺体积的10%～20%，主要由排列成索状或排列成团状的嗜铬细胞组成，细胞团索间为窦状毛细血管和少量结缔组织。另外，髓质内还有少量散在交感神经节细胞。嗜铬细胞又称髓质细胞，胞体大，呈多边形，胞质染色淡，核大而圆。用铬盐处理标本，在胞质内呈现大量的黄褐色嗜铬颗粒。

嗜铬细胞有两种，一种为肾上腺素细胞，占嗜铬细胞的80%以上，可分泌肾上腺素，肾上腺素可使心率加快，使心脏和骨骼肌的血管扩张；另一种为去甲肾上腺素细胞，可分泌去甲肾上腺素，去甲肾上腺素可使血压升高，使心脏、脑和骨骼肌内的血流加速。

肾上腺皮质和髓质的血窦互相连续，髓质汇集为中央静脉出肾上腺，因此流经髓质的血液含有较高浓度的皮质激素。其中的糖皮质激素可增强嗜铬细胞所含的*N*-甲基转移酶的活性，使去甲肾上腺素甲基化，成为肾上腺素，这是髓质中肾上腺素细胞多于去甲肾上腺素细胞的原因。可见肾上腺皮质对髓质细胞的激素生成有很大的影响。

第4节 垂　体

案例 12-2

患者，男，61岁，半年前无明显诱因出现头晕，同时发现手指、脚趾变得粗壮，无恶心、呕吐，无发冷发热，无肢体抽搐、视力障碍、性功能减退等，当时未重视。1个月前出现左眼视物模糊，症状逐渐加重。3天前在当地医院求治，头颅CT示鞍区占位。实验室检查：生长激素水平高。查体：一般情况较差，神清，双瞳孔等大等圆，光反射灵敏，左眼视力差，心肺腹（–），肢体肌力5级，病理征（–），手指、足趾粗大，欲进一步治疗入院。

问题：1. 该患者可能的诊断是什么？

2. 为什么会出现左眼视力差？

3. 如果切除占位，需要注意什么？

一、垂体的形态和位置

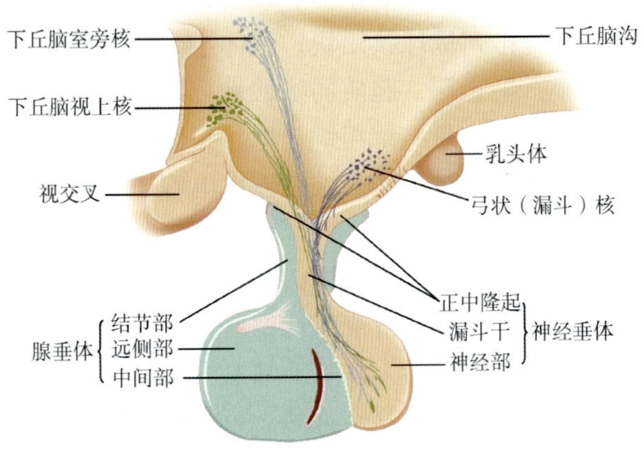

图12-8　垂体（矢状面观）

垂体位于颅底蝶骨的垂体窝内，灰红色，卵圆形，成人垂体重约0.5g。垂体由腺垂体和神经垂体组成，表面有结缔组织被膜。前上方是视交叉，下方是蝶窦（图12-8）。

腺垂体能分泌多种激素如生长激素、催乳素、促甲状腺激素、促肾上腺激素、促性腺激素等，后3种激素分别促进甲状腺、肾上腺皮质和性腺的分泌活动。

神经垂体储存、释放下丘脑视上核和室旁核分泌的抗利尿激素（血管加压素）和缩宫素（催产素）。

二、垂体的微细结构

垂体由腺垂体和神经垂体构成，前者由胚胎口凹的外胚层上皮向上突出而形成，后者来自第三脑室底壁向下突出而形成的垂体漏斗。腺垂体由远侧部、中间部和结节部构成。由于腺垂体居前，因此也称为垂体前叶。神经垂体由神经部和漏斗两部分构成，漏斗与下丘脑相连，包括漏斗柄和正中隆起，神经垂体居后，又称为垂体后叶。垂体在神经系统和内分泌腺的相互作用中处于重要地位。

（一）腺垂体

腺垂体是垂体的主要组成部分，占垂体的75%，由以下3部分组成。

1. 远侧部 腺细胞排列成团索状，少数腺细胞围成小滤泡，细胞间有丰富的窦状毛细血管和少量结缔组织。在HE染色切片中，依据细胞的嗜色性，可将其分为嗜色细胞和嫌色细胞两大类。嗜色细胞又分为嗜酸性细胞和嗜碱性细胞两种，分泌的为含氮类激素（图12-9）。

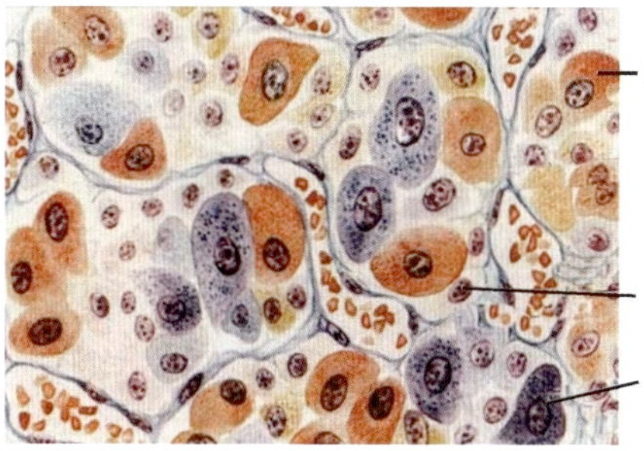

图12-9 腺垂体微细结构

（1）嗜酸性细胞 数量多，大约占远侧部腺细胞总数的40%。细胞体积较大，呈圆形或卵圆形，胞质内含粗大的嗜酸性颗粒。根据细胞所分泌的激素不同，可进一步分为生长激素细胞和催乳素细胞，分别分泌生长激素和催乳素。

生长激素细胞数量较多，其分泌的生长激素能促进体内多种代谢过程，尤其能刺激骺软骨生长，使骨增长。在幼年时期，生长激素分泌不足可导致垂体侏儒症，分泌过多可导致巨人症；成人生长激素分泌过多则发生肢端肥大症。

男性与女性的垂体内皆有催乳素细胞，但是女性垂体内催乳素细胞较多，在分娩前期和哺乳期催乳素细胞功能最为活跃，分泌的催乳素能促进乳腺的发育和乳汁分泌。

（2）嗜碱性细胞 数量较嗜酸性细胞少，约占远侧部腺细胞总数的10%。细胞呈椭圆形或多边形，大小不一，界限清楚，胞质内含有嗜碱性颗粒。嗜碱性细胞有3种，即促甲状腺激素细胞、促性腺激素细胞和促肾上腺皮质激素细胞，分别分泌促甲状腺激素、促性腺激素和促肾上腺皮质激素。

促甲状腺激素能促进甲状腺滤泡的增生和甲状腺激素的合成与释放。促性腺激素包括卵泡刺激素和黄体生成素。卵泡刺激素在女性可促进卵泡的发育，在男性则刺激生精小管支持细胞合成雄激素结合蛋白，并促进精子的发生。黄体生成素在女性可促进排卵和黄体形成，在男性则刺激睾丸间质细胞分泌雄激素，故又称间质细胞刺激素。促肾上腺皮质激素可促进肾上腺皮质束状带分泌糖皮质激素。

（3）嫌色细胞 数量多，约占远侧部腺细胞总数的50%，体积小，胞质少，着色浅，细胞界限不清楚。嫌色细胞可能是脱颗粒的嗜色细胞，或是嗜色细胞的初期阶段。目前，其确切功能尚不清楚。

2. 中间部 人垂体的中间部不发达，狭长，只占垂体的2%左右，由嫌色细胞和嗜碱性细胞组成。另外，中间部还有一些大小不等的滤泡，泡腔内有胶质。鱼类和两栖类的中间部能分泌黑素细胞刺激素，可调节皮肤黑素细胞内的黑素合成。

3. 结节部 包围着漏斗柄，前面较厚，后面较薄或缺如。此处含丰富的纵行毛细血管，腺细胞排列于血管之间，细胞较小，主要是嫌色细胞，另有少数嗜酸性和嗜碱性细胞。

（二）神经垂体

神经垂体主要由无髓神经纤维和垂体细胞组成，并含有丰富的窦状毛细血管。下丘脑的视上核和室旁核的神经内分泌细胞发出轴突，经漏斗到达神经部，形成神经部的无髓神经纤维。

视上核和室旁核的神经内分泌细胞的分泌颗粒沿细胞的轴突运输到轴突末梢。沿途集聚，在光镜下呈串珠状、大小不等的嗜酸性团块，称赫令小体。分泌颗粒经轴突运输到神经部储存，然后释放到毛细血管，经血液运输到靶器官。

垂体细胞是存在于神经垂体中的一种神经胶质细胞，细胞形状和大小不一，分布在无髓神经纤维周围，并有突起附于毛细血管壁上，故认为垂体细胞具有支持和营养神经纤维的作用。

神经垂体无分泌功能，只是储存、释放下丘脑所分泌的激素。

1. 抗利尿激素 主要由下丘脑视上核分泌，既能使小动脉和毛细血管收缩，又促进肾远曲小管和集合管对水的重吸收，浓缩尿液，减少尿量。大剂量的抗利尿激素可使全身小动脉收缩，血压升高，故又称血管升压素。

2. 缩宫素 主要由下丘脑室旁核所分泌，对妊娠子宫作用强，既能促进子宫平滑肌收缩，有助于孕妇分娩，还能促进乳腺分泌乳汁。在临床中使用药理剂量的缩宫素，可引起子宫强烈收缩，减少产后出血。当孕产妇临产或分娩牵拉刺激子宫、子宫颈、阴道时，或给婴儿哺乳吸吮刺激乳头时，均可反射性地引起缩宫素释放。

（三）下丘脑与垂体的联系

下丘脑与垂体在结构和功能上联系密切。

1. 垂体门脉系统 腺垂体主要由大脑基底动脉环发出的垂体上动脉供应血液。垂体上动脉在漏斗处分支并吻合形成窦状毛细血管网，即初级毛细血管网，然后汇集成数条垂体门微静脉，沿漏斗柄下行至远侧部，再度分支吻合，形成次级毛细血管网。垂体门脉系统由初级毛细血管、垂体门微静脉和次级毛细血管构成。

2. 下丘脑与腺垂体的联系 下丘脑弓状核等具有内分泌功能的神经内分泌细胞的轴突伸至神经垂体漏斗，构成下丘脑腺垂体束。神经轴突末端释放细胞合成的多种激素进入漏斗处的第一级毛细血管网，继而经垂体门微静脉到达腺垂体的次级毛细血管，调节远侧部各种腺细胞的活动。

3. 下丘脑对腺垂体的调节 下丘脑弓状核等分泌两类激素。一类是促进腺垂体细胞分泌的激素，称释放激素，如生长激素释放激素、促甲状腺激素释放激素、促肾上腺皮质激素释放激素；另一类是抑制腺垂体细胞分泌的激素，称为释放抑制激素，如生长激素释放抑制激素、催乳素释放抑制激素。

链 接 弥散神经内分泌系统

机体许多器官内存在大量散在的内分泌细胞，这些细胞分泌多种激素或激素样物质，在调节机体生理活动方面起很重要的作用。这些内分泌细胞都能摄取胺前体（氨基酸）、经脱羧而产生胺类物质，人们将这类细胞统称为APUD细胞。

第5节 松 果 体

一、松果体的形态和位置

松果体为一灰红色的椭圆形腺体，重120～200mg。位于上丘后上方，附于第三脑室顶的后部。松果体表面是软脑膜，结缔组织伴随血管深入腺体实质内，将实质分成小叶。儿童时期，松果体发达，一般在7岁左右松果体开始退化，青春期后松果体可以有钙盐沉积，出现大小不一的脑砂，随年龄增长逐渐增多，脑砂可作为影像诊断颅内占位病变的定位标志。

松果体分泌褪黑激素，可限制性激素的释放，进而抑制性腺的发育。儿童期，松果体病变造成其功能不全，可出现性早熟或第二性征的异常发育。

二、松果体的微细结构

松果体的腺实质主要由松果体细胞、神经胶质细胞和无髓神经纤维等组成。其中，无髓神经纤维可与松果体细胞形成突触。

松果体细胞约占腺实质细胞总数的90%。胞体呈圆形或不规则形，有细小突起，核大，胞质少，弱嗜碱性，有小而圆的分泌颗粒。电镜下，松果体细胞具有含氮类激素分泌细胞的超微结构特点，可分泌褪黑素。在哺乳动物，褪黑素可通过抑制垂体促性腺激素的分泌而抑制生殖腺发育。近年研究发现，褪黑素的分泌不足会引起睡眠紊乱、情感障碍、肿瘤发生等。

自 测 题

一、名词解释

1. 内分泌腺 2. 内分泌组织 3. 嗜铬细胞 4. 垂体门脉系统 5. 赫令小体

二、填空题

1. 内分泌系统是由独立的________和散在的________构成。它们分泌的物质叫________，通过毛细血管或淋巴管进入________，运送至全身，影响靶器官的活动。
2. 甲状腺滤泡由________细胞围成，滤泡腔内充满________。
3. 甲状腺________的细胞合成甲状腺素，________细胞合成降钙素。
4. 肾上腺皮质由外向内分三带，________带分泌________，________带分泌________，________带分泌________。
5. 甲状腺分为左右两个________和中间的________，后者有时向上伸出一个________，甲状腺借筋膜连于________，故________时可上下移动。
6. 甲状旁腺位于________，分泌________，功能低下时，出现________症。
7. 垂体借________连于________，位于________内。可分为________和________两部分。
8. 肾上腺位于________，左侧者近似________，右侧者形似________。

三、单项选择题

1. 对内分泌系统的叙述，错误的是（　　）
   A. 由内分泌腺和内分泌组织组成
   B. 与神经系统关系密切
   C. 内分泌腺细胞的分泌物首先由排泄管导入腺腔内，然后渗入血液或淋巴
   D. 产生的激素经血液循环影响机体的功能活动
   E. 内分泌腺的结构和功能有显著的年龄变化
2. 关于甲状旁腺的说法，正确的是（　　）
   A. 是一对扁椭圆形小体，大小似黄豆
   B. 通常有上、下2对，贴附在甲状腺两叶的后面
   C. 均位于甲状腺两叶后面上极
   D. 下一对常位于甲状腺上动脉附近
   E. 功能是调节体内铁的代谢
3. 关于肾上腺，正确的是（　　）
   A. 为一对三角形腺体
   B. 属腹膜内位器官
   C. 分为皮质和髓质
   D. 位于肾的侧方
   E. 位于肾的后方
4. 甲状腺结构的描述中，不准确的说法是（　　）
   A. 分左、右叶和中间的甲状腺峡
   B. 有时有一个向上伸出的锥状叶
   C. 左、右叶位于喉和气管上部的侧面
   D. 甲状腺可随喉上下移动
   E. 甲状腺峡多位于第6气管软骨环前方
5. 分泌雄激素的器官是（　　）
   A. 胸腺　B. 睾丸　C. 垂体
   D. 甲状腺　E. 甲状旁腺
6. 影响性腺发育的腺体是（　　）
   A. 垂体　B. 甲状腺　C. 甲状旁腺
   D. 肾上腺　E. 松果体
7. 肾上腺的结构，正确的描述是（　　）
   A. 位于腹膜后方，肾的外上方
   B. 肾上腺皮质在表层，分泌肾上腺素
   C. 与肾共同包在肾筋膜内
   D. 髓质在深层，分泌醛固酮
   E. 左侧似三角形，右侧呈半月形
8. 下列哪项不属内分泌器官（　　）
   A. 垂体　B. 松果体　C. 胰岛
   D. 肾上腺　E. 甲状旁腺
9. 下列哪项叙述不正确（　　）
   A. 甲状旁腺素分泌不足易患手足搐搦症
   B. 甲状腺素分泌不足易患呆小症
   C. 松果体病变易患性早熟
   D. 胰岛属于内分泌腺，胰岛素分泌不足易患糖尿病
   E. 肾上腺素分泌不足易患侏儒症
10. 下列哪些组织不属于内分泌系统（　　）
    A. 甲状腺和甲状旁腺
    B. 肾上腺髓质和胰岛
    C. 唾液腺和肝

D. 松果体和黄体
E. 腺垂体和神经垂体

11. 血钙下降是由下列哪个内分泌腺分泌的激素不足而引起（　　）
A. 甲状腺　　B. 甲状旁腺
C. 垂体　　D. 肾上腺
E. 松果体

12. 有关内分泌系统叙述正确的是（　　）
A. 仅由内分泌腺组成
B. 是独立于神经系统之外的一个调节系统
C. 其分泌物由排泄管导入血液或淋巴
D. 一种激素经血液循环可影响全身多个器官的功能活动
E. 以上都不正确

13. 有关松果体的描述下列哪项是错误的（　　）
A. 位于背侧丘脑后上方
B. 为颜色淡红的椭圆形小体
C. 儿童期比较发达
D. 具有刺激性成熟的作用
E. 成年后可形成钙斑

14. 在儿童时期哪种内分泌腺功能低下时会导致呆小症（　　）
A. 松果体　　B. 垂体　　C. 甲状腺
D. 甲状旁腺　　E. 肾上腺

15. 在神经垂体内储存的激素是（　　）
A. 促性腺激素和促甲状腺激素
B. 促生长激素和促甲状腺激素
C. 促性腺激素和促生长激素
D. 抗利尿激素和缩宫素
E. 褪黑素

（任　迪）

第13章 神经系统

第1节 概　述

一、神经系统的作用和地位

神经系统是人体中结构和功能最复杂的系统，由相互联系的神经细胞组成，在人体内起主导作用。神经系统控制和协调人体各系统器官的功能活动，适应内、外界环境的变化，维持内环境的稳定，使人体成为一个有机的整体，以保证生命活动的正常进行。

二、神经系统的组成和区分

神经系统分为中枢神经系统和周围神经系统，中枢神经系统包括脑、脊髓，分别位于颅腔和椎管内，又称中枢部。周围神经系统是指与脑和脊髓相连的神经，也称周围部。与脑相连的神经，称为脑神经，共12对；与脊髓相连的神经称为脊神经，共31对。

根据周围神经分布对象不同，又可把周围神经系统分为躯体神经和内脏神经。躯体神经分布于体表、黏膜、骨、关节和骨骼肌；内脏神经分布于内脏、心血管、平滑肌和腺体的部分。在周围神经系统中，躯体神经和内脏神经都含有感觉神经和运动神经。感觉神经是将神经冲动自感受器沿传入（感觉）纤维传向中枢部，又称传入神经；运动神经是将神经冲动自中枢部沿传出（运动）纤维传向周围效应器（肌、腺体），又称传出神经。内脏运动神经又分为交感神经和副交感神经（图13-1）。

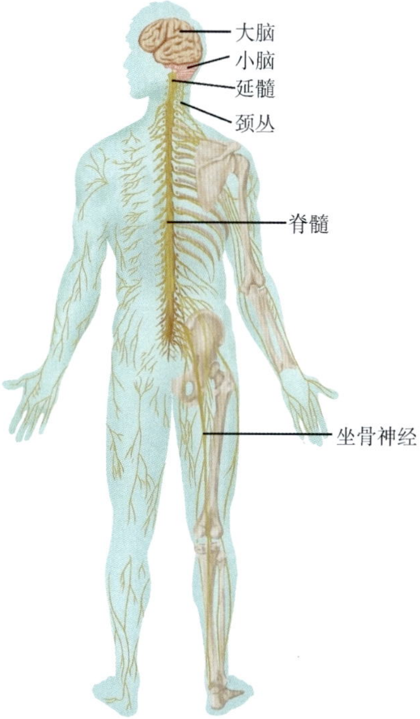

图13-1　神经系统概观图

神经系统的区分，可归纳如下。

- 神经系统
  - 中枢神经系统
    - 脑
    - 脊髓
  - 周围神经系统
    - 根据连接位置
      - 脑神经（12对）
      - 脊髓神经（31对）
    - 根据分布和功能
      - 躯体神经
        - 躯体感觉神经
        - 躯体运动神经
      - 内脏神经
        - 内脏感觉神经
        - 内脏运动神经
          - 交感神经
          - 副交感神经

三、神经系统的活动方式

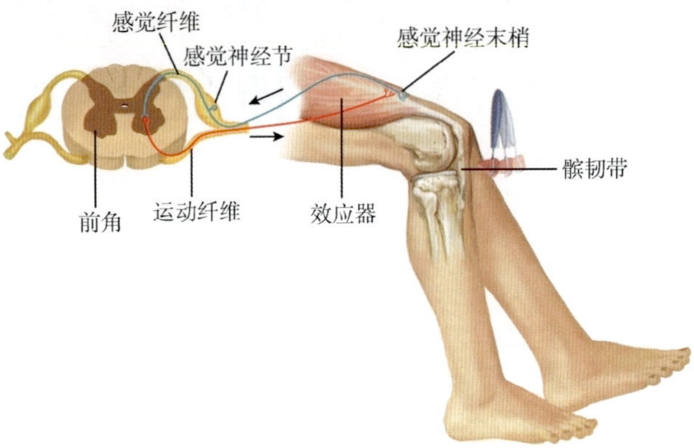

图13-2 反射弧示意图

神经系统的活动表现较为复杂，但其基本活动方式是反射，即神经系统对体内、外环境刺激所作出的反应。完成反射的结构基础是反射弧：包括5部分，即感受器、传入神经、神经中枢、传出神经和效应器（肌、腺体）（图13-2）。反射弧中任何一个环节出现损伤，都会导致反射障碍。因此，临床上常用检查反射的方法来诊断神经系统的某些疾病。

四、神经系统常用术语

1. 灰质 在中枢神经系统内，神经元胞体及其树突聚集的部位，在新鲜标本中色泽灰暗，称为灰质。大、小脑表面的灰质，称为皮质，如大脑皮质。

2. 白质 在中枢神经系统内，神经纤维聚集之处，在新鲜标本中色泽白亮，称为白质，如脊髓白质。位于大脑和小脑的白质因被皮质包绕而位于深部，称为髓质。

3. 神经核 在中枢神经系统内，形态和功能相似的神经元胞体及树突聚集成团，称为神经核。

4. 神经节 在周围神经系统内，神经元胞体聚集形成的团块状结构，称为神经节。

5. 纤维束 在中枢神经系统内，起止、行程和功能相同的神经纤维集合在一起，称为纤维束。

6. 神经 神经纤维在周围神经系统内聚集成的条索状结构，称为神经。

7. 网状结构 在脑干内，某些部位的神经纤维交织成网状，灰质团块分散其中，这些区域称为网状结构。

第2节 中枢神经系统

案例13-1

患者，男，22岁，在篮球比赛中被撞倒，头部着地，立刻感到眩晕、视物模糊约20秒，之后感到头痛，有液体从鼻腔滴出。

问题：1. 患者从鼻腔滴出的液体是什么？

2. 护理人员应如何应对？

一、脊　髓

（一）脊髓的位置和外形

脊髓位于椎管内，上端在枕骨大孔处与延髓相连，下端在成人平第1腰椎体下缘，新生儿平第3腰椎。成人脊髓长42～45cm，最宽处直径约1cm。

脊髓呈前后略扁的圆柱状，全长粗细不等，有两个膨大部：颈膨大位于颈髓第4节至胸髓第1节；腰骶膨大位于腰髓第2节至骶髓第3节。两个膨大的形成是内部的神经元数量较多所致，与四肢的功能有关。脊髓下端逐渐变细，称脊髓圆锥，自脊髓圆锥向下延为细长的终丝，止于尾骨背面（图13-3）。

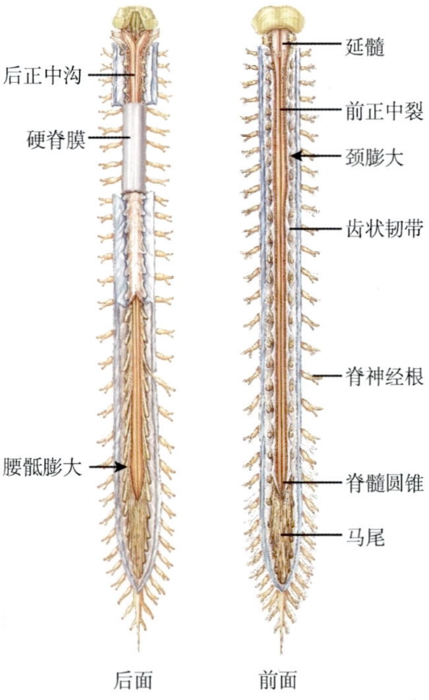

图13-3 脊髓的外形

脊髓表面有6条纵行的浅沟。前面正中较深的称前正中裂，后面正中较浅的称后正中沟，这两条纵沟将脊髓分为左右对称的两半。此外，前外侧面有一对前外侧沟，有脊神经前根穿出；后外侧面有一对后外侧沟，有脊神经后根自此进入。脊神经前根与后根在椎间孔处会合成一条脊神经，从相应的椎间孔穿出，脊神经后根在与前根会合前有膨大的脊神经节，由假单极神经元组成（图13-4）。

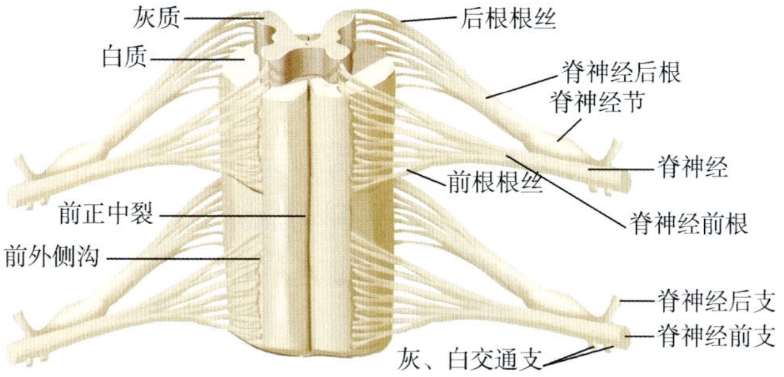

图13-4 脊髓结构示意图

与每对脊神经前、后根相连的1段脊髓，称为1个脊髓节段。因人体有31对脊神经，故脊髓可分为31个节段：即颈节8个（C）、胸节12个（T）、腰节5个（L）、骶节5个（S）和尾节1个（Co）（图13-5）。

由于自胚胎发育第4个月起，椎骨的生长较脊髓快，因此，成人脊髓和椎骨的长度不相等，脊髓的节段与脊柱的节段不完全对应。在成人的推算方法为：上位颈节（$C_{1\sim4}$）大致与同序数椎骨相对应，下位颈节（$C_{5\sim8}$）和上位胸节（$T_{1\sim4}$）与同序数椎骨的上1节椎体平对，中位胸节（$T_{5\sim8}$）约与同序数椎骨的上2节椎体平对，下位胸节（$T_{9\sim12}$）约与同序数椎骨的上3节椎体平对；腰节约平对第11至12胸椎范围；骶节和尾节约平对第1腰椎。了解脊髓节段与椎骨的对应关系，对推测脊髓病灶的位置具有重要意义。

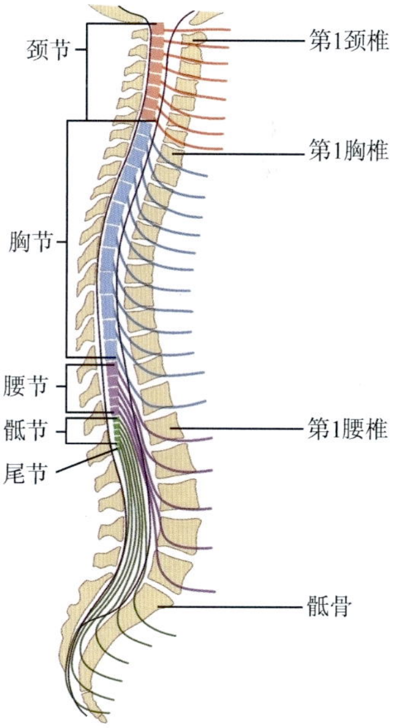

图13-5 脊髓节段与椎骨的对应关系

（二）脊髓的内部结构

脊髓由灰质和白质构成，灰质在内部，白质在其周围。

1. 灰质 在横切面上呈“H”形，中间横行的部分，称灰质连合，其中央有纵贯脊髓全长的中央管。每侧灰质的前部扩大为前角，后部狭细为后角，前、后角之间的部分称中间带（或中央灰质）。自T_1～L_3节段，中间带向外侧突出，称侧角。前、后、侧角在脊髓内上下连续纵贯成柱状，又称前柱、后柱和侧柱（图13-6）。

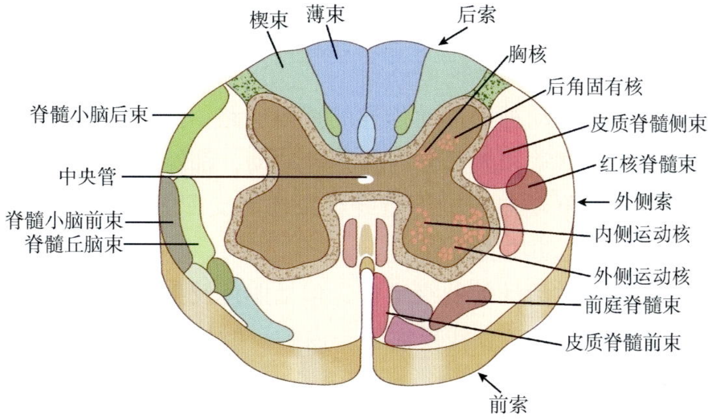

图13-6 脊髓节横断面

（1）前角 为灰质的前部，短宽，主要由运动神经元组成，其发出的轴突支配骨骼肌的随意运动。一般将前角运动神经元分为内外两群，内侧群的神经元支配躯干肌，外侧群的神经元支配上下肢肌。

（2）后角 为灰质的后部，细长，主要接受后根的感觉纤维，细胞聚集成层，由浅至深分为缘层、胶状质、后角固有核、背核，发出纤维形成纤维束。

（3）侧角 位于前、后角之间，仅见于T_1～L_3节段，由中小型神经元组成，称侧角细胞，是交感神经的低级中枢。在脊髓$S_{2\sim4}$节中，未形成侧角，但在中间带的外侧部有副交感神经元，称骶副交感核，为副交感神经的低级中枢，发出纤维组成盆内脏神经。

2. 白质 位于灰质的周围，脊髓白质借表面的纵沟分为3个索：前正中裂与前外侧沟之间为前索；前、后外侧沟之间为外侧索；后外侧沟与后正中沟之间为后索。灰质连合与前正中裂之间的白质，称白质前连合，由左右交叉的纤维组成。白质主要由长的上、下行纤维束和短的固有束构成。

（1）上行纤维束（感觉纤维束）

1）薄束和楔束：位于后索内，此二束是由后根内侧部纤维进入脊髓后在同侧后索内上行构成。薄束位于内侧，纤维来自于T_5以下的脊神经节细胞；楔束位于薄束的外侧，纤维来自于T_4以下的脊神经节细胞。两束纤维的功能是薄束传导下半身、楔束传导上半身的本体感觉（指肌肉、肌腱、关节的运动觉和位置觉等）和皮肤的精细触觉（指精确辨别的能力，如两点辨别觉和物体的纹理粗细等），沿后索上行止于延髓的薄束核和楔束核。

2）脊髓丘脑束：位于脊髓外侧索前部和前索内，分别称脊髓丘脑侧束和脊髓丘脑前束，传导躯干、四肢的痛觉、温度觉和粗触觉。此束主要起自对侧的后角固有核。该核细胞发出的轴突经白质前连合交叉到对侧外侧索和前索上行，其中传导痛觉、温度觉的纤维组成脊髓丘脑侧束，传导粗触觉的纤维组成脊髓丘脑前束，经脑干止于背侧丘脑。

3）脊髓小脑前束和脊髓小脑后束：分别位于外侧索周边的前部和后部，此束沿外侧索上行到脑干，脊髓小脑前束经小脑上脚入小脑，脊髓小脑后束经小脑下脚入小脑皮质，传导非意识性本体感觉。

（2）下行纤维束（运动传导束）

1）皮质脊髓束：起自大脑皮质躯体运动区的神经元，纤维下行至延髓下端，其中大部分纤维交叉到对侧的外侧索下行，称为皮质脊髓侧束，此束可下行到骶髓。在下降过程中，沿途陆续分支止于同侧脊髓各节段的前角运动神经元。小部分纤维不交叉，沿脊髓前索下降，称为皮质脊髓前束，此束一般只下降到脊髓中胸部，在下降过程中部分纤维经白质前连合交叉至对侧（部分纤维不交叉），止于对侧或同侧前角内侧群神经元。

2）红核脊髓束：位于外侧索，皮质脊髓前束的前方。此束起自中脑的红核，纤维发出后立即交叉下行至脊髓外侧索，经后角细胞中继后终止于前角运动神经元。其功能是兴奋屈肌运动神经元，抑制伸肌运动神经元。

3）前庭脊髓束：位于前索内，起自脑干的前庭神经核，其功能是兴奋伸肌运动神经元，抑制屈肌运动神经元。

（三）脊髓的功能

1. 传导功能 脊髓是感觉和运动神经冲动传导的重要通路，其结构基础是脊髓内的上、下行纤维束。除头面部外，全身的深、浅感觉和大部分内脏感觉冲动，都经脊髓白质的上、下行纤维束才传到脑。由脑发出的冲动，也要通过脊髓白质的下行纤维束才能支配躯干、四肢骨骼肌。如果脊髓损伤，将导致损伤平面以下出现感觉和运动功能障碍。

2. 反射功能 脊髓是许多反射活动的低级中枢，包括躯体反射和内脏反射。躯体反射是指骨骼肌的反射活动，如牵张反射（如膝反射）和浅反射等。内脏反射是指一些躯体-内脏反射、内脏-躯体反射，如排尿反射和排便反射等。

链 接 脊髓灰质炎

脊髓灰质炎是由脊髓灰质炎病毒引起的小儿急性传染病，脊髓灰质炎病毒为嗜神经病毒，主要侵犯中枢神经系统的运动神经细胞，以损害脊髓前角运动神经元为主。患者多为1～6岁儿童，主要症状是发热，全身不适，严重时肢体疼痛，发生分布不规则和轻重不等的弛缓性瘫痪，俗称小儿麻痹症。脊髓灰质炎患者，由于脊髓前角运动神经元受损，与之有关的肌肉失去了神经的调节作用而发生萎缩，同时皮下脂肪、肌腱及骨骼也萎缩。由于脊髓灰质炎疫苗的广泛接种，其发病率明显降低。

二、脑

脑位于颅腔内，成人脑的平均重量为1400g。脑由端脑、间脑、中脑、脑桥、延髓和小脑6部分构成，通常将延髓、脑桥和中脑合称脑干（图13-7，图13-8）。

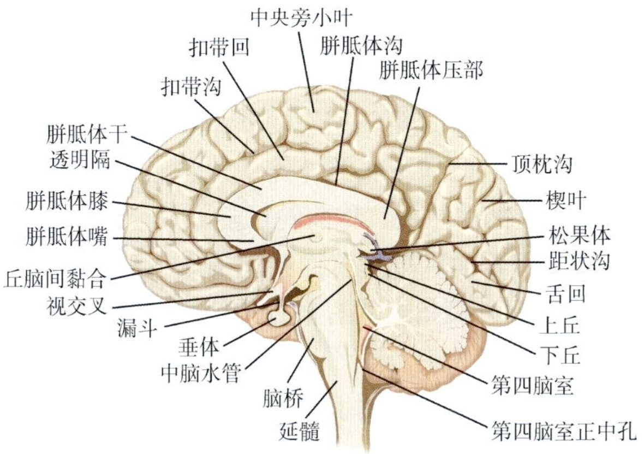

图13-7 脑正中矢状面观

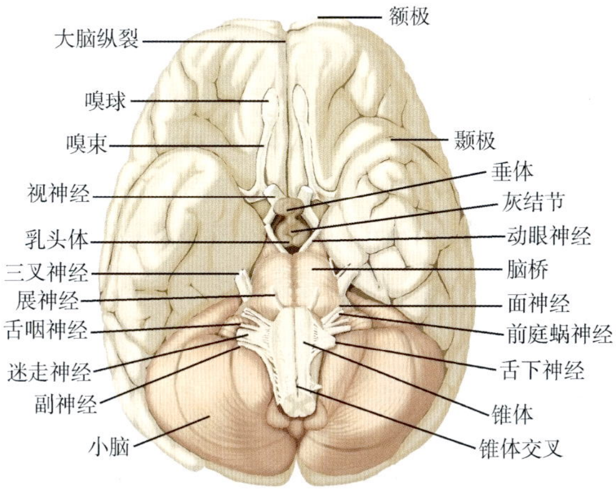

图13-8 脑底面观

（一）脑干

脑干由延髓、脑桥和中脑3部分组成。延髓在平枕骨大孔处与脊髓相续，中脑上接间脑，延髓和脑桥背面与小脑相连，它们之间的室腔为第四脑室。

1. 脑干的外形

（1）腹侧面（图13-9） 在脑干的腹侧面，延髓上端借横行的延髓脑桥沟与脑桥分界，脑桥上缘借一浅沟与中脑分隔。

1）延髓：形似倒置的圆锥形，腹侧面正中的沟称前正中裂，其两侧的纵行隆起称锥体，其内由大脑皮质发出的锥体束所构成。锥体下端大部分锥体束纤维左、右交叉，形成锥体交叉。锥体外侧的卵圆形隆起称橄榄，其内有下橄榄核。橄榄与锥体之间为前外侧沟，内有舌下神经根丝。在橄榄的背外侧，自上而下依次排列有舌咽神经、迷走神经和副神经的根丝。

2）脑桥：腹侧面宽阔膨隆，称基底部，其中

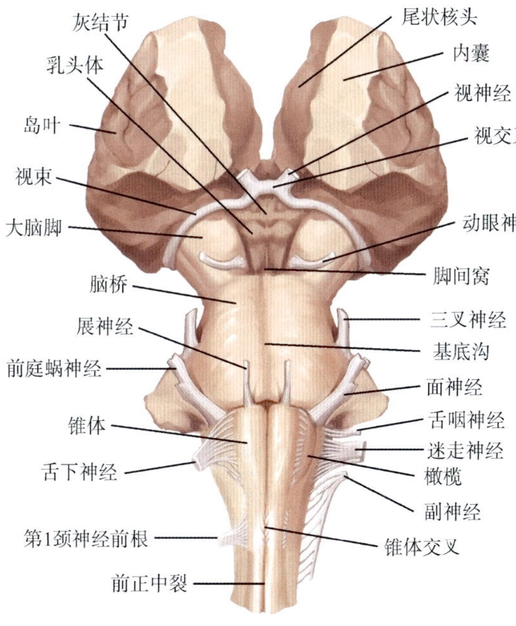

图13-9 脑干腹侧面观

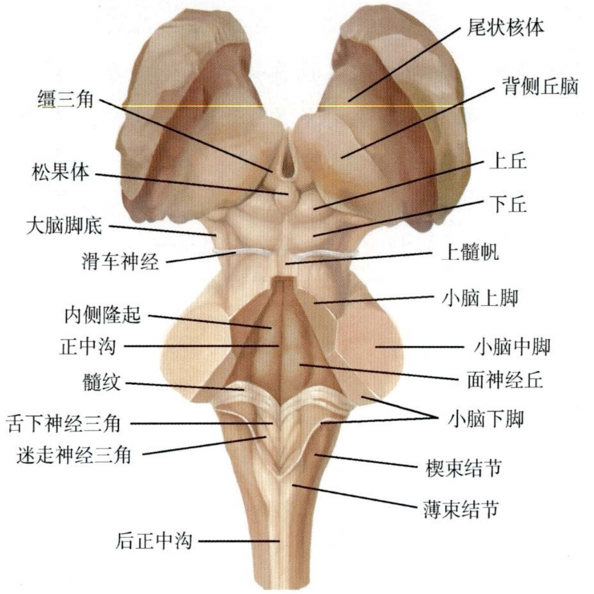

图13-10　脑干背侧面观

线上有一浅沟，称基底沟，容纳基底动脉。基底部向两侧逐渐变窄的部分，称小脑中脚（又称脑桥臂）。基底部与小脑中脚交界处有三叉神经根。在延髓脑桥沟中，自中线向外侧依次排列有展神经、面神经和前庭蜗神经根。

3）中脑：上界为视束，下界为脑桥上缘。腹侧面两侧有一对粗大的隆起，称大脑脚，两脚之间的凹陷为脚间窝，其内有动眼神经根出脑。

（2）脑干背侧面（图13-10）

1）延髓背侧面：下部形似脊髓，其后外侧有1对隆起，称薄束结节，深部含有薄束核。薄束结节的外侧为楔束结节，深部含有楔束核。楔束结节外上方有稍隆起的小脑下脚（又称绳状体），由进入小脑的纤维组成。延髓的上部中央管向后开放形成第四室底的下部。

2）脑桥的背面：因中央管向后开放形成第四脑室的上部，此处室底的外侧壁为左、右小脑上脚（又称结合臂），由出小脑的纤维束构成。小脑上脚间夹有薄层的白质板，称前髓帆。

3）菱形窝：即第四脑室底，呈菱形凹陷，它由延髓上部背面和脑桥背面共同构成。其上外侧界为小脑上脚；下外侧界为薄束结节、楔束结节和小脑下脚。两外侧角之间有横行的纤维束称髓纹，为延髓与脑桥在背面的分界标志。菱形窝在中线有一个正中沟，外侧有与其平行的界沟。界沟与正中沟之间的部分稍隆起，称内侧隆起，靠髓纹上方的部位，内侧隆起形成一对圆形隆凸，称面神经丘，其深面有展神经核和面神经膝。在髓纹下方，界沟与外侧沟之间有两个三角，内上方者为舌下神经三角，其深面有舌下神经核；外下方者为迷走神经三角，其深面有迷走神经背核。在菱形窝界沟的外侧部为三角形的前庭区，深面有前庭神经核，前庭区的外侧角上有一小隆起，称听结节，内藏蜗神经核。

4）中脑的背面：中脑背侧面有两对圆形隆起，称四叠体。其上方一对为上丘，是视觉的皮质下反射中枢；下方的一对为下丘，是听觉的皮质下反射中枢。在下丘的下方有滑车神经根出脑。

2. 脑干的内部结构

（1）灰质　脑干的灰质以神经核的形式存在，可分为脑神经核和非脑神经核。脑神经核与脑神经相连，可分为脑神经运动核（如动眼神经核、动眼神经副核）和脑神经感觉核（如三叉神经感觉核），脑神经核的名称与脑神经基本一致。非脑神经核不与脑神经相连，如延髓中的薄束核、楔束核，中脑内的黑质和红核（图13-11，图13-12）。

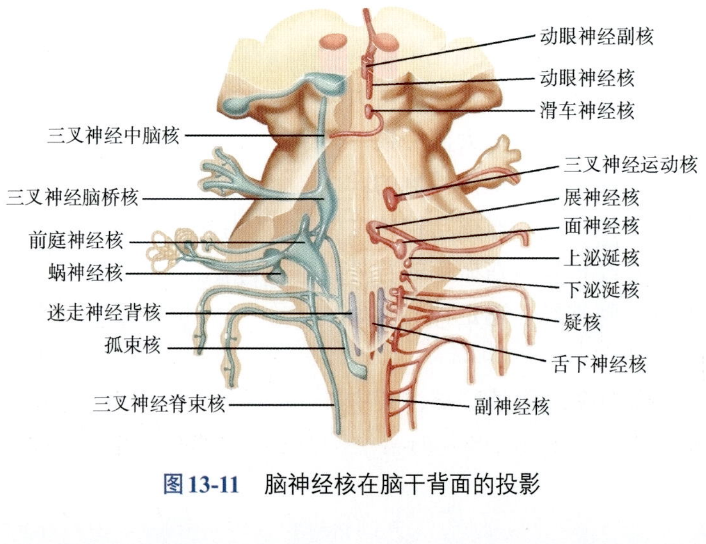

图13-11　脑神经核在脑干背面的投影

（2）白质　脑干的白质主要由联系于端脑、间脑、小脑和脊髓间的上、下行纤维束组成，其中上行纤维束主要有内侧丘系（传导对侧躯干、四肢的本体感觉和精细触觉）、脊髓丘系（传导对侧躯干、四肢的痛觉、温度觉和粗触觉、压觉）和三叉丘系（传导对侧头面部的痛觉、温度觉和粗触觉、压觉），下行纤维束主要有皮质脊髓束和皮质核束，两者合称锥体束（管理骨骼肌的随意运动）。

（3）网状结构　脑干的网状结构非常发达，与中枢神经系统各部有着广泛联系，是非特异性投射系统的结构基础。

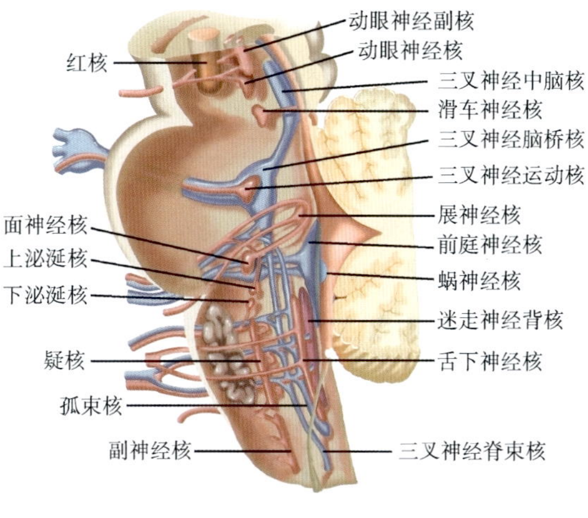

图13-12　脑神经核在脑干侧面的投影

3. 脑干的功能

（1）传导功能　大脑皮质与小脑、脊髓相互联系的上、下行纤维束都要经过脑干，因此脑干具有传导神经冲动的功能。

（2）反射功能　脑干内有许多反射中枢，如延髓内有心血管活动中枢和呼吸中枢，故称为生命中枢。脑桥内有角膜反射中枢。中脑内有瞳孔对光反射中枢。

（3）网状结构的功能　脑干网状结构具有维持大脑皮质觉醒、引起睡眠、调节肌张力和调节内脏活动等功能。

（二）小脑

1. 小脑的位置和外形（图13-13）　小脑位于颅后窝内，在大脑半球枕叶的下方、脑桥和延髓的后方。小脑中间狭窄的部分称小脑蚓，两侧膨隆的部分称小脑半球。小脑半球上面平坦，下面膨隆，上面于前、中1/3交界处有一呈“V”字形的深沟，称原裂。小脑半球下面靠近小脑蚓处，有1对椭圆形隆起，称小脑扁桃体。因其靠近枕骨大孔，腹侧邻近延髓，当颅内压升高时，小脑扁桃体可被挤入枕骨大孔内，压迫延髓而危及生命，临床上称小脑扁桃体疝或枕骨大孔疝。

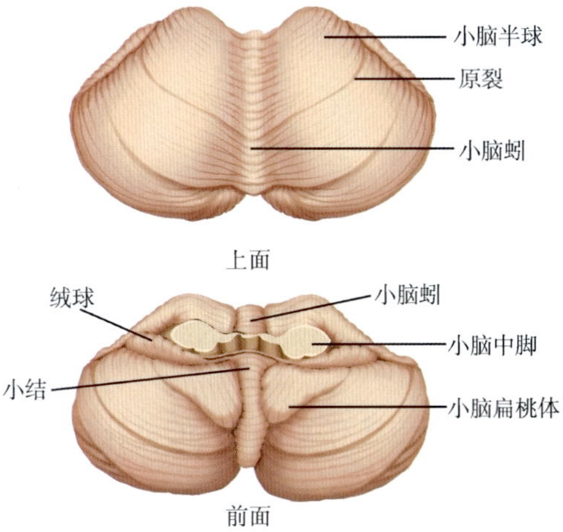

图13-13　小脑的外形

小脑依据其表面的沟裂、发生的来源、纤维联系和功能，可分为以下3叶。

（1）绒球小结叶　位于小脑下面的前部，包括半球上的绒球和小脑前端的小结，在种系发生上最古老，又称古小脑。

（2）前叶　位于小脑上面原裂以前的部分，在种系发生上出现较晚，它与后叶的蚓垂和蚓锥体合称旧小脑。

（3）后叶　位于原裂以后的大部分小脑皮质结构（不包括蚓垂和蚓锥体），在种系发生上出现最晚，又称新小脑。

2. 小脑的功能　主要功能是维持身体平衡（原小脑）、调节肌张力（旧小脑）和协调骨骼肌运动（新小脑）。小脑的病变主要表现为平衡失调、肌张力低下和共济失调等。

链 接　小脑损伤的典型体征

小脑损伤的典型体征为共济失调，运动时在控制速度、力量方面有障碍，眼球震颤和肢体震颤等。可因血管性病变、肿瘤等造成小脑一定部位的损伤。①原小脑损伤（原小脑综合征），患者表现为平衡失调，走路时两腿间距过宽、摇晃，眼球有节奏地震颤。②新小脑损伤，患者表现为肌张力低下，共济失调，不能准确地用手指指鼻，不能做快速的交替动作；肢体运动时，产生不随意有节奏的摆动，接近目标时加剧。

（三）间脑

间脑位于中脑的前上方，上面大部分被大脑半球掩盖，外侧与大脑半球愈合，仅腹侧部分游离。间脑内部的窄腔为第三脑室。间脑可分为背侧丘脑、后丘脑、上丘脑、底丘脑和下丘脑5部分。

1. 背侧丘脑（图13-14） 简称丘脑，位于间脑的背侧，为1对卵圆形灰质团块，前端尖圆称丘脑前结节，后端膨大称丘脑枕。其外侧紧贴大脑半球的内囊，前下方邻接下丘脑，内侧面构成第三脑室壁的后上份，以下丘脑沟与下丘脑分界。背侧丘脑内部被Y字形的白质内髓板分成前核群、内侧核群和外侧核群3部分。前核群，位于内髓板分叉前方，与内脏活动有关；外侧核群，位于内髓板外侧，内有躯体感觉传导通路的中继核，人体各部的躯体感觉冲动，均需经此中继核才能传到大脑皮质。

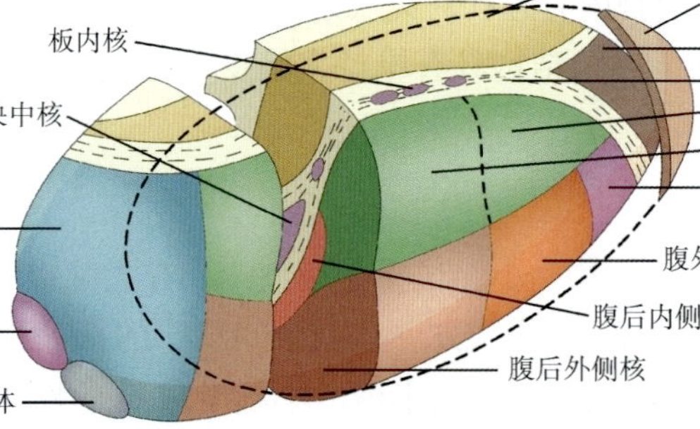

图13-14 背侧丘脑

外侧核又分为背侧核和腹侧核两部分，腹侧核又分为腹前核、腹外侧核和腹后核；腹后核再进一步分为腹后内侧核和腹后外侧核，此两核为躯体感觉的皮质下中枢。腹后内侧核接受三叉丘系的纤维和来自孤束核的纤维；腹后外侧核接受外侧丘系和脊髓丘脑束的纤维。上述两核发出的纤维组成丘脑皮质束，投射至大脑皮质躯体感觉区。

背侧丘脑后下部有1对隆起，内侧的称内侧膝状体，与听觉冲动的传导有关。外侧的称外侧膝状体，与视觉冲动的传导有关。

2. 后丘脑 位于丘脑枕后下方的两对小隆起，分别称内侧膝状体和外侧膝状体。内侧膝状体接受来自下丘臂的听觉纤维，为听觉的皮质下中枢；外侧膝状体借上丘臂连于上丘，接受视束的传入纤维，为视觉的皮质下中枢。

3. 上丘脑 位于间脑的背侧，第三脑室顶部的周围，由丘脑髓纹、缰三角、缰连合和松果体组成。

4. 底丘脑 位于中脑与间脑移行区域，表面不可见。

5. 下丘脑（图13-15） 位于丘脑的前下方，构成第三脑室侧壁的下份和底壁。在脑底面，下丘脑从前向后包括的结构依次是视交叉，它向后延续为视束；视交叉后方为灰结节，它向下移行为漏斗；漏斗下接垂体；灰结节后方为1对圆形隆起，称乳头体。下丘脑内含多个核团，其中最重要的有位于视交叉上方的视上核和位于第三脑室侧壁的室旁核，能分泌抗利尿激素和缩宫素，经漏斗运至神经垂体储存并释放。下丘脑的功能非常复杂，既是神经内分泌中心，又是内脏活动的较高级中枢，对体温、摄食、水盐平衡、昼夜节律、情绪反应等均有重要的调节作用。

（四）端脑

端脑是脑的最高级部位，由左、右大脑半球借胼胝体连接而成。两大脑半球之间的裂隙称大脑纵裂，大脑与小脑之间的裂隙称大脑横裂。

1. 大脑半球的外形和分叶 大脑半球表面凹凸不平，有许多隆起的大脑回和深浅不同的大脑沟。每侧大脑半球分为上外侧面（图13-16）、内侧面（图13-17）和下面，借3条叶间沟分为5个叶。

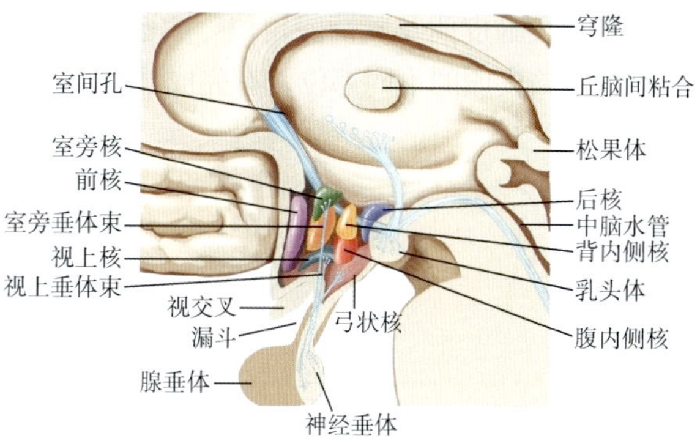

图13-15 下丘脑

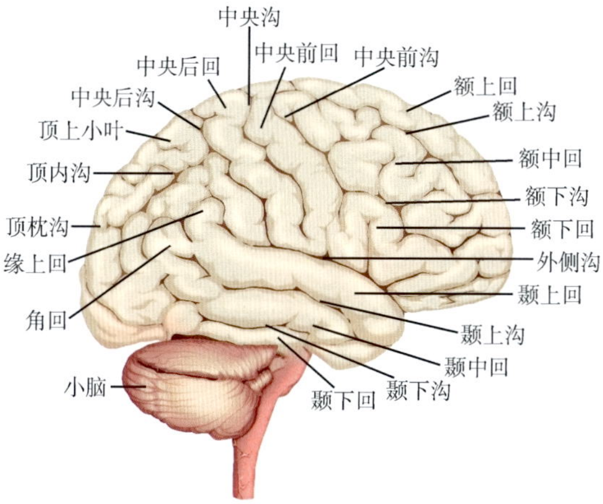

图13-16 大脑半球上外侧面

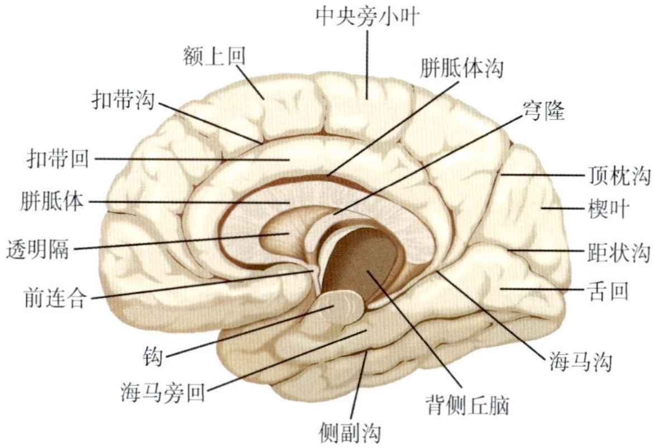

图13-17 大脑半球内侧面

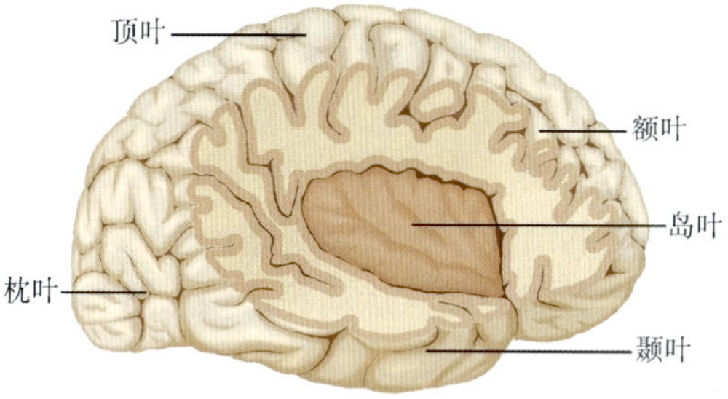

图13-18 岛叶

（1）叶间沟 ①外侧沟：起自大脑半球下面，行向后上方，至上外侧面。②中央沟：起自大脑半球上缘中点稍后方，斜向前下方。③顶枕沟：位于大脑半球内侧面后部。

（2）分叶（图13-18） ①额叶：为外侧沟上方、中央沟前方的部分。②顶叶：外侧沟上方、中央沟后方的部分。③颞叶：为外侧沟下方的部分。④枕叶：为顶枕沟后方的部分。⑤岛叶：隐藏在外侧沟的深部。

（3）大脑半球重要的沟和回

1）上外侧面（图13-16）：紧靠中央沟前方的大脑回称中央前回，紧靠中央沟后方的大脑回称中央后回，在外侧沟下方有几条横行短回，称颞横回。

2）内侧面（图13-17）：围绕胼胝体的上方，有弓状的扣带回。扣带回中部上方有中央旁小叶，是中央前、后回延续到内侧面的部分。在胼胝体后方，有一自顶枕沟伸向枕叶的弓形深沟，称距状沟。

3）下面：在额叶下面有纵行的嗅束，其前端膨大称为嗅球。

在大脑半球的内侧面和下面，有几个连续的大脑回及有关结构，呈环状围绕大脑和间脑交界处的边缘，故称边缘叶。边缘叶与其联系密切的皮质下结构组成边缘系统，与内脏调节、情绪反应和性活动等有关。

2. 大脑半球的内部结构 大脑半球表层的灰质，称大脑皮质。其深面的白质，称大脑髓质。在大脑半球的基底部，包埋于白质中的灰质团块，称基底核。大脑半球内部的腔隙，称侧脑室。

（1）大脑皮质及其功能定位　大脑皮质是人体生命活动的最高级中枢，是高级神经活动的物质基础。在大脑皮质的不同部位，有完成某些反射活动的特定区域，称大脑皮质的功能定位（图13-19）。

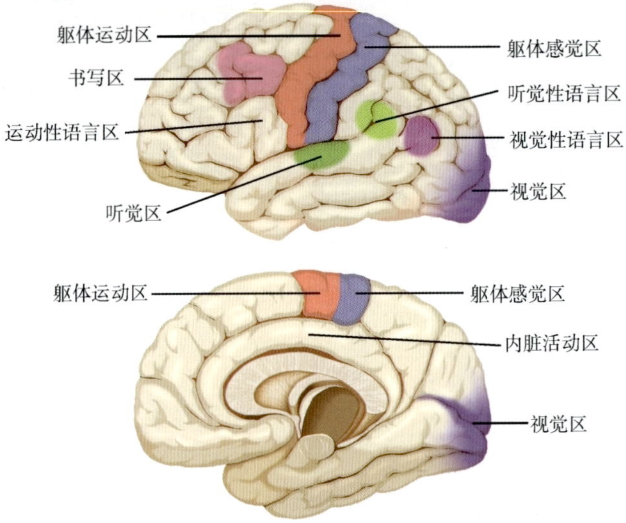

图13-19　大脑皮质功能定位

1）躯体运动区：位于中央前回和中央旁小叶的前部，管理对侧半身骨骼肌的随意运动。

2）躯体感觉区：位于中央后回和中央旁小叶的后部，接受对侧半身的浅、深感觉。

3）视觉区：位于枕叶内侧面距状沟两侧的皮质，接受外侧膝状体发出的纤维。

4）听觉区：位于颞横回，接受内侧膝状体发出的纤维。

5）语言区：为人类所特有，绝大多数人的语言区位于左侧大脑半球（优势半球），包括运动性语言区、书写区、听觉性语言区、视觉性语言区。

（2）基底核　为埋藏在大脑髓质内的灰质团块，包括尾状核、豆状核、屏状核和杏仁体。尾状核呈由前向后弯曲的圆柱体，分为头、体、尾3部分；尾状核头和体位于背侧丘脑的背外侧，尾向前下弯曲深入颞叶，末端与杏仁体相连。豆状核位于岛叶的深部，背侧丘脑的外侧。此核在水平切面上呈三角形，被两条白质板分隔成3部分，内侧两部分色泽较浅，称苍白球；外侧部分色泽较深，称壳。尾状核与豆状核合称纹状体，其中尾状核和壳在种系发生上为较新的结构，称新纹状体；苍白球在发生上为较古老的结构，称旧纹状体。纹状体具有调节肌张力和协调各肌群随意运动等作用（图13-20、图13-21）。屏状核与壳之间为外囊，屏状核与岛叶之间为最外囊。

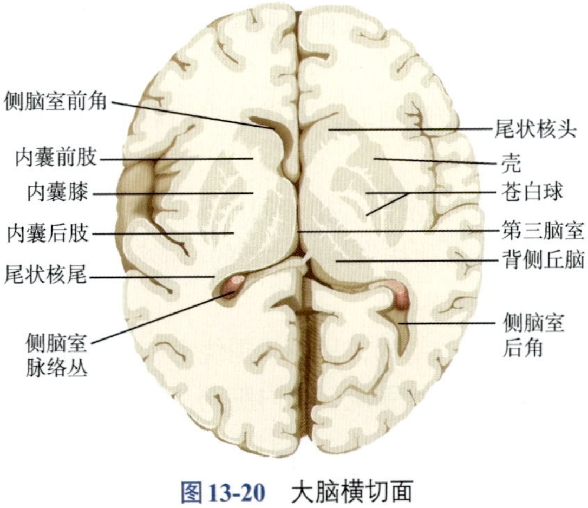

图13-20　大脑横切面

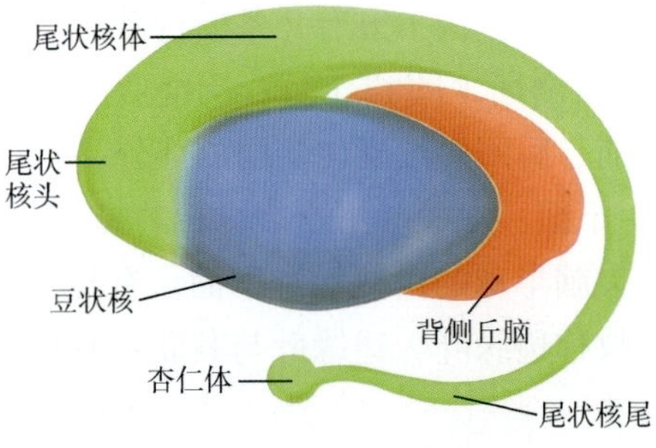

图13-21　基底核示意图

（3）大脑髓质 位于皮质的深面，由大量的神经纤维组成，可分为投射纤维、连合纤维和联络纤维3种。内囊是位于背侧丘脑、尾状核和豆状核之间的白质纤维板，大部分投射纤维经过此处。在大脑水平切面上，内囊呈“><”形，分为内囊前肢、内囊膝、内囊后肢3部分（图13-22）。内囊前肢较短，位于尾状核与豆状核之间；内囊后肢较长，位于背侧丘脑与豆状核之间；前、后肢移行部，称内囊膝。

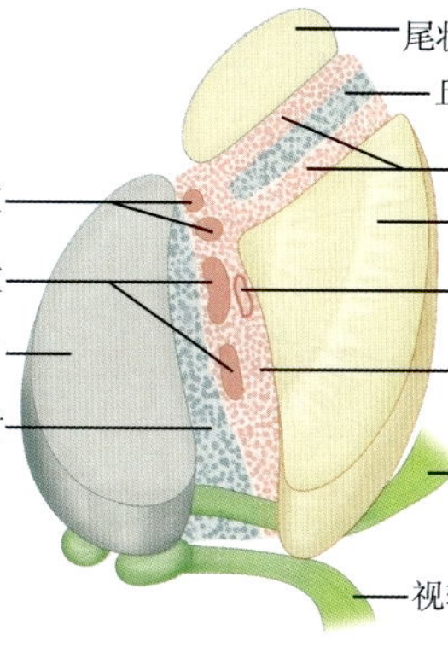

图13-22 内囊示意图

通过内囊的纤维束主要有：①前肢有额桥束通过；②内囊膝有皮质核束通过；③通过内囊后肢的纤维束自前向后有皮质脊髓束、丘脑中央辐射、视辐射和听辐射等。当内囊广泛受到损伤（如内囊出血）时，则出现病灶对侧半身感觉障碍（丘脑中央辐射损伤）、对侧肢体运动障碍（皮质核束、皮质脊髓束损伤）和对侧视野偏盲（视辐射损伤），临床上称“三偏”症。

三、脑和脊髓的被膜

脑和脊髓的被膜有3层，由外向内依次为硬膜、蛛网膜和软膜，它们对脑和脊髓具有保护和支持作用。

1. 硬膜 为1层厚而坚韧的致密结缔组织膜，分为硬脊膜和硬脑膜。

（1）硬脊膜 呈管状包裹脊髓，上端附于枕骨大孔边缘，与硬脑膜相延续，下端附于尾骨。硬脊膜与椎管内面骨膜之间的狭窄腔隙，称硬膜外隙，内含疏松结缔组织、脂肪、淋巴管、静脉丛和脊神经根。临床上将麻醉药物注入此隙以阻断脊神经的传导，称硬膜外麻醉。

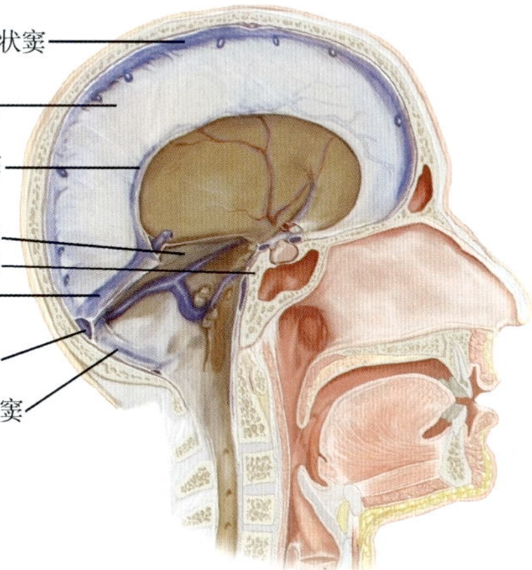

图13-23 硬脑膜和硬脑膜窦

（2）硬脑膜 由内、外两层构成，外层即颅骨内面的骨膜，在颅顶与颅骨结合疏松，颅顶骨折时常因硬膜血管损伤而在硬膜与颅骨之间形成硬膜外血肿。在颅底则与颅骨结合紧密，颅底骨折时易将硬脑膜与蛛网膜同时撕裂，导致脑脊液外漏。内层在某些部位向内折叠成隔幕，深入脑各部的裂隙中，起分隔、承托和固定作用。隔幕主要有大脑镰和小脑幕。

大脑镰，形如镰刀，深入大脑纵裂中。小脑幕，呈半月形，深入大脑横裂中。

硬脑膜在某些部位两层分开，构成含静脉血的腔隙，称硬脑膜窦，重要的硬脑膜窦有位于大脑镰上缘的上矢状窦和位于垂体窝两侧的海绵窦等（图13-23）。

2. 蛛网膜 为薄而透明的薄膜，其与软膜间的腔隙称蛛网膜下隙，内含脑脊液。蛛网膜在上矢状窦两侧形成许多颗粒状突起，突入上矢状窦内，称蛛网膜粒。脑脊液通过蛛网膜粒渗入上矢状窦，回流入静脉（图13-24）。

3. 软膜 为富含血管的薄膜，紧贴于脑和脊髓的表面，分别称软脑膜和软脊膜。在脑室的某些部位，软脑膜的血管反复分支形成毛细血管丛，并与软脑膜共同突入脑室内，形成脉络丛。

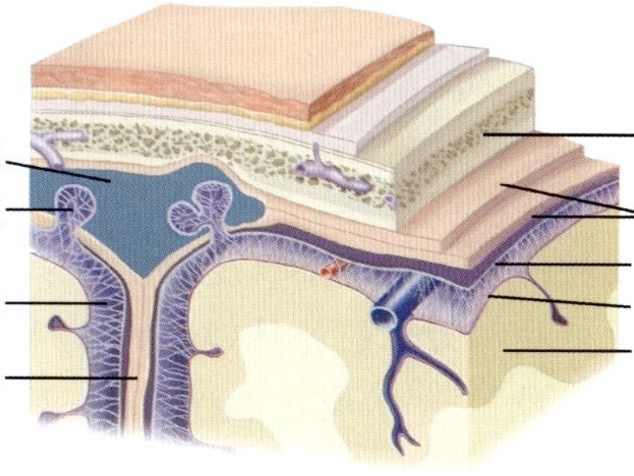

图13-24 蛛网膜粒和上矢状窦

四、脑和脊髓的血管

（一）脑的血管

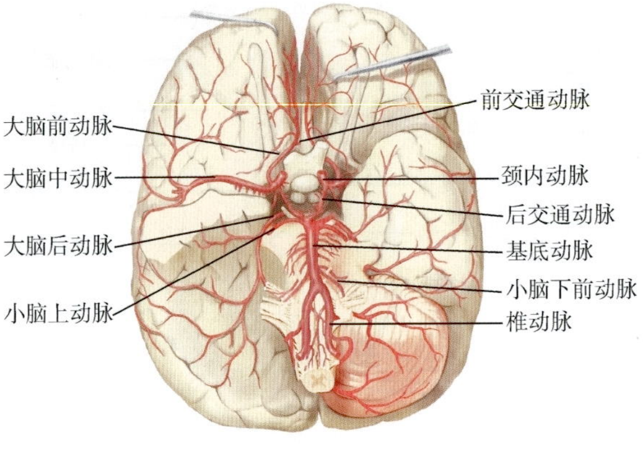

图 13-25　脑底动脉

1. 动脉（图 13-25）　脑的动脉主要来自颈内动脉和椎动脉，前者供应大脑半球前2/3和间脑前部，后者供应大脑半球后1/3、间脑后部、小脑和脑干。在脑的下面，颈内动脉和椎动脉借交通支彼此吻合形成大脑动脉环，通过动脉环的调节，可使血流重新分布，补偿缺血的部位，维持脑的营养和功能。

2. 静脉　脑的静脉不与动脉伴行，脑的静脉血主要由硬脑膜窦收集，最终汇入颈内静脉。

（二）脊髓的血管

1. 动脉　脊髓的动脉来自椎动脉、肋间后动脉和腰动脉的分支，分支间相互吻合成血管网，再发出分支营养脊髓。

2. 静脉　脊髓的静脉与动脉伴行，主要注入硬膜外隙的椎静脉丛。

五、脑脊液循环

脑脊液为无色透明的液体，充满于各脑室、蛛网膜下隙和中央管内，成人总量为100～160ml，内含葡萄糖、无机盐、微量蛋白和少量淋巴细胞等。脑脊液对脑和脊髓起保护、缓冲外力、减少振荡、运输代谢产物和调节颅内压等作用。脑脊液不断地由各脑室脉络丛产生，又不断回流到血液中，这种周而复始的过程，称脑脊液循环（图 13-26）。

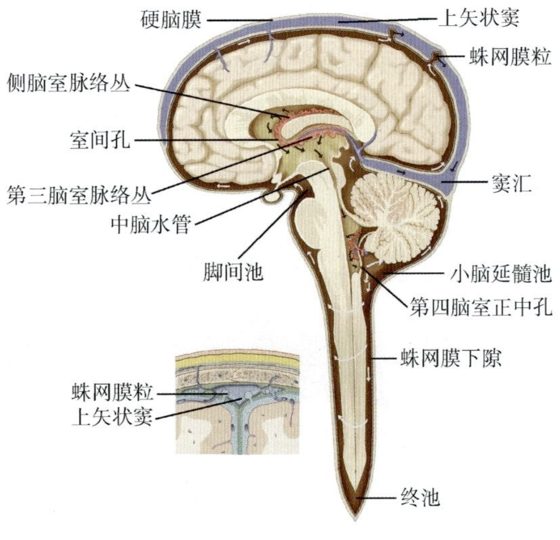

图 13-26　脑脊液循环

脑脊液主要由各脑室脉络丛产生，少量由毛细血管和室管膜上皮产生。由侧脑室脉络丛产生的脑脊液，经室间孔流入第三脑室，与第三脑室脉络丛产生的脑脊液一起，经中脑水管流入第四脑室，再与第四脑室脉络丛产生的脑脊液汇合，经第四脑室外侧孔、正中孔流入蛛网膜下隙内，最后经蛛网膜粒渗透到上矢状窦内，回流入静脉中。如果上述途径任何部位发生阻塞，如中脑水管先天闭锁、炎症粘连等，均可引起脑积水和颅内压升高，使脑组织受压移位，甚至出现脑疝而危及生命。

医者仁心

亚洲第一刀——张俊廷医生

一根发丝的直径，肉眼几乎难以分辨。人体生命中枢——脑干，密布着大量细如发丝、阡陌如网的神经纤维，复杂程度难以想象。张俊廷医生用一把手术刀，与扼住生命的“死神”无数次交锋，他被誉为神经外科领域的亚洲第一刀。张俊廷医生说：“走在通往医学巅峰的路上，要认准学无止境”。“不能靠单打独斗，团队的力量要大得多，要让一个人的经验成为大家的经验，一个人的教训成为大家的教训，才能促进技术的发展”。“医之大者，要具备丰富的专业知识和精湛的技术，还要有一颗时刻为患者着想的心”。

第3节 周围神经系统

案例 13-2

患者，男，62岁，突然昏迷，右侧上、下肢不能运动，体查发现：右侧上、下肢感觉与运动障碍，双眼右侧半视野偏盲，治疗后，半个月恢复意识。

临床诊断为左侧内囊出血。

问题：1. 该患者内囊损伤影响了哪些神经纤维？

2. 为什么左侧内囊损伤会引起右侧上、下肢感觉与运动障碍，双眼右侧半视野偏盲？

一、脊神经

脊神经共31对，包括颈神经8对、胸神经12对、腰神经5对、骶神经5对和尾神经1对。每条脊神经都由前根和后根在椎间孔处合成，前根含运动纤维，后根含感觉纤维，脊神经都是含有运动纤维和感觉纤维的混合性神经。后根上的膨大称脊神经节。

脊神经（图13-27）包括前支、后支、脊膜支和交通支等分支。后支细小，主要分布于躯干背侧的深层肌肉和皮肤。前支粗大，分布于头颈、躯干前外侧及四肢的肌肉和皮肤等。人类胸神经前支保持节段性走行和分布，其余各部脊神经前支分别交织成丛，即颈丛、臂丛、腰丛和骶丛。由各丛再发出分支分布。交通支为连于脊神经与交感干之间的细支。其中发自脊神经连至交感干的称白交通支；而来自交感干连于每条脊神经的称灰交通支。

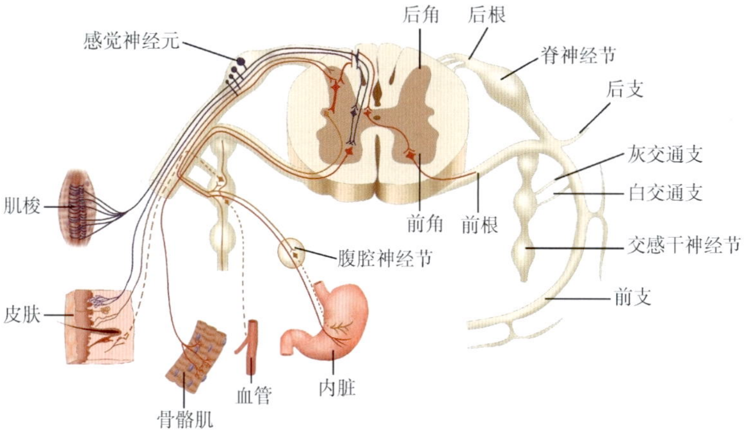

图13-27 脊神经的组成

（一）颈丛

颈丛由第1～4颈神经前支组成，位于胸锁乳突肌上部的深面，分为皮支和肌支。皮支由胸锁乳突肌后缘中点处穿出深筋膜，呈放射状分布于枕部、颈部、肩部和胸上部的皮肤（图13-28），如颈横神经、锁骨上神经、枕小神经、耳大神经。其穿出位置，是颈部浅层结构浸润麻醉的一个阻滞点。颈丛最重要的分支是膈神经，为混合性神经，穿锁骨下动、静脉之间入胸腔下行至膈，其运动纤维支配膈肌，感觉纤维分布于胸膜、心包和膈下的腹膜等处。膈神经损伤的主要表现是同侧半膈肌瘫痪，引起呼吸困难。

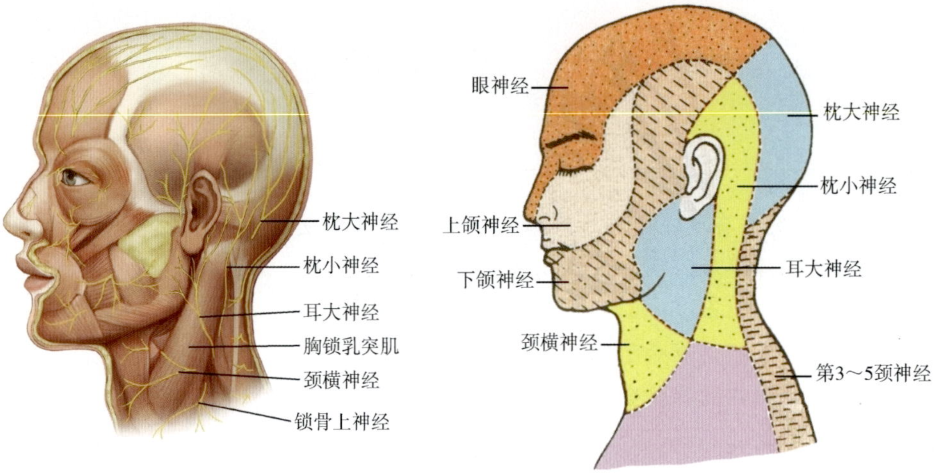

颈丛的皮支　　颈丛皮支的分布

图13-28　颈丛的皮支及分布

（二）臂丛

臂丛由第5～8颈神经前支和第1胸神经前支的大部分纤维组成，从斜角肌间隙穿出，经锁骨中点后方入腋窝，围绕腋动脉排列（图13-29）。在锁骨中点后方，臂丛较集中，临床上常在此处进行臂丛阻滞麻醉。臂丛的主要分支为5个，见图13-30。

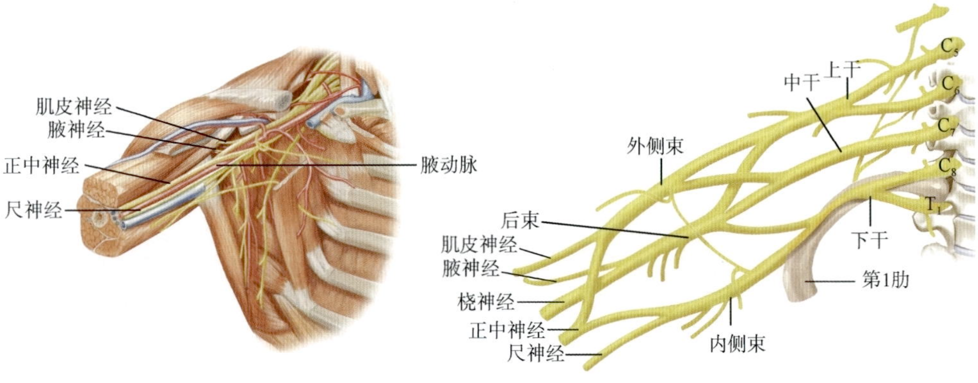

图13-29　臂丛的组成

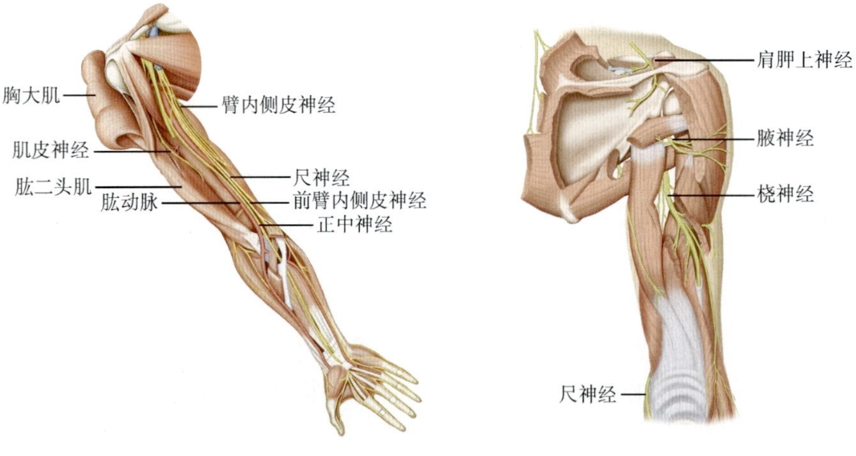

图13-30　上肢的神经分布

1. 腋神经 经肱骨外科颈至三角肌深面。其肌支支配三角肌和小圆肌，皮支分布于肩关节和肩部的皮肤。肱骨外科颈骨折，可致腋神经损伤，导致三角肌瘫痪、萎缩，肩部失去圆隆外观，肩峰突出，形成方肩畸形。

2. 肌皮神经 肌支支配喙肱肌、肱二头肌和肱肌，皮支分布于前臂外侧缘皮肤。

3. 正中神经 从臂丛发出后，沿肱二头肌内侧缘伴肱动脉下行至肘窝，经前臂前群肌之间到达手掌。其肌支支配除肱桡肌、侧腕屈肌、指深屈肌尺侧半以外的前臂肌前群、旋前肌、鱼际肌（拇收肌除外）及第3、4蚓状肌，皮支分布于手掌桡侧2/3皮肤和桡侧3个半手指的掌面皮肤及其中节和远节指背皮肤。

4. 尺神经 沿肱二头肌内侧缘下行，经尺神经沟至前臂，伴尺动脉下行至手掌。其肌支支配尺侧腕屈肌、指深屈肌尺侧半、小鱼际肌、拇收肌、全部骨间肌及第3、4蚓状肌，皮支分布于手掌尺侧1/3、尺侧一个半手指掌面的皮肤和手背尺侧半及尺侧两个半手指背面的皮肤。

5. 桡神经 是臂丛中最粗大的分支，伴肱深动脉经桡神经沟下行。其肌支支配肱三头肌、肱桡肌和前臂肌后群，皮支分布于臂和前臂后面、手背桡侧半皮肤和桡侧两个半手指的近节指背皮肤。

链 接 臂丛神经损伤

前臂和腕部外伤时常累及正中神经，出现该神经分布区的功能障碍，表现为鱼际肌萎缩，手掌变平呈猿掌（图13-31A），同时桡侧3个半手指掌面皮肤及桡侧半手掌出现感觉障碍。尺神经受到损伤时，表现为小鱼际肌和骨间肌萎缩，拇指不能内收，各指不能相互靠拢，各掌指关节过伸，表现为爪形手（图13-31B）。感觉障碍则表现为手掌和手背内侧缘皮肤感觉丧失。桡神经在肱骨中段紧贴桡神经沟骨面走行，肱骨中段或中、下1/3交界处骨折容易合并桡神经的损伤，导致前臂伸肌群的瘫痪，表现为抬前臂时呈垂腕状（图13-31C），同时第1、2掌骨间背面皮肤感觉障碍明显。

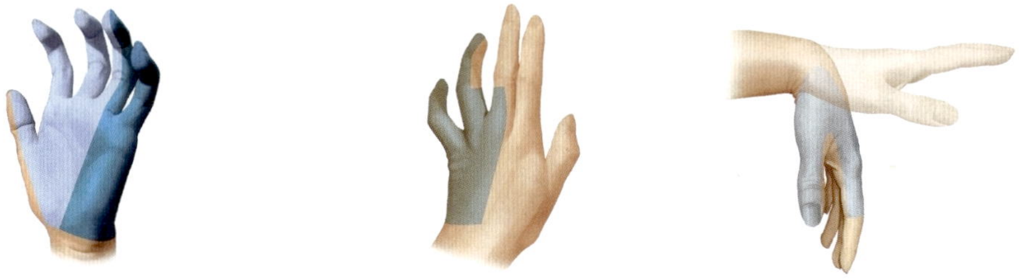

A. 正中神经损伤（猿掌）　B. 尺神经损伤（爪形手）　C. 桡神经损伤（垂腕）

图13-31 正中神经、尺神经、桡神经损伤后的手形

（三）胸神经前支

胸神经前支共12对，其中第1～11对行走于相应的肋间隙内，称肋间神经。第1肋间神经分出大部分加入臂丛，小部分分布于第1肋间。第12对胸神经大部分前支位于第12肋下方，称肋下神经，小部分加入腰丛。胸神经前支分布于肋间肌、腹前外侧壁肌和胸、腹壁皮肤及肋胸膜、壁腹膜等处，分布有明显的节段性。胸神经肌支支配肋间肌和腹肌的前外侧群，皮支分布于胸、腹壁皮肤及胸膜和腹膜壁层。

（四）腰丛

腰丛由第12胸神经前支的小部分和第1～3腰神经前支和第4腰神经前支一部分组成，位于腰大肌的深面，其主要分支如下（图13-32）。

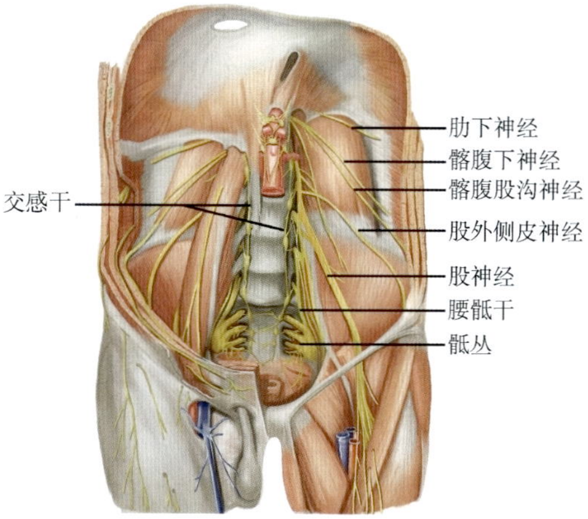

图13-32 腰骶丛及其分支分布

1. 股神经 是腰丛最大分支，经腹股沟韧带深面、股动脉外侧进入股三角。其肌支支配大腿前群肌，皮支分布于大腿前面、小腿内侧面和足内侧缘的皮肤。

2. 闭孔神经 从腰丛发出后，穿过闭孔至大腿内侧。其肌支支配大腿内侧群肌，皮支分布于髋关节及大腿内侧面皮肤。

（五）骶丛

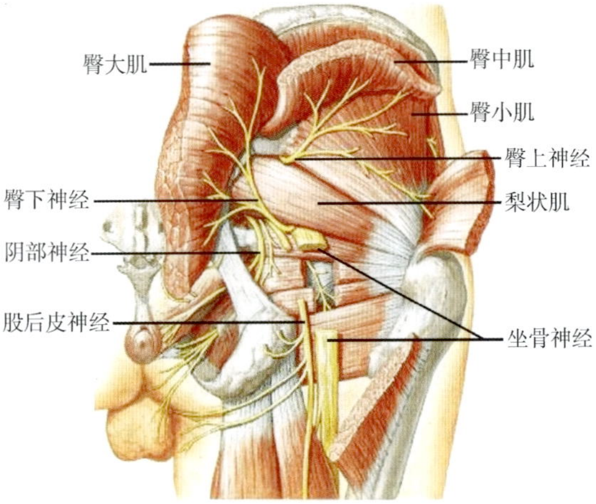

图13-33 骶丛的主要分支

骶丛由第4腰神经前支的一部分和第5腰神经前支及全部骶、尾神经前支组成，是全身最大的脊神经丛。骶丛位于骶骨及梨状肌前面、髂血管后方（图13-32，图13-33）。

1. 臀上神经 经梨状肌上孔出盆腔，支配臀中肌、臀小肌和阔筋膜张肌。

2. 臀下神经 经梨状肌下孔出盆腔，支配臀大肌。

3. 阴部神经 经梨状肌下孔出盆腔，分布于肛门、会阴部和外生殖器的肌肉和皮肤。

4. 坐骨神经 全身最粗大、最长的神经，经梨状肌下孔出盆腔，在臀大肌深面下行，经坐骨结节与股骨大转子连线中点，在股二头肌深面下行至腘窝上方分为胫神经和腓总神经两大终支。

（1）胫神经 为坐骨神经的直接延续，伴随腘动脉及胫后动脉，沿腘窝中线在小腿三头肌深面下行，经内踝后方到达足底。其肌支支配小腿后群肌和足底肌，皮支分布于小腿后面和足底的皮肤。

（2）腓总神经 沿腘窝外侧下行，绕腓骨颈向前至小腿前面，分为腓浅神经和腓深神经。其肌支支配小腿前群肌、外侧群肌和足背肌，皮支分布于小腿前面、外侧面和足背的皮肤。

链接 胫神经、腓总神经损伤

胫神经损伤后主要表现为足不能跖屈，不能以足尖站立，内翻力减弱，伴发足底及足外侧缘皮肤感觉障碍。小腿后群肌功能障碍，收缩无力，导致小腿前外侧群肌的过度牵拉，使足呈背屈和外翻位，出现钩状足畸形（图13-34A）。腓总神经在腓骨颈处的位置非常表浅，易受损伤。受伤后表现为足不能背屈，趾不能伸，足下垂且内翻，呈马蹄内翻足畸形（图13-34B），行走时呈跨阈步态。同时小腿前、外侧面及足背区出现明显的感觉障碍。

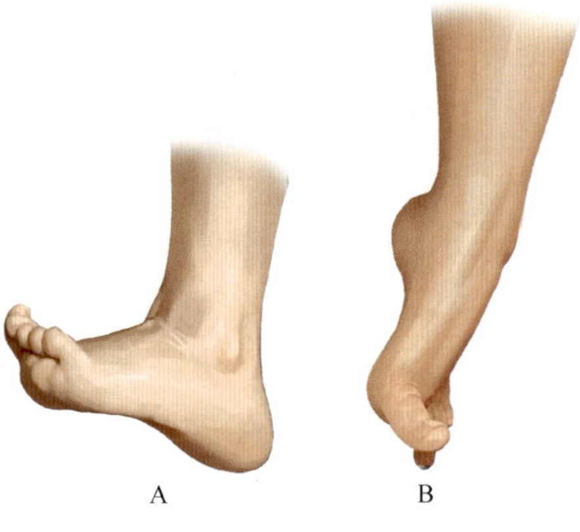

图13-34 胫神经、腓总神经损伤后的足形
A. 胫神经损伤（钩状足）；B. 腓总神经损伤

二、脑神经

脑神经共12对，其顺序常用罗马数字命名，依次为：Ⅰ嗅神经、Ⅱ视神经、Ⅲ动眼神经、Ⅳ滑车神经、Ⅴ三叉神经、Ⅵ展神经、Ⅶ面神经、Ⅷ前庭蜗神经、Ⅸ舌咽神经、Ⅹ迷走神经、Ⅺ副神经、Ⅻ舌下神经。根据脑神经所含纤维成分不同，可分为感觉性神经（Ⅰ、Ⅱ、Ⅷ）、运动性神经（Ⅲ、Ⅳ、Ⅵ、Ⅺ、Ⅻ）和混合性神经（Ⅴ、Ⅶ、Ⅸ、Ⅹ）3种（图13-35）。

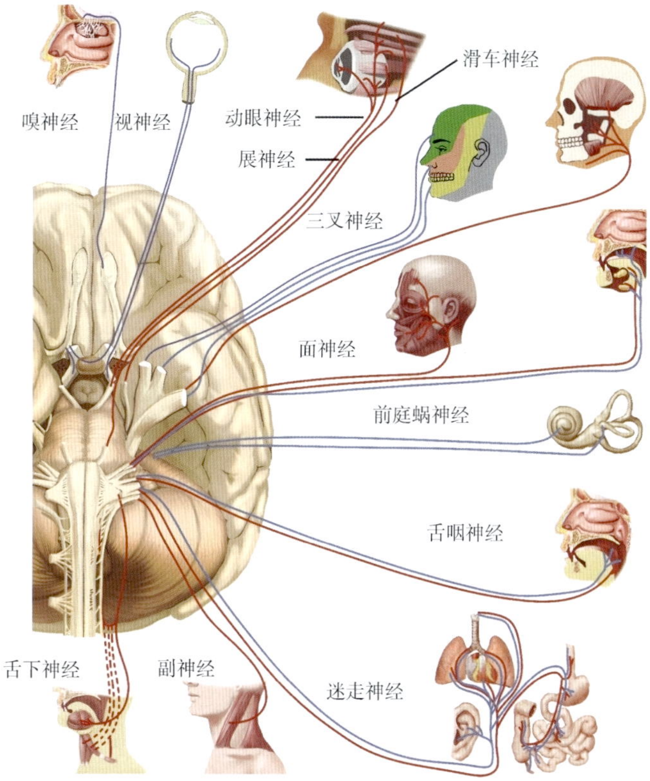

图13-35 脑神经模式图

链接 12对脑神经歌诀

一嗅二视三动眼，四滑五叉六外展，七面八蜗九舌咽，十迷一副舌下全。

（一）嗅神经

嗅神经为感觉性神经，起于鼻腔黏膜嗅区的嗅细胞，嗅细胞的中枢突聚集成嗅丝，向上穿过筛孔入颅前窝，连于大脑额叶下方的嗅球，传导嗅觉冲动。颅前窝骨折时，可损伤嗅神经，造成嗅觉障碍。

（二）视神经

视神经为感觉性神经，由眼球视网膜的节细胞轴突聚集形成，经视神经管入颅腔，形成视交叉，经视束止于外侧膝状体，传导视觉冲动。

（三）动眼神经

动眼神经为运动性神经，含有躯体运动和内脏运动两种纤维。起于中脑的动眼神经核和动眼神经副核，动眼神经由中脑发出，经眶上裂入眶。躯体运动纤维支配上、下、内直肌及下斜肌、上睑提肌。内脏运动纤维（副交感）支配睫状肌和瞳孔括约肌。

（四）滑车神经

滑车神经为运动性神经，只含有躯体运动纤维，起于中脑的滑车神经核，由中脑背侧发出，经眶上裂入眶，支配上斜肌。

（五）三叉神经

三叉神经是脑神经中最粗大的混合性神经，与脑桥相连，含有感觉和运动两种纤维。躯体感觉纤维连有三叉神经节，并发出眼神经、上颌神经和下颌神经三大分支。躯体运动纤维则加入下颌神经（图13-36，图13-37）。

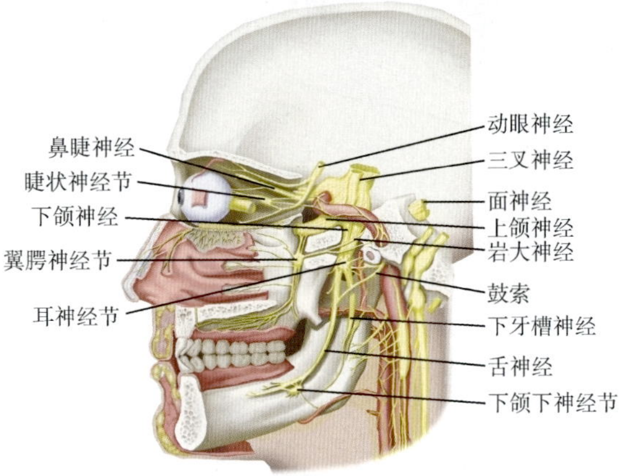

图13-36　三叉神经

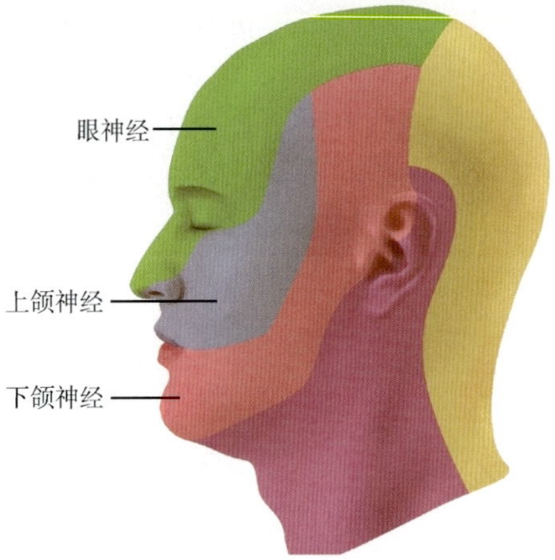

图13-37　三叉神经分布模式图

1. 眼神经　为感觉性神经，经眶上裂入眶，分布于眼球、泪腺及鼻背、睑裂以上的皮肤。眼神经一个分支经眶上切迹穿出，分布于额顶、上睑部皮肤，称眶上神经。压眶反射即压迫此神经。

2. 上颌神经　为感觉性神经，经圆孔出颅，经眶下裂入眶，延续为眶下神经。分布于上颌窦、鼻腔和腭的黏膜及上颌牙齿和牙龈、睑裂与口裂之间的皮肤。

3. 下颌神经　为混合性神经，经卵圆孔出颅，其感觉纤维分布于硬脑膜、下颌牙齿、牙龈、舌前2/3黏膜及颞部和口裂以下的皮肤。运动纤维支配咀嚼肌。

（六）展神经

展神经为运动性神经，只含有躯体运动纤维，由脑桥发出，经眶上裂入眶，支配外直肌。

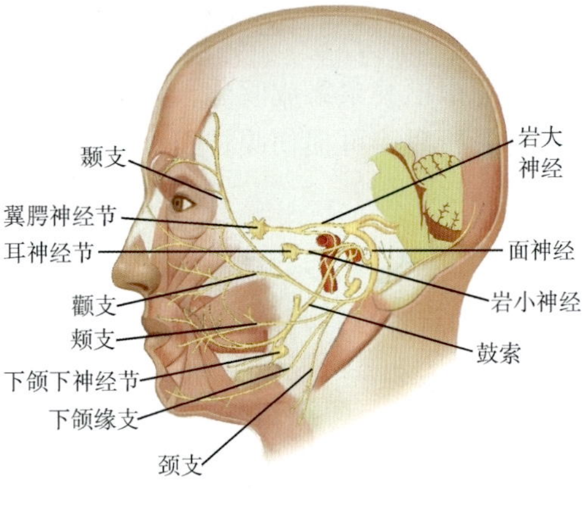

图13-38　面神经

（七）面神经

面神经为混合性神经，与脑桥相连，经内耳门、面神经管出颅，含有3种纤维（图13-38）。内脏运动纤维（副交感）管理泪腺、舌下腺和下颌下腺的分泌活动。内脏感觉纤维分布于舌前2/3的味蕾，传导味觉。运动神经由茎乳孔出颅后，穿腮腺到面部，支配面肌。

（八）前庭蜗神经

前庭蜗神经为感觉性神经，与脑桥相连，经内耳门入颅，由前庭神经和蜗神经组成。前庭神经分布于球囊斑、椭圆囊斑和壶腹嵴，传导平衡觉冲动。蜗神经分布于螺旋器，传导听觉冲动。

（九）舌咽神经

舌咽神经（图13-39）是混合性神经，与延髓相连，经颈静脉孔出颅，其主要分支有：舌支为舌咽神经终支，分布于舌后1/3黏膜和味蕾，传导一般内脏感觉和味觉。咽支分布于咽肌及咽黏膜，接受咽黏膜的感觉传入，与咽反射有关。颈动脉窦支分布于颈动脉窦和颈动脉小球，将动脉压力变化和血液中二氧化碳浓度变化的刺激传入中枢，反射性地调节血压和呼吸。

（十）迷走神经

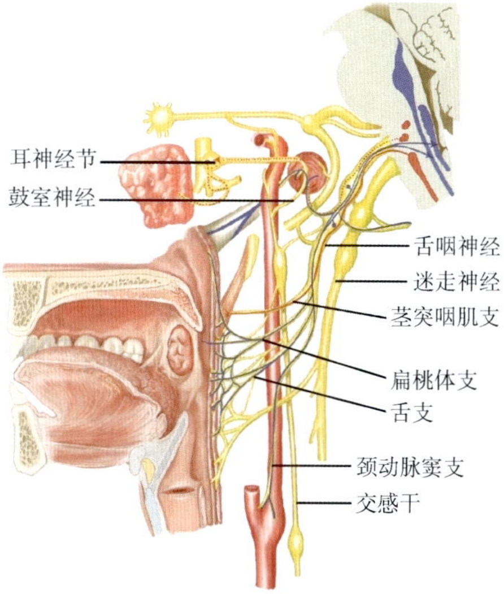

图13-39 舌咽神经

迷走神经为混合性神经，与延髓相连，穿颈静脉孔出颅，是人体中行程最长、分布最广泛的脑神经，含有4种纤维（图13-40）。内脏运动纤维（副交感）和内脏感觉纤维主要分布于心、肺、食管、气管与主支气管、胃、结肠左曲以上的肠管及肝、胰、肾、脾等器官，支配器官的活动、腺体的分泌，传导感觉冲动。躯体感觉纤维分布于耳廓、外耳道和硬脑膜。躯体运动纤维支配软腭和咽、喉肌。迷走神经连于延髓橄榄的后沟，经颈静脉孔出颅腔。之后下行于颈内、颈总动脉与颈内静脉之间的后方，经胸廓上口入胸腔。在胸腔内，延续为迷走神经前干和后干，前、后干两干向下与食管一起穿膈的食管裂孔进入腹腔。

（十一）副神经

副神经为运动性神经，与延髓相连，经颈静脉孔出颅，支配咽喉部肌、胸锁乳突肌和斜方肌。

（十二）舌下神经

舌下神经为运动性神经，与延髓相连，经舌下神经管出颅，支配全部舌内肌和大部分舌外肌。

三、内脏神经

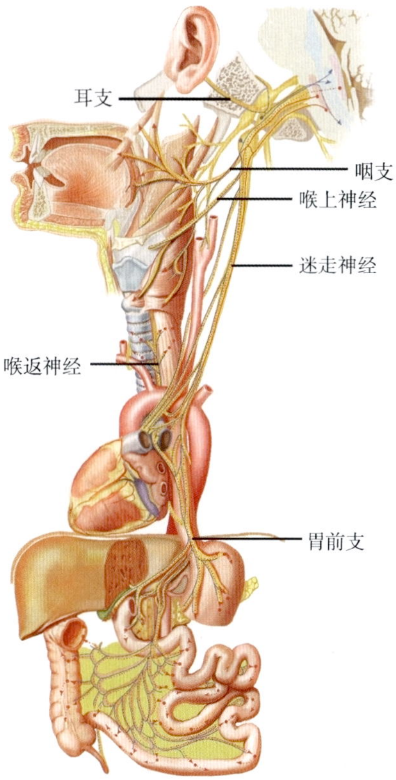

图13-40 迷走神经

内脏神经是神经系统的一个组成部分，可分为中枢部和周围部。周围部主要分布于内脏、心血管和腺体，按照纤维的性质，可分为内脏运动神经和内脏感觉神经。

（一）内脏运动神经

内脏运动神经分为交感神经和副交感神经两部分。通常不受人的意志控制，故又称为自主神经系统或植物神经系统。

内脏运动神经与躯体运动神经在结构与功能上有较大差别。①支配的器官不同：躯体运动神经支配骨骼肌，受意识的控制。内脏运动神经支配平滑肌、心肌和腺体，不受意识的控制。②神经元的数目不同：躯体运动神经从低级中枢到效应器只有1个神经元。而内脏运动神经从低级中枢到效应器则需要2个神经元。第一个神经元位于低级中枢，称节前神经元，其发出的纤维称节前纤维。在自主神经节内更换为第二个神经元，称节后神经元，其发出的纤维称节后纤维。③纤维成分不同：躯体运动神经只有1种纤维成分。内脏运动神经则有交感和副交感2种纤维成分，且多数器官同时接受交感神经和副交感神经的双重支配（图13-41）。

1. 交感神经

（1）低级中枢 位于脊髓T_1至L_3节段灰质的侧角内，侧角内的神经元是节前神经元，其轴突即为交感神经的节前纤维。

（2）交感神经节 交感神经节因位置不同分为椎旁神经节和椎前神经节。椎旁神经节位于脊柱两侧，同侧椎旁神经节借节间支连接成串珠状结构，称交感干。椎前神经节位于脊柱前方，主要有腹腔神经节、肠系膜上、下神经节等。

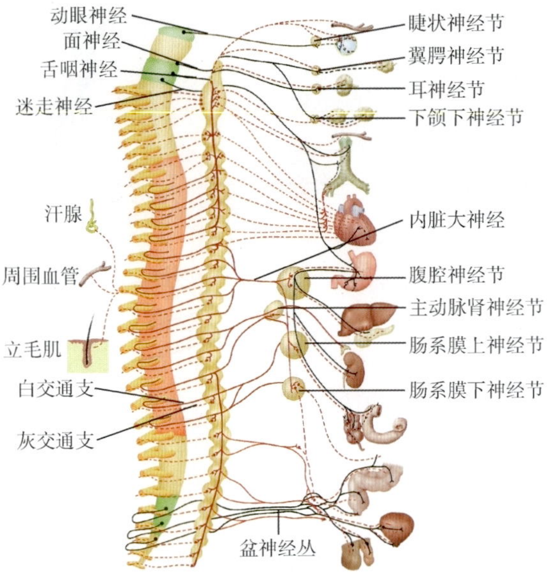

图 13-41 内脏运动神经概观

（3）分布范围　交感神经的节后纤维主要分布于胸、腹、盆腔脏器的平滑肌、心肌和腺体，以及全身血管、汗腺、竖毛肌和瞳孔开大肌等处。

2. 副交感神经

（1）低级中枢　位于脑干的内脏运动神经核和脊髓 $S_{2\sim4}$ 节段的骶副交感核，其核内的神经元是节前神经元，神经元的轴突即为节前纤维。

（2）副交感神经节　位于器官周围或器官壁内，分别称器官旁节和器官内节。神经节内的神经元是节后神经元，其轴突即为副交感神经节的节后纤维。

（3）分布范围　脑干内的副交感神经核（动眼神经副核、上泌涎核、下泌涎核和迷走神经背核）所发出的节前纤维随第Ⅲ、Ⅶ、Ⅸ、Ⅹ对脑神经分布，其节后纤维分布于瞳孔括约肌、睫状肌、唾液腺及胸腹腔器官和结肠左曲以上的消化管。由脊髓的骶副交感核发出的节前纤维随骶神经走行，组成盆内脏神经加入盆丛，在副交感神经节内发出的节后纤维分布于结肠左曲以下的消化管、盆腔器官及外生殖器。

（二）内脏感觉神经

内脏感觉神经通过内脏感受器接受来自内脏的刺激产生的冲动，并传入中枢，产生感觉。内脏感觉的特点：①内脏一般性活动不引起感觉，较强烈的内脏活动才能引起感觉（如心绞痛、饥饿等）。②对切、割等刺激不敏感，而对牵拉、冷热、膨胀和痉挛等刺激较敏感。③内脏感觉传入途径分散，因而内脏痛是弥散的，定位模糊。

当某些内脏器官发生病变时，常在体表一定区域产生感觉过敏或痛觉，这种现象称为牵涉性痛。例如，心脏病变（心绞痛、心肌梗死）时，常在左臂内侧产生疼痛，有时也可牵涉到右臂或颈部，或有时以腹痛的形式出现；肾结石时可引起腹股沟区的疼痛等。

第 4 节　神经系统的传导通路

案例 13-3

患者，男，62 岁，突然昏迷，右侧上、下肢不能运动。入院体查发现：右侧上、下肢感觉与运动障碍，双眼右侧半视野偏盲。治疗半个月后恢复意识。

临床诊断为左侧内囊出血。

问题：1. 患者内囊损伤，影响了哪些神经纤维？

2. 为什么左侧内囊损伤会引起右侧上、下肢感觉与运动障碍，双眼右侧半视野偏盲？

人体各种感受器接受机体内外环境的各种刺激，将产生的神经冲动沿着上行纤维束传导至大脑皮质高级中枢，产生各种感觉。同时，大脑皮质将各种感觉信息分析整合后，发出神经冲动，沿下行纤维传出，经脑干和脊髓的运动神经元到达躯体各种效应器，引起效应。因此，在神经系统内存在感觉传导通路和运动传导通路。

一、感觉传导通路

感觉传导通路一般由3级神经元组成。

（一）躯干和四肢的本体感觉与精细触觉传导通路

本体感觉又称深感觉，是指肌、腱、关节等处的位置觉、运动觉和震动觉。精细触觉是指皮肤辨别两点间距离和物体纹理粗细的感觉（图13-42）。

第1级神经元位于脊神经节内假单极神经元，其周围突随脊神经分布于躯干和四肢的骨骼肌、腱、关节及皮肤的感受器。中枢突经脊神经后根进入脊髓，在脊髓的后索内第5胸节以下的纤维组成薄束，第4胸节以上的纤维组成楔束，然后上行至延髓的薄束核和楔束核。

第2级神经元位于延髓的薄束核和楔束核内，其轴突组成纤维束交叉至对侧，形成内侧丘系，上行至背侧丘脑的腹后外侧核。

第3级神经元位于背侧丘脑腹后外侧核，其轴突组成的纤维束经内囊后肢投射到大脑皮质的中央后回上2/3及中央旁小叶后部。

（二）躯干和四肢的痛觉、温度觉、粗触觉传导通路

躯干和四肢的痛觉、温度觉、粗触觉传导通路又称浅感觉传导通路，传导躯干和四肢的痛觉、温度觉、粗触觉（图13-43）。

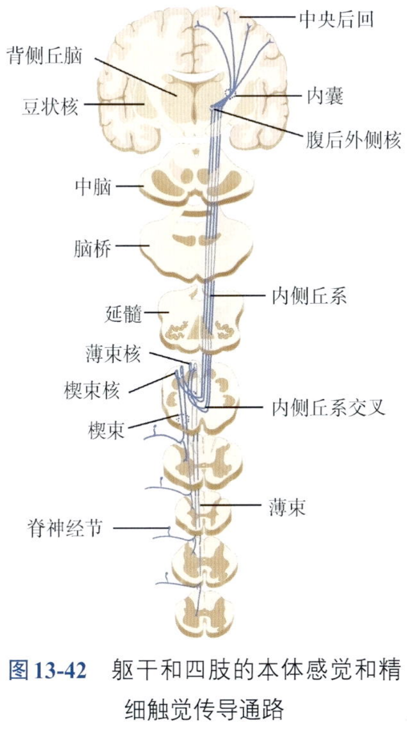

图13-42 躯干和四肢的本体感觉和精细触觉传导通路

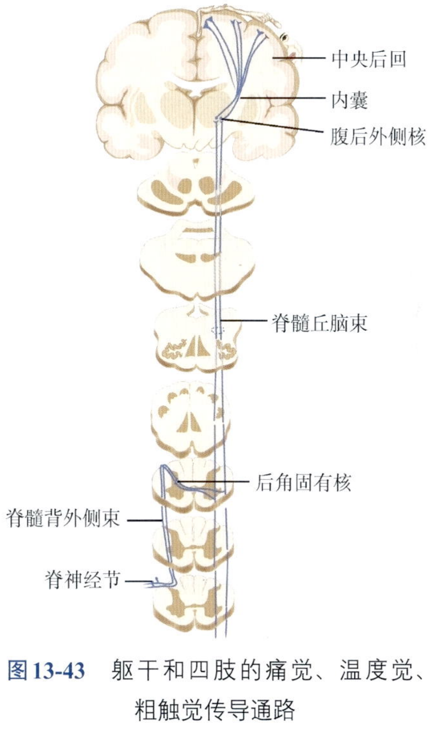

图13-43 躯干和四肢的痛觉、温度觉、粗触觉传导通路

第1级神经元位于脊神经节内，其周围突随脊神经分布于躯干和四肢皮肤的感受器。中枢突经脊神经后根进入同侧脊髓后角。

第2级神经元位于脊髓后角内固有核，其轴突组成纤维束交叉至对侧，组成脊髓丘脑束上行至背侧丘脑的腹后外侧核。

第3级神经元位于背侧丘脑的腹后外侧核，其轴突组成的纤维束经内囊后肢投射到大脑皮质的中央后回上2/3及中央旁小叶后部。

（三）头面部的痛觉、温度觉和粗触觉传导通路

头面部的痛觉、温度觉和粗触觉传导通路主要由三叉神经传入（图13-44）。

第1级神经元位于三叉神经节内，其周围突组成三叉神经三大分支分布于头面部的皮肤和口腔、鼻腔黏膜等感受器，中枢突经三叉神经根进入脑干，终止于三叉神经感觉核群。

第2级神经元位于三叉神经感觉核群内，其轴突组成纤维束交叉至对侧，形成三叉丘系，上行止于背侧丘脑的腹后内侧核。

第3级神经元位于背侧丘脑的腹后内侧核，其轴突组成的纤维经内囊后肢投射至大脑皮质的中央后回下1/3。

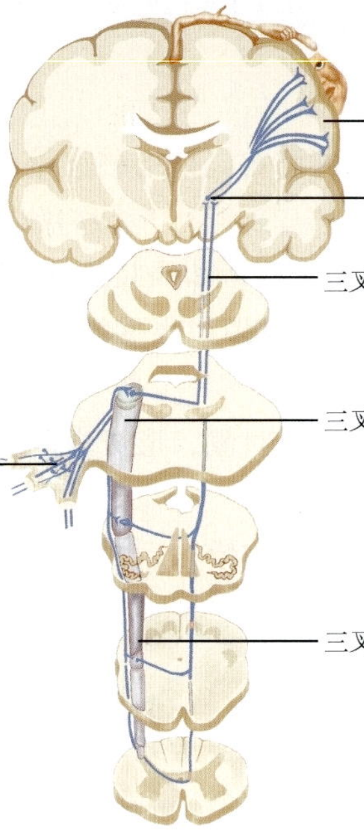

图13-44 头面部的痛觉、温度觉、粗触觉传导通路

（四）视觉传导通路

视觉传导通路是传导视觉冲动的传导通路，也由3级神经元组成（图13-45）。

第1级神经元为视网膜内的双极细胞，接受来自视锥细胞和视杆细胞产生的视觉神经冲动并传至神经节细胞。

第2级神经元为视网膜内的节细胞，其轴突在视神经盘处集聚成视神经，经视神经管入颅腔，形成视交叉后组成视束。在视交叉中，来自两眼视网膜鼻侧半的纤维相互交叉，而来自两眼颞侧半的纤维不交叉。因此，每侧视束内含有同侧眼视网膜的颞侧半纤维和对侧眼视网膜的鼻侧半纤维，绕过大脑脚终止于外侧膝状体。

第3级神经元胞体位于外侧膝状体内，其发出的纤维组成视辐射，经内囊后肢投射到大脑皮质距状沟两侧的视觉中枢。

视觉传导通路不同部位损伤时，可引起不同的视野缺损。①一侧视神经损伤：可致患侧眼全盲。②视交叉正中损伤：可致双眼颞侧半视野偏盲。③视交叉外侧损伤：可致患侧眼鼻侧半视野偏盲。④一侧视束损伤：可致双眼对侧半视野同向偏盲。

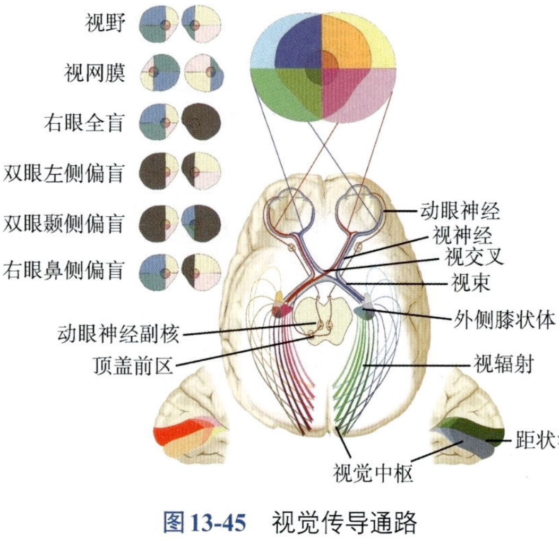

图13-45 视觉传导通路

二、运动传导通路

大脑皮质是躯体运动的高级中枢，其对躯体运动的调节是通过锥体系和锥体外系两部分传导通路实现的。

（一）锥体系

锥体系的主要功能是由大脑皮质管理骨骼肌的随意运动，由上、下两级运动神经元组成。上运动神经元的胞体位于大脑皮质的躯体运动区，其轴突组成锥体束，止于脑神经躯体运动核的纤维称皮质核束，止于脊髓前角的纤维称皮质脊髓束。下运动神经元的胞体位于脑神经躯体运动核和脊髓前角，其发出的轴突参与脊神经和脑神经组成，分布于全身的骨骼肌。

1. 皮质核束 上运动神经元的胞体位于大脑皮质中央前回下1/3，其轴突组成皮质核束，经内囊膝

下行至脑干，大部分纤维终止于双侧的脑神经运动核，但面神经核的下部和舌下神经核只接受对侧皮质核束的纤维。下运动神经元的胞体在脑干的脑神经运动核内，其轴突组成脑神经的运动纤维，支配头、颈、咽、喉的骨骼肌（图13-46）。

2. 皮质脊髓束 上运动神经元的胞体位于大脑皮质中央前回上2/3和中央旁小叶前部，其轴突组成皮质脊髓束，经内囊后肢、中脑、脑桥下行至延髓形成锥体。在锥体下方，大部分纤维交叉至对侧，形成锥体交叉，交叉后的纤维沿对侧的脊髓外侧索下行，称皮质脊髓侧束，沿途终止于脊髓各节段前角。小部分未交叉的纤维沿同侧的脊髓前索下行，称皮质脊髓前束，逐节交叉至对侧或留在同侧，终止于对侧或同侧的前角。下运动神经元位于脊髓前角内，其轴突组成脊神经前根，随脊神经分布到躯干和四肢的骨骼肌，由于躯干肌接受双侧纤维支配，若一侧皮质脊髓束在锥体交叉以上损伤，主要引起对侧肢体瘫痪，而对躯干肌无明显影响（图13-47）。

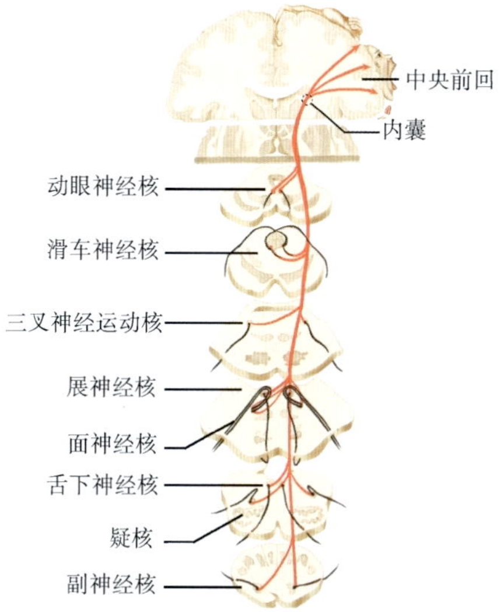

图13-46 皮质核束

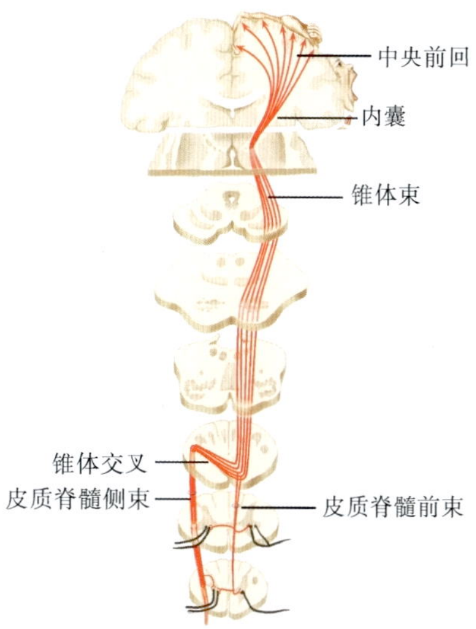

图13-47 皮质脊髓束

临床上发现，不同位置的皮质核束损伤，其表现不同。将上运动神经元损伤引起的瘫痪称为核上瘫，将下运动神经元损伤引起的瘫痪称为核下瘫。上运动神经元损伤（核上瘫）时，由于下运动神经元失去了上运动神经元的抑制，肌张力增高，表现为痉挛性瘫痪（硬瘫）。下运动神经元损伤（核下瘫）时，因肌肉失去了神经的直接支配，肌张力降低，表现为弛缓性瘫痪（软瘫）（图13-48，图13-49）。

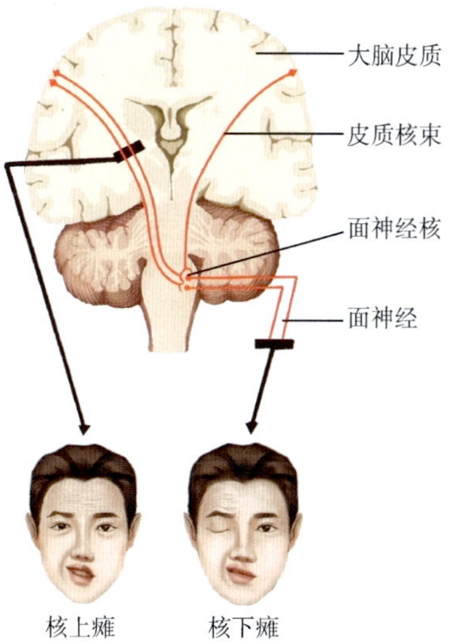

图13-48 面肌瘫痪

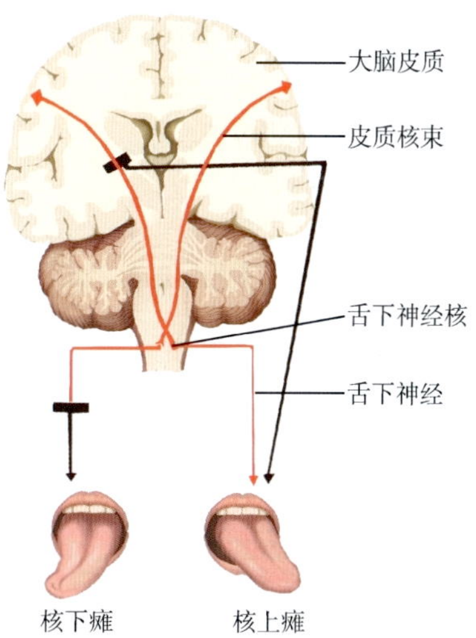

图13-49 舌肌瘫痪

（二）锥体外系

锥体外系是指锥体系以外的管理骨骼肌运动的下行传导通路，其纤维起源于广泛的大脑皮质锥体外运动中枢。主要功能是协助锥体系完成精确的随意运动，调节肌紧张和肌群的协调动作，而锥体外系对锥体系也有一定的依赖性。某些习惯性动作开始是由锥体系发起的，然后才处于锥体外系的管理之下，如跑步、骑车等。

自 测 题

一、名词解释

1. 神经核 2. 白质 3. 灰质 4. 神经节 5. 神经

二、填空题

1. 脊神经共________对，其中颈神经________对、胸神经________对、腰神经________对、骶神经________对和________对尾神经。
2. 臂丛的主要分支有________、__________、__________、________和________。
3. 膈神经起自________丛，其运动纤维支配________肌。
4. 腋神经起自________丛，肌支支配________。
5. 面部的浅感觉由________传导，支配咀嚼肌的神经是________，支配表情肌的神经是________。
6. 运动眼球的神经有________、________和________。
7. 头面部浅感觉传导路的第1级神经元位于________内，躯干及四肢的深感觉及精细触觉传导的第2级神经元位于________和________内，视觉传导路的第3级神经元位于________内。
8. 脊神经中，紧贴骨面走行，骨折时最易损伤的神经为________、________、________和________。
9. 锥体束包括________和________。

三、单项选择题

1. 中枢神经系统中由神经元的胞体集聚而成的结构是（　　）
   A. 纤维束　B. 网状结构
   C. 神经核　D. 白质
   E. 神经
2. 中枢神经系统内，起止和功能基本相同的神经纤维聚集而成的结构是（　　）
   A. 神经核　B. 神经节
   C. 灰质　D. 纤维束
   E. 白质
3. 下列关于脊髓的描述，正确的是（　　）
   A. 有31个节段
   B. 新生儿下端平齐第1腰椎下缘
   C. 背侧有一条深的后正中裂，前正中有前正中沟
   D. 成人下端平齐第3腰椎水平
   E. 有7个颈髓节段
4. 下列含有前角、后角、侧角的脊髓节段是（　　）
   A. C_3　B. T_2　C. L_4
   D. S_3　E. S_5
5. 小脑位于（　　）
   A. 颅后窝　B. 颅前窝
   C. 颅中窝　D. 菱形窝
   E. 脑桥、中脑后方
6. 不属于下丘脑的结构是（　　）
   A. 乳头体　B. 外侧膝状体
   C. 灰结节　D. 视交叉
   E. 漏斗
7. 大脑半球的哪个叶在表面看不到（　　）
   A. 颞叶　B. 岛叶　C. 额叶
   D. 枕叶　E. 顶叶
8. 连接两侧大脑半球的是（　　）
   A. 胼胝体　B. 内囊
   C. 第三脑室　D. 扣带回
   E. 边缘叶
9. 有关内囊的表述错误的是（　　）
   A. 位于丘脑、豆状核和尾状核之间
   B. 可分为内囊前肢、内囊膝和内囊后肢三部分
   C. 在端脑的水平切面上，呈开口向外的V形
   D. 属连合纤维
   E. 一侧损伤，出现对侧的三偏征
10. 蛛网膜（　　）
    A. 厚而坚韧
    B. 有丰富的血管和神经
    C. 缺乏血管和神经
    D. 参与形成脉络丛
    E. 紧贴脑和脊髓的表面
11. 下列各项关于神经支配的叙述正确的是（　　）
    A. 舌咽神经支配部分咽喉肌
    B. 动眼神经支配上斜肌
    C. 滑车神经支配下斜肌

D. 三叉神经支配部分咽喉肌
E. 支配胃腺的分泌

12. 下列神经中分布到手的是（　　）
A. 正中神经　B. 腋神经
C. 前臂外侧皮神经　D. 肌皮神经
E. 三叉神经

13. 关于腓总神经，下列说法正确的是（　　）
A. 发自腰丛　B. 发自骶丛
C. 是坐骨神经的分支　D. 是股神经的分支
E. 是闭孔神经的分支

14. 下列关于尺神经的说法错误的是（　　）
A. 发自臂丛内侧束　B. 经过尺神经沟
C. 支配鱼际肌群　D. 支配小鱼际肌群
E. 支配拇收肌

15. 分布到眼球下直肌的神经是（　　）
A. 动眼神经　B. 滑车神经
C. 外展神经　D. 副交感神经
E. 眼神经

16. 本体感觉的传导通路（　　）
A. 传导皮肤的痛觉、温度觉
B. 第一级纤维在脊髓形成薄束和楔束
C. 第二级纤维交叉后在脑干外侧索上行
D. 第三级纤维经内囊膝到大脑皮质躯体感觉区
E. 第三级神经元在背侧丘脑腹后内侧核

17. 关于躯干四肢温度觉、痛觉传导通路的说法错误的是（　　）
A. 由三级神经元组成
B. 经白质前连合交叉到对侧
C. 第三级神经元胞体位于丘脑腹后内侧核
D. 第三级神经元胞体位于丘脑腹后外侧核
E. 构成脊髓丘系

四、问答题

1. 哪几对脑神经含有内脏运动纤维？
2. 支配眼球外肌的神经有哪些？各支配何肌？这些神经的出颅部位在哪里？
3. 端脑表面的沟裂有哪几条？可分为哪几个叶？

（蒋孝东　张海峰）

第14章 人体胚胎学概要

人体胚胎学是研究从受精卵发育为新个体的过程及其机制的科学，具体研究内容包括两性生殖细胞的发生、受精、胚胎的发育、胚胎与母体的关系、先天畸形等。

人体胚胎在母体宫腔内发育大约经历266天（38周），整个过程可分为两个时期。①胚期：从受精卵形成至孕第8周末，此期内受精卵经过复杂的增殖分化，发育为初具雏形的胎儿；②胎期：指从孕9周至出生，胎儿各系统的结构和功能逐渐完善，直至分娩。

第1节　人体胚胎学早期发育

案例14-1

患者，女，25岁，孕8周。阴道流血7天，突发左下腹疼痛1天，经门诊妇科检查后拟诊“异位妊娠”收住入院。查体：体温36.4℃，脉搏80次/分，呼吸20次/分，血压100/70mmHg。辅助检查尿人绒毛膜促性腺激素（HCG）（+），彩超提示：子宫大小形态正常，包膜完整，肌层回声居中，左侧附件区探及范围55mm×42mm大小的混合回声，右侧附件未见明显异常，盆腔内探及最大前后径约28mm液性无回声区。临床诊断：异位妊娠。

问题：1. 什么是异位妊娠？

2. 正常受精和受精卵植入的部位在何处？

一、生殖细胞

生殖细胞均为单倍体细胞，即仅有23条染色体，其中包含1条性染色体（图14-1）。

1. 精子的成熟和获能　精子在睾丸内形成后进入附睾储存并进一步发育，逐渐获取运动能力，但尚无具备使卵子受精的能力，只有在到达子宫和输卵管内后，附在其头部顶体表面的糖蛋白被女性生殖管道内的分泌物降解后，精子方可获得使卵子受精的能力，此现象称为获能。精子的受精能力一般可维持24小时。

2. 卵子的成熟　卵子由卵巢排出时尚处于第2次成熟分裂的中期，只有到达输卵管内，与精子相遇，并在穿入其内的精子的激发下，才能完成第2次减数分裂。若卵子排出12～24小时后未受精，则发生退化。

二、受　精

精子与卵子结合形成受精卵的过程，称受精。受精的部位通常在输卵管壶腹部。受精的有效时间一般在排卵后12小时，射精后24小时内。

（一）受精的条件

1. 足够数量发育成熟的精子并已获能，每毫升精液内精子数量不得低于500万个，精子畸形率不得超过40%。

2. 卵细胞必须处于第2次减数分裂的中期。

3. 生殖管道必须通畅，使两性生殖细胞能在特定的适宜时间内相遇，卵子一般在排卵后12小时内具有受精能力，精子一般在女性生殖管道内维持受精的时间为24小时。

（二）受精的过程

正常成年男性一次排精数量在3亿～5亿个，这些精子经过漫长的女性生殖管道，到达输卵管壶腹部的只有300～500个，最终完成受精的精子只有1个。受精按以下过程进行（图14-1）。

1. 获能的精子头部与卵子接触并释放顶体酶，将放射冠和透明带溶解，形成一个精子穿过的通道，此过程称为顶体反应。

2. 精子与次级卵母细胞的细胞膜互相融合，随即精子的核进入次级卵母细胞内，精子与卵子的细胞膜融合为一体。精子与卵子结合后，卵子释放酶，使透明带结构发生变化，以阻止其他精子突破透明带与其结合，此过程称透明带反应，意义在于防止多精子受精。

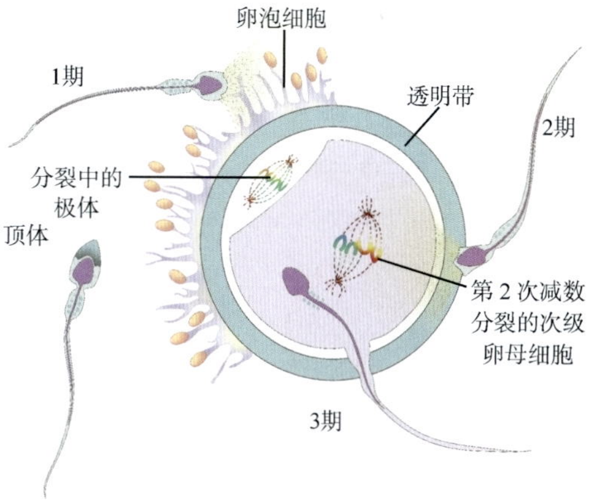

图14-1 受精过程

3. 精子激发次级卵母细胞迅速完成第2次减数分裂，进入卵内的精子核和卵细胞核逐渐膨大，分别称为雄原核与雌原核。两个原核逐渐靠拢并互相融合，形成二倍体细胞即受精卵，也称合子。

（三）受精的意义

1. 标志着新个体生命的开端 受精卵形成后，不断进行增殖分裂，由此启动胚胎发育的进程，标志着新生命的开始。经过受精卵逐步发育，形成新个体。

2. 恢复二倍体 单倍体的精子和单倍体的卵子结合形成一个二倍体细胞，恢复了染色体的数目。双亲的遗传物质随机组合，使新个体既保持了双亲的遗传特征，同时又有着与双亲不完全相同的遗传特征和更强的生命力。

3. 决定性别 胚胎的遗传性别取决于受精时精子所含的性染色体，若带有X染色体的精子与卵子结合，则新个体的性别为女性；若带有Y染色体的精子与卵子结合，则新个体的性别即为男性。

三、卵裂和胚泡形成

（一）卵裂

受精卵早期进行的细胞分裂，称卵裂（图14-2）。卵裂形成的新细胞称卵裂球。受精卵在边卵裂的同时，边向子宫腔方向移行，受精后72小时，卵裂球的数量可达12～16个，它们组成一个实心细胞团，外观似桑葚，故称为桑葚胚，此期的胚体已由输卵管移行到达子宫腔。

（二）胚泡的形成

桑葚胚继续进行分裂，当卵裂球的数目达到约100个时，细胞之间开始出现许多的小腔隙，小腔隙随即互相融合成一个大空腔，腔内充满来自于子宫的液体，此时包裹在人胚外的透明带已溶解，胚体外观似囊泡，称胚泡（图14-3）。胚泡内的大空腔，称胚泡腔；胚泡壁的细胞层，属单层扁平细胞，与营养吸收有关，故称滋养层；聚集于胚泡腔一侧的细胞团则为内细胞群，将来发育为胚体和部分胎膜。贴附于内细胞群表面的滋养层部分，称极端滋养层。随着胚泡的增大，其外围的透明带逐渐变薄，最后溶解消失。胚泡于受精后的第4天形成并进入子宫内腔与膜接触，开始植入。

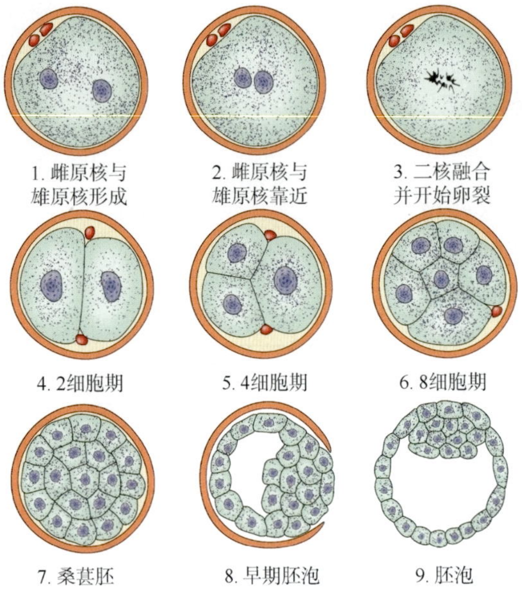

图14-2　受精、卵裂及胚泡结构

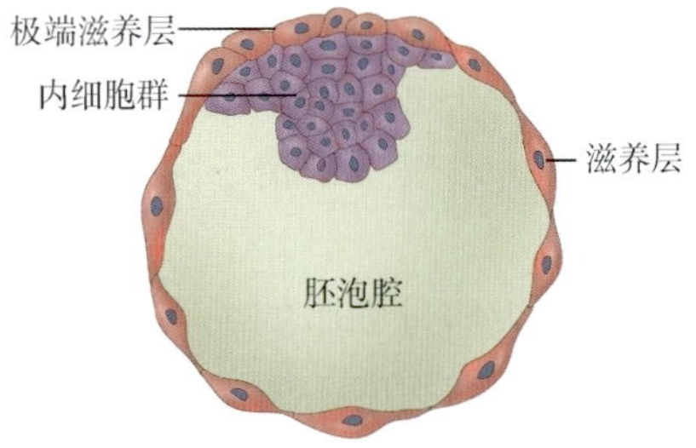

图14-3　胚泡的结构

四、植入和蜕膜

（一）植入

胚泡埋入子宫内膜的过程，称植入，又称着床。植入开始于受精后第5～6天，至第11～12天完成（图14-4）。

1. 植入的过程　开始植入时，随着透明带的溶解消失，极端滋养层与子宫内膜接触，并分泌蛋白水解酶，将接触部位的子宫内膜溶解，形成一个缺口，胚泡随即由缺口处陷入子宫内膜，并逐渐被包埋于其中。胚泡完全埋入子宫内膜后，内膜的上皮细胞同时增殖分裂，将缺口修复，植入完成（图14-5）。

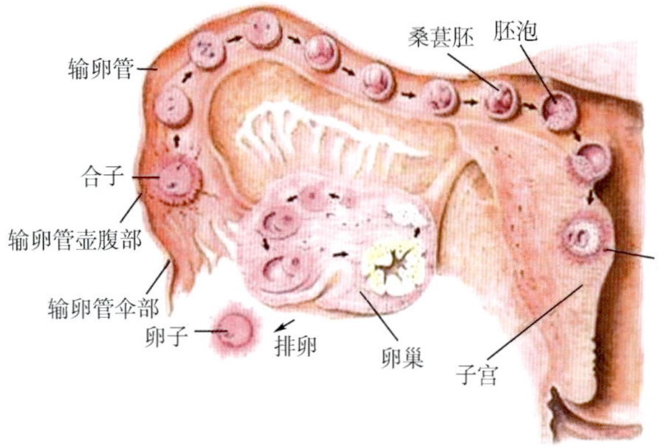

图14-4　从排卵到植入过程示意图

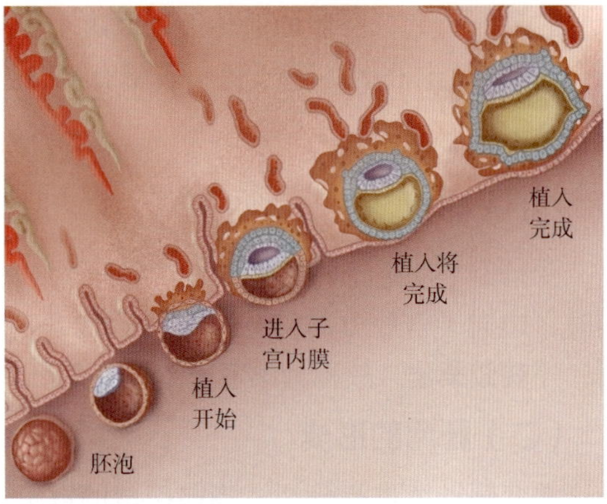

图14-5　植入的过程

在胚泡植入过程中，极端滋养层细胞迅速分裂增殖，厚度增加，并分化内、外两层，内层称合体滋养层，其内的部分细胞互相融合，细胞间界限消失；外层称细胞滋养层，其内的细胞排成单层，细胞间有明显的界线。细胞滋养层细胞增殖分裂，数目不断增多，并不断补充、融入至合体滋养层内。

2. 植入的部位　植入通常发生在子宫底或子宫体上部（图14-6）。若胚泡植入在子宫颈附近，则胎盘即附着于此，称前置胎盘，自然分娩时易使产道堵塞，导致胎儿娩出困难；也可因胎盘早剥引起大出血。

3. 植入的条件 植入是胚泡与子宫内膜相互作用的过程。植入时，子宫内膜需处于分泌期，分泌期子宫内膜的维持依赖于雌激素和孕激素的正常分泌。另外，胚泡也须适时进入子宫腔，否则会造成异位植入。因此母体内分泌失调，胚泡形成超前或滞后及干扰二者协调关系均可阻碍正常植入。

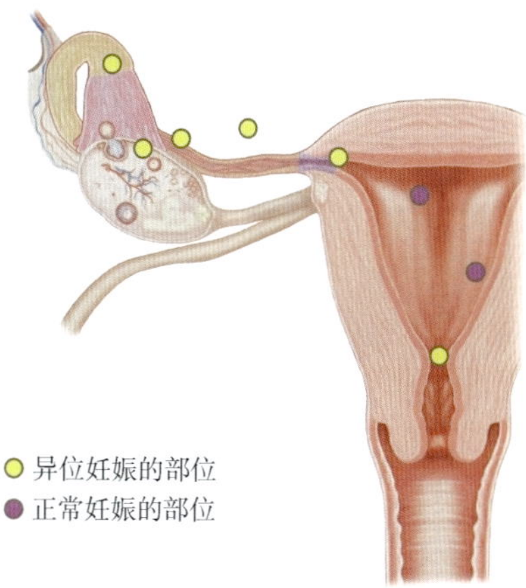

图14-6 植入的部位

（二）蜕膜

植入后的子宫内膜改称蜕膜。此时，处于分泌期的子宫内膜继续增厚，其中的腺体分泌更加旺盛，血管分支增多，血液供应丰富。上述子宫内膜的变化也称为蜕膜反应，子宫内膜固有层中的基质细胞称蜕膜细胞。

按照蜕膜与植入胚泡的关系，可将蜕膜分为3个部分（图14-7）。

1. 基蜕膜 是指胚泡植入处深面的蜕膜。

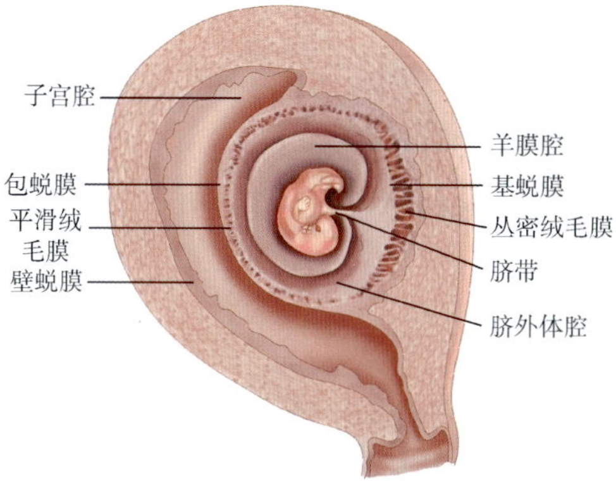

图14-7 蜕膜

2. 包蜕膜 在基蜕膜的对侧，为包于胚泡宫腔侧的蜕膜。

3. 壁蜕膜 为除基蜕膜和包蜕膜外的蜕膜。

包蜕膜与壁蜕膜之间为子宫腔，随着胚胎的发育，包蜕膜逐渐凸向子宫腔，使子宫腔逐渐变窄，至第3个月末包蜕膜和壁蜕膜相贴，子宫腔消失。

五、三胚层形成与分化

（一）三胚层的形成

人体的各种组织和器官均由内、中、外3个胚层演化而来。因此，形成三胚层是胚胎发育的关键。

1. 上胚层和下胚层的形成 受精后的第7天左右，在胚泡植入的同时，内细胞群的细胞增殖分化为上、下两层细胞，下层称下胚层，其细胞呈立方形；上层称上胚层，其细胞呈柱状形，上、下两个胚层相贴，中间以基膜间隔，形成的圆盘状胚体，即二胚层胚盘（图14-8），是人胚的原基。受精后第8天，上胚层形成后，其边缘的细胞增殖分裂，形成一层扁平细胞，即羊膜细胞，贴附在细胞滋养层内面，是最早的羊膜。羊膜和外胚层围成一个腔，称羊膜腔，内有羊水。受精后第9天，下胚层边缘的细胞向下方生长延伸形成一个囊，称卵黄囊。羊膜腔和卵黄囊对二胚层胚盘主要起营养和保护作用。

2. 中胚层的形成 受精后第3周，上胚层的细胞迅速增殖并不断向胚盘一端的中轴处迁移，形成一增厚的细胞条索，即原条（图14-9），原条是胚盘进一步分化的组织中心。原条的形成，决定了胚体的头、尾方向，原条所在的一端为尾端，相对的一端为头端。原条头端的细胞迅速增生，形成一球形细胞结，称原结。原结和原条中间出现的凹陷，分别称原凹和原沟。原沟的细胞增殖分裂，其中的部分细胞陷入上胚层和下胚层之间，并在此扩展形成一新的细胞层，称中胚层，又称胚内中胚层。部分细胞则移入下胚层内，并取代了下胚层内的所有细胞，形成了另一新的细胞层，即内胚层，内胚层和中胚层形成后，将原上胚层改称为外胚层。至第3周末，胚盘即由内、中、外3个胚层组成，称三胚层胚盘。

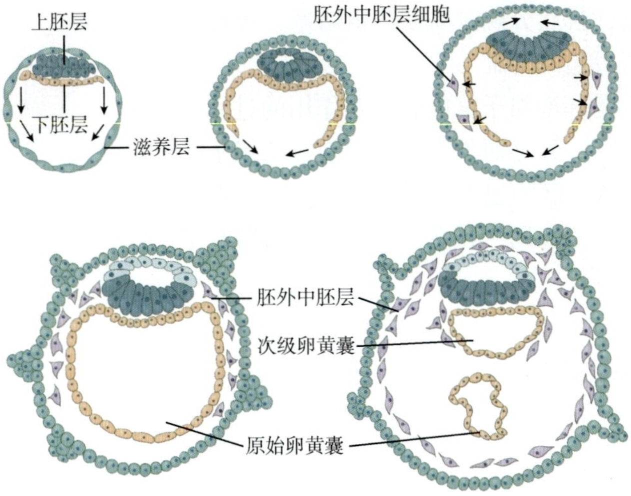

图 14-8　二胚层胚盘及胚外中胚层形成

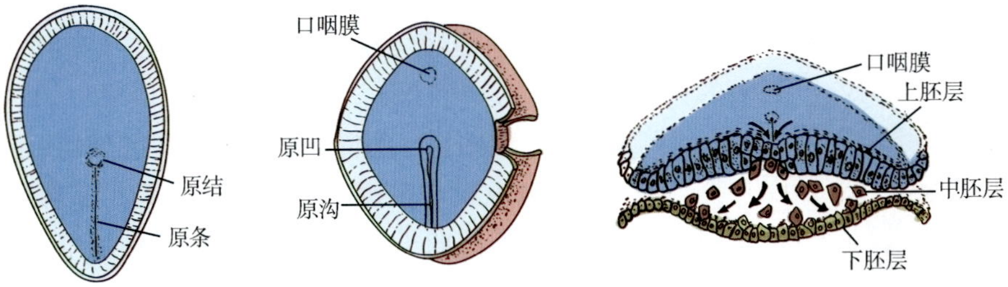

图 14-9　三胚层胚盘

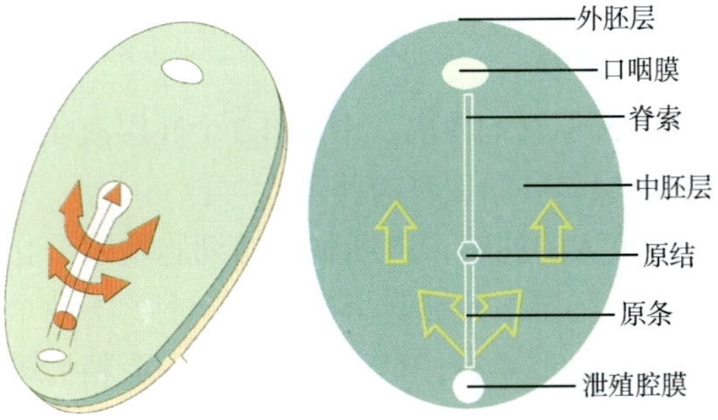

图 14-10　脊索的形成

在胚盘的头、尾两端各有一个特殊的区域，分别称为口咽膜和泄殖腔膜，两区域内无中胚层，内胚层和外胚层直接相贴，同时原凹细胞增殖内陷于中胚层，并向头端伸展形成一细胞条索，称脊索（图 14-10）。脊索和原条同为胚胎早期的中轴结构，原条随中胚层的形成而逐渐消失，若原条细胞残留，则可形成各种畸胎瘤；脊索生长速度较快，最终退化为椎间盘中央的髓核。

（二）三胚层的分化

在胚胎发育过程中，结构和功能相同的细胞，通过分裂增殖形成结构和功能不同的细胞，即为分化。胚胎发育到第3周，内、中、外 3 胚层已经先后发生。从第4周到第8周，3个胚层逐渐分化形成各种组织和器官原基，奠定人体各组织、器官及系统发生的基础。

1. 外胚层的分化　在脊索的诱导下，胚体中轴背侧的外胚层部分增厚形成神经板。神经板的两侧隆起形成神经褶，中央下陷形成神经沟（图 14-11）。随着神经沟的深陷，两侧神经褶在神经沟的中段逐渐靠拢且互相融合，并向头、尾两端扩展，形成一条神经管（图 14-12）。在神经管的头、尾端各留有一开口，分别称前神经孔和后神经孔，两个孔在第4周末相继闭合，至此神经褶亦完全闭合为神经管。神经管是中枢神经系统的原基，将来分化为脑、脊髓等。

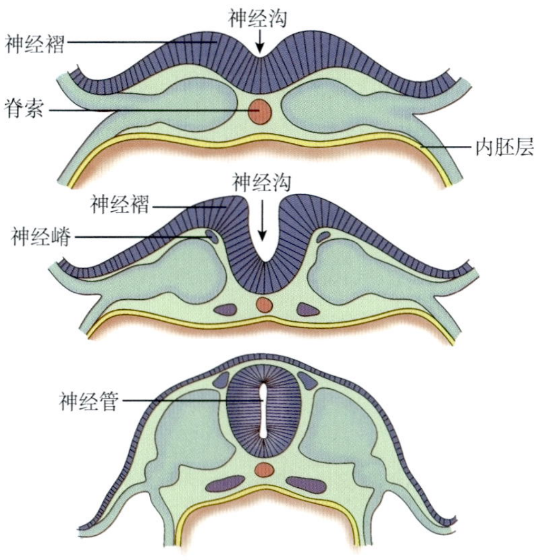

图 14-11 神经管的形成

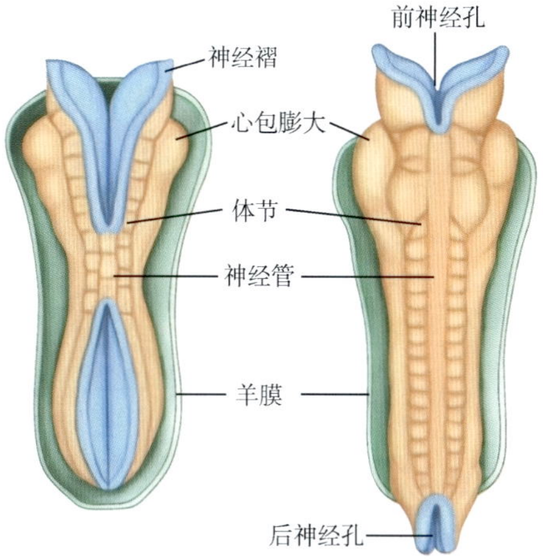

图 14-12 神经管及体节的形成

在神经沟闭合形成神经管的过程中，神经褶边缘的一些细胞迁移到神经管的背侧形成两条纵行的细胞索，称神经嵴。神经嵴是周围神经系统的原基，将来分化为脑神经节、脊神经节、自主神经节及其周围神经。外胚层的其余部分则分化为皮肤的表皮及其附属结构等。

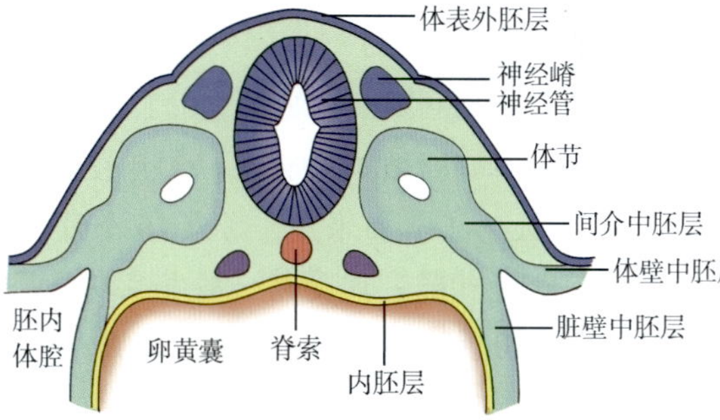

图 14-13 中胚层的分化

2. 中胚层的分化 第3周初，中胚层位于脊索两侧。靠近中轴的中胚层细胞增生，在脊索的两侧分别形成增厚的细胞带，称轴旁中胚层；最外侧的薄层细胞，称侧中胚层；两者之间的部分为间介中胚层；其余部分散在于中胚层的细胞，统称为间充质（图14-13）。

（1）轴旁中胚层 胚胎发育至第20天左右，轴旁中胚层呈节段性增生，形成了分节状的细胞团，称体节（图14-12）。体节从胚体的头端向尾端依次形成，逐渐增多，每天约有3对形成，至第5周末共形成42～44对。体节将来主要分化为背侧皮肤的真皮、骨骼肌和中轴骨。

（2）间介中胚层 将来分化成泌尿系统和生殖系统的大部分器官。

（3）侧中胚层 其内先出现一些小腔隙，由小腔隙又融合为一个大腔隙，称胚内体腔，并与胚外体腔相通。胚内体腔将来分化为心包腔、胸膜腔和腹膜腔。中胚层以胚内体腔为界分成脏壁中胚层和体壁中胚层两层，前者贴于内胚层，后者贴于外胚层。脏壁中胚层将来分化为消化系统和呼吸系统器官的肌组织、血管、结缔组织和间皮等结构；体壁中胚层将来主要分化为胸腹部和四肢的皮肤真皮、骨骼肌、骨骼和血管等结构。

（4）间充质 将分化为肌组织、血管、结缔组织、软骨与骨等。

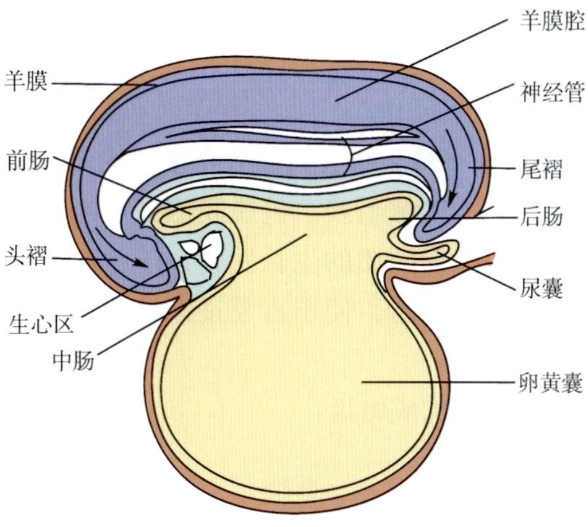

图 14-14 内胚层的分化

3. 内胚层的分化 随着圆柱形胚体的形成，内胚层被卷折入胚体内，并形成头尾方向的原始消化管，中部借卵黄管与卵黄囊相连。原始消化管将来分化为咽及其以下的消化管、呼吸道和肺的上皮组织，以及中耳、甲状腺、甲状旁腺、胸腺、膀胱等器官的上皮（图14-14）。

（三）胚体的形成

胚胎发育至第4周初，由于胚盘中央生长较周缘快，扁平的胚盘向羊膜腔内隆起。在胚盘的周缘出现明显卷折，头尾分别出现头褶和尾褶，两侧出现侧褶。胚盘逐渐变成圆柱形的胚体（图14-15）。第5～8周胚体外形显著变化，到第8周末具人形，胚体的眼、耳、鼻及四肢都可见。

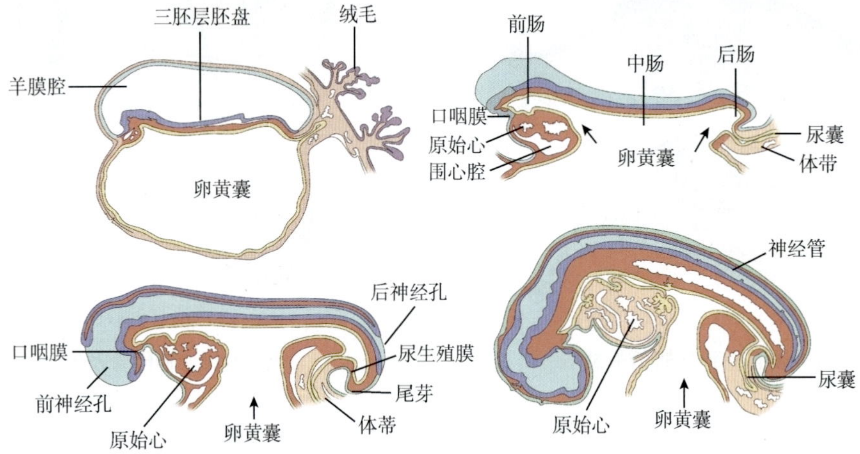

图14-15　胚体的形成

链 接　胎龄与预产期的推算

胎龄的推算通常有两种方式：①月经龄：从孕妇末次月经的第一天起至胎儿娩出，共约40周（280天）。以28天为1个妊娠月，则为10个月，该方法为常用方法。人们常讲的“十月怀胎，一朝分娩”由此而来。②受精龄：因受精一般发生在月经周期的第14天左右，故实际胎龄应从受精之日算起，即受精龄应为280天−14天=266天（38周）。

预产期推算：从末次月经第1天算起，减去3个月或加9个月，天数加7即是。

第2节　胎膜和胎盘

胎膜和胎盘是胚胎发育过程中形成的对胚胎起保护、营养、呼吸及排泄等作用的附属结构。胎儿娩出后，胎膜、胎盘与子宫蜕膜一并排出，总称衣胞。

一、胎　　膜

胎膜包括绒毛膜、羊膜、卵黄囊、尿囊和脐带（图14-16）。

1. 绒毛膜　由滋养层和胚外中胚层发育而成。胚胎早期，绒毛在绒毛膜表面的分布较为均匀。基蜕膜侧的绒毛因血供丰富而生长茂盛，反复发出很多分支，称为丛密绒毛膜。包蜕膜侧的绒毛则因血供不足且受挤压而逐渐退化、完全消失，转变为平滑绒毛膜。随着胚胎的生长发育，羊膜腔不断增大，羊膜、平滑绒毛膜和包蜕膜进一步凸向子宫腔，并与壁蜕膜融合，使子宫腔逐渐减小，最终消失。

绒毛膜的主要功能是为早期胚胎发育提供营养和氧气，同时参与构成胎盘。

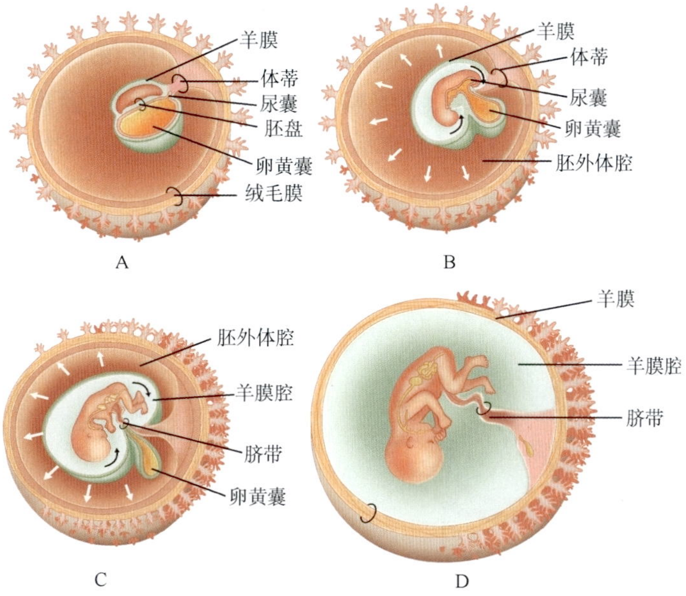

图14-16　胎膜的演变

A. 3周；B. 4周；C. 10周；D. 20周

2. 羊膜　为内无血管分布的半透明薄膜，由羊膜上皮及胚外中胚层构成，胚体形成后，胚体凸入羊膜腔，羊膜腔逐渐扩大，羊膜腔的扩大使羊膜与绒毛膜相贴，胚外体腔随即消失。羊膜腔内充满羊水，整个胚胎浸泡于羊水内。羊水是由羊膜上皮分泌物及胚体排泄物所组成的淡黄色液体，分娩时羊水的正常量一般为1000～1500ml。若羊水少于500ml，为羊水过少；多于2000ml，为羊水过多。羊水过多或过少往往预示胎儿存在某种先天畸形。在孕期穿刺抽取羊水，进行细胞染色体检查、DNA分析或测定羊水中某些物质的含量，可以对某些先天性异常进行早期诊断。

羊水有以下作用：①减轻胎儿遭受外力的振荡和压迫；②防止胎儿局部粘连，使胎儿在羊水中自由活动，利于胎儿的发育；③分娩时，羊水有扩张子宫颈及冲洗、润滑产道的作用。

3. 卵黄囊　位于原始消化管中部的腹侧。人胚卵黄囊内无卵黄，不发达，退化早。卵黄囊顶壁的内胚层形成原始消化管，留在胚外的部分被包裹入脐带成为卵黄蒂，卵黄蒂于第6周闭锁、退化。卵黄囊壁外的胚外中胚层排列密集的细胞团，称血岛，是人体造血干细胞的原基。

4. 尿囊　为原始消化管尾端向体蒂内伸出的一个盲管，没有功能，仅为遗迹性器官。尿囊壁的胚外中胚层分化形成尿囊动脉和尿囊静脉各一对，它们最终演变为一对脐动脉及一条脐静脉。尿囊的根部参与膀胱的形成。

5. 脐带　是连接胎儿脐部与胎盘之间的一条索状结构，外覆羊膜，内含两条脐动脉、一条脐静脉和脐血管周围黏液性结缔组织等。脐带是胎儿和母体之间进行物质交换的重要通道，被称为“生命线”。足月妊娠胎儿脐带长40～60cm。脐带短于30cm称脐带过短，分娩时易造成胎盘早期剥离；脐带长于80cm称脐带过长，易缠绕胎儿颈部或四肢，影响胎儿局部发育，甚至造成胎儿窒息死亡。

二、胎　盘

案例14-2

患者，女。26岁，阴道出血1小时入院。查体：子宫质软，无压痛，孕29周。B超显示胎体位置高于胎盘，胎盘完全覆盖宫颈口。临床诊断：前置胎盘。

问题：1. 胎盘由什么组成？

2. 胎盘有什么功能？

（一）胎盘的形态结构

胎盘由胎儿的丛密绒毛膜和母体的基蜕膜构成，呈圆盘状（图14-17）。足月胎儿的胎盘重量为450～650g，直径为16～20cm，中央略厚，边缘略薄。胎盘的胎儿面表面覆有羊膜，中央连有脐带，较为光滑；胎盘的母体面表面较为粗糙，是剥离后的基蜕膜，可见15～30个胎盘小叶。胎盘在胎儿娩出后由子宫腔经阴道排出。

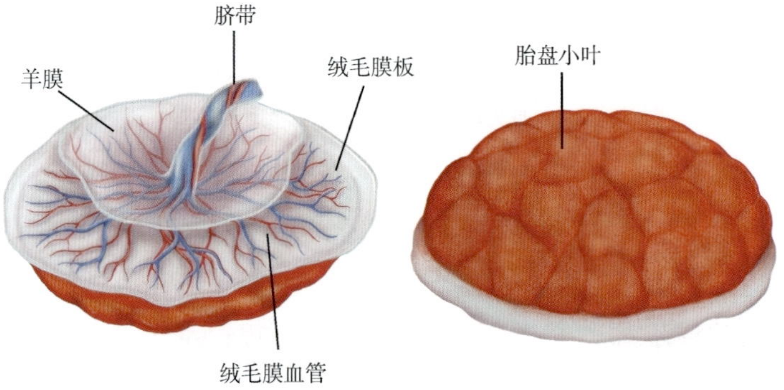

图14-17 胎盘的形态结构

（二）胎盘的血液循环和胎盘屏障

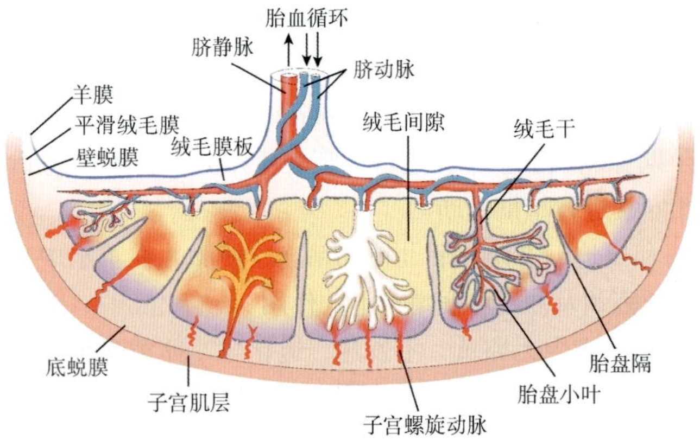

图14-18 胎盘的结构与血液循环

1. 胎盘的血液循环 胎盘内有母体与胎儿两个独立的血液循环系统（图14-18）。母体的血液经子宫的螺旋动脉进入绒毛间隙，与胎儿血进行物质交换后，再经基蜕膜的小静脉回流至母体的子宫静脉。胎儿的静脉血经脐动脉及其分支流入绒毛内毛细血管，借助绒毛同绒毛间隙内的母体血液进行物质交换后，再经胎盘的小静脉汇入脐静脉，流回胎儿体内。因此，胎儿和母体的血液在各自封闭的管道内循环流动，互不相混，但可进行物质交换。

2. 胎盘屏障 胎儿与母体在胎盘内进行物质交换过程中要经过数层结构，这些结构称为胎盘屏障，又称胎盘膜。胎盘屏障依次包括：①合体滋养层；②细胞滋养层及其基膜；③绒毛内薄层结缔组织；④绒毛内毛细血管基膜和内皮。胚胎发育后期，大部分细胞滋养层消失，胎儿血与母体血之间仅以一薄层合体滋养层、绒毛毛细血管内皮及两者之间的基膜隔开，更有利于胎儿与母体之间的物质交换。

（三）胎盘的功能

1. 物质交换 是胎盘的主要功能。胎儿通过胎盘从母体的血液中获得营养物质和氧，同时将代谢产物和二氧化碳通过胎盘由母体排出。胎盘的这项功能相当于出生后小肠、肺和肾的功能。

母体内的有些抗体如免疫球蛋白G也可经胎盘屏障进入胎儿体内，使胎儿和新生儿获得一定的免疫力。有些病毒、药物也能通过胎盘膜，影响胎儿发育，甚至导致先天性畸形等，故孕妇应慎重用药，预防感染。

2. 内分泌功能 胎盘能分泌维持妊娠的多种激素。胎盘分泌的激素主要有：①绒毛膜促性腺激素（HCG），受精后第3周在孕妇的尿中始出现，至第8周达高峰，以后逐渐下降，临床常通过检查孕妇血液或尿中的HCG来诊断早期妊娠；②雌激素和孕激素，自妊娠第4个月开始分泌，并逐渐增多，黄体退化后，胎盘分泌的这两种激素继续维持妊娠；③人胎盘催乳素，妊娠第2个月开始分泌，第8个月达高峰，直至分娩，该激素能促进母体的乳腺和胎儿的生长发育。

第3节 双胎、多胎和联胎

一、双　胎

一次妊娠分娩出两个胎儿，称双胎，又称孪生。孪生发生率占新生儿的1%，孪生分为双卵双胎和单卵双胎两类。

（一）双卵双胎

双卵双胎指卵巢一次排出的两个卵细胞各自受精后发育成两个胎儿，约占双胎的70%，又称假孪生。双卵双胎的两个受精卵同时发育，各自有独立的胎膜和胎盘，两个胎儿的性别可相同，也可不同，出生后的相貌、体态等遗传特征同一般兄弟姐妹。

（二）单卵双胎

单卵双胎指由一个受精卵发育成两个胚胎，称单卵双胎，约占30%，又称真孪生。单卵双胎的两个胎儿遗传基因和性别一致，血型和组织相容性抗原相同，相貌、体态和生理特征极相似。各种单卵双胎发生机制的差异主要取决于两个个体分离的时间：①卵裂期分离，两个胎儿有各自独立的绒毛膜、羊膜和胎盘，与双卵双胎相同；②胚泡期的内细胞群分离，两个胎儿共用1个绒毛膜和1个胎盘，但各自有自己的羊膜腔；③胚胎期原条分离，两个胎儿共用1个羊膜腔、绒毛膜和胎盘（图14-19）。

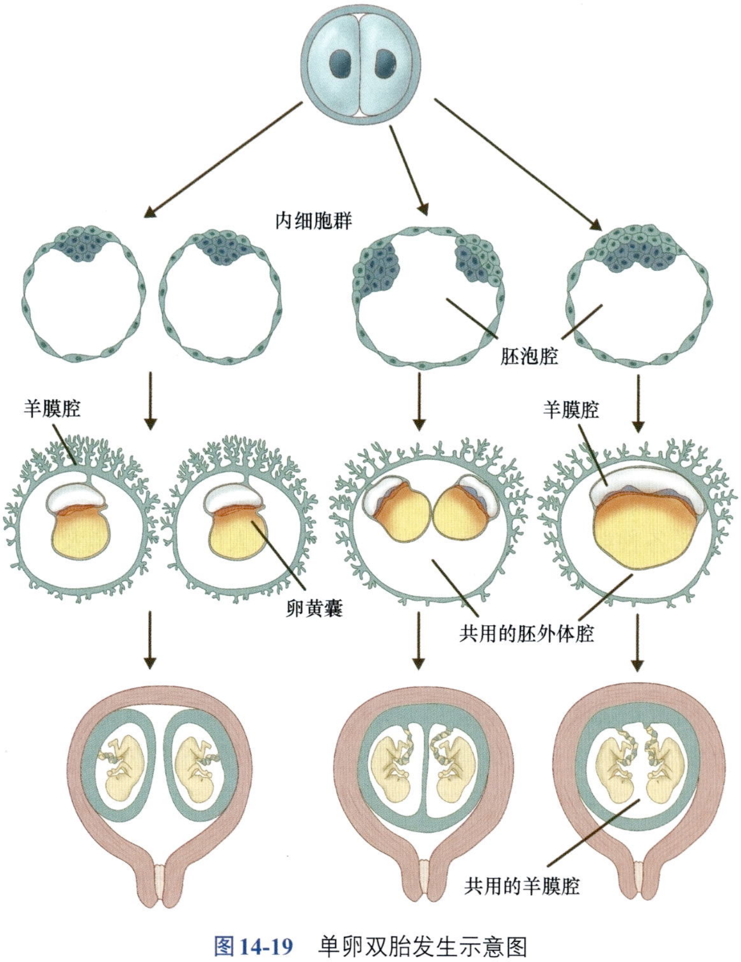

图14-19　单卵双胎发生示意图

二、多 胎

一次娩出两个以上的新生儿，称多胎。发生原因可为单卵性、多卵性和混合性，常见的为混合性。多胎发生率很低，其中三胎约占新生儿的万分之一，四胎约占新生儿的百万分之一。

三、联 胎

联胎是指两个单卵双胎分离不完全，发生局部连接，又称联体双胎。按连接部位的不同分为头联双胎、胸联双胎、腹联双胎、臀联双胎等。按联体的两个胎儿发育、大小是否一致则分为对称型联体双胎和不对称型联体双胎。前者指两个胚胎大、小相同；后者指两个胚胎大、小不同，小者常发育不全，形成寄生胎或胎中胎。

第4节 先天畸形

先天畸形是指生物个体在出生时即存在行为异常或器官、组织的体积、形态、位置和结构的异常。

一、先天畸形的发生原因

在人类的先天性畸形（包括缺陷）中，遗传因素约占25%，环境因素约占10%，环境和基因相互作用或原因不明约占65%。

（一）遗传因素

引起先天畸形的遗传因素可分为染色体畸变和基因突变。

1. 染色体畸变 一般表现为染色体数目和结构的异常。不同的染色体畸变，引起不同的畸形，如唐氏综合征（先天愚型）、室间隔缺损及双侧唇裂等。

2. 基因突变 指DNA分子碱基组成或排列顺序的改变，其染色体外形见不到异常。基因突变引起的畸形较染色体畸变所引起的要少得多，主要引起微观结构或功能方面的遗传性疾病，如软骨发育不全、肾上腺肥大、多发性结肠息肉、小头畸形、多指（趾）、多囊肾、镰状细胞贫血、苯丙酮尿症等。

（二）环境因素

引起先天性畸形的环境因素统称致畸因子。

1. 生物性因素 孕妇在孕期受致畸病原体的感染，特别是病毒感染可导致胎儿畸形。已经确定的有风疹病毒、巨细胞病毒、单纯疱疹病毒、弓形虫、梅毒螺旋体等，它们可以穿过胎盘屏障直接作用于胚胎，或作用母体后引起发热、缺氧、脱水等，干扰胎盘功能，间接影响胚胎发育。如风疹病毒可引起心脏畸形、先天性白内障、先天性耳聋等。

2. 物理性因素 包括各种射线、机械性压迫和损伤等。人的生殖细胞及受精卵对射线特别敏感，易发生染色体畸形和基因突变。其次包括噪声、高温、微波和超声波也能对受精卵的发育产生明显的影响。

3. 化学性因素 主要包括抗肿瘤药、抗惊厥药、抗生素、抗凝血药、性激素、皮质类固醇类、水杨酸类等。如抗肿瘤药物氨基蝶呤可致无脑、小头及四肢畸形等；抗凝血药肝素可致白内障、鼻发育异常或耳聋等；激素类药物可的松可致腭裂或心脏畸形等；大量链霉素可致先天性耳聋；长期服用性激素可致胎儿生殖系统畸形。某些工业生产的化学物质，如食品添加剂和防腐剂、农药、工业“三废”中亦含致畸因子。

4. 其他 吸烟、酗酒、咖啡因、维生素缺乏、缺氧、严重营养不良均有致畸作用。流行病学调查结果显示，女性吸烟者所生的新生儿平均体重明显低于不吸烟者，且发生畸形的风险增加。孕期过量饮酒还可引起胎儿酒精综合征，表现为胎儿有多种畸形。

（三）环境因素和遗传因素相互作用

多数畸形是环境因素和遗传因素相互作用的结果，主要表现为两个方面：一方面是环境致畸因子引起染色体畸变和基因突变导致先天性畸形；另一方面是胚胎的遗传特性影响了对致畸因子的敏感性。如流行病学调查显示，在同一自然条件下的同一地区，孕妇一次风疹流行中均受感染，但新生儿有的正常，有的出现畸形。原因在于，每个胎儿对风疹病毒的易感程度不同。在这两个因素相互作用引起的先天性畸形中，衡量遗传因素作用大小的指标称遗传度，遗传度越高，说明遗传在畸形发生过程中的作用越大。例如，先天性心脏畸形的遗传度为35%，无脑儿的遗传度为60%。

二、致畸敏感期

胚胎发育是一个连续的过程，但也有阶段性，处于不同发育阶段的胚胎对不同类型致畸因子作用的敏感程度不同。把胚胎受致畸因子作用后，最易发生畸形的发育阶段称为致畸敏感期。受精后的第1～2周为胚前期，受致畸因子作用后，大部分细胞受到损害，通常导致胚胎早期流产或死亡。受精后第3～8周为胚期，也称致畸敏感期，此期胚体细胞增殖分化较为活跃，大多数器官的原基在此阶段内形成，最易受致畸因子的作用而发生畸形，故孕妇这一阶段的孕期保健最为重要。第9周至分娩为胎期，各器官进行组织和功能分化，受致畸因子作用后也发生畸形，但多为微观结构异常和功能缺陷，很少出现宏观形态畸形，不属于致畸敏感期。

不同致畸因子对胚胎作用的敏感期也不同，如风疹病毒的致畸敏感期在受精后第1个月，畸形发生率为50%，第2个月降为22%，第3个月仅为6%～8%。药物沙利度胺的致畸敏感期在受精后的第21～40天。

三、先天畸形的分类

先天畸形的种类很多，人类可识别的多发畸形已有300多种，这些不同表现的畸形，可根据胚胎发生过程分为整体发育畸形、胚胎局部发育畸形、器官或器官局部畸形、组织分化不良性畸形、发育过度性畸形、吸收不全性畸形、超数或异位发生性畸形、发育滞留性畸形、重复畸形和寄生畸形。

世界卫生组织（WHO）根据先天畸形的发生部位进行了分类和编码。各国常规检测的先天性畸形目前有12种，我国在这个基础上结合国情增加检测畸形至19种。

第5节 胎儿的血液循环

心血管系统是由中胚层间充质分化而来的，约于第3周末开始血液循环，是机体功能活动最早的系统。血液循环代替早期的简单扩散，为胚体的迅速生长提供足够的营养物质，同时将代谢废物有效排出。

一、胎儿的血液循环途径

来自胎盘富含氧和营养物质的血液经脐静脉到达肝脏后，大部分通过静脉导管直接注入下腔静脉，少部分经肝血窦、肝静脉再注入下腔静脉。下腔静脉同时还收集来自下肢、盆腔和腹腔器官回流的静脉血。下腔静脉的入口正对卵圆孔，故大部分血液通过卵圆孔进入左心房与来自肺静脉的血液混合后进入左心室，小部分血液与上腔静脉和冠状窦回流的血液混合后进入右心室（图14-20）。

左心室的血液大部分经过主动脉弓的三大分支流向头颈和上肢，以适应其生长发育，剩下的血液

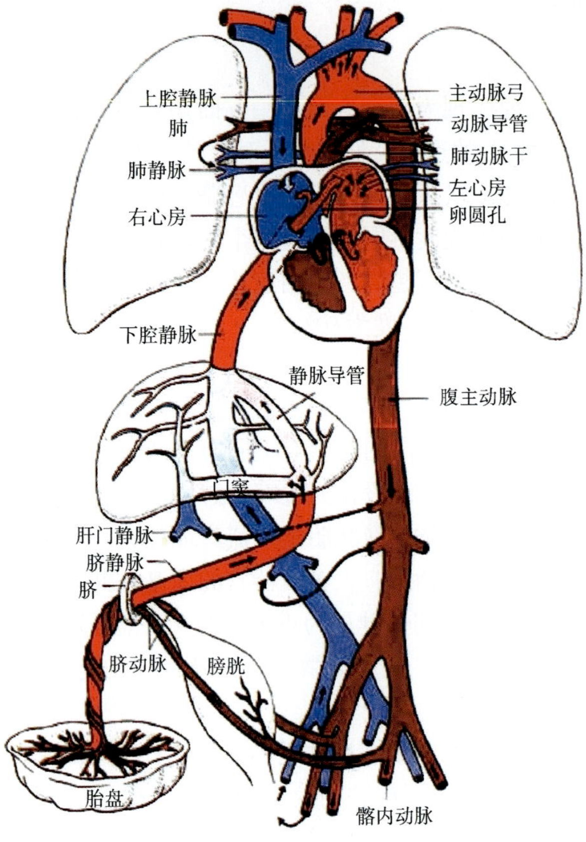

图 14-20 胎儿血液循环模式图

则进入降主动脉。

右心室的血液进入肺动脉干，由于胚胎时期肺的功能尚未执行，因此肺动脉干的绝大部分血液通过静脉导管注入主动脉，少量血液进入肺部。

降主动脉的血液除少量供应下肢躯干、腹盆腔脏器外，其余全部通过两条脐动脉流入胎盘，与母体的血液进行气体和物质交换。

二、胎儿血液循环的特点

胎儿血液循环的特点：①胎儿营养与气体交换是通过胎盘和脐血管来完成的；②只有体循环，几乎无肺循环；③胎儿体内绝大部分为混合血；④静脉导管、卵圆孔、动脉导管系胎儿血液循环的特殊通路；⑤胎儿时期肝脏血氧含量最高，心、脑、上肢次之，下半身最低。

三、胎儿出生后血液循环的变换

胎儿出生后，由于脐带被剪断，胎盘供血中断，新生儿肺开始呼吸活动。动、静脉导管和脐血管均废用，血液循环逐渐发生一系列改变。主要变化如下：①脐动脉大部分分化为脐外侧韧带，仅近侧段保留成为膀胱上动脉；②脐静脉退化形成肝圆韧带；③肝的静脉导管闭锁成为静脉韧带；④动脉导管退化闭锁成为动脉韧带；⑤卵圆孔闭锁形成卵圆窝。

自 测 题

一、名词解释

1. 受精　2. 卵裂　3. 植入　4. 胎盘　5. 胎盘屏障

二、单项选择题

1. 人体胚胎发育开始于（　　）
   A. 卵裂　B. 三胚层形成
   C. 受精　D. 胚泡形成
   E. 植入
2. 人体胚胎在母体内发育的时间是（　　）
   A. 266天　B. 280天
   C. 300天　D. 40周
   E. 以上都错误
3. 植入后的子宫内膜称（　　）
   A. 胎膜　B. 蜕膜
   C. 基蜕膜　D. 基膜
   E. 黏膜
4. 胚胎的早期发育是指（　　）
   A. 受精后第1周的发育阶段
   B. 受精后第1周至第3周的发育阶段
   C. 受精后第1周至第8周的发育阶段
   D. 受精后第1周至第38周的发育阶段
   E. 受精后第9周至第38周的发育阶段
5. 排卵后，卵子的受精能力大约可维持（　　）
   A. 1小时　B. 6小时
   C. 12小时　D. 24小时
   E. 48小时
6. 尿液早孕检查是测的（　　）
   A. 绒毛膜促性腺激素
   B. 黄体生成素
   C. 黄体分泌的雌激素
   D. 黄体分泌的孕激素
   E. 胎盘分泌的孕激素
7. 临床计算妊娠开始的时间是（　　）

A. 受精之日
B. 末次月经后14日
C. 夫妻同房之日
D. 末次月经干净之日
E. 末次月经第一日

8. 胚泡植入的部位通常在（　　）
A. 子宫阔韧带　B. 输卵管
C. 子宫体或子宫底　D. 腹膜腔
E. 近子宫颈内口处

9. 胚胎初具人形的时间是在受精后（　　）
A. 1周末　B. 2周末
C. 4周末　D. 8周末
E. 9周末

三、问答题

1. 试述受精的条件和意义。
2. 试述胎盘的结构和功能。
3. 试述胎儿的血液循环途径。

（熊　伟）

参考文献

柏树令，应大君. 2016. 系统解剖学. 8版. 北京：人民卫生出版社

曹庆景，刘伏祥. 2016. 人体解剖学与组织胚胎学. 北京：人民卫生出版社

陈地龙，胡小和. 2016. 人体解剖学与组织胚胎学. 北京：人民卫生出版社

董博，付世杰，魏宏志. 2016. 解剖组胚学. 4版. 北京：科学出版社

郭家松. 2023. 人体解剖学与组织胚胎学. 北京：科学出版社

胡小和. 2018. 人体形态与结构. 2版. 北京：科学出版社

刘东方，黄嫦斌. 2017. 解剖学基础. 2版. 北京：科学出版社

刘啟蒙，徐静. 2016. 人体解剖与组织胚胎学. 北京：人民卫生出版社

齐亚灵，赵文杰. 2017. 组织学与胚胎学. 北京：科学出版社

覃庆河，王海鑫. 2021. 解剖生理学基础. 3版. 北京：科学出版社

自测题单项选择题参考答案

第1章

1. B　2. C　3. E　4. B　5. D

第2章

1. A　2. E　3. B　4. B　5. D　6. C

第3章

1. B　2. B　3. D　4. C　5. C　6. E　7. D　8. D　9. A　10. D

第4章

1. E　2. A　3. B　4. E　5. D　6. B　7. B　8. D　9. D　10. D　11. A　12. C　13. C　14. C　15. B　16. C　17. B　18. C　19. D　20. D　21. D　22. B　23. E　24. C　25. A　26. C　27. D　28. E　29. D　30. E

第5章

1. A　2. A　3. D　4. E　5. D　6. B　7. C　8. D　9. A　10. C　11. C

第6章

1. C　2. B　3. C　4. C　5. B　6. B　7. A　8. A　9. E　10. C

第7章

1. A　2. C　3. B　4. D　5. A　6. E　7. E　8. D　9. B　10. A

第8章

1. C　2. D　3. B　4. C　5. B　6. A　7. E　8. A　9. E　10. A

第9章

1. B　2. B　3. D

第10章

1. A　2. B　3. E　4. B　5. B　6. A　7. B　8. B　9. A　10. C　11. D　12. D　13. D　14. C　15. C　16. E　17. D　18. D　19. B

第11章

1. A　2. A　3. C　4. B　5. D　6. C　7. A　8. C　9. E

第12章

1. C　2. B　3. C　4. E　5. D　6. E　7. C　8. C　9. E　10. C　11. B　12. D　13. D　14. C　15. D

第13章

1. C　2. D　3. A　4. B　5. A　6. B　7. B　8. A　9. D　10. C　11. A　12. A　13. C　14. C　15. A　16. B　17. C

第14章

1. C　2. A　3. B　4. C　5. C　6. A　7. A　8. C　9. D